한국의 다문화와
이민정책 담론

Multiculturalism and Immigration
Policy Discourse in Korea

이 저서는 2019년 대한민국 교육부와 한국학중앙연구원(한국학 진흥사업단)의
한국학 총서사업지원을 받아 수행된 연구임(AKS-2019-KSS-1230004).

한국학중앙연구원
한국학총서 ①

한국의 다문화와
이민정책 담론

Multiculturalism and Immigration
Policy Discourse in Korea

김용찬 지음

서문

한국은 다문화사회로 빠르게 전환되고 있으며, 이와 관련한 연구도 30년 정도 축적되고 있다. 그러나 한국의 다문화 담론 속에서 관련 개념들은 연구자마다, 학문 분야마다 혼란스럽게 사용되고 있어서 개념 정의와 논점에 관한 학문적 논의가 시급히 요청되고 있는 시점이다. 즉 한국 다문화 담론을 개념의 형성과 변화라는 관점에서 논하는 연구가 필요한 상황이다. 또한 한국 다문화사회는 서구와 달리 한국사회라는 특수성을 반영하고 있기 때문에 한국 다문화 상황에 대한 통합적 분석이 요청된다. 기존의 연구들은 주로 서구의 이론들과 사례들을 소개하는 경향이 지배적이었다. 따라서 현재 한국 다문화 담론에서 활용되고 있는 개념들을 학제간 연구를 토대로 분석할 필요가 있다. 본 총서 시리즈는 다문화 담론을 학제간 공동연구의 차원에서 접근한다는 점, 다문화 담론을 개념의 형성 및 변천이라는 관점에서 접근한다는 점 등에서 기존의 연구들과 차별화된다.

총서 시리즈의 제1권인 『한국의 다문화와 이민정책 담론』은 정치·경제 분야의 미진한 다문화 담론 연구와 다문화와 이민정책 담론의 분절성을 극복하기 위해, 다문화와 이민정책 담론의 연계에 주안점을 둔 분석을 진행함으로써 학문적·정책적 논의의 활성화에 기여하는 것을 목표로 설정했다. 본서는 담론 연구가 주로 학술연구나 시민단체의 의견 등에 국한되었던 한계를 극복하고자, 분석 대상 행위자를 연구자, 행위자, 시민단체, 언론 등으로 확대해 설정함으로써 담론의 의미와 맥락, 정책화 등을 포괄적으로 이해할 수 있는 기초를 제공할 수 있다는 측면에서 의미를 가진다. 또한 다문화와 이민정책 담론을 이론적 고찰에만 치우치지 않고 주요 개념과 쟁점을 통해 분석함으로써, 한국과 서구 담론의 비교 준거와 다문화사회의 문제를 해결하기 위한 학문적 · 정책적 함의를 제시한다는 면에서 의미를 가진다.

본서는 다문화와 이민정책 담론의 분절성을 극복하기 위해 다문화 담론과 이민정책 담론의 연관성 속에서 분석한 연구의 결과물이다. 다문화와 이민정책 담론의 연계성은 서구와 한국의 이민정책 중 사회통합정책과의 긴밀한 연관 속에서 찾을 수 있다. 문화의 다양성에 관한 인정을 넘어 지원 차원에까지 서구의 다문화주의가 발전해 왔고, 한국의 다문화는 동화와 지원정책을 포괄하는 개념으로 활용되어 왔다. 최근 서구에서 다문화주의 실패 담론의 제기와 함께 사회통합의 중요성이 강조되면서 다문화주의를 대체할 시민통합 담론이 제시되었지만, 여전히 다양성의 인정과 이에 대한 지원정책은 지방 차원에서 지속되고 있다. 또한 이민정책의 다른 영역인 출입국과 체류정책은 다문화사회로의 전환과 다문화사회의 구성을 위한 기초가 된다. 즉 이민 통제와 확대, 선택이민, 영주권, 노동이주 등과 관련된 정책은 다문화사회로의 변화의 특성을 결정지을 수 있으며, 사회통합정책 중 어떤 정책을 선택해 실행할지에 관한 공론화와 결정에 영향을 미친다. 따라서 본서에서는 다문화 담론을 이민정책의 출입국, 체류와 정착, 사회통합과 분리되어 고찰하기보다는 연계성에 주목하는 분석을 지향했다. 다문화와 이민정책 담론의 연계성은 사회통합을 중심으로, 국제이주와 출입국과 체류 등의 영역은 다문화사회 형성과 전환의 기초 분야로 설정해 탐구했다.

제1부 한국의 다문화와 이민정책 담론의 역사적 고찰에서는 한국의 다문화와 이민정책 담론 연구의 의미와 방법, 다문화와 이민정책 담론의 선행연구와 언론 자료의 경향과 특성을 설명하고 있다. 또한 다문화와 이민정책 담론을 1990년대 이전 시기인 다문화와 이민정책 담론의 태동기, 외국인노동자와 결혼이민여성을 대상으로 한 담론이 형성되고 발전되는 1990년대부터 2007년 이전 시기인 다문화와 이민정책 담론의 형성기, 외국인정책이 본격적으로 시행되기 시작한 2007년 이후 시기인 다문화와 이민정책 담론의 변화기로 구분해, 다문화 개념을 둘러싼 논의, 다문화 담론의 이론적 논의, 다문화 담론에 대한 비판 담론, 다문화와 이민정책 담론의 연계를 지식체계를 중심으로 분석했다.

제2부 한국의 다문화와 이민정책 담론의 주요 개념과 쟁점에서는 정치·경제 영역의 다문화 담론이 이민과 정착, 이민자의 적응과 통합, 이민의 활용 등의 주제가 중심을 이루고 있는 점을 반영해 다문화와 이민정책의 주요 개념에 관한 분석을 담고 있다. 핵심 주제와 관련된 주요 개념 30개를 선정해 이를 지식체계와 언술체계의 분석틀에 기초해 분석하고 있다.

각 개념별로 지식체계의 틀에서 학술 영역의 주요 저서와 논문에 나타난 학문적 · 정책적 주장과 의견들을 검토하고, 정치사회와 시민사회의 다문화와 이민정책에 관한 담론을 언론 기사와 사설을 중심으로 설명하고 있다. 주요 개념들에는 국제이주, 정착, 통합의 과정에서 형성되어 온 다문화와 이민정책 담론의 핵심 개념들이 포함되어 있다. 주요 개념에는 차별금지와 같이 하나의 개념적 틀에서 고찰 가능한 영역도 존재하지만, 동화정책, 사회통합, 시민통합정책 등의 개념은 비교 분석이 필요하기에 동일 범주의 개념적 틀에서 고찰하고 있다. 주요 개념에 관한 설명은 주로 저서, 논문, 언론 사설과 기사 등의 자료를 활용해 진행했다. 개념별 쟁점 분석은 학문적 쟁점과 정책적 쟁점을 통합해 분석했고, 이를 통해 서구 다문화와 이민정책 담론과의 비교를 위한 준거와 학문적 · 정책적 담론의 변화를 위한 제언 제시와 연계될 수 있는 토대를 제시하고 있다.

제3부에서는 한국의 다문화와 이민정책 담론의 전망과 과제를 제시하고 있다. 서구의 정치 · 경제 영역에서의 다문화와 이민정책 담론의 변화를 국제이주 경향의 변화와 다문화와 이민정책 담론의 최근 현황과 변화를 중심으로 검토하고, 한국의 다문화와 이민정책 담론과의 비교 분석을 진행했다. 비교 분석을 기초로 한국 다문화와 이민정책 담론의 과제를 도출했다. 향후 한국 다문화와 이민정책 담론의 과제로 다문화와 이민정책 담론의 이민정책의 사회통합 담론에의 포함, 이민정책 담론의 국제이주 경향의 변화 반영, 담론의 형성과 변화 과정에 이민자의 적극적 참여, 다문화와 이민정책 담론에 한국의 인구학적 특성의 반영, 한국에서 극단적 반이민 정치집단의 형성을 방지하기 위한 선제적 담론의 제시 등을 제안했다.

보론: 한국의 학제간 다문화 담론의 주요 개념과 쟁점의 분석과 함의에서는 총서 시리즈 집필자들의 공동집필 내용을 포함하고 있다. 한국의 학문 분야별 다문화 담론의 주요 개념과 쟁점 분석을 학제간 연구의 관점에서 고찰하고, 통합적인 학제간 다문화 담론 연구를 위한 함의를 제시했다.

이 총서 시리즈『한국의 다문화와 이민정책 담론』에 관한 연구를 진행하고 저서를 집필할 수 있는 기회를 준 한국학중앙연구원과 출판을 위해 여러 수고를 기울여주신 한국학술정보 출판사에 감사드린다. 학교 업무와 집필 등으로 바쁜 필자를 늘 지지해준 아내와 가족들에게 깊은 감사의 마음을 전한다. 본서의 주제에 천착해 연구를 지속할 수 있도록 지적 영감을 지속적으로 제시해주시는 은사이신 조정남 교수님과 한국민족연구원 동학들에게도 감사의 인사를 드린다.

목차

서문   5

제1부 한국의 다문화와 이민정책 담론의
역사적 고찰

제1장 서론   16

    1. 다문화와 이민정책 담론 연구의 의미와 연구방법   17

    2.『한국의 다문화와 이민정책 담론』의 구성   21

    3. 한국의 다문화와 이민정책 담론 연구 동향   22

제2장 한국의 다문화와 이민정책 담론의 형성과
변천 과정   46

    1. 다문화와 이민정책 담론의 태동기   47

    2. 다문화와 이민정책 담론의 형성기   48

    3. 다문화와 이민정책 담론의 변화기   57

    4. 다문화와 이민정책 담론의 변화 특징   116

제2부 한국의 다문화와 이민정책 담론의
       주요 개념과 쟁점

제3장 다문화와 이민정책 담론의 주요 개념과 쟁점 분석 122

　　1. 국적법과 영주권 담론과 쟁점　　　　　　　　123

　　2. 국제이주레짐 담론과 쟁점　　　　　　　　　133

　　3. 국제이주와 개발 담론과 쟁점　　　　　　　　141

　　4. 국제이주와 안보 담론과 쟁점　　　　　　　　146

　　5. 다문화수용성과 정책지표 담론과 쟁점　　　　151

　　6. 다문화정책 담론과 쟁점　　　　　　　　　　158

　　7. 다문화정책 중앙과 지방정부 담론과 쟁점　　167

　　8. 다문화주의 비판 담론과 쟁점　　　　　　　　177

　　9. 다문화주의 유형 담론과 쟁점　　　　　　　　185

　　10. 동화정책, 사회통합정책, 시민통합정책 담론과 쟁점196

　　11. 두뇌 유출, 유입, 순환 담론과 쟁점　　　　　207

　　12. 디아스포라와 재외동포정책 담론과 쟁점　　　214

13. 미등록이민자, 불법체류이민자, 난민 담론과 쟁점 220

14. 민족과 민족주의 담론과 쟁점 230

15. 반다문화주의 담론과 쟁점 240

16. 상호문화주의 담론과 쟁점 251

17. 시민권 담론과 쟁점 256

18. 외국인노동력정책 담론과 쟁점 262

19. 이민자 권리와 인권 담론과 쟁점 271

20. 이민자 네트워크 담론과 쟁점 278

21. 이민자 정치참여 담론과 쟁점 285

22. 이민정책과 노동시장 담론과 쟁점 293

23. 이민정책과 제도 담론과 쟁점 299

24. 이민정책의 유형 담론과 쟁점 306

25. 인구문제와 이민정책 담론과 쟁점 312

26. 인종주의와 극우 담론과 쟁점 319

27. 차별금지 담론과 쟁점 325

28. 체류와 출입국관리 담론과 쟁점 330

29. 초국가주의 담론과 쟁점 336

30. 후기다문화주의 담론과 쟁점 341

제3부 한국의 다문화와 이민정책 담론의
전망과 과제

제4장 한국과 서구의 다문화와 이민정책 담론의 비교   350

    1. 서구의 다문화와 이민정책 담론의 변화   351

    2. 한국과 서구의 다문화와 이민정책 담론의 비교   368

제5장 한국의 다문화와 이민정책 담론의 과제   410

보론: 한국의 학제간 다문화 담론의 주요 개념과
쟁점의 분석과 함의   422

참고문헌   459

제1부

한국의 다문화와 이민정책
담론의 역사적 고찰

제1장

서론

1. 다문화와 이민정책 담론 연구의 의미와 연구방법

한국의 다문화 연구는 문학과 철학, 교육학 등의 분야에서 시작되어 이후 사회학을 중심으로 사회과학 분야로 확산되었다. 정치학과 경제학 분야의 다문화 연구는 타 학문 영역에 비해 시기적으로도 지체되었고, 양적인 측면에서도 부족한 상황이었다. 정치와 경제 영역의 행위자들이 외국인력의 충원과 이민자의 사회통합정책의 형성과 변화를 주도하면서, 학계와 시민단체의 외국인노동자와 이민자 정책에 대한 연구와 관련 활동이 활성화되기 시작한다.

이민자의 수가 증가함에 따라 한국사회는 다문화사회로 전환되었고, 다문화 담론은 이민자의 출입국, 체류, 사회통합을 포괄하는 이민정책과 긴밀한 연관성을 갖게 되었다. 정치와 경제 영역의 행위자들은 이민정책을 통해 다문화사회가 가진 긍정성을 확대하고자 하는 한편, 또한 이민정책을 통해 다문화사회가 가진 문제들을 해결하려고 하기 때문이다. 따라서 한국사회에서 다문화 담론이 정치·경제 분야에서 어떻게 형성되고 변화해왔는지를 규명하기 위해서는 이민정책 담론에 관한 분석이 필수적이다.

〈한국 다문화 담론의 형성 과정〉 총서 제1권 『한국의 다문화와 이민정책 담론』은 다문화와 이민정책 담론의 분절성을 극복하기 위해 다문화 담론과 이민정책 담론의 연관성에 주목해 연구를 진행한다. 다문화와 이민정책 담론의 연계성은 서구와 한국에서 이민정책중 사회통합정책과의 긴밀한 연관 속에서 찾을 수 있다. 문화의 다양성에 관한 인정을 넘어 지원 차원에까지 서구의 다문화주의가 발전해왔고, 한국의 다문화는 동화와 지원정책을 포괄하는 개념으로활용되어 왔다. 최근 서구에서 다문화주의 실패 담론의 제기와 함께사회통합의 중요성이 강조되면서 다문화주의를 대체할 시민통합 담론이 제시되었지만, 여전히 다양성의 인정과 이에 대한 지원정책은지방 차원에서 지속되고 있다. 또한 이민정책의 다른 영역인 출입국과 체류정책은 다문화사회로의 전환과 다문화사회의 구성을 위한기초가 된다. 즉 이민 통제와 확대, 선택이민, 영주권, 노동이주 등과관련된 정책은 다문화사회로의 변화의 특성을 결정지을 수 있으며,사회통합정책 중 어떤 정책을 선택해 실행할지에 관한 공론화와 결정에 영향을 미친다. 따라서 다문화 담론은 이민정책의 출입국, 체류와 정착, 사회통합과 분리되어 고찰하기보다는 연계 속에서의 분석을 지향하고 있다. 다문화와 이민정책 담론의 연계성은 사회통합을 중심으로, 국제이주와 출입국과 체류 등의 영역은 다문화사회 형성과 전환의 기초로 탐구하고자 한다.

한편 상대적으로 분석이 미진했던 정치 · 경제 분야의 다문화 담론을 이민정책 담론과의 연계를 통해 고찰함으로써 학문적 · 정책적논의의 활성화에 기여할 것이다. 또한 담론 연구가 주로 학술연구나정치행위자의 의견 등에 국한되었던 반면, 분석 대상 행위자를 연구자, 정치행위자, 시민단체, 언론 등으로 확대해 설정함으로써 담론의 의미와 맥락, 정책화 등을 포괄적으로 이해할 수 있는 기초를 제공할 수 있다는 측면에서 의미를 가진다.

이 연구에서는 다문화와 이민정책 담론을 이론적 고찰에만 치우치지 않고 주요 개념과 쟁점을 통해 분석함으로써, 학제간 연구와 한국과 서구 담론의 비교를 위한 준거 구축과 다문화사회의 문제를 해결하기 위해 학문과 정책의 공론장에서 논의할 수 있는 토대를 제시한다는 면에서 중요성을 가진다.

연구방법은 담론 분석의 방법론을 활용한다. 연구방법론의 측면에서 담론 분석(discourse analysis) 접근방법은 "말과 글의 형태로 이루어지는 담론이 사회적 실체를 구성한다는 입장"을 취한다. 담론 분석에서는 행위의 배경을 고찰하기보다는 담론이 작동하는 기제의 이해를 추구하며, 다양한 형태의 문서와 면접자료 등을 분석 대상으로 설정한다(Jennifer Mason, 김두섭, 2010: 89-90).

담론을 "사회현상을 해석하고 구성하는 일관된 체계로서의 해석적 틀 또는 그런 해석적 틀이 언어 등 상징체계에 의해 표명된 것"으로 정의하고, 특정 개념의 의미는 담론에 따라 달라질 수 있으며 서로 다른 개념이라도 담론에 따라 같은 의미를 가질 수 있다. 서구의 'multiculture'와 한국의 '다문화'는 같은 용어이지만 담론 차원에서는 의미와 맥락의 차이가 존재할 수 있다는 것이다(김종태, 2014: 105-109).

한편 담론 제도주의(discursive institutionalism)에서는 공공철학과 프로그램 아이디어, 정책제안 등으로 대표되는 담론이 정치의 자원이자 정치 행위를 제약하는 기능을 수행할 수 있다고 주장한다. 영국과 독일의 '제3의 길(third way)'과 '새로운 중도(neue mitte)'의 정치 담론이 새로운 경제적 이주정책의 형성에 미친 영향을 사례를 들 수 있다(김용찬, 2017: 27-28).

다문화와 이민정책 담론 분석은 한국과 서구 모두에서 정책의 형성과 변화에 다양한 정치, 경제, 사회적 행위자들의 담론이 미치는 영향이 지대하기에 중요한 의미를 가진다. 그리고 담론 분석은 한국의 다문화와 이민정책 담론에서 논의되는 주요 개념과 쟁점의 형성과 변화의 맥락을 파악하는 데 기여할 것이며, 이를 통해 학제간 담론과 한국과 서구 담론의 유사성과 상이성을 규명할 수 있는 기초를 제공할 것이다. 또한 담론 분석은 향후 후속연구와 정책의 형성과 변화를 위한 다양한 함의를 제시할 수 있다.

한국의 다문화와 이민정책 담론의 형성 및 변천 과정에 관한 『한국의 다문화와 이민정책 담론』의 연구방법은 담론, 주요 개념과 쟁점의 지식체계와 언술체계에 대한 분석이다. 지식체계와 관련한 연구 자료는 다문화와 이민정책 관련 저서와 논문 등의 학술연구이고, 언술체계와 관련된 분석 자료는 정책 자료와 언론 기사, 발표문 등이다. 다문화와 이민정책 담론을 형성하고 변화시키는 학자, 정치인과 정부 관료, 기업인, 시민단체, 언론 등 다양한 행위자들의 연구, 정책, 성명, 발표, 언론 기사 등에 나타난 담론을 주요 개념을 통해 분석하고, 주요 개념의 논의에 나타난 쟁점들을 고찰한다. 학술연구와 정책 자료 등은 문헌자료에 대한 분석을 통해 확보하고, 성명서, 발표문, 언론 기사 등은 인터넷자료를 활용한다. 또한 사회과학 분야의 전통적 연구방법 중 하나인 비교 분석을 사용한다. 다문화와 이민정책 담론의 주요 개념과 쟁점을 분석하기 위해서 담론 주체들의 인식과 견해를 비교 검토하는 과정을 진행한다. 특히 한국과 서구의 다문화와 이민정책 담론 부분은 비교 분석을 통해 한국의 과제를 제시하고 있어 비교 방법을 적극적으로 활용한 영역이다.

2. 『한국의 다문화와 이민정책 담론』의 구성

제1부에서는 한국의 다문화와 이민정책 담론 연구의 의미와 방법, 다문화와 이민정책 담론 관련 선행연구와 언론 자료의 개괄적인 동향을 설명한다. 1990년대 이전 다문화와 이민정책 담론의 태동기, 1990년대부터 2007년 외국인정책 시행 이전 외국인노동자와 결혼이민여성을 대상으로 한 담론이 형성되는 다문화와 이민정책 담론의 형성기, 외국인정책이 본격적으로 시행되기 시작한 2007년 이후 다문화와 이민정책 담론의 변화기로 구분한다. 또한 다문화 담론의 개념 논의, 다문화 담론에서의 이론적 논의, 다문화 담론에 대한 비판 담론, 다문화와 이민정책 담론의 연계 등을 지식체계를 중심으로 분석한다.

제2부에서는 한국의 다문화와 이민정책 담론의 형성과 변천 과정을 다문화와 이민정책 담론에서 선별한 30개의 주요 개념과 쟁점의 분석을 통해 고찰한다. 주요 개념과 쟁점 연구는 지식체계와 언술체계의 담론에 관한 분석과 쟁점의 검토를 통해 진행된다.

제3부에서는 한국의 다문화와 이민정책 담론의 전망과 과제를

제시한다. 한국과 서구의 다문화와 이민정책 담론의 비교와 한국의 다문화와 이민정책 담론의 특징 도출을 통해, 향후 한국사회의 다문화와 이민정책 담론을 전망하고 과제를 제시한다. 서구의 정치 · 경제 영역에서의 다문화와 이민정책 담론의 변화를 국제이주 경향의 변화와 다문화와 이민정책 담론의 최근 현황과 변화를 중심으로 검토하고, 한국의 다문화와 이민정책 담론과의 비교 분석을 진행한다. 비교 분석을 토대로 한국 다문화와 이민정책 담론의 과제를 도출한다. 향후 한국 다문화와 이민정책 담론의 과제로 다문화와 이민정책 담론의 이민정책의 사회통합 담론에의 포함, 이민정책 담론의 국제이주 경향의 변화 반영, 담론의 형성과 변화 과정에 이민자의 적극적 참여, 다문화와 이민정책 담론에 한국의 인구학적 특성의 반영, 한국에서 극단적 반이민 정치집단의 형성을 방지하기 위한 선제적 담론의 제시 등으로 제시한다.

보론에서는 총서 제1권부터 제4권까지의 학문 분야별 다문화 담론의 주요 개념과 쟁점 분석을 학제간 연구의 관점에서 고찰하고, 통합적 학제간 다문화 담론 연구를 위한 함의를 제시한다.

3. 한국의 다문화와 이민정책 담론 연구 동향

1990년대 외국인노동자에 대한 연구로 본격화된 한국의 다문화와 국제이주 연구는 외국인노동자, 소수자, 해외교포 연구로 확대되었으며, 다양한 학문 분야와 시민단체들에서 외국인노동자, 화교, 중국교포, 유학생, 북한이탈주민, 결혼이민자 등 개별 이민자 집단에 대한 연구가 활성화되었다. 2006년 이후에는 '다문화 열풍'과 함께 결혼이민자와 다문화가정에 대한 연구가 다문화와 국제이주 연구의 주류로 자리매김한다. 2012년 국내학술지에 게재된 이주 또는 이민을 주제어로 한 논문의 경우 다문화 관련 연구들이 약 55%를 차지했으며, 다문화를 주제어와 제목에서 다룬 논문 중에는 다문화주의, 다문화 담론, 다문화 교육프로그램 등을 다룬 연구가 21%, 다문화가정 20%, 다문화 아동과 청소년 20%, 다문화 관련 교사 20% 등으로 나타났다.

2006년부터 2018년까지 다문화를 제목으로 하는 학술논문의 수는 2006년 38편, 2011년 436편, 2015년 228편, 2018년 138편으로 2011년을 정점으로 감소 추세에 있다. 2010년부터 2012년까지 게재된 논문 편수가 가장 많은 것으로 나타났는데 정부의 「다문화가족지원법」의 제정에 영향을 받은 것으로 추정할 수 있다. 1,096편의 다문화 교육과 414편의 다문화가족 연구가 압도적 비중을 차지하는 반면, 갈등에 관한 연구는 총 54편으로 가장 적은 수를 차지한다. 통합에 대한 연구는 164편으로 갈등 연구의 세 배에 달하는 것으로 나타나, 학술연구에서의 관심은 동화 또는 통합에 주안점을 두었던 것으로 평가할 수 있다. 또한 학문 분야별로는 총 3,499편의 논문 중 사회과학 분야 논문이 2,102편으로 비중이 높은 것으로 나타났다. 2005년부터 2019년 6월까지 국제이주를 주제어로 한 학술지 게재논문을 검색한 결과 총 279편으로 나타났다. 2005년 3개에 불과했던 논문 수는 2010년 36편 이후 감소세로 돌아서 2018년 10편,

2019년 5편으로 줄어들었다. 사회과학 분야 논문이 176편으로 많은 비중을 차지한다. 2006년부터 2018년까지 다문화를 주제어로 한 논문이 3,499편인 데 반해 국제이주연구는 양적으로 부족한 양상을 보여주었다(이혜경, 2014: 134-141; 이용재, 2019: 17-21; 김용찬, 2019: 31-32).

한국의 다문화연구는 1980년대 초반 미국의 다문화현상을 소개한 것으로 시작되어, 1990년대 외국인노동자의 국내 입국이 증가하면서 이들의 이민과 취업 현황, 차별과 인권 문제, 한국사회 적응 등에 관한 연구가 등장한다. 2000년대 들어서면서 결혼이민여성을 대상으로 한 연구가 본격적으로 증가하기 시작한다. 다문화 담론에서는 결혼이민여성과 다문화가족을 새로운 정책 대상으로 설정했으며, 외국인노동자와 같은 체류외국인에 대한 정책과는 구분하는 양상을 나타냈다. 다문화연구에서 다루어진 다문화 담론의 한계는 이민자에 대한 시혜적이고 온정적인 시각이 정부의 '과잉정책화'와 시민단체의 '과잉규범화'와 연결되어, 정부의 다문화정책의 규범적 정당화, 국가이익 강조, 이민자의 수동성 강화, 결혼이민여성과 다문화가족을 제외한 소수자의 배제 등을 노정한다는 지적이 제시되었다. 또한 다문화 담론은 이민자를 도구화하고 계층화하여 차별하는 경향을 나타냈다고 지적한다(이용재, 2019: 17-26).

다문화주의는 한국사회에 영문학자와 국제이주 연구자, 시민단체 활동가들에 의해 제시되었다. 영문학계는 1990년대 후반 주로 순수 학문적 차원에서 미국 문학과 문화 사조 중 하나인 다문화주의를 소개하기 시작한다. 한편 1990년대 외국인노동자와 결혼이민자들이 경험한 문제들을 해결하고 지원하기 위한 노력의 일환으로 국제이주 연구자와 시민단체 활동가들이 2000년대 초 다문화 개념을 본격적으로 언급하기 시작한다. 이후 참여정부 시기 정부의 정책의 제로 다문화주의가 채택되었으며, 언론과 시민사회의 홍보와 계몽의 담론이 되었다.[1]

2000년대 초 학자와 시민단체 활동가들에 의해 논의되기 시작한 다문화 담론은 이민자의 유입으로 인해 다문화사회로 전환이 시작된 한국사회의 개혁 담론이자 이민자가 경험하고 있는 문제를 해결할 수 있는 규범적 가치로 제시된 측면이 있다. 2000년대 후반 학계와 시민사회 일각에서는 '다문화 열풍'에 대한 우려와 '다문화 혐오증'이 표출되기도 한다. 학계에서는 '다문화 열풍'이 가진 문제로 다문화사회에 대한 정확한 이해의 부재 속에서 개념의 오용과 혼용, 관용구로서의 무분별한 사용 등이 제기되었다. 또한 일각에서는 소수이기는 하지만 반이민 또는 반다문화 운동이 시작되었다. 이들은 불법체류와 외국인 범죄 등을 부각시키면서 다문화정책을 비판하기 시작한다(한건수, 2014: 38-51).

구체적으로 중앙과 지방정부 차원에서 인구와 노동력 문제 해결을 이민정책의 관점에서 새롭게 접근하면서 다문화주의 담론이 제시되었다. 국제결혼 후원과 다문화가족의 사회통합을 위해 다문화

---

1 참여정부는 2006년 다문화정책을 통한 이주민 통합의 중요성을 강조하면서, 이민정책의 비전을 '다문화사회'로 설정한다. 이후 외국인노동력에 주안점을 두었던 시각에서 벗어나 이민정책은 '다문화'의 틀을 통해 결혼이민자 문제에 집중하기 시작한다(구본규, 2016: 194-195).

라는 명칭의 정책을 적극 도입한다. 시민단체가 외국인노동자 지원에 집중했던 것에서 벗어나 결혼이민여성과 다문화가족 자녀를 위한 지원프로그램을 위탁 운영하거나 독자적으로 지원프로그램을 도입하면서 다문화주의 담론은 민간 영역으로도 확산되었다. 학계에서는 사회학, 인류학, 국문학, 가족학, 사회복지학 등의 학문 분야에서 결혼이민여성과 다문화가족 자녀를 연구대상으로 설정하고, 다양한 연구를 진행하면서 다문화주의 담론과 연계한다. 언론도 결혼이민여성의 문제를 다룬 방송프로그램과 기사들을 통해 다문화주의 담론의 확산에 기여한다(윤인진, 2013: 177-178).

국민의 다문화 인식에 관한 조사 연구도 진행되었다. 2005년 중앙일보와 동아시아연구원(EAI)의 공동조사에 따르면 한국 국민은 한민족보다 국민으로 인식하는 비율이 높았으며, '혈연 민족주의'보다 '국적 민족주의'의 선호가 높게 나타났다. 혈연적 특성도 중요하지만 국적을 통해 한국이라는 정치공동체의 소속을 보다 더 중요한 기준으로 인식했으며, 한국인이 되기 위한 조건도 출생과 혈통보다 근소한 차이기는 하지만 국적 유지가 높은 것으로 나타났다. 2007년 세계일보의 설문조사 결과에서도 가장 한국인이라고 생각하는 사람은 혈연적 연계보다는 한국의 사회문화 공동체의 일원인 사람이라는 답변이 제시되었다(송종호, 2007: 101-102).

2007년 진행된 〈다문화 사회에 대한 한국인의 의식조사〉 주제의 설문조사 결과에서도 한국인의 국민정체성과 관련해 응답자들은 혈통-문화적 정체성보다는 정치적-법적 정체성을 중시하는 인식을 보여주었다. 이러한 인식은 2003년 조사에서도 유사한 양상을 나타냈다. 외국인 귀화에 대한 태도에서는 서구와 백인에 대한 선호가 높게 나타난 반면, 조선족 동포를 제외하고 동양과 유색인종의 귀화에 대한 찬성은 상대적으로 낮게 나타났다. 세대의 측면에서 보면 20대와 30대에서 외국인의 귀화에 대해 보다 수용적 입장을 가진 것으로 나타났다. 이민자의 권리와 관련해서는 외국인 노동자도 한국인 노동자와 동일한 노동법적 권리를 가져야 한다는 의견이 높게 나타났다. 그러나 다문화사회에서 소수자를 보호하기 위한 '적극적 조치(affirmative action)'에 대해서는 새터민을 대상으로 한 경우 부정적 입장이 표출되었으며, 특히 20대와 30대에서 더욱 두드러지게 제기되었다. 이러한 양상은 당시 한국사회에서는 소수자에 대해 적극적 조치를 제도화할 수 있는 여론과 시민의식이 충분히 형성되지 않았다는 것을 보여준 것이다(최현. 2007: 148-169).

한국 다문화 담론에 관한 학술연구는 저서, 논문, 언론 기사 등에 표출된 다문화 담론의 특징과 한계를 지적하고, 새로운 제안을 제시한 연구들이 제출되었다. 다문화 담론에 관한 연구 중 한국의 다문화 담론의 특징과 한계를 제기한 주요 연구는 다음과 같다.

엄한진(2008: 115-119)은 다문화주의를 먼저 도입한 국가들과 달리 한국의 다문화 논의가 가지는 구조적 한계를 사회적 조건의 측면에서 제시한다. 한국의 경우 이민 역사가 짧고 국가 내 소수민족이 존재하지 않았으며, 다문화주의에 요구되는 문화적 토대가 빈약하고 주류사회와 이주민 간의 문화적 관계가 일방적 경향을 가지면서 동화주의적 성격을 강하게 가지게 되었다고 지적한다. 그럼에도 다문화 논의가 활성화된 배경에는 90년대 이후 문화, 타자, 소수자에 대한 관심의 증가, 민주화 이후 세계시민으로서의 정체성 증진, 오리엔탈리즘의 대상에서 동남아시아 출신 이주민을 대상으로 한 오리엔탈리즘의 주체로의 변화 등이 영향을 미쳤다고 주장한다.

이용승(2011: 146-152)은 다문화 관련 연구와 정부정책에 나타난 한국 다문화주의 담론의 지형에 관한 분석을 통해 특징을 제시한다. 한국 다문화주의 담론의 지형은 '왜 다문화주의인가'라는 물음에 답할 수 있는 이론과 철학적 논의의 빈곤이 노정되고 있는 가운데, 연구와 정책이 다량 배출되는 '담론 과잉'의 양상을 보였다고 주장한다. 이러한 원인은 다문화정책이 이론적 기반을 필요로 하지 않는 즉자적인 정책이며, 다문화정책이라는 표현과 달리 동화정책을 주된 내용으로 하고 있기 때문이라고 지적한다. 철학적 성찰의 부족은 다문화정책과 담론의 모호함이 담론의 과잉으로 연결될 수밖에 없다고 언급한다.

한편 수사로서의 다문화정책을 다문화주의 담론 지형의 또 하나의 특성으로 제시한다. 한국의 다문화정책은 내용적으로는 동화정책이지만 형식적으로는 다문화정책으로 표현하는 수사로서의 다문화정책이라고 주장한다. 이민자를 구성원의 한 주체로 인정하기보다는 관리와 배제의 대상으로만 범주화하는 동화정책을 시행하고 있으면서도, 다문화주의라는 '전도된 수사'를 동원하고 있다고 비판한다. 한국 다문화 담론 지형의 변화를 위해서는 서구의 다문화주의와 정책에 대한 연구와 개인의 자유와 인권, 평등, 민주주의, 공공선 등의 관점에서 다문화주의에 대한 논의, 문화와 정체성과 다문화주의의 연계에 관한 사전 연구 등이 진행되어야 한다고 제안한다.

한건수(2012a: 74-78)는 다문화 열풍, 다문화 피로감, 반이민 정서의 확산 등의 현상이 나타나고 있다고 지적한다. 다문화 관련 논의와 정책이 증가해왔지만, 다문화주의에 대한 추상적 논의와 이상적 가치의 선명성 경쟁이 표출되어 왔다고 언급한다. 또한 국민들은 다문화사회의 내용과 실천 방향에 대한 이해가 부족한 상황에서, '정치적으로 옳은' 가치로 다문화주의를 수용하게 됨으로써 다문화 관련 논의에 피로감을 가지게 되었다고 지적한다. 특히 이러한 피로감은 공무원과 시민단체 활동가에게서 두드러지게 나타났으며, 유럽에서 제기된 다문화 실패론과 연계되어 반이민 혹은 반다문화 담론과 운동의 형성에 영향을 미쳤다고 설명한다. 반이민 혹은 반다문화 운동은 외국인 범죄 척결과 불법체류자 단속 등으로 자신들의 요구를 구체화한다고 제시한다.

문재원(2014: 166-168)은 학계를 중심으로 한 한국의 다문화주의 담론의 지형을 유형화해 제시한다. 정부의 다문화정책을 정당화하는 담론이 초기에 제시되었으며, 서구의 다문화주의 이론과의 비교를 통해 시민권에 주목하는 한국형 다문화주의 이론화를 위한 학문적 시도가 진행되었다고 언급한다. 또한 규범화되어 가는 다문화주의에 대한 비판적 논의가 진행되면서, 불평등의 문제를 문화적 차이로 환원시키는 점에 주목하는 '비판적 다문화주의' 담론이 제기되었다고 설명한다.

김종태(2012: 82-83, 87-89, 96-102)는 2007년부터 2011년까지 507건의 신문 기사에 대한 분석을 통해 한국사회 다문화 담론의 민족주의와 선진국 담론과의 관계를 비판적으로 고찰한다. 신문 기사를 다문화 담론과 단일민족주의의 극복 또는 민족주의의 유용성 담론과 세계화 시대의 인식 또는 선진국과 후진국 출신의 이민자에 대한 위계적 인식에 나타나는 선진국 담론과의 관계를 중심으로 분석한다. 신문 기사에 나타난 다문화는 외국인노동자와 결혼이민여성을 중심으로 한 이민자들에 대한 포용과 공존을 의미하는 용어로 활용되었다고 지적한다. 또한 다문화 용어와 가족 또는 가정을 연결해 사용하는 사례가 많았다고 언급한다. 신문 기사의 다문화 담론에서 민족주의는 다문화와 배치되는 관계에 있는 것으로 인식하는 경향이 두드러지게 나타났으며, 개방성, 포용성, 다양성의 다문화에 비해 폐쇄성, 배타성, 단일성의 민족주의로 표출되었다고 설명한다. 그러나 신문 기사의 다문화와 민족주의의 대립적 관계에 대한 설명은 경험적 · 논리적 근거를 포함하지 못한다고 지적한다.

한편 다문화와 선진국 담론은 연계되어 활용되었으며, 주로 다문화를 선진국 진입이나 선진화를 위한 조건으로 간주하는 특징이 두드러지게 나타났다고 언급한다. 다문화사회가 제공해줄 수 있는 국가경쟁력 제고와 글로벌 인재 확보 등의 실리적 측면과 다문화를 선진국이 갖추어야 하는 당위적 측면의 인식이 다문화와 선진국 담론 연계의 배경이 되었다고 제시한다. 다문화와 연계된 선진국 담론에서는 민족주의를 부정적으로 인식하는 경향이 두드러지게 나타났지만, 다문화와 선진국 담론도 외국인의 일방적 적응 또는 차별을 표출하는 국가주의 또는 민족주의적 경향 내에서 제시되었다고 주장한다.

김현강(2015: 30-33, 41-57)은 2005년부터 2014년까지 다문화를

주제로 한 신문 사설 30편을 선정해 다문화 담론을 분석한다. 사설에서는 다문화사회로 변화한 한국사회를 언급하면서 다문화사회와 다민족 등의 표현과 인구학적 변화와 이와 관련된 사안이나 문제 등을 언급했고, 국가의 다문화정책과 다문화가정에 관심의 주안점을 두면서 다문화의 범주를 협소하게 만드는 한계를 보였다고 설명한다. 또한 다문화정책과 관련된 사설에서는 동화주의 담론이 나타났다고 지적한다. 결혼이민여성을 포함한 이민자의 적응을 높이고 의사소통과 교육이 원활하게 진행되어야 한다는 동화주의에 기초한 주장과 국민만을 대상으로 하는 정책을 통해 다문화정책을 대체할 수 있다는 의견도 주장되었다고 제시한다. 한편 다문화 공존을 위한 제안이 사설에서 언급되었는데, 인구정책과 다문화주의 정책의 연계, 이민자와 외국인의 정치적 권리 부여, 국적취득과 이중국적 문제 등이 사설에서 다루어졌다고 언급한다.

황경아와 이인희(2018: 109-111)는 언론에서 다루어진 다문화 담론 지형의 변화를 분석한다. 2012년부터 2015년까지 〈조선일보〉와 〈한겨레신문〉에 등장한 다문화 관련 주요 이슈는 인종차별과 외국인 혐오 문제, 차별금지법 제정과 반다문화 정서 등으로 나타났다고 설명한다. 보수언론에서는 결혼이민여성과 자녀에 대한 차별과 편견에 대한 문제 제기와 해결방안에 대한 논의를 진행했던 반면, 진보언론에서는 이주노동자의 고용, 미등록 이주아동 지원, 차별금지법 법제화 등 이민자의 인권보장 사안의 의제화에 주안점을 두었다고 지적한다. 한편 다문화 담론 형성의 행위자는 연구자와 전문가 집단, 소수이지만 이민자 등이고, 기사에서 결혼이민여성은 '절반의 한국인'으로 인식하는 경향이 나타났으며, 이주노동자에 대해서는 보수언론의 '효용적 가치' 또는 진보언론의 '인권적 가치' 측면에 주목하는 상이한 인식 접근이 두드러졌다고 언급한다.

윤경훈과 강정인(2019: 98-112)은 국내 다문화주의 연구의 다문화정책에 대한 인식을 분석하고, 한국의 다문화정책에 대한 동화주의정책 또는 서열화와 차별적 포섭·배제 정책이라는 비판은 적실성을 가지지 못한다고 주장한다. 한국 다문화주의 연구의 비판 논리를 두 가지로 범주화해 제시한다. 표면적으로 다문화정책을 가장할 뿐 실제로는 결혼이민자의 사례연구에서처럼 주류사회로의 동화를 전제로 하는 동화주의정책이라는 비판과 비숙련 노동이민자 사례연구에서처럼 다양한 문화적 배경의 사람을 서열화하고 차별적으로 포섭하고 배제하는 정책이라는 비판으로 구분한다. 이들 비판은 서구의 다문화주의에 기초해 제시되고 있다고 언급한다. 그러나 서구에서 소수민족과 원주민 집단에 대한 동화주의정책은 시행되고 있지 않지만, 서구에서도 이민자에 대한 다문화주의는 보다 제한적이라는 맥락을 고려해야 한다고 주장한다.

한편 중앙정부와 지방정부의 실제 정책에서는 적응 지원과 문화적 다원성을 지지하는 내용들이 있어 단순히 동화정책으로 국한시키기는 어렵다는 입장을 제기한다. 또한 서구의 다문화주의 이론에서도 국경 통제력의 유지와 선별적 이민 수용이 제시되고 있으며, 한국의 경우 인종과 문화적 편견에 기반을 둔 이민 배제와 선호, 차별정책이 시행되지 않고 있어서 기존 연구의 서열화와 차별정책에 대한 비판이 설득력을 갖기 어렵다고 지적한다. 다문화주의 담론은 한국에 정착한 이민자에 대한 다문화주의적 접근의 수위와 새로운 이민자의 수용 문제에 관한 검토가 필요하다고 강조한다. 적극적 또는 소극적 다문화주의, 동화주의, 상호문화주의와 시민통합에 관한 담론 연구가 요구되며, 다문화주의 접근을 포함한 다양한 관점에서의 새로운 이민자 수용에 대한 연구가 필요하다고 주장한다.

이시철과 김혜순(2009: 110-111, 133-134)은 지방의 국제화 및 다문화 담론을 선행연구, 언론보도에 나타난 의제화, 중앙과 지방정부 차원의 법령/행정기구/사업 및 예산 등 제도/정책, 새로운 측정지표 탐색 등으로 구분해 고찰한다. 지역 다문화사회통합의 3단계 측정 지표안을 수준과 정책, 성과지표로 구분해 제시한다. 구체적으로 수준지표가 현황과 인식 정도를 평가하기 위한 것이라며 다양한 제도와 사업 등을 측정하기 위해 정책지표를 제안했고, 마지막으로 만족도와 인식 등을 측정하기 위해 성과지표를 제기한다. 다문화의 좌표를 폭넓은 이민정책의 맥락에서 접근하는 것이 필요하며, 한국의 사회정치적 경험과 세계적 맥락 속에서 변화를 추구해야 하고 이상적인 모델의 수입은 적절하지 않다고 지적한다. 이민자와 국민이 사회통합의 목표를 설정하고, 국민의 다문화 인식이 제고되는 '재사회화'가 주요 정책의제로 제시되어야 한다고 주장한다. 또한 국제화 담론에서 다문화 담론으로 전환되는 과정에서 중앙정부가 주도적 역할을 함에 따라 지역성이 간과되고 있다고 언급하면서, 지방정부와 지역의 역할을 제고해야 한다고 강조한다.

이영범과 남승연(2011: 154-156, 170-171)은 기존 다문화주의 유형화에 문제를 제기하고, '이민자통합정책지수(MIPEX)'를 통해 새로운 유형화를 시도한다. 선행 다문화주의 유형론은 이론적 유형화로 국가 분류를 위한 현실적용의 한계, 국가 내 다양한 다문화주의의 존재 가능성 간과, 국가의 정치·경제적 상황의 고려 미비 등의 한계를 노출한다고 지적한다. OECD 17개국 대상 분석을 통해 다양한 영역에서 다문화정책 지수가 상대적으로 높은 다원주의적 다문화주의, 초기 단계의 이민수용 국가에서 나타나는 발전주의적 다문화주의, '이민자통합정책지수'가 가장 낮은 평균값을 보인 보수적 다문화주의, 두 번째로 낮은 지수를 나타내 자유주의적 다문화주의 등으로 유형화해 제시한다. 보수적 다문화주의 유형에서는 우파정당 의석점유율이 가장 높은 반면, 다원주의와 발전주의 다문화주의 유형에서는 우파정당의 의석점유율이 상대적으로 낮았다고 설명한다.

황성욱 외(2014: 180-191)는 한국인의 '다문화수용성(multicultural acceptance)'을 측정할 수 있는 지수를 개발해 제시한다. 기존 연구에서는 다문화수용성을 구성하는 하위개념들이 복잡하고 추상적이어서 측정 가능한 지수가 제시되지 못했으며, 다문화수용성에 관한 실증적 연구도 미비하다고 지적한다. 지수 개발을 위해 한국인이 생각하는 다문화수용성의 하위개념들을 일곱 개로 제시한다. 첫째, 인종, 종교, 문화에 대한 개방과 교류 문항을 포함하는 외국이주민에 대한 이해와 개방, 둘째, 외국이주민에 대한 차별, 셋째, 외국이주민에 대한 거부 및 회피, 넷째, 외국이주민과의 적극적인 교류와 행동을 다루는 문항을 포함하는 외국이주민과의 상호 교류 행동, 다섯째, 한국인과 외국이주민이 서로의 언어와 풍습, 가치관을 학습하고 공존을 지향하는 문항을 포함하는 외국이주민과 한국사회의 쌍방적 동화, 여섯째, 외국이주민의 한국사회로의 일방적인 동화, 일곱째, 외국이주민에 대한 선입견이나 부정적으로 인식하는 문항을 담은 외국이주민에 대한 고정관념 등으로 제안한다. 이들 하위개념을 기초로 7개의 측정 문항을 제시한다. 지수의 개발을 통해 다문화수용성에 영향을 미치는 예측변인과 결과변인의 규명, 한국인에 특화된 지수 개발, 다문화정책의 효과 검증과 개발에 기여할 수 있다고 주장한다.

이혜경(2014: 144-149)은 국제이주와 다문화 연구에 있어서 사회학의 기여를 위한 제언을 제시한다. 결혼이민여성과 다문화가정 이외에 외국인노동자, 미등록노동자, 중국교포, 화교, 탈북자 등 다양한 종족소수자를 연구대상으로 확대하고, 종족소수자 전체를 포괄할 수 있는 총체적인 시각이 필요하다고 지적한다. 또한 노동이주와 결혼이민의 연계성을 규명하는 연구의 시작은 국제이주와 다문화의 연계에 주목할 수 있는 연구로 발전할 수 있다고 제기한다. 이민자 중 많은 비중을 차지하는 중국동포의 경우에서처럼 국제이주와 민족연구, 디아스포라(diaspora) 연구와의 연계가 필요하며, 다문화주의를 넘어서 새로운 유형의 한국적 다원주의에 대한 연구가 요구된다고 주장한다. 마지막으로 초국가적 가족, 초국가성, 초국민성 등을 포함하는 초국가주의에 대한 연구가 늘어나야 한다고 제안한다.

이민정책은 출입국관리, 체류관리, 국적관리, 사회통합 등을 포괄하는 정책이다. 단계별로는 출입국관리정책, 체류관리정책, 사회통합정책의 세 단계로 구분할 수 있다. 대상별로는 노동이민정책, 불법체류 외국인정책, 가족이민정책, 비호 및 난민 정책 등으로 구분할 수 있다. 유엔 인구국은 이민정책의 종류를 이입에 대한 입장, 이입정책, 영구정착정책, 고숙련근로자정책, 단기취업근로자정책, 가족재결합정책, 비국민통합정책, 귀화정책, 이민자 출신국 귀환촉진 프로그램, 불법이민에 대한 우려 수준, 이출에 대한 입장, 이출정책, 복수국적허용, 재외국민 귀국장려정책, 재외동포 관련 특별 정부조직, 재외동포 투자유치정책 등으로 구체화한다.

한편 이민정책은 역사적으로 보면 이민통제 정책에서 이민관리 및 통합정책으로 변화하거나 병존하는 경향을 보이고 있다. 이민정책의 목표도 경제적 측면을 넘어서 정치, 사회, 문화 등의 국익으로 확장되고 있으며, 또 하나의 목표인 통제도 통합으로 재정의되는 양상을 나타내고 있다. 국가 또는 중앙정부 차원의 이민정책 결정과 시행이 점차 지방정부로 정책 주도권이 전환되고 있다. 이민정책의 출입국관리, 체류관리, 사회통합, 국적관리 정책으로의 체계화와 이민자의 정치, 경제, 사회적 권리 인정과 사회서비스 제공 등으로의 수렴 경향은 원하지 않는 이민자의 축소, 난민 문제의 해결, 반이민 정서에 대한 대처, 이민자 사회통합 문제의 부상 등의 과제에 대응하기 위한 것이다(이혜경, 2016: 16-34; 설동훈, 2016: 97-105).

한국의 이민정책 담론에 관한 연구는 이론과 방법론, 국제이주의 특징과 영향, 거버넌스, 이민자의 적응과 사회통합의 영역에서 주로 진행되어 왔다. 이민자의 적응과 사회통합 영역의 담론 연구는 아래의 다문화와 이민정책 담론의 연계 영역에서 분석하고, 여기에서는 주로 이론과 방법론, 국제이주의 특징과 영향, 거버넌스 등에 관한

연구의 주요 내용을 설명하고 있다.[2]

석현호(2000: 6-21, 26-30)는 서구의 국제이주이론에 대한 평가와 함께 대안적 접근법으로 행위체계론적 접근을 제안한다. 기존 이론을 신고전경제학, 신이주경제학, 노동시장분절론, 역사-구조적 접근 등은 발생론으로, 사회적자본론과 누적원인론은 영속화론으로 유형화한다. 또한 이민자의 적응 또는 정착에 관한 이론을 인적자본론과 노동시장분절론의 경제학적 접근과 전통적 이민사회학과 경제사회학의 사회학적 접근으로 구분해 적응론을 설명한다. 구조론적 분석에 치우친 기존 연구의 한계를 극복하기 위해서 행위론적 접근을 대안으로 제시한다. 행위체계론의 관점에서는 구조론의 주요 요소를 경제, 정치, 문화, 사회적 상황을 포함하는 이주행위의 상황적 요소로 개념화함으로써 국제이주를 포괄적으로 분석할 수 있다고 강조한다. 행위체계론적 접근을 통해 사회적 상황 영역에서는 직장에서의 사회적 관계와 적응, 문화적 상황 영역에서는 이민자의 문화와 수용사회 문화와의 적응 문제와 비교 문화적 분석, 경제적 상황 영역에서는 이주노동자의 취업 상황, 정치적 상황 영역에서는 송출국의 정책과 비정부기구의 역할 등의 새로운 연구주제를 탐색할 수 있다고 주장한다.

김용찬(2006: 90-101)은 기존 국제이주이론이 가진 설명의 제한성을 극복할 수 있는 대안으로, 이주의 시작과 지속을 포괄적이고 통

---

2 국제이주 연구를 이론, 방법론, 특징과 영향, 거버넌스, 이민정책 연구로 구분해 경향과 내용을 분석한 것은 졸고를 활용한다(김용찬, 2019). 이 글에서는 보완적으로 지식체계로서의 담론 분석을 위해 연구자들의 핵심 주장을 설명하는 데 주안점을 두었다.

합적으로 분석할 수 있는 이주체계접근법을 제시한다. 이주체계접근법은 정치, 경제, 사회, 인구 차원의 국내 상황에 의해 국제이주가 발생하며, 역사, 문화, 식민지, 기술 등의 요인과 이주 흐름 자체의 피드백과 조정에 의해 국제이주는 변화하고 유지된다는 주장을 제시한다고 설명한다. 이주체계접근법은 수용국과 송출국 모두를 고려할 수 있고, 다양한 이주의 시작과 지속, 변화 등을 다양한 맥락에서 고찰할 수 있기 때문에 국제이주에 대한 포괄적이고 통합적인 분석에 기여할 수 있다고 강조한다. 한편 이주체계접근법은 '국가 되돌리기(bring the state back)' 언명에서처럼 국제이주 분석에 있어 국가를 중요한 행위자이자 분석단위로 설정하고자 노력해온 정치학 분야의 국제이주연구에 기여할 수 있다고 언급한다. 구체적으로 정치경제적 상황과 국제관계, 분석 대상에 송출 국가 포함, 이민자의 정치활동 등의 연구에 기여할 수 있다고 주장한다.

전형권(2007: 123-128)은 기존 국제이주이론에 대한 비판적 검토를 통해 간과되었던 디아스포라에 대한 새로운 조명과 노동디아스포라 연구를 위해 정체성 재구성의 측면에서 접근할 것을 제안한다. 노동이민자는 선행 이민자와의 연결망을 통해 새로운 '인종적 정체성(ethno-national identity)'을 획득하며, 이러한 과정을 통해 이민자는 노동디아스포라로서의 정체성과 성격을 갖게 된다고 설명한다. 한국의 경우 외국인노동자가 급격히 증가하고 있는 상황에서 국제이주를 디아스포라 현상의 일부로 분석해야 하며, 또한 전 지구적 인구이동이라는 거시적 관점의 고찰과 국제이주와 국가/사회/시장과의 상호작용에 대한 검토를 통해 탈근대적 디아스포라 현상을 설명할 수 있다고 주장한다.

이선미(2010: 213, 232-236)는 국가변형론의 관점에서 국제이주를 통한 국가의 공간적 변형에 주안점을 두고 서구의 국제이주 이론을 비판적으로 검토한다. 국가변형론은 전 지구화가 국가의 기능과 역할에 미친 영향에 주목하는 이론으로, 국가의 자율성, 국가의 통치 역량, 국가의 역할 및 개입 형태, 국가의 공간적 특성 등의 변형에 분석의 주안점을 두고 있다고 설명한다. 킴리카(Kymlicka), 브루베이커(Brubaker), 소이잘(Soysal) 등의 이론을 검토한 결과 국제이주가 어떤 방식으로 국가의 변형을 야기했는지에 대해 상이한 입장을 대표한다고 언급하고, 연계의 재협상으로 표현될 수 있는 국가의 변형을 종족공동체-국민 연계의 변형과 국민-국가 연계의 변형으로 구분해 제시한다.

최병두(2011: 9-17)는 초국적 이주 연구의 새로운 방법론으로 학제적·통합적 연구를 제시한다. 학제적 연구를 위해서는 첫 번째 단계에서 개별 학문 분야의 연구에 대한 검토와 비교가 실행되고, 두 번째 단계에서는 초국적 이주와 다문화사회의 특정 세부주제를 선정해 학문 분야별 연구자의 공동연구가 진행된다고 설명한다. 세 번째 단계는 특정 학문 분야에서 활용된 개념적 틀, 인식론적 가정, 설명 전략 등을 상호 이해를 통해 체계적으로 통합하는 과정이라고 언급한다. 기존 국제이주이론 연구에 대한 비판적 검토를 토대로 통합적 방법론의 적용을 위한 검토사항을 제안한다. 첫째, 국제이주의 배경에 관해 구조와 행위의 측면을 상호 연계시켜 분석해야 하며, 둘째, 정치, 경제, 문화적 측면을 결합해 이해해야 한다고 제시한다.

셋째, 이민자는 개인이라기보다 사회적 집단의 한 구성원으로 이해되어야 하며, 넷째, 이민자는 이주와 정착과정을 통해 수용국과 송출국에 영향을 미침으로써 변화를 야기한다는 관점의 분석이 필요하다고 주장한다.

최병두(2017: 3-42)는 국제이주이론 중 관계이론에 대한 대안적 연구방법으로 행위자-네트워크 이론(actor-network theory)을 주장한다. 서구의 국제이주이론을 행위, 구조, 관계를 중시하는 이론으로 유형화하고, 그중 사회적 연결망 이론, 사회적자본이론, 사회적 관계, 이주네트워크이론, 이주체계이론, 초국가주의 등 '관계성'에 분석의 주안점을 두는 관계이론에 대한 대안으로 행위자-네트워크이론을 제안한다. 행위자-네트워크이론이 초국적 이주 연구에 적용될 수 있는 주요한 개념적 특성을 구체적으로 언급한다. 즉 행위와 구조의 이분법을 극복하고 관계성을 나타내는 네트워크와 인간과 비인간 사물을 포함한 행위자 개념, 행위소(actant)가 네트워크의 행위자가 되는 것을 의미하는 번역과 행위자의 동맹 개념, 네트워크 내에서 행위자가 차지하는 위상학적 공간 개념 등으로 제시한다.

이병하(2017: 29-47)는 정치학 분야 국제이주연구의 발전을 위해 정치학적 접근과 방법론을 제시한다. 정치학에서 국제이주에 대한 연구는 상대적으로 저발전된 상태이지만, 1990년대 이후 이익(interests), 권리(rights), 제도(institutions) 개념을 주요 분석틀로 정치경제학적 이론, 권리에 기반을 둔 이론, 신제도주의적 모델 등을 통해 국제이주를 분석해오면서 독자적인 연구 영역을 모색해왔다고 설명한다. 정치학 분야의 국제이주연구의 발전을 위해서는 방법론적 민족주의의 분석단위인 국가 수준을 넘어서 도시 간 비교연구의 도입이 필요하다고 강조한다. 또한 이념형인 이민자 통합정책모델에 기초한 분석보다는 MIPEX나 '다문화정책지수(MPI)'와 같은 지표중심 접근법의 적용이 요구된다고 주장한다.

이소영(2011: 29-32, 35-38)은 결혼이민여성의 국제이주와 적응에 있어서 '사회적 연결망'의 역할을 분석한다. 결혼이민여성에 대한 기존 연구를 국제결혼의 현황과 과정, 결혼이민여성의 적응과 갈등의 경험 등에 관한 연구, 문화적응에 관한 연구, 다문화가정의 남편에 관한 연구 등으로 유형화해 제시하면서, '사회적 연결망' 연구가 미비함을 지적한다. 이주민 네트워크를 가족 네트워크, 사회적 네트워크, 민족문화 네트워크로 구분하고, 결혼이민여성의 경우 이주과정에서의 '사회적 연결망'은 가족과 사회적 네트워크가 영향을 미치며, 적응에는 가족, 사회, 민족문화 네트워크가 중요한 역할을 한다고 주장한다.

최병두(2012: 383-392)는 동아시아지역 노동이주의 특성을 고찰하고 연구 과제를 제시한다. 지역 내 국제노동이주의 특성을 지속적 증가 추세, 지역 내 수용국과 송출국의 변천과 이주 경로의 다양화, 노동력 비중의 대다수를 저숙련노동력과 '이주의 여성화'로 대표되는 여성노동자가 차지하는 상황, 일시적 및 순환적 노동이주, 상당한 수의 미등록 또는 불법체류자 존재 등으로 설명한다. 한편 동아시아 노동이주는 지구화 과정에서 수용국과 송출국 간의 차이와 관계 요인에 근거해 고찰되어야 하며, 이주가 미치는 개인과 지역, 국가에 미치는 영향에 관한 검토와 전망에 대한 연구가 필요하다고 주장한다.

이용승(2014: 151-164)은 한국의 분단 상황과 정주를 허용하지 않는 노동이주와 결혼이민 유형의 이민형태는 인간안보(human security)보다는 국가안보를 중시하는 사고의 관행을 고착시켰다고 지적한다. 한국이 이민국가로 전환하면서 국제이주가 확대됨에 따라 국제정치학의 국제이주연구에 대한 관심은 증가할 수밖에 없고, 인간안보의 시각은 국제정치학이 이주연구를 포괄할 수 있는 방안이라고 주장한다. 인간안보 관점은 비자발적 동기에 의한 이주와 집단과 개인 차원의 갈등과 차별, 불평등에 토대를 둔 이주수용국에서의 사회통합 등의 문제를 분석하고 해결할 수 있는 인식적 틀과 정책적 수단을 제공해줄 수 있다고 언급한다.

최영진(2010: 212-216)은 동아시아 노동이주의 경향과 송금을 통한 개발에 관해 분석하고, 동아시아 노동이주의 체계적 관리를 위한 초국가적 거버넌스의 필요성을 주장한다. 동아시아의 사례를 보면 송금은 송출국에서 빈곤의 감소와 소비 증진에 기여하고, 지역사회에 대한 지원에 활용될 수 있다고 설명한다. 송금의 소비 촉진 역할에도 생산적 투자로의 연결은 제한적이기에, 구조적 빈곤이 감소되기 위해서는 시장과 정부정책의 변화가 수반되어야 하고 거시적 환경 개선을 위해서는 외부의 재정 자원이 필요하다고 지적한다. 한편 체계적인 이주 관리를 통해 이주노동자에게 정보, 충원, 훈련, 남용으로부터의 보호 등의 지원을 제공해야 하는데, 이를 위해서는 국가 차원의 정책 변화와 함께 초국가적 차원의 동아시아 이주노동 거버넌스의 구축을 통해 공정한 충원 절차와 노동권 보호, 불법체류자 귀환 교육프로그램 등을 제공해야 한다고 강조한다.

미우라 히로키(2011: 156-179)는 지역 차원의 다층 거버넌스를 통해 이주노동자 문제를 분석할 수 있는 다양한 논점들을 제시한다. 동아시아 이주노동자 문제의 특성을 지역화, 지방화, 수용국의 국제법 비준과 지역기구 구축에 대한 소극성 등으로 제시하고, 동아시아 이주노동자 문제의 다층 거버넌스를 국제, 국가, 지방과 사회 수준으로 구분해 분석한다. 한국과 일본 사례에 대한 분석결과 동아시아에서는 정부 간 지역기구가 부재한 상황에서도 이주노동자 관련 국제기구와 지역적 연합조직이 이를 보완하는 역할을 하고 있으며, 연성법에 기초한 지역협력의 추진을 위해서는 피드백과 성과에 대한 상호 학습이 중요하다고 주장한다. 또한 한국과 일본은 다문화 이념을 중시하기에 이들 국가의 실천성과는 ILO를 비롯한 국제사회의 이주노동자의 권리 중심 연성법 구축에 기여할 수 있다고 지적한다.

이병하(2019: 17-18, 34-40)는 국제이주에 관한 국가 간 협력과 동아시아지역에서 국제이주 거버넌스 형성의 가능성을 진단한다. 국제이주에 관한 다자간 국제협력은 예외적인 상황에서만 발생하고 국제협력을 추구하기에는 많은 어려움이 존재한다고 언급하면서, 기존 연구는 이주 분야 글로벌 거버넌스의 저발전을 극복할 수 있는 방법과 대안에 관한 제안은 미비하다고 지적한다. 이주 관련 국제협력은 지역 차원에서 점진적인 접근법을 통해 대안을 검토해야 하며, 지역의 거버넌스는 지역 간 협력으로 발전할 수 있고 지역 내 거버넌스, 지역 간 거버넌스, 글로벌 거버넌스로 연계된 다층적 거버넌스의 구축을 모색할 수 있다고 주장한다. 국제이주에 관한 동아시아

지역 이주 거버넌스를 구축하기 위해서는 국가 주도를 넘어서 다양한 수준의 국제기구와 대화체와의 정합성에 토대를 둔 다층적 거버넌스를 모색해야 할 필요가 있다고 제안한다. 또한 정보 공유와 제한된 의제에 대한 논의를 위한 동아시아 이주 네트워크의 형성을 추진할 필요가 있고, 이러한 과정에서 동아시아 이주 거버넌스 구축은 점진적 접근법을 통해 추진해야 한다고 제언한다.

신지원(2015: 8-11, 27-29)은 인도와 아프리카 출신과 멕시코 출신 디아스포라 사례 분석을 통해 국제이주와 발전을 연계시키는 담론에서 디아스포라의 역할을 고찰한다. 본국의 발전에 대한 디아스포라의 영향을 송금, 두뇌유입/순환, 초국적 네트워크를 중심으로 설명하고, 디아스포라는 '국제이주와 발전의 연계성(migration-development nexus)' 논의에서 중요한 연구대상으로 부상했다고 지적한다. '디아스포라에 의한 발전'이 실행되기 위해서는 디아스포라의 형성과 본국 발전프로젝트에 참여를 유도할 수 있는 동기부여가 선행되어야 하며, 디아스포라의 활동과 본국과의 유대를 위한 수용국과 송출국의 사회적·구조적 환경이 구축되어야 한다고 제시한다. 한편 이민 송출국인 개발도상국의 불평등과 국가의 역할 등의 구조적 문제를 배제한 이주와 발전의 논의는 디아스포라의 역할과 책임만 강조하는 문제가 있기 때문에, '공동발전'의 개념을 정립해 디아스포라가 고국의 경제발전과 정치사회적 변화에 함께 기여할 수 있는 방안을 검토해야 한다고 주장한다.

박범종(2017: 121-128)은 한국의 이주노동자 사례를 중심으로 국제이주의 지역발전에 대한 영향을 고찰한다. 한국에서 이주노동자의 지역발전을 위한 긍정적 효과로 저출산과 고령화 문제를 해결할 수 있는 노동력 확보, 중소기업과 3D 업종, 1차산업 분야 인력난 해소, 송금을 통한 이주노동자 본국의 경제발전과 한국과의 관계 발전, 사회문화적으로 다문화의식과 다문화주의의 형성 등으로 제시한다. 반면 한국에서 이주노동자와 지역발전 간의 부정적 효과로는 내국인 일자리 축소와 임금 하락, 불법체류자 증가, 이주노동시장 확대로 인한 불필요하고 부적절한 예산 낭비, 이주노동자 권익 향상 요구에 따른 사회적 갈등 등을 지적한다. 결론적으로 부정적인 측면보다는 수용국과 송출국 모두에 긍정적인 효과가 더 크기 때문에, 이주민의 긍정적 기여에 대한 인식을 기초로 인권 보호정책과 이주 프로그램 개발이 필요하다고 주장한다.

김용찬(2019: 35-47)은 한국의 이민정책연구를 분석해 특징과 향후 과제를 제시한다. 이민정책연구의 특징은 한국의 정책과 해외정책 사례와의 비교 분석, 서구의 개념과 이론의 적용을 통해 한국의 이민정책 검토, 이민정책 결정과정과 지방정부 차원의 이민정책 분석 시도 등으로 언급한다. 한편 한국 이민정책연구의 과제는 이민정책연구의 양적 증가와 지방 수준의 분석 활성화, 이민정책 이론을 활용한 고찰, 이민을 둘러싼 이익정치 연구에서처럼 이민정책의 형성과 결정과정 연구로의 심화 등이 필요하다고 주장한다.

제2장

한국의 다문화와 이민정책 담론의 형성과 변천 과정

1. 다문화와 이민정책 담론의 태동기

1990년대 이전 시기 다문화와 이민정책 담론은 한국이 아닌 서구의 다문화와 한국인의 해외이주에 관한 설명이었다. 한국인의 해외이주 연구는 1960년대부터 해외취업에 관한 정부의 연구보고서와 학위논문과 학술논문 등의 학술연구로부터 시작되었다. 해외취업을 국내정책과의 연관성 속에서 파악한 연구와 남미이민과 중동취업 등에 관한 사례연구가 1960년대 초부터 1980년대까지 제출되었다. 재외동포에 대한 연구는 1960년대 후반부터 시작되었고, 1980년대 말부터 연구가 크게 증가하였다(이혜경, 2014: 131-132). 김종석(1984: 35-49)의 연구는 미국 다문화교육의 이념적 기초를 고찰함으로써, 다문화에 관한 초기 학술연구로 자리매김한다. 미국 문화를 다원문화(multi-culture) 또는 문화적 복수주의(cultural pluralism)로 규정짓고, 다문화교육이 등장하게 된 역사적 배경으로 백인 청교도 문화, 동화개념, 도가니(melting pot)개념, 사회와 교육개혁운동, 문화적 복수주의 등으로 제시한다. 미국에서 1972년 발표된 다문화교육의 개념에서는 문화적 차이를 없애거나 문화적 복수주의를 단순히 용인하는 것이 아니라, 동화와 분리주의를 배격하는 문화적 다원주의를 핵심 내용으로 하는 다문화교육을 통해 문화적 분리주의와 인종적 갈등의 문제를 해결하겠다는 표명이 담겼다고 설명한다. 이러한 다문화교육의 이념적 근거를 미국의 건국이념과 헌법정신, 민주주의 등으로 제시한다.

2. 다문화와 이민정책 담론의 형성기

한국의 언론 기사에서 다문화라는 용어는 1991년 1건과 1992년 9건 등장에 그쳤던 반면, 국제이주 용어는 1991년에만 200여 건 다루어졌다. 2007년을 기점으로 다문화 용어가 급격히 증가하기 시작한다. 한국 언론에서 국제이주에 대한 관심은 1990년대 증가하다가 2007년 이후에는 '다문화 열풍'으로 전환되었다(이혜경, 2014: 132-133).

이 부분에서는 학계, 정치사회, 시민사회, 언론 등의 영역에서 다문화와 이민정책 담론이 본격적으로 증가하기 이전 시점인 1990년대부터 2006년까지의 담론을 고찰하고 있다. 다문화와 다문화주의 개념을 둘러싼 담론, 이론적 논의, 다문화 담론에 대한 비판 담론, 다문화와 이민정책 담론의 연계 등을 분석하고 있다.

1) 다문화 개념과 담론

정상준(1995: 80-81, 90-94)은 미국에서 1980년대 후반부터 통용되기 시작한 다문화주의라는 용어는 미국인의 정체성, 미국의 국가

정체성, 교육의 교과과정 등의 논의에서 사용되고 있다고 언급한다. 미국에서 다문화주의는 이론이나 조직적인 운동이라기보다는 다양한 문화적 차이에 대한 인식, 차이를 인정하고 포용할 수 있는 감수성 배양, 이러한 목적을 달성하기 위한 전략과 행위 등을 의미한다고 설명한다. 따라서 다문화주의에서는 다양성과 차이의 포용이 중요한 의미를 갖게 된다고 지적한다. 한편 미국에서 다문화주의의 도전과 관련된 핵심 쟁점은 미국의 정체성을 확립하는 것과 다양성과 단일성의 조화를 어떻게 형성할 것인가의 문제였고, 다문화주의는 미국 문화의 단일성을 부인하고 다원성과 상대성을 수용하는 것이라고 제시한다. 한편 다원주의는 현존 지배체제의 옹호에 기여할 수 있기에 다문화주의자들은 지배 문화와 개별 문화 간의 권력 관계에 관심을 기울이기 시작했으며, 상대주의의 위험에 대한 비판에 직면해 다문화주의자들은 교육을 통해 개별 문화의 다양성과 공통성이 존중되면서 변화를 이룩할 수 있다는 주장을 제시한다고 설명한다. 미국 사례를 통해 보면 지구화가 진전되고 있는 상황에 직면한 시점에 다양성과 동질성 간의 균형을 추구하는 것이 의미를 가진다고 주장한다.

한건수(2003: 165-187)는 이주노동자가 한국사회에서 어떻게 재현되는가를 고찰하고, 재현이 가지는 의미를 설명한다. 한국사회에서 외국인노동자는 고용허가제 도입 이전까지는 '노동자 아닌 노동자'인 연수생 또는 불법체류자로 인식되었으며, 가난한 나라에서 기아를 피해 온 난민 또는 노예로 표상되는 최하층 일꾼, 생리적·사회적 질병을 가져오는 '부정한 존재 또는 오염의 근원', 한국의 인종주의에 기초해 서열화된 인종질서의 대상 등의 이미지로 재현되었다고 언급한다. 이러한 재현은 다양한 목적에서 타자를 필요로 하는 한국사회에서 외국인노동자를 타자로 만드는 작업이라고 지적한다. 외국인노동자는 한국사회에서 과거의 어려움을 이기고 현재의 성취감을 충족시켜 주는 타자이며, 빈곤의 해결과 노동 통제의 정당성을 확인시켜 주는 타자이고, 산업화 과정에서 상실한 도덕적 가치의 성찰과 복원을 측정할 수 있는 타자로 존재해왔다고 주장한다.

2) 다문화 담론과 이론적 논의

김비환(1996: 206-207, 235-236)은 다문화사회에서의 정치적 합리성에 관한 서구의 이론을 검토하고, 대안적 접근으로 '실용-신중주의적(pragmatic-prudential) 보편주의'를 주장한다. '실용-신중주의적 보편주의'는 다문화사회에서의 정치를 실천이성의 실용주의적 대응과 타협의 산물로 이해하는 관점으로 제시한다. 이러한 입장은 보편주의와 상대주의가 각각 가지는 부정적인 요소인 억압과 혼란의 가능성을 회피할 수 있게 해준다고 언급한다. 다문화주의 시대의 정치적 합리성은 배제가 아닌 변경될 수 있는 타협 또는 절충을 통해 구성되는 것이며, 또한 정치적 합리성은 일원적이며 일관된 것이 아니라 다양한 문화 집단들 사이의 상호작용에 의해 변화하고 재구성되는 복합적인 것이라고 주장한다. 한국의 경우 과거 정치적 합리성이 검토되지 못해왔으나 새로운 문화 집단의 등장과 사회적·정치적 문제들이 불거지고 다문화주의화 되어가는 상황 속에서, '실용-신중주의적 보편주의'는 포용력 있는 정치질서의 형성에 도움이 될 것이라고 제언한다.

김남국(2005a: 100-105)은 문화적 · 정치적 권리를 둘러싼 서구의 대립되는 다문화주의 이론에 관해 검토하고, 양자의 차이를 좁힐 수 있는 타협적 대안으로 '심의 다문화주의'를 주장한다. 동질적인 문화와 인종, 종교를 가진 국민국가가 다문화사회로의 전환에 직면하게 될 경우, 문화적 소수집단의 대표의 위기가 노정되고 다수와 소수의 정체성이 갈등을 일으킬 경우 공동체가 연대의 위기를 경험하게 된다고 지적한다. 이러한 대표와 연대의 위기를 야기하는 원인으로 문화를 지적하고, 문화가 다문화사회의 민주주의 실현에 핵심 변수가 되고 있다고 언급한다. 문화적 권리를 긍정적으로 고려한다고 해도 다문화주의의 실천 과정에서는 문화 집단 선정의 자의성과 집단 간 불평등의 문제, 문화 집단 안에서의 개인의 지위 문제, 다문화주의와 국가정체성의 관계 문제 등에 직면할 수 있다고 설명한다. 이러한 문제들을 해결하기 위해서는 타협이 필요한데 공정한 타협은 이해당사자들이 토론을 통해 의견을 개진하는 심의(deliberation)를 통해 가능할 수 있는데, 심의의 전제가 되는 절차적인 규칙들은 상호 존중, 합리적 대화, 소수자와 소수집단에게 부여되는 정치적 권리의 보장 등이라고 주장한다. 또한 경제와 복지 지원을 제공하지만 정치적 권리가 보장되지 않는 사회는 민주적 공동체라 칭할 수 없으며, 정치적 의사결정과정에서 배제된 문화적 권리의 허용은 민주적인 정치공동체가 선택할 수 있는 해결방안이 될 수 없기에 정치적 권리의 부여는 중요하다고 강조한다.

김남국(2005b: 111-117)은 자유주의, 자유방임주의, 공화주의의 다문화사회에 적합한 시민 개념을 비판적으로 검토하고, 심의민주주의에 기초해 다문화 시대 시민의 적합한 모습을 제시한다. 한국에서 다문화사회 사회통합의 이념형으로 제기되고 있는 공동체 안의 동질성과 시민의 공공성을 강조하는 공화주의적 주장은 우리 사회 아래로부터의 다양성을 과소평가하고 국가 중심으로 사고하는 한계를 보여준다고 평가한다. 자유주의, 자유방임주의, 공화주의가 제시하는 시민의 이념형에 대한 배타적 선택의 문제가 아니라, 다문화사회에서는 균형이 중요하며 균형의 유지를 위해서는 '심의 다문화주의'가 필요하다고 주장한다. '심의 다문화주의'에 기초한 시민의 조건을 상대방을 평등한 존재로 인식하는 상호 존중(mutual respect), 원칙의 제시와 준수, 토론의 준비 등을 포함하는 합리적 대화(rational dialogue), 공론장으로 대표되는 의사결정과정에 시민으로 참여할 수 있는 권리인 정치적 권리 등으로 제안한다. 이 원칙은 문화와 종교에 관계없이 합의에 이를 수 있는 최소한의 조건이고, 다문화 시대가 야기할 수 있는 연대와 대표의 위기 해소를 목표로 한 것이라고 설명한다. 결론적으로 다문화 시대의 이상적인 시민의 모습을 "개인의 자유와 자유로운 내면의 가치를 지지하고, 다른 사람과의 문화적 차이를 존중하면서, 동시에 자신의 주변에서 일어나는 정치과정에 적극적으로 참여하고 있는 사람"으로 제시한다.

김우창(2006: 59, 84)은 아시아 다문화주의의 특수성을 언급하고 문제의 해결방안을 제시한다. 서구의 다문화주의 현상은 포스트식민주의 상황과 자본주의의 변화에 따른 제3세계 국민의 이주를 통해 나타났다고 지적한다. 아시아에서는 동아시아를 중심으로 한 새로운 근대의 부상으로 서방의 '패권적 문화'와 아시아 전통문화의 절충 문제가 제기되었다고 설명한다. 아시아에서 새롭게 타협되는 문화는 서구의 근대성과 아시아의 전통문화를 변용하고, 하버마스의 개념을 빌리면 새로운 문화를 형성하는 '제약 없는 수정주의'의 산물이 될 것이라고 주장한다.

3) 다문화 담론에 대한 비판 담론

천선영(2004: 373-377)은 다문화사회 담론의 성격과 한계를 지적한다. 다문화사회는 미국에서 유래한 협의의 "인종과 문화적으로 다양한 사회"와 "광의의 구별되지만 동등한 여러 문화가 공존하는 사회"로 정의하고, 다른 문화를 가진 구성원들이 갈등을 해결하고 공존하기 위한 윤리적 · 도덕적 · 교육적 고민이 담겨 있는 개념이라고 설명한다. 그러나 다문화사회 담론은 문화적으로 동일하고, 독립적인, 통합의 주체로 자임하는 국민국가의 '의미론' 내에서·형성되는 한계를 가질 수밖에 없다고 지적한다. 다문화사회 담론이 창출하는 것은 동일성과 포함이 아니라 통합성과 타자성이며, 민족국가 중심의 의사소통 형식을 강화하는 데 기여하는 역설이라고 언급한다. 이러한 다문화사회 담론의 한계를 넘어서기 위해서는 문화 간 접촉이라는 사고의 틀을 탈피해 '잡종구성체(heterokonstrukt)'라는 인식이 필요하며, 외국인노동자 문제를 문화로 치환하지 않고 노동문제로 접근하는 것과 같이 사회문제의 해결은 기능적으로 분화된 체계의 원칙에 의해 진행되어야 한다고 주장한다.

4) 다문화와 이민정책 담론의 연계

김종일 외(1995: 77-79, 85-94)는 한국은 1990년대 이전 외국인노동자의 취업을 통한 이주를 제한했고, 인력이 부족한 부문에만 취업을 허용하는 '대체성의 원칙'을 고수해왔다고 지적한다. 1980년대 후반부터 외국인노동자의 수가 증가하기 시작했으며, 정부는 최장 2년간 채용할 수 있는 산업기술연수생 제도를 도입해 외국인노동자 이민정책을 대신하고자 한다고 설명한다. 산업기술연수제도는 산업기술연수생의 임금과 노동조건이 불법체류자보다 열악하기 때문에 직장 이탈의 우려가 크고, 산업기술연수생이 중소기업이나 영세기업에서 취업 중인 불법체류 외국인노동자를 대체할 수 없기 때문에 불법체류 외국인노동자 문제를 해소할 수 없다고 지적한다. 또한 산업기술연수제도는 사실상 노동력 수입의 방편으로 활용되기 때문에 연수라는 명분과 실제의 괴리가 발생하고 인권침해의 문제를 야기해왔다고 비판한다. 한편 고용허가제도와 연수취업제도의 정부 내 논의에 대해서는 외국인력 도입에 관한 토론 진행과 국민적 합의, 정책의 명분과 실제의 일치, 기존 산업기술연수생과 불법체류 외국인노동자 신분보장 등이 전제되어야 한다고 언급한다. 그리고 외국인력 관련 노동자, 사용자, 정부 3자로 구성되는 기구 설치, 외국인노동자의 내국인 노동자와의 동등한 법적 인정, 동일노동 동일임금 원칙 적용, 실질적인 연수의 보장, 외국인노동자 권리보호를 위한 기구 설치와 시민단체의 참여 등을 대안으로 주장한다.

설동훈(2002: 346-350; 2005: 205-207)은 산업연수제도를 통해 외국인노동자에게 근로자의 지위와 권리를 부여하지 않으면서, 다른 한편에서는 미등록노동자를 활용하는 한국 외국인력정책의 이중성을 비판한다. 완전한 근로자 자격을 부여받지 못한 산업연수생과 미등록노동자는 낮은 임금과 인권침해의 피해자가 되었다고 지적한다. 인권침해의 원인은 편법적인 외국인력정책과 많은 문제점을 가진 연수취업제도 운영이라고 설명한다. 한편 2004년 8월 도입된 고용허가제는 외국인노동자에게 근로자 신분을 부여하여 충원하는 제도로, 과거 산업연수제도 운영 시 도입된 외국인노동자 수입금지 원칙을 변경한 것으로 평가한다. 또한 고용허가제는 재외동포의 취업특례 조항을 통해 재외동포에 대한 배려를 포함하고 있다고 언급한다. 그러나 2006년까지는 고용허가제 실시와 산업연수제도 운영이 병행되어 편법적 시행이라는 문제 제기를 받을 수 있다고 비판한다.

김희재(2002: 42-45)는 한국의 외국인노동자 정책은 노동력 부족의 해결이라는 단기적 측면보다는 노동인구 감소와 노동력 부족 업종의 검토를 통한 장기적 관점의 정책 수립이 필요하다고 주장한다. 또한 세계경제와 노동시장 속에서 한국의 지위와 역할에 대한 고려가 필요하다고 언급한다. 외국인노동자 문제의 해결을 위해서는 제도의 개선과 함께, 내국인의 인식과 태도 변화, 외국인노동자의 적응, 송출국의 정책 변화 등이 종합적으로 진행되어야 한다고 제시한다. 선진국과 유사하게 한국사회도 인구 감소와 노동인구의 고령화로 인한 부담을 경험하게 될 것이기 때문에, 외국인노동자의 유입은 지속될 것이라고 강조한다. 외국인노동자의 충원은 산업연수생제도로 구체화되었는데 불법노동자의 양산, 외국인노동자의 인권침해, 산업구조조정의 지연 등 부정적인 측면을 간과할 수 없다고 지적한다.

우평균(2003: 194-203)은 한국의 외국인노동자정책은 차별과 비호혜적인 특성을 나타내고 있으며, 내국인 노동자와의 신분상 차이, 문화적 · 종교적 이질감, 외국인혐오증으로 인한 사회갈등 가능성 등으로 인해 외국인노동자의 '에스닉 집단화'가 어려운 상황이라고 지적한다. 에스닉적 정체성에 대한 정책의 유형 중 한국사회를 갈등 유발형으로 구분하고, 에스닉 집단화를 위해서는 정주화가 필요한데 한국사회에서는 외국인 혐오적 민족주의의 영향으로 정주화를 막기 위한 정책이 시행되었다고 설명한다. 한국에서는 민족적 혹은 에스닉적 정체성의 변화가 가능하다는 인식의 확립을 통해 문화적 차이에 대한 수용이 이루어질 수 있으며, 국가 간 공적인 계약을 통해 필요한 외국인력이 충원되는 체계를 강화해야 한다고 주장한다.

강휘원(2006: 15-30)은 한국사회가 다문화사회로의 전환이 시작된 요인으로 외국인노동자, 국제결혼으로 인한 외국인 배우자, 탈북자 출신의 새터민 등의 유입으로 제시한다. 전환과정에서 출입국 경로, 경제적 어려움, 사회와 직장에서의 차별, 언어와 문화적 차이 등의 문제점이 나타났다고 지적한다. 이민자 문제에 관심을 두고 해결을 위해 노력해온 시민단체와 달리 정부는 종합적이고 체계적인 대응방안을 포함하는 정책의 형성과 실행에 문제를 드러냈다고 비판한다. 구체적으로 다양성을 강조하는 방향에 치우쳐 통합은 경시되었으며, 다양성 존중 대책이 복지 차원에 국한되었다고 설명한다. 또한 국민을 대상으로 한 다문화사회 대비 정책이 부재하며, 주류사회와 이질 문화 간 교류와 소통의 측면은 간과되었다고 지적한다.

이러한 문제들을 해결하기 위한 한국의 다문화사회 정책의 방향으로 시민적 권리 부여와 자질 육성 교육, 중앙과 지방정부의 역할 변화와 거버넌스 구축, 협력적 다문화 네트워크 수립, 문화 다양성 정책과 사회통합의 동시적 진행, 사회의 다양성 수용 증진 등을 주장한다.

최무현(2008: 63-72)은 참여정부 시기 다문화정책을 분석하고 정책수단의 관점에서 다문화정책의 방향을 제시한다. 참여정부는 외국인력정책이 아니라 다문화정책이라는 명칭하에 '이주민정책'으로 방향을 전환한다고 설명한다. 2006년 4월 회의에서 대통령은 "다문화정책을 통해 이주자를 통합하려는 노력을 해야 한다"라고 선언했고, 이를 기초로 같은 해 11월 국무회의는 「재한외국인처우기본법」을 제정하기로 의결한다고 언급한다. 정책수단 분석을 정책의 대상, 참여자, 수단 측면에서 고찰하는 틀을 통해 살펴보면, 정책 대상과 수단의 측면에서 볼 때 참여정부 다문화정책의 지향은 차이배제모형이나 동화주의모형을 지향하는 것이라고 평가한다.

3. 다문화와 이민정책 담론의 변화기

결혼이민자라는 용어는 2005년 처음으로 정부 공식 문서에 등장했으며, 한국정부는 결혼이민자를 이주노동자와 구분되는 '특별 정책대상'으로 간주한다. 이주민지원단체에서 다문화주의가 사용되기 시작한 것도 2005년이고, 다문화주의를 시민단체에서는 국제결혼 이주여성이 경험하는 문제를 해결하고 지원하기 위한 해법으로 제시한다. 이후 다문화주의 개념은 정부, 시민단체, 학계 등에서 활용되었다(김원. 2011: 78). 2006년 정부는 다문화사회라는 언술을 공식화했고, 2007년 「재한외국인처우기본법」을 통해 구체적 정책의 시행을 본격화한다. 결혼이민여성을 대상으로 한 통합정책도 2008년 법제화되어 실행에 옮겨졌다. 이후 다문화와 이민정책 담론이 지식과 언술체계 영역에서 본격적으로 제시되었고, 학문적·정책적 논의도 활성화되었다. 2007년 이후 한국의 다문화와 이민정책 담론 연구에서는 다문화 개념을 둘러싼 담론과 다문화 담론의 이론적 논의를 분석하고 있다. 또한 다문화 담론에 대한 비판 담론과 다문화와 이민정책 담론의 연계를 고찰하고 있다.

1) 다문화 개념과 담론

(1) 다문화와 다문화주의 개념과 담론

이철우(2010: 89)는 다문화주의를 "다민족·다종족 국가가 인구중 소수자집단을 어떻게 처우할 것인지를 제시하는 이념이자 정책원리"로 제시하면서 한국의 상황에서는 이민자가 대상이 된다고 언급한다. 김남국(2008: 343)은 다문화사회를 "서로 다른 생활의 양식을 공유하는 문화 집단이 하나의 공동체 안에 함께 존재하는 사회"로 정의한다.

진시원(2018)은 다문화주의 정책을 타 문화 집단에 대한 긍정적 또는 부정적 인식과 문화 집단 간 차이에 대한 인정 또는 부정을 기준으로 평등주의적·다원주의적·상대주의적·동화주의적·분리주의적 다문화주의로 구분한다. 이들 다문화주의 정책은 개별 국가의 다양한 이데올로기에 영향을 받는다고 주장한다.

윤인진(2014b: 294-300)은 다문화주의 논의에 소수자에 대한 포괄성과 다차원적 특성에 대한 종합적 고려 등이 포함되어야 한다고 지적한다. 이에 따라 다문화주의를 "한 사회 내 다양한 인종이나 종족 집단의 문화를 단일한 문화로 동화시키지 않고 서로 인정하고 존중하면서 공존하게끔 하는 데 그 목적이 있는 이념 체계 및 사회정책"으로 정의한다. 또한 다문화주의의 목표를 문화 다양성의 인정과 보호, 기회 평등 보장, 다문화수용성 증진 등으로 제시한다.

강미옥(2012: 48-50)은 다문화주의는 사회구조가 형성해온 차별과 소외의 과정에 적극적으로 개입할 것을 전제로 한다고 주장한다. 단일 문화적 상황에서 노정되었던 차별과 억압은 다문화적 상황에서 보다 복잡해지고 강고해지기 때문에, 이를 해결하기 위해서는 기존의 불평등하고 차별적 요인들에 대한 직접적 개입이 진행되어야 한다고 지적한다. 또한 다문화의 정의나 다문화주의의 실천은 다양한 정치행위자에 의해 상이하게 해석되며, 사회 내에는 문화 간 위계 관계가 구축된다고 설명한다. 다문화주의에도 보수와 진보의 다문화주의가 존재하고, 그 사이에 다양한 스펙트럼의 다문화주의가 존재할 수 있다고 언급한다.

(2) 한국의 다문화와 다문화주의 개념과 담론

김혜순(2008: 39-44, 58-64)은 "다문화사회로 가고 있다", "다문화시대에 접어들었다", "다문화주의가 관철되고 있다" 등을 다문화 담론으로 지칭하며, "다인종·다민족화가 진행되고 있다"라고 표현하는 것이 적절하다고 주장한다. 또한 다문화사회는 "시민/국민으로서 누릴 수 있는 사회·경제·정치·문화적 권리를 취득하고 향유하는 데 인종과 민족이 차별의 근거가 되지 않는 사회"이자 민주사회의 하위개념이며, 다문화주의는 "이를 견인해가는 이념 중 하나"라는 정의를 제시한다. 한국사회에서 다문화 논의가 대중화된 것은 결혼이민여성의 증가와 관련이 있으며, 동남아시아 출신 결혼이민여성의 이주가 늘어난 것도 다문화 담론 부상에 영향을 미쳤다고 지적한다. 결혼이민여성의 출현이 다문화 담론으로 발전되는 과정에 중앙정부와 지방정부, 시민단체와 언론 등이 기여한다고 언급한다. 결혼이민여성이 다문화 담론의 중심으로 부상하게 된 이유는 부계부권의 가족 중심주의, 결혼이민여성의 타자화와 온정적-시혜적 대상화, 순혈주의와 단일민족주의 등의 한국적 특수성이 영향을 미쳤기 때문이라고 주장한다.

한건수(2014: 51-52)는 한국사회에서 다문화주의가 가지는 의미의 다양성과 혼란을 지적한다. 다문화주의는 문제의 개선을 위한 '도구적 수단'으로 활용되기도 했으며, 때로는 다문화사회로 전환하고 있는 한국사회의 선진화를 보장하는 '이상'으로 간주되기도 한다고 언급한다. 한국의 다문화주의는 '인정의 정치' 수준이 아닌 온정주의적 태도에 국한된 가치로 해석되기도 했고, 이민자 전체를 포함시키지 않으며 정책의 대상을 한정시키는 개념으로 사용되기도 한다고 설명한다. 또한 다문화주의는 지구화 흐름 속에서 국민국가를 강화하기 위한 문제 해결과 주민 관리를 위한 기술로 활용되고 있다는 점도 지적한다.

오경석(2007: 37-38, 52-54)은 한국사회 다문화주의 담론은 이민자의 현실을 정확히 반영하고 있지 못하고 있으며, 이민자정책에 실패한 정부가 주도하는 양상을 나타내고 있고, 이민자의 의견은 배제되고 있는 문제점을 보여주었다고 지적한다. 다문화주의 담론은 이민자의 열악한 현실을 비판할 수 있는 방식으로 재구성되어야 한다고 주장한다. 이를 위해 다문화 주체들을 중심으로 다문화주의가 논의되어야 하며, 문화보다는 이민자가 생존할 수 있는 자유와 삶의 권력에 관한 논의로 발전되어야 한다고 언급한다. 또한 사회통합이 아닌 다원화를 지향하는 담론의 형성이 필요하며, 공론장 수준을 넘어서 시도되는 '수행적이며 실존적인' 다문화주의로 발전되어야 한다는 견해를 제시한다.

윤인진(2013: 180-181, 192-199)은 한국의 다문화주의가 '관 주도 다문화주의'라는 주장에 대해 이견을 제시한다. 이민자정책과 프로그램에서는 국가와 시민사회 간 흡수, 코포라티즘, 상호 공조, 거버넌스 등이 복합적으로 나타나고 있다고 주장한다. 이러한 상황을 보면 단순히 '관 주도 다문화주의'로 규정짓는 것은 무리라고 지적한다. 한편 '시민 주도 다문화주의' 개념을 제시하면서, "원주민, 소수민족, 이민자들과 같은 소수집단과 이들을 지원하는 시민단체 및 학자들이 추구하는 다문화주의"로 정의한다. 이러한 다문화주의가 추구하는 목표는 소수집단의 문화와 정체성의 보호와 집단권리와 기회의 평등으로 제시한다. 구체적으로 '시민 주도 다문화주의'의 일환으로 2000년대 종교단체를 포함한 시민단체에 의해 진행된 다문화사업은 주로 한국어교육과 상담, 축제와 역량 강화 프로그램, 제도개선 운동 등이었다고 설명한다. 시민단체의 한계는 자원 부족으로 인한 사업 지속성의 어려움, 정부에 대한 견제와 감시기능 약화, 국민적 동의를 얻기 어려운 과도한 주장 제기 등으로 지적한다.

문재원(2014: 161-165, 175-181)은 한국의 다문화 담론은 재구성이 필요하다고 주장하면서, 랑시에르의 '정치적 장소' 개념을 재의미화한 '급진화된 다문화주의' 사유를 대안으로 제시한다. 담론의 재구성을 통해 위로부터의 다문화주의가 아닌 '아래로부터 실천되는 다문화주의'를 제기한다. 다문화주의의 재구성은 "민족/국가의 상상된 공동체의 동질성을 전복하고 고정된 주체가 아닌 새로운 집단 정체성들을 협상하는 과정"에서 이루어질 수 있으며, 또한 로컬리티에 주목해야 한다고 주장한다. 다문화주의 담론을 구성하는 출발점으로서 로컬을 설정하고 이에 대한 검토가 요구된다고 언급한다. 다문화가 일상에서 실천되는 로컬이 다문화주의 담론을 재구성해 갈 수 있는 새로운 행위자가 될 수 있다고 지적한다. 위로부터 주어진 다문화주의가 파악하기 어려운 문제들을 성찰하기 위해서는 다문화 실천이 진행되는 로컬 현장의 아래로부터의 다문화주의가 필요하다고 주장한다.

2) 다문화 담론과 이론적 논의

(1) 다문화 이론과 담론

김비환(2007: 326-328, 339-344)은 동아시아 국가의 다문화주의에 관한 논의는 식민주의의 경험, 전통적인 위계질서의 존재, 자유민주주의적 전통의 확립 유무 등으로 인해 중요한 차이를 가진다고 주장한다. 한국에서 다문화주의는 외국인의 수가 증가함에 따라 실태조사와 정책적 대응을 모색하는 과정에서 검토되기 시작했고, 이후 서구 다문화주의 이론과 실제의 소개와 한국사회에 대한 적용 가능성을 검토하는 연구들에 의해 본격적으로 다루어지기 시작한다고 언급한다. 한편 자유주의적 시민권 개념과 공화주의적 시민권 개념을 한국사회에 적용하는 것은 한계를 가질 수밖에 없다고 지적하면서, 한국적 다문화주의에 부합하는 시민권의 성격과 내용을 제시한다. 시민권의 내용은 인간다운 삶을 영위할 수 있는 이민자에 대한 기본적 권리의 허용, 이민자와 주류사회 구성원이 대상이 될 수 있는 '다문화교육권', 결사의 자유와 노동권 보장, 제한된 참정권 허용, 다문화주의적 심의과정을 통해 형성될 수 있는 개방적인 정치문화 등으로 제시한다. 또한 다문화주의 교육과 다문화주의적 심의제도가 한국적 다문화주의 시민권 확립에 기여할 수 있다고 주장한다.

곽준혁(2007: 7-17)은 다문화 공존이 야기할 수 있는 문제들을 해결하기 위해 법과 제도를 통한 사회적 통합과 소수자의 배제와 동화를 막을 수 있는 정치적 원칙이 필요하다고 주장한다. 다문화주의에 대한 비판이 제기되면서 민족주의의 재구성과 지구적 차원의 연대를 통해 다문화 공존을 추구해야 한다는 견해들이 제시되었지만, 다문화주의가 제시한 다문화 공존의 틀을 대체하기에는 한계를 가진다고 지적한다. 다문화주의가 가지고 있는 사회정의, 인민주권, 개인의 자율성 등의 문제를 해결하기 위해 공화주의에 기초한 '비지배적 상호성' 개념을 대안으로 제시한다. 자유주의적 공화주의는 사회적 연대보다는 다양성이 보장되는 정치제도와 정치참여를 통해 사회통합을 추구한다는 점에서 다문화주의의 문제점을 극복할 수 있다고 언급한다. '비지배적 상호성'은 타인의 자의적인 지배로부터 자유로운 '비지배'라는 조건이 협상의 원칙과 행위의 규범이 되어야 한다는 내용을 포함한다고 설명한다. 또한 사회적 권리의 보장을 통한 민주적 시민성으로의 전환과 법과 제도에 의한 정치적 정체성 이외의 개별 정체성은 선택의 문제로 이해되어야 한다고 주장한다.

소병철(2015: 143-149)은 문화상대주의적 다문화주의와 전체주의적 애국주의를 지양할 도덕적 기준으로 보편적 인권 규범을 주장한다. 자유주의 시각을 통해 문화적 관행에 대한 자유롭고 비판적 평가가 가능하며, 자연적 애국심이 아닌 보편적 인간존엄에 기초한 정치적 또는 공화주의적 애국심으로의 전환이 이루어질 수 있다고 제시한다. 또한 보편적 인권 원칙을 기초로 한 '민주적 세계정의'의 관점이 다문화주의와 애국주의가 양립할 수 있는 준거점이라고 언급한다.

심승우(2016: 375-383)는 정부의 다문화정책과 반다문화주의의 문제를 해결하고 사회통합과 정치발전을 이룩할 수 있는 대안으로 민주적 다문화정책 철학의 모색을 주장한다. 이러한 정치이론적 모색의 맥락을 신자유주의 시대 민주주의의 심화 요구, 공화주의의 경제적 영역으로의 확대와 한국적 적용, 이민자의 인권과 시민권 관련 법치주의의 재구성 등으로 언급한다. 구체적으로 이민자의 문화적 정체성과 동료 시민으로서 주체성, 정치적 참여를 존중하는 유대와 연대의 심리적 에토스를 기반으로 하는 민주적 애국주의로의 재구성이 필요하다고 언급한다. 또한 경제적 민주주의 정책이 활성화되지 못한 상황에서 다문화주의의 진행은 구성원 간 적대적 갈등과 보수적 흐름이 전개될 가능성이 높기 때문에, 신자유주의에 대한 반대와 소수자를 포함한 만인 연대의 정치학으로의 확장이 필요하다고 지적한다. 민주적 다문화정책 철학은 소수자의 인권과 시민권을 위해 법원이 적극적 역할을 하는 '사법적극주의(judicial activism)'를 지지한다고 설명한다. 한편 '사법적극주의'를 넘어서 정치사회의 구성과 주요 이슈를 공론장에서 다루고 민주정치에 의해 재의미화와 재규정할 수 있다는 '공화주의적 법치주의'의 활성화가 필요하다고 주장한다.

장세룡(2007: 338-340)은 다문화주의를 신자유주의와 민주주의, 민족주의와 연계해 한국사회에서의 실현과 지속 가능성을 고찰한다. 분석 결과 신자유주의는 다문화주의 도입의 동인이 되었지만 다문화주의의 전개로 인해 부정적 영향을 받을 가능성이 있다고 언급한다. 이민자에게 부여되는 정치적 평등과 민주주의의 세계화를 지향하는 민주주의 상황에서 다문화주의는 다양하게 실현될 수 있다고 주장한다. 다문화주의의 실현 가능성을 검토하는 데 가장 중요한 주제는 민족주의 문제라고 지적한다. 단일민족과 순혈주의에 대한 교육으로 인해 배타적이고 혈통을 강조하는 민족주의 경향이 강하다고 언급한다. 그러나 민족주의 내부는 다차원적 요소를 가지고 있기 때문에 다문화사회를 수용하는 것이 민족주의와 대립하는 것만은 아니라고 지적한다. 한국사회의 당면한 과제는 다원적 민주주의의 실현을 통해 사회정치적 통합을 구축하는 것이며, 전제 조건은 다문화사회의 이민자가 가지는 이중 귀속의식의 인정과 사회정치적 권리의 보장 등이라고 주장한다.

이용승(2010: 44-48)은 다문화주의의 정당화 논리를 분석한다. 다문화주의는 다문화적 상황의 필연성에 대한 긍정에 기초하며, 차이들 간 평등의 논리에 토대를 둔다는 것이다. 또한 문화적 차이와 권리를 인정하고, 공존과 교류를 활성화함으로써 사회통합을 제고한다는 논리를 제공한다고 설명한다. 다문화주의는 인종주의와 자문화중심주의에 대한 반성적 평가에 기초하고, 인간의 권리와 평등의 문제에 천착하기에 정당화될 수 있다고 언급한다. 그러나 다문화주의에 대한 지나친 규범적 접근은 이론과 정책 실행의 발전에 있어 문제를 야기할 수 있으며, 문화적 차이의 노정이 지속되지 않도록 하는 노력이 필요하다고 주장한다.

김용신(2011: 88-98)은 정치사회화의 토대 이론으로 자유주의와 공동체주의가 적용되어 왔지만, 다문화사회로의 전환에 따른 새로운 문화 집단의 등장으로 인해 다문화교육의 중요성이 증가하면서 다문화주의라는 새로운 정치사회화 이론에 대한 검토가 필요하다고 주장한다. 자유주의는 정치사회화에 대한 불안정적 논리를 드러내는 한편, 공동체주의는 정치사회화의 논리를 수용하지만 도덕적 정당성의 실현으로 간주한다는 점에서 한계를 가진다고 지적한다. 다문화 정치사회화의 기본전략을 개인과 국가 수준과 분리와 포용, 통합과 이해 차원으로 구분해, 개인 차원 분리와 국가 차원 통합의 동화주의, 개인 차원 분리와 국가 차원 이해의 융합주의, 개인 차원 포용과 국가 차원 통합의 문화다원주의, 개인 차원 포용과 국가 차원 이해의 다문화주의 등으로 유형화해 제시한다. 동화와 융합의 정치사회화 전략은 초기 다문화화 단계 국가에서 나타나는 한편, 문화다원과 다문화의 정치사회화 전략은 전통적 이민국가에서 나타난다고 주장한다.

이경희(2015: 270-274)는 '다문화 창조주의'를 소개하면서 '보편적-창조적 소수자'라는 개념을 제시한다. '다문화 창조주의'는 문화가 만나는 과정에서 새로운 문화 출현을 추구하고 실현하는 것을 의미한다고 설명한다. 다문화와 신자유주의의 영향력이 강한 사회에서는 누구나 소수자가 될 수 있다는 보편적 전제에 기초해, 다문화사회에서는 소수자와 다수자의 소통과 융합으로 새로운 문화의 창조와 공존이 가능하다고 언급한다. 그러나 한국사회는 아직 이질적인 사람과 문화를 수용할 준비가 되어 있지 않다고 지적한다. 다문화는 다수자의 인식 변화와 관용적 자세, 소수자의 정체성과 주체성을 기초한 적극적 참여, 다수자와 소수자가 새로운 공동체 문화를 형성할 수 있다는 점에서 의의를 찾을 수 있다고 주장한다.

김학태(2015: 290-297)는 다문화사회에서 법적 갈등을 해소하고 사회통합을 이룩할 수 있는 법적 원칙을 제시한다. 평등의 원칙에 기초해 기본권을 향유할 수 있는 지위를 가진 새로운 시민 개념의 성립에 따라 이민자를 포함하는 인권 개념의 재정립이 필요하다고 주장한다. 차별금지원칙을 실질평등의 원칙으로 이해함으로써 기회의 평등과 결과의 평등을 담보하고, 국가가 소수자 보호의 의무를 다하는 소수자 보호에 입각한 인권 개념이 요구된다고 언급한다. 또한 이민자의 문화와 언어를 존중하며 공존하면서도, 하나의 공동체를 형성해가는 상호성의 원칙에 따른 사회통합을 주장한다.

(2) 한국의 다문화 이론과 담론

오경석(2007: 99-100, 109-118)은 한국의 다문화주의는 '근대 넘어서기'라기보다는 국가가 주도하는 보수 편향의 '근대의 재동원' 프로젝트라고 평가하고, 한국의 다문화 현실은 이민자의 외면 속에 처해 있다는 점을 지적한다. 한국의 다문화주의는 이주민의 내적 다양성이 아니라 규모에 초점이 두어져 있다고 언급한다. 이주민 지원 단체의 보수적 담론에서 민족-국가는 상대화되기보다 재동원되는 양상을 나타냈으며, 이러한 방식의 다문화주의는 경계의 심화와 배제의 합법화, 차이에 대한 억압의 정상화를 강화한다고 주장한다. 보수적이며 자기분열적인 다문화주의들의 문제를 극복하기 위해서는 다문화 담론과 실천, 목표와 수단, 주체와 타자 사이 간극의 최소화를 지향하면서, 다문화 주체의 생존의 자유와 삶의 권력, 아래로부터의 다원주의를 지향하는 다문화주의를 제안한다.

김현미(2008: 63-74)는 정부 주도의 다문화주의 담론을 비판하고 '아래로부터의 다문화주의'의 중요성을 강조한다. 한국형 다문화주의는 가치 부재의 특성을 가지고 있으며, 국가에 의해 차용되어 결혼이민자의 사회통합을 위한 담론과 고급인력 유치와 코스모폴리탄적 소비시장을 창출하기 위한 신자유주의 담론으로 활용되었다고 지적한다. 정부는 결혼이민자의 범위를 합법적인 경우로 제한하고,

이주노동자 내부의 계급 분화에 기초해 차등적 권리를 부여한다고 비판한다. 따라서 다문화주의 논의가 불평등을 회피하는 물신화된 대상으로 전락될 수 있다고 언급한다. 한편 '아래로부터의 다문화주의'에서는 이민자의 정체성 표출을 전제로 한국인과 공존하고 타협하는 방식을 형성할 수 있다는 점을 강조하며, 이민자가 의사결정에 참여할 수 있는 자원과 정치적 틀을 구축하는 것이 필요하다고 주장한다.

윤인진(2008: 93-100)은 한국적 다문화주의의 특성을 국가와 시민사회의 관계를 중심으로 분석한다. 이념형적 구분인 국가 주도 다문화주의와 시민 주도 다문화주의를 정부의 다문화정책과 시민단체의 다문화 활동을 대상으로 고찰한다. 분석에 따르면 한국의 다문화정책은 국가와 시민사회 간의 상호 공조, 정책 네트워크, 거버넌스의 특성을 가진다고 주장한다. 이러한 정책 네트워크로서의 특성은 정책 입안과 집행과정에서 나타난다고 지적한다. 한편 한국의 다문화정책은 일본의 '다문화 공생'정책과 유사한 문화 지향 정책이고, 동화주의에서 다문화주의로 변화하는 중간 단계에 위치하고 있다고 진단한다.

지종화 외(2009: 489-498)는 다문화정책의 적절성과 효율성을 높일 수 있는 한국적 상황에 적합한 다문화 이론의 정립을 위한 논점들을 제시한다. 한국의 다문화정책은 이론적 · 철학적 논의 없이 부처별로 동화모형, 다문화주의모형, 차별모형 등의 성격을 띠는 정책들을 시행해왔다고 지적한다. 한국에서는 다문화 관련 이론적 · 철학적 거시모형이 없는 상황에서 서구의 이론적 논거를 적용함에 있어 혼재와 혼란 상황이 야기되었다고 강조한다. 프랑스, 독일, 호주 등의 사례분석을 통해 한국 다문화정책의 이론 정립을 위한 논점을 제시한다. 구체적으로 기존 이론의 활용 또는 새로운 이론의 모색, 이민자의 기본적 권리의 범위, 경제적 지원의 정도, 정치적 참여의 범위, 중앙정부와 지방정부, 민간단체 역할의 새로운 정립 등의 논점에 관한 토론과 사회적 합의가 형성되어야 한다고 주장한다.

오경석(2009: 24-29)은 한국의 다문화주의 논의가 발전하기 위해서는 한국적 다문화의 역사성과 현장성에 대한 고찰과 분석이 선행되어야 한다고 주장한다. 한국사회에 뿌리내리고 있는 단일민족주의가 가지는 역사성의 오류에 대한 수정 노력과 혼혈인에 대한 차별과 배제 인식과 정책의 변화가 필요하다고 지적한다. 또한 '다문화 으뜸 도시' 안산에서 실제로 '국경 없는 공동체'나 다문화 소통을 경험하는 것이 어렵게 된 원인을 이주민의 참여가 결여된 위로부터 또는 공급자 중심의 지원 등에서 찾을 수 있는데, 이에 대한 면밀한 분석을 위해서는 현장에 대한 검토가 전제되어야 한다고 주장한다.

최종렬(2009: 62-76)은 서구와 달리 한국의 다문화주의는 지구화 과정에서 탈영토화된 공간인 한국사회에 한국인과 새로운 소수자가 공존하면서 등장하게 되었다고 주장한다. 다수자와 소수자는 문화적 자원으로서의 다문화주의를 이데올로기, 전통, 상식 등의 방식으로 문제적 상황을 합법화한다고 지적한다. 한국인이나 새로운 소수자 모두 이민 역사가 짧아 다문화주의를 이데올로기적으로 활용하는 문화적 능력이 낮다고 진단하고, 또한 다문화주의를 전통과 상식으로 사용하는 영역인 생활세계에서도 한국인은 경험 부재로 인해 다문화주의를 전통으로 활용할 수 있는 능력이 결여되어 있다고 지적한다. 한편 다중적인 일상생활의 실재에서 다문화주의를 상식으로 활용하기 위해서는 차이를 '사소화하는(trivialize)' 방식과 이를 기초로 한 문화적 능력의 배양이 도움이 될 수 있다고 제언한다.

박상섭(2010: 39-46)은 다문화사회로 전환하고 있는 한국사회에 새로운 민족 개념의 도입 가능성과 당위성을 검토한다. 한국의 민족주의는 일본의 침탈과 분단, 권위주의체제의 산업화와 1980년대 민주화 등의 맥락 속에서 '종족 민족주의'의 경향을 가지게 되었다고 지적한다. '종족 민족주의'는 대외적 인정과 대내적 분단 극복으로 표현되었는데 이 과정에서 상위 가치에 관한 논의가 방해받았으며, 이러한 대중적 종족주의가 과장된 자만심으로 표출된다면 부작용과 반감의 원인이 될 수 있다고 지적한다. 세계화의 추세에도 민족주의는 지속적으로 유효한 정치이념이 되고 있지만, 한국 민족주의의 전투적이고 저항적인 자세, 편협성과 배타성은 경계해야 한다고 제시한다. 한국의 발전과 세계화의 진전에 따라 한국사회는 다문화사회로 변화하고 있으며, 이에 따라 민족 개념이 보다 개방적이고 포용적인 개념으로 정립되어야 한다고 주장한다. 윤인진과 송영호(2011: 146-158, 165-182)는 한국인의 국민 정체성 인식을 시민적 요인과 종족적 요인을 기준으로 혼합형, 종족형, 시민형, 다원형 등 4가지 유형으로 구분해 제시한다. 시민적 요인과 종족적 요인이 모두 강한 혼합형, 시민적 요인이 약하고 종족적 요인이 강한 종족형, 시민적 요인이 강하고 종족적 요인이 약한 시민형, 시민적 요인과 종족적 요인이 모두 약한 다원형 등으로 유형화해 설명한다. 2008년 조사를 기초로 국민정체성 인식 수준을 측정한 결과 혼합형이 79.2%로 대다수를 차지하는 것으로 나타났으며, 다문화수용성과 관련해 혼합형은 다문화사회로의 변화에 가장 소극적인 태도를 보였고 자민족 지향성과 외국인에 대한 인지된 위협에서는 높은 수준을 나타냈다고 언급한다. 분석결과에 따르면 한국인은 국민과 민족을 동일시하던 인식에서 벗어나 양자를 구분하고 있으며, 시민적 요인도 중요하게 생각하고 있다고 제시한다. 다문화수용성의 측면에서는 다문화사회로의 변화를 긍정적으로 인식하는 반면, 단일민족 의식도 강력하게 유지하고 있는 것으로 분석한다. 혼합형의 인식을 가진 사람들이 다문화사회로의 변화에 부정적이고 외국인에 대해 배타적인 태도를 갖게 된 원인으로는 한국인으로서의 집합정체성을 중시하기 때문이라고 주장한다.

박병섭(2011: 203-209)은 한국 다문화주의의 성공 조건과 실현 가능성을 고찰한다. 한국은 원주민과 소수민족 문제로부터 자유롭다고 지적한다. 따라서 이민자정책과 관련해 캐나다 모델을 수용할 수 있다면 유럽 국가의 실패 담론과 다른 경로로 발전할 수 있다고 주장한다. 한국은 캐나다와 유사하게 국경이 항공으로만 열려 있는 지리적 통제조건과 이주민으로 인한 안보문제나 신변문제가 발생하지 않을 수 있는 시간 조절의 조건을 가지고 있다고 언급한다. 한편 한국에서 다문화주의가 성공적으로 실현되기 위해서는 다문화주의 정치철학의 객관적 조건에 맞는 적용, 유럽의 다문화주의 모델에 대한 논쟁에서의 탈피, 허구적인 단일민족주의 의식 탈피, 반다문화 단체에 대한 도덕적 규제 등이 요구된다고 주장한다.

김경아(2012: 394-405)는 광주광역시 결혼이민여성의 경제활동 의지에 영향을 미치는 요인을 개인, 사회·심리, '아시아문화중심도 시정책'으로 구체화된 정책 차원에서 분석한다. 구체적으로 연령, 교육수준, 거주기간, 경력, 창업경력, 가구 월 소득 등의 개인적 요인, 배우자, 시민사회, 공무원을 포함하는 사회적 관계자의 다문화 이해 노력과 다문화사회의 차별을 경험한 빈도 등의 사회·심리적 요인, 다문화 관련 지역정책 인지 수준으로 측정할 수 있는 정책적 요인 등이 문화적 다양성을 활용한 창업 의사에 미친 영향을 고찰한 다. 결혼이민여성의 창업에 영향을 주는 개인적 요인은 교육수준만 통계적으로 유의한 것으로 나타났으며, 사회·심리적 요인은 지역 사회의 문화적 다양성 이해는 비례하는 한편 차별은 반비례하는 것 으로 나타났다고 설명한다. 또한 정책인지 요인에서 주요 정책에 대 한 인지도가 높은 경우 창업 의지를 가지게 될 확률이 높았다고 지 적한다. 분석 결과를 토대로 정책적 지지와 경제활동 참여를 이끌어 낼 수 있는 '생산적 다문화정책'으로의 전환, 다문화에 대한 개방적 이해와 차별금지, 결혼이민여성에 대한 정책홍보와 경제활동지원 등을 주장한다.

조현상(2012: 236-241)은 한국 다문화 담론의 한계성과 유효성을 분석한다. 한국 다문화 담론의 한계성은 외국인의 증가에도 불구하 고, 정주 이민자의 수가 적은 한국사회가 다문화사회로 전환한다고 보기 어려운 측면과 외국인집단 전체를 대상으로 하는 서구의 다문 화주의 이론에 토대를 둔 정책이 부재한 측면에서 드러난다고 지적 한다. 또한 결혼이민여성 중심의 다문화 논의는 전체 외국인의 실재를 고려하지 못하게 하는 한계를 가지고 있다고 언급한다. 한편 한국 다문화 담론의 유효성과 당위성을 제기한다. 한국사회의 인구구조 변화로 인해 외국 인력의 충원과 다인종·다문화 사회로의 전환이 필연적인 상황에서, 공존과 사회통합의 중요성이 부각되면서 다문화 논의는 계속되어야 한다고 주장한다. 다문화정책의 방향과 실천과제로 전체 이민자를 정책 대상으로 설정, 한국사회에 적합한 다문화 모델 선택, 시민사회에서의 문화의 혼용과 다양성에 대한 수용, 이민자의 권리와 인권 보장, 정부와 시민단체 간 협력체계 구축 등을 제안한다.

김재일(2013: 294-309)은 간문화주의(interculturalism)에 대한 전문가집단 심층조사 결과를 토대로 다문화주의의 문제를 보완할 수 있는 대안으로 간문화주의 접근법이 적실성을 가진다고 주장한다. 유럽에서 시도된 간문화주의 또는 간문화정책은 다양한 민족 집단이 교류하고 활동할 수 있도록 하는 데 주안점을 두고 있다고 설명한다. 전문가 집단은 이민자와 그들의 문화에 대해 긍정적으로 인식하는 것을 다문화주의와 간문화주의의 공통점으로 인지하는 한편, 다문화정책이 인정과 공존에 주안점을 두고 있는 것에 비해 간문화주의는 민족 집단 간 교류와 공동 활동에 역점을 둔다는 것으로 인식한다는 조사결과를 제시한다. 또한 다문화주의와 간문화주의의 관계 설정에 대해서는 대체로 보완적 방식을 선호하는 것으로 나타났다고 언급한다. 간문화주의를 제도화하기 위해서는 민주시민교육과 사회통합을 위해 다양성을 조직의 자원으로 간주하고 차별금지를 실천하는 다양성 관리가 중요하다고 주장한다.

박영자(2012: 319-329)는 단일민족주의와 다문화주의를 넘어서 대안으로서의 상호문화주의를 한반도 통일과 통합을 위한 가치와 정책 방향으로 제시한다. '차이의 인정'을 강조하는 다문화주의는 남북갈등과 남남갈등을 고착화할 수 있으며, 자유주의 이데올로기를 기초로 하는 사회통합의 구심력을 약화시킬 수 있다고 지적한다. 반면 사회통합을 핵심과제로 하는 상호문화주의는 다문화주의의 다양성 인정과 민족주의의 보편적 통일성을 수렴할 수 있으며, 다양성과 공생발전, 공공의 통합질서를 창출할 수 있는 인식론적·실천적 지평 확대에 기여할 수 있다고 주장한다. 한반도의 통일과 통합에 기여할 수 있는 상호문화주의 사회통합정책 방향은 집단 간 상호 의존과 침투의 활성화, 공공의 국가 정체성 구축, 공통의 이해와 관심으로 관계 맺기와 미래 도모를 위한 지원 등으로 제시한다.

김창근(2013: 254-268)은 한국사회의 다문화사회로의 전환이 한반도 통일론에 주는 함의에 관해 고찰한다. 다문화 시대의 진전에 따라 남북한 간만의 재통일이 아닌 남북한과 새로운 사회구성원이 형성하는 신(新)통일을 의미한다는 차원에서 통일을 검토해야 한다고 제시한다. 통일 의미의 확장, 종족적인 국민의 범주를 넘어서 혈통과 문화가 다양한 다중적 주체가 포괄되는 통일 주체의 확대, 민족 동질성의 담론을 넘어서는 민족공동체 범주의 재해석 등의 쟁점이 제기되고 있다고 지적한다. 다문화주의에 기초해 한반도 통일론의 새로운 방향성을 주장한다. 구체적으로 문화 간 상호 이해와 대화, 합리적인 공통성 추구를 토대로 한 탈분단적 통일문화의 정체성 형성, 통일시민적 덕성과 세계시민주의적 시민권에 기초한 통일을 위한 다중적 주체들의 시민권 확장, 시민권적이고 민주주의적이면서 개방성을 담은 국제적인 논리에 토대를 둔 민족과 민족주의 담론의 개방성 등을 제안한다.

이용재(2014: 8-9, 29-34)는 한국이 다문화사회로 변화하고 있는 상황에서 통일정책은 정체(政體)적 통일이 아니라 다문화 생활세계의 통합이라고 언급하면서, 통일정책의 기초는 다문화 생활세계에서의 소통과 수용의 방식에 있다고 주장한다. 통일은 통합의 과정을 거쳐 진행되는데 제도적·정체적 통합과정에 대한 논의와 함께 통합 이후 사회통합의 방식에 대한 검토가 필요하다고 지적한다. 북한이탈주민이 한국에서 경험하는 문화적 충돌은 통일 이후 북한주민의 사회통합과정에서 겪게 될 문제로 대비가 필요하다고 언급한다. 사회통합의 핵심과제는 타자와의 상호작용으로 제시될 수 있으며, 통일정책은 사회통합 방식으로의 전환이 필요하고 방식은 이념적·보편적 대립의 극복 방식이 아니라 생활적·구체적 소통을 취해야 한다고 제안한다. 통일의 형식으로 지향해야 하는 사회통합은 사회생활 영역의 통합과정으로서 가치통합을 통해 진행되며, 이념과 정체적 대립과 극복의 방식이 아닌 삶의 영역에서 구체적 생활을 통해 표출되는 소통과 교류에 토대를 둔 통일방식을 의미한다고 주장한다. 또한 민족 개념의 회복이 아닌 삶 속에서 형성되는 민족 개념의 형성에 주목해야 하며, 제도와 이념의 규제가 아닌 생활 속에서 형성되는 이념과 제도에 주안점이 두어져야 한다고 지적한다.

손경원(2013: 218-224)은 서구의 다문화주의 논쟁에 관한 분석을 토대로 한국적 다문화주의 담론을 위한 방향을 제시한다. 다문화주의에 대한 사회적 합의 부재와 이민자의 요구가 반영되지 않은 정책 시행 등으로 인해 한국의 다문화주의 담론은 타당성과 적실성의 문제를 야기한다고 지적한다. 서구의 논쟁을 고려해보면 한국 다문화주의 담론의 과제를 문화의 존중과 자유의 균형, 다문화주의와 시민통합(civic integration)의 공존, 외국인노동자 대상 다문화정책 수립, 심의 다문화주의의 한국적 변용 모색 등으로 주장한다. 구체적으로 다양한 문화를 이해하고 존중하는 것과 동시에 문화에 대한 비판적 검토 능력이 필요하며, 국민 통합을 지원하는 정책과 다문화주의 정책 모두가 중요하기에 양 정책은 병행되어야 한다고 제안한다. 또한 다문화주의 정책 대상에서 배제된 외국인노동자를 다문화주의 담론에 포함시켜야 하며, 이민자가 공적 심의에 참여해 의견을 제시할 수 있고 평등주의적 상호성을 실현할 수 있는 심의 다문화주의의 제도와 절차가 한국적 다문화주의 모델의 기초로서 검토가 필요하다고 언급한다.

박원화(2013: 19-24)는 인간안보 개념이 한국의 다문화주의 논의에 주는 시사점에 관해 고찰한다. 인간의 안전보장 개념이 한국사회의 다문화주의에 기여할 수 있는 점들을 세 가지로 제시한다. 첫째, 인간안보 관점을 통해 다문화주의 정책의 원점을 재고할 수 있으며, 다문화주의 정책은 이익의 제공이 아니라 본래 누리고 있던 권리의 환원이라는 발상의 전환이 필요한데 인간안보의 'down-side risk' 개념을 통해 설명이 가능하다고 지적한다. 둘째, 인간안보의 개념인 '공포로부터의 자유'와 '빈곤으로부터의 자유'의 연관성에 관한 검토를 통해, 다문화사회에서의 연계성을 이민자나 다문화가족의 경제적 어려움이 결혼생활과 자녀교육, 외국인 범죄 등에 미친 영향을 고찰할 수 있다고 언급한다. 셋째, 인간안보의 시각을 통해 기존 국민과 국가의 단순한 구조로부터 탈피할 수 있다고 설명한다. 따라서 국가와 개인을 단순히 동일한 또는 대립적으로 인식하는 구도에서 벗어나, 선주민과 이민자가 공존하는 다문화사회에서는 인간의 안전을 중심에 두고 최대한의 평화를 구축해가는 것이 필요하다고 제언한다.

최치원(2014: 114-126)은 간문화적 입장에서 헌법에 나타난 대한민국의 정체성을 비판적으로 고찰한다. 간문화적 입장은 문화와 문화 사이에서 문화를 이해하는 것을 의미하며, 문화적 다양성을 인정하는 측면에서는 다문화주의와 유사한 측면이 있으나 특정 문화의 관점에서 다른 문화를 인식하지 않는다는 점에서 차별성을 가진다고 설명한다. 헌법 전문의 '우리 대한 국민'은 다인종과 다민족을 전제한 미국 헌법의 '우리 미국 국민'과 달리 차별적인 단수의 정체성 개념을 내포하고 있다고 지적한다. "유구한 역사와 전통에 빛나는"이라는 형용구는 자기 역사 중심적이며 '그들'을 편입 또는 동화시키고자 하는 근거가 될 수 있다고 비판한다. 독일 헌법에서도 독일 국민을 주어로 시작하지만 독일 국민의 문화적 · 민족적 자긍심에 관한 내용은 부재하고, "인간과 신에 대한 책임"과 "통합된 유럽의 동등한 구성원으로서 세계평화에 봉사" 등이 표명되고 있다고 제시한다. 헌법 전문에 나타난 정체성의 내용은 민족의 독립과 단결, 평화의 가치 실현, 자유와 민주, 인간 존엄 등으로 특징지을 수 있지만, 헌법 제9조에서 "국가는 전통문화의 계승 · 발전과 민족문화의 창달에 노력하여야 한다"라고 표명함으로써 문화 다양성을 담아내지 못하고 있다고 지적한다. 결론적으로 대한민국의 헌법은 '우리 대한민국'이라는 정체성에 국한되어 있어서 문화 간 소통을 포괄하지 못하는 한계를 가지고 있기 때문에, 다문화사회가 추구하는 목적과 양립하기 어려운 문제를 가지고 있다고 주장한다.

조희원(2014: 6-7, 19-25)은 다문화주의와 단일민족주의를 양립 불가능한 것으로만 간주하는 것에 문제를 제기하면서, 다문화사회로 전환이 진행되고 있는 상황에서 단일민족주의와 다문화주의의 공존과 접맥을 통해 사회적 통합을 이룰 수 있는 방안을 제시한다. 민족주의와 다문화주의는 공통 문화를 필요로 하는데 연결고리의 역할을 공통 문화가 할 수 있으며, 한국의 민족주의는 분단 상황의 특수성 속에서 다문화주의와 공존할 수 있는 가능성을 모색해야 한다고 지적한다. 또한 기존 '종족적-혈연적' 민족주의에 벗어나 '시민권적-영토적' 민족주의를 수용해야 한다는 입장이 등장하고 있다고 언급하며, '시민권적-영토적' 민족주의로의 전환이 필요하다고 주장한다. 한편 다문화주의와 단일민족주의 모두를 분단 극복을 위한 구상에 적극적으로 수용하고 접맥시켜 활용하는 것이 필요하다고 제안한다.

이정은(2017: 193-197, 225-230)은 한국에서는 다문화주의와 상호문화주의가 경합을 벌이기보다는 다문화주의라는 용어가 보편적으로 사용되었으며, 다문화주의는 단일문화주의에 대항하는 개념 또는 인구와 노동력 문제의 해결을 위한 이데올로기로 활용되었다고 언급한다. 한국의 다문화정책은 다문화주의라는 용어를 차용하는 양태를 보이면서 상호문화주의와는 거리를 두고 있으며, 이러한 상황은 다문화주의와 상호문화주의의 근간인 자유주의와 개인주의가 한국의 공동체주의 전통과 대립하고 있기 때문이라고 지적한다. 자유주의와 탈자유주의, 공동체주의와 탈공동체주의의 '혼종성 (hybridity)' 타진과 '개념적 반전'을 통해, 자유주의와 공동체주의 사이의 이분법을 극복하고 한국의 다문화사회에 부합하는 이념이 제시될 수 있다고 주장한다.

한편 한국식 동화가 강요되고 시민권과 문화권이 보장되지 않는 한국의 다문화주의 현실에서, 동화주의와 다문화주의적 입장이 경쟁적 논쟁을 전개하는 것처럼 인식하는 것은 문제라고 비판한다. 한국의 다문화주의 이데올로기를 극복하기 위해서는 상호 문화성 개념을 도입해야 한다고 주장한다. 구체적으로 한국적 민족정체성과 공동체주의적 미덕을 승화시키면서 다양한 정체성들 간의 상호작용이 진행되어야 한다고 제기한다. 또한 이를 통해 이중정체성이 형성되고 상호 인정과 변화가 발전되면서, 한국적 고유성을 지니는 '상호 정체성'이 형성될 수 있다고 강조한다. 이중정체성과 '상호 정체성'을 추구하는 노력이 지속된다면, 공동체주의와 개인주의 간에 형성되는 '혼종적 정체성'의 수용도 진행될 수 있다고 주장한다.

변종헌(2016: 117-126)은 다문화 시민교육의 이념적 기초로 동화주의와 다문화주의의 한계를 넘어서는 새로운 대안에 주목하면서 상호문화주의를 제시한다. 다양성의 인정과 공존을 넘어 사회통합의 가치를 적극적으로 추구하면서, 이민자와 원주민이 일상적 생활세계에서의 상호작용에 주목하는 이념적 대안이 상호문화주의라고 주장한다. 상호문화주의의 상호 문화성 개념은 개별 문화 사이에도 공통된 보편성이 존재한다는 것을 의미하며, 상호 문화성에서 중요한 것은 문화 간 소통이라고 강조한다. 한편 상호문화주의와 함께 다양한 문화의 공존을 보장하면서도 이들을 하나로 통합할 수 있는 해법으로, 하버마스가 제기한 '헌법애국주의'를 언급하면서 새로운 정체성 형성을 위한 이념적 토대라고 언급한다. 구체적으로 '헌법애국주의'는 민주적 법치국가의 기초 위에서, 이민자와 원주민 간 협상과 조정을 통해 문화 간 평등한 공존과 통합을 추구하는 이념으로 기능할 수 있다고 주장한다.

변종헌(2016: 264-269)은 캐나다 퀘벡의 상호문화주의 실험과 네덜란드의 시민통합론 제기에 관한 고찰을 통해 한국의 사회통합에 관한 제언들을 제시한다. 첫째, 상호문화주의와 시민통합론은 문화적 동화의 이상적 상태를 추구하는 동화주의와 달리 경제적·구조적 동화를 목표로 한다는 점에서 차이가 있다고 지적하면서, 민족주의에 기초한 배타적 정서가 강한 한국사회에서는 문화적 통합보다는 경제적·구조적 통합을 목표로 하는 것이 합리적이라고 주장한다. 둘째, 다문화정책은 사회통합의 관점에서 정책 대상의 범위를 확대하고, 이주 과정부터 사회통합 문제를 고려하는 지평의 확대가 필요하다고 지적한다. 셋째, 다문화사회에서 시민통합의 토대를 마련하기 위해서는 '공화주의적 애국심'과 같은 새로운 정체성의 형성을 위한 근거를 공유하고 확산시키는 과정이 요구된다고 제언한다.

하진기(2018: 51-70)는 한국의 단일민족의식이 주류사회와 이민자 간 구분과 이미자 내부의 서열화 구축을 의미하는 인종계층화형성에 미치는 영향과 함의를 고찰한다. 단일민족주의의 문화적 특징을 구성하는 언어와 생활방식, 관습 등의 요소가 한국사회에서 인종계층화의 형성을 촉진한다고 주장한다. 또한 단일민족의식을 가진 한국사회에서는 인종주의와 법적·사회적 제도와 같은 사회구조적 요인이 인종계층화 형성에 영향을 미쳐왔다고 지적한다. 다문화주의 관점에서 인종계층화 형성의 문제를 해결하기 위해서는 한국 민족 개념의 범위 확대, 타민족에 대한 수평적 인정과 '강제동화주의'와 차별화된 '포용적 동화정책'의 실시, 국민의 동의에 기초한 「다문화가족지원법」 같은 법제도의 정비 등을 제언한다. 정치적 다문화주의를 허용하는 대신 '포용적 동화정책'은 이민자 소수집단의 행동에 대한 관용과 차별에 대한 적극적 규제 등을 포함한다고 언급한다.

유교 철학의 입장에서 동화정책에 대한 비판과 유교의 사회통합 논리와 대응방안을 제시하는 연구 담론들이 2010년대에 제시되었다. 김영필(2010: 62-64)은 상호문화주의를 다문화주의의 한국적 대안으로 제시하면서, 상호문화주의의 원형이 한국의 고유한 전통 속에 있다고 주장한다. 한국의 화엄불교에서처럼 불교와 유교의 의사소통적 수행이라는 실천 지향성이 타자와 소통하면서, 다문화적 정체성을 형성시킬 수 있는 사유의 기초가 된다고 설명한다. 즉 '一卽多 多卽一'에서처럼 초문화적 메타포가 함의되어 있고, 다문화적 의식의 원형이 존재한다고 강조한다.

이철승(2015: 121-125; 136-144)은 유가의 '어울림' 철학을 다문화 사회에서 동일화를 추구하는 문제를 극복할 수 있는 대안으로 주장한다. '어울림' 철학은 보편성을 전제로 특수성을 평가 절하하는 주자학적 방식이 아니라, 공자와 맹자, 안자 등의 관점을 따른다는 것이라고 제시한다. 즉 이들의 가르침에 기초한 '어울림' 의식은 다양성이 존재하는 상황에서 통일성을 지향하는 것이며, 다름과 다름 및 다름과 같음의 평등한 관계를 중시하는 것이라고 언급한다.

안외순(2018: 269-280; 287-288)은 유교의 쌍무호혜성에 기초한 동등과 배려의 가치인 '인(仁)과 서(恕)'와 다양성을 존중하는 '화이부동(和而不同)'의 전통이 다문화주의와 상통할 수 있는 요소라고 주장한다. '인과 서'는 논어(論語)에서 "자기가 하고 싶은 것은 남도 하게 하라"와 "자기가 원하지 않는 바는 남에게도 행하지 않는 것"으로 정의되었다고 제시한다. 이는 '동일률의 원칙'으로 다문화인에 대한 차별 없는 배려가 다문화사회에 필요하다는 논거로 제시한다. 또한 '화이부동'은 논어에서 "군자는 다른 사람과 화합(和合)하되 뇌동하지는 않는다. 소인은 다른 사람과 뇌동(雷同)하되 화합하지 못한다"라고 제시되었다고 언급한다. '화이부동' 가치관은 동화정책의 문제를 해결할 수 있는 대안적 접근법이 될 수 있다고 주장한다.

3) 다문화 담론에 대한 비판 담론

(1) 한국의 다문화 담론에 대한 비판 담론

한국사회에서 다문화라는 용어의 법률적 정의는 구체적으로 제시되지 않았다. 「다문화가족지원법」에서는 다문화가족을 정의하고 있으며, 「재한외국인처우기본법」에서는 다문화에 대한 이해 증진을 언급하고 있다. 「국적법시행규칙」에서는 사회통합 프로그램의 내용을 한국어 및 다문화 이해로 명시하고 있다. 법령에서 다문화는 국제결혼가정을 수식하는 좁은 의미의 용어로 또는 이민자에 대한 개방적 태도와 정책을 의미하는 광의의 개념으로 활용되었다. 정부의 담론과 정책은 '관 주도형 다문화주의'로 지칭되기도 한다. 또한 다문화 담론이 언론과 시민단체, 이익집단에 의한 경쟁과 타협의 산물로 간주되기도 한다. 2007년부터는 기존 다문화 담론을 '왜곡된 다문화주의'로 간주하는 '비판적 다문화 담론'이 본격적으로 제기되기 시작한다. 한국의 '비판적 다문화 담론'의 주된 관심은 이민자 중 이주노동자, 난민, 미등록체류자 등의 대상에 두어졌다(이철우, 2010: 73-76, 90).

김종태(2014: 138-139)는 한국의 다문화에 대한 비판을 세 가지 차원으로 구분해 제시한다. 차별과 보호가 부족하다는 인권적 차원에서의 비판, 외국인관리정책의 일환이며 동화와 국가경쟁력 강화를 위한 국가주의적 정책 방향에 대한 비판, 배타성과 단일성을 강조하는 민족주의 성향에 대한 비판 등의 비판 담론이 제출되었다고 언급한다.

김희정(2007: 57-69)은 한국의 다문화주의를 '관 주도형 다문화주의'로 규정한다. 서구의 실질적 다문화주의와 공식적 다문화주의의 구분에 기초해, 한국의 경우 국가가 적극적으로 다문화주의 담론을 활용하며 다문화정책을 시행하는 공식적 다문화주의라고 주장한다. 한국정부의 다문화 담론은 2006년부터 대통령과 정부의 정책 발표로 시작되었는데, 서구 다문화주의론자의 담론과 유사성을 가졌다고 언급한다. 한국의 '관 주도형 다문화주의'는 담론 차원에서는 다른 나라와 차이가 없지만, 정책 차원에서는 차이를 나타냈다고 지적한다. 구체적으로 정책의 대상이 결혼이민자와 다문화가정 자녀에 국한된 한계성을 가지며, 화교와 장기체류 외국인노동자 등은 배제하는 양상을 드러냈다고 비판한다.

김용신(2008: 43, 52-54)은 한국사회에서 다문화주의는 정부정책에 따라 자의적으로 해석되며 적용되고 있다는 비판을 제기한다. 예를 들어 국제결혼을 통해 정착한 여성이민자는 통합되어야 할 대상으로 인식되었으며, 이들에 대한 정부의 지원정책이 다문화주의로 간주되어 왔다는 것이다. 이러한 상황은 다문화주의에서 민주주의의 원리가 구현되고 있지 않기 때문이라는 지적과 함께 '문화민주주의'를 대안으로 주장한다. '문화민주주의'를 '정치적 다문화주의'와 동일시하면서, '문화 민주주의'를 통해 이민자와 주류사회의 실제적인 '동등성'을 구현할 수 있다고 제시한다. '문화민주주의'는 "인간의 존엄성, 이성과 자율, 합리적 사고와 의사결정, 동등한 기회의 보장을 다문화사회에 구현하려는 시도"로 정의한다. 강요된 '하나'를 문화적 특성으로 가진 한국사회가 다문화사회로 전환하는 시기에 '문화민주주의'의 함의에 주목해야 한다는 점을 강조한다.

오경석(2010: 191-193)은 한국의 다문화주의는 국가 주도로 진행된다는 점을 강조한다. 국가 주도의 다문화주의는 논쟁과 협상이 필요한 정치적 의제가 되기보다는 정책 아이템으로 전락했으며, 통합과 동질화의 기제로 작동하고 있다고 비판한다. 또한 한국의 다문화주의는 공급자 중심의 특성을 가진다고 지적한다. 이러한 특성은 다문화주의를 선주민과는 관계없는 외국인만의 문제로 치환시키며,

이민자들에 대한 선별적 포용과 폭력적 차별화를 야기하고 있다고 주장한다. 국가가 주도하는 공급자 중심의 한국의 다문화주의는 이민자의 역할 부재와 소극적 포용과 인정의 상황을 지속시키고 있다고 지적한다.

김이선(2010: 180-185)은 한국 다문화정책의 문화 의제에 대한 접근을 비판적으로 분석한다. 결혼이민여성의 증가로 도입된 다문화정책은 단일성을 토대로 한 사회 질서의 고수와 다양성을 개인과 사회 차원에서 부정적 요인으로 규정하는 한계를 가지고 있으며, 문화적 다양성과 이민자에 대한 긍정성에 관한 질문에 기본적 답을 할 수 있는 내용도 부재하다고 비판한다. 한국문화교육이나 다문화교육에서 나타난 내용과 체계의 한계에서처럼, 다문화사회라는 당구대에서 문화는 출신 국가별로 고정화되고 정형화된 당구공으로 묘사하는 차별과 배제의 담론이 될 수 있다고 지적한다. 또한 문화 의제 가운데 하나인 이민자와 일반시민의 교류와 소통의질서가 다문화정책을 통해서는 정착되지 못한다고 주장한다.

김원(2011: 81-82, 96)은 한국 다문화주의 담론이 가지는 특수성으로 부계부권 가족중심주의, 이주민의 타자화와 온정적 대상화, 순혈주의와 동화주의 등을 제시한다. 이러한 특성은 결혼이민여성이 남성 가족에 적응해야 한다는 인식의 확산에 영향을 미쳤다고 지적한다. 또한 한국에서 다문화주의 담론은 타자화되고 대상화된 이민자로 인해 발생할 수 있는 문제의 예방정책으로 제시되었다고 언급한다. 한국의 다문화주의 논의에서 중요하게 다루어져야 하는 지점은 소수자와 다수자의 공존 가능성 선언이 아닌 전제 조건에 관한 것이라고 주장한다. 또한 문화적 생존에 더해 주류집단에 유리한 불평등한 사회규범과 패턴이 재생산되지 않도록 하는 사회운동이 중요하다고 강조한다.

김혜숙(2011: 16-20)은 다문화주의의 딜레마로 집단의 문화적 권리를 보장할 것인가와 특정 집단의 문제를 보편적 인권의 문제로 일원화할 것인가 사이에서 발생하는 것으로 언급하고, 전자의 경우 문화적 권리들 간의 질서 구축 문제를 야기하며 후자의 경우 주류집단의 가치와 이념을 보편화하는 문제를 가져올 수 있다고 비판한다. 한국의 경우 불분명한 문화 경계로 인해 독자적인 문화 정책 형성의 어려움, 오랜 문화적 통일성에 기인한 비관용성과 비융통성, 서구나 일본에 비해 협소한 사회문화 현실, 분단으로 인한 이념적 경직성 등으로 인해 다문화주의 정책을 시행하기 어렵다고 진단한다. 따라서 문화적 잡종성과 혼종성이 성장할 수 있는 토대 구축이 필요하며, 보편적 인권교육 강화와 사회적 약자에 대한 기회와 배분의 정의를 실현하는 것이 선행되어야 한다고 주장한다.

김영명(2013: 147-167)은 한국 다문화 담론의 용어 사용, 일방성과 편협성의 문제를 비판한다. 다문화와 단일민족신화 등의 용어 사용은 역사적으로나 현실적으로 적절하지 않다고 지적한다. 오히려 다문화가 아닌 다민족 또는 다인종화 현상으로 보는 것이 적합하며, 단일혈통의식은 벗어나야 하지만 1민족 국가라는 의식을 벗어날 수는 없다고 언급한다. 한편 다문화 담론 논의는 다문화사회로의 전환 필요성과 다문화사회의 문제점 등에 관한 근본적인 질문이 없는, 외국인에 대한 지원정책에 치우쳐져 있어 편협한 문제의식을 가진다고 비판한다.

한국사회의 조건에 부합하지 않는 유럽을 중심으로 한 서구 다문화 담론의 수입 문제를 지적하고, 외국인의 대다수가 정착하기보다는 단기 체류하는 경우가 많아 다민족사회는 필연이 아니라 선택의 문제라고 주장한다. 또한 다문화 담론에서 다민족사회가 야기할 수 있는 위험에 대한 논의가 필요하다고 제시한다. 한국사회의 다문화 담론에서 다문화주의가 지적 패권을 형성하게 된 배경으로 경제적 이익, 지적 사대주의, 지배 가치의 억압, 부처 이기주의, 한국의 휩쓸림 현상 등을 제시한다. 다문화정책의 문제를 해결하기 위해서는 다문화사회론에 대한 일방적 추종 개선, 내국인에 대한 역차별 금지, 적정 수준의 외국인력 수입, 무조건적 관용 원칙 수정, 외국인의 입장이 아닌 한국사회의 이해를 고려하는 포괄적 정책 수립, 외국인력 충원과 사회통합, 외국인복지 등의 세 가지 축을 동시에 고려, 내국인의 취업난 해결, 인위적 다문화사회로의 전환 수정 등을 주장한다.

이용재(2014: 83-84, 87-89)는 한국사회의 다문화사회로의 전환은 시민사회의 합의 없이 정부에 의해 일방적으로 선언되었다고 비판한다. 이러한 양태는 정부가 다문화사회의 통합을 이민정책의 확장으로 인식해, 시민사회와의 합의를 필요로 하지 않는 법과 제도로 해결하려는 의도가 영향을 미치기 때문이라고 지적한다. 한국사회에서 통합을 위해서는 동일성의 추구가 아니라 차이가 표현될 수 있어야 가능하며, 차이의 연대가 사회통합의 대안으로 제시되어야 한다고 주장한다.

황정미(2014: 189-192)는 한국의 다문화가족 담론이 결혼이민여성에 대한 복지 차원의 지원을 강조하고 있지만, 국제이주에서 제기되고 있는 젠더 문제를 간과하고 있다고 비판한다. 부계 정주형 가족 문화를 암묵적으로 전제함으로써 이주의 여성화와 초국가적 모성, 이주 어머니를 통한 성별 분업과 돌봄의 재편 등의 이슈에 주목하지 못한다고 주장한다. 특히 다문화가족에 대한 주류 담론은 결혼이민여성의 본국 또는 한국 거주 이민자와의 교류를 부정적으로 보는 경우가 많다는 것이다. 이러한 시각은 '모성을 재국민화' 하는 담론을 통해 결혼이민여성이 가지는 다양한 경험과 유동적 정체성을 왜곡할 수 있으며, 초국가적 모성의 경험을 부계가족의 틀에 국한시킬 수 있다고 지적한다.

김희강(2016)은 킴리카의 다문화주의 실패 담론에 대한 반론을 비판적으로 검토한다. 킴리카가 제시한 인권에 기초한 이민자 문화평가는 문화의 연결과 혼재를 간과하고 있으며, 비자유적 이민자 문화가 서구의 영향에 의해 형성되었을 수 있다는 점을 도외시한다고 지적한다. 또한 다문화정책의 성공을 위해 국경 통제력이 강화되어야 한다는 주장에 대해서도 비판을 제기한다. 불법 이민자와 난민에 대한 통제는 규범과 권리 차원에서 문제가 될 수 있다는 것이다. 마지막으로 다문화정책에 대한 국익 차원의 접근은 수용국 중심의 시각일 뿐만 아니라, 전 지구적 차원의 국제이주를 조망하지 못하는 한계를 노정한다고 비판한다. 결국 킴리카의 주장과 달리 다문화사회의 도래는 "국민국가의 경계 및 통합의 재구성"과 필연적으로 연결될 수밖에 없다고 주장한다.

김현미(2016b: 137-141)는 한국사회에서 사용하고 있는 다문화라는 관용적 정언에도 불구하고, 실제 정책은 동질성의 신화를 강화하며 '문화 없는 다문화'를 표방하고 있다고 비판한다. 다문화정책은 이민자와 선주민 간의 분리와 위계를 기초로 하고 있으며, 이민자가 한국 문화에 동화되도록 하거나 통합대상에서 배제하는 경향을 나타냈다고 주장한다. 국가의 경계를 넘어 수용국과 송출국의 연결성을 강화하는 트랜스이민자(transmigrant)의 등장과 함께, 일방적 동화를 정당화하는 사회통합이론에 대한 많은 비판이 제기되어 왔다고 지적한다.

구본규(2016: 225-226)는 다문화가족 개념이 이민으로 형성된 종족 다양성 관리 문제에 대응하기 위한 이민자 지원정책의 시행과정에서 형성되었다고 지적한다. 이러한 다문화가족이라는 범주화 과정은 타자와 주변화, 차별의 담론으로 기능한다고 비판하면서, '이주민 가족'이라는 표현의 사용을 주장한다.

(2) 한국의 반다문화 담론

한국사회에서 반다문화 담론이 확산되기 시작한 시점은 「재한외국인처우기본법」과 「다문화가족지원법」의 시행과 글로벌 경기침체에 영향을 받아 반다문화 단체들이 본격적으로 등장하기 시작한 2008년으로 간주한다. 2004년 개설된 인터넷 카페 〈외국인노동자대책시민연대〉가 존재했지만, 2008년 〈다문화정책반대〉, 2010년 〈외국인범죄척결반대〉와 〈국제결혼피해센터〉가 등장하면서, 10여

개의 단체들이 온라인과 오프라인에서 외국인 범죄와 국제결혼의 폐해를 주장하고 정부에 개선 대책을 요구하는 활동을 확대했기 때문이다. 반다문화 단체들은 온라인 활동 이외에도 가두집회와 입법 토론회 등에 참여해 외국인 유입으로 인한 일자리 부족, 국제결혼 부작용, 특혜성 복지 정책 등을 부각시키고 이민자 권리 보장과 차별금지 등에 대한 반대 입장을 분명히 제시한다(양태삼, 경수현, 2011. 9. 11.; 박유리, 2011. 12. 1.).

김휘택(2013: 306-307, 323-330)은 한국의 민족개념이 반다문화주의의 사상적 기초가 되고 있는지와 거대 담론화하는 과정이 진행되고 있는지를 고찰한다. 한국의 반다문화주의 경향에서 나타나는 이민 혐오의 주요한 원인은 일자리 문제와 치안 문제에 대한 우려라고 지적한다. 국내 노동력이 선호하지 않는 3D 업종에서 외국인노동자를 활용하는 것에 대한 사회적 용인과 달리, 외국인노동자에 대해 반다문화적 정서를 표현하는 웹사이트에서는 저소득층의 생계를 위한 일자리를 값싼 외국인노동자가 빼앗고 있다는 논리를 제시한다고 설명한다. 한편 반다문화주의 진영 일각에서는 다문화주의를 민족 말살 등 민족의 문제로 치환하는 견해를 표출했으나, 민족의 순수성을 지키자는 것이 외부에 대한 침략이나 공격을 의도하는 형태로 발전하지는 않았다고 언급한다. 한국의 반다문화적 정서는 사상적 기반과 다문화주의라는 지배 담론에 대항할 수 있는 논리적 기반을 구축하지 못한다고 진단한다. 그럼에도 한국사회는 민족과 민족주의라는 반다문화 담론의 기반을 제공할 수 있는 사상적 토대가 존재하고, 다문화에 대한 현실 비판이 상존하기에 반다문화주의는 거대 담론화하는 과정에 있다고 주장한다.

강진구(2014: 11-33)는 한국사회 학문 영역에서의 반다문화 담론을 분석하고 이에 대한 비판을 제시한다. 학문 분야에서 반다문화 담론은 다문화정책이 사회적 합의 없이 정부에 의해 일방적으로 추진되고 있다는 비판, 안보의 측면에서 인종 갈등과 테러, 외국인 범죄 증가 등으로 인해 국가안보에 위협이 될 수 있는 다문화정책에 대한 비판, 정치, 경제적 측면에서 다문화정책은 글로벌 자본의 이윤추구 전략과 다문화의 편익 추구라는 비판, '다문화 퍼주기' 등의 비판, 민족주의와 정체성의 측면에서 '자기비하 다문화주의'와 서구 중심주의의 실행으로서의 다문화정책이라는 비판 등으로 유형화해 설명한다. 반다문화 담론은 다문화주의라는 '정치적 올바름(political correctness)'에 대한 거부감을 배경으로 하고 있기에 차별과 배제를 가져올 수 있으며, 신자유주의와 초국적 이주에 대한 불안감을 통해 표출된 반다문화 담론은 자본과 외국인노동자에 대한 공격과 비난으로 발전할 수 있다고 비판한다. 또한 반다문화 담론 진영에서는 한국의 다문화주의를 결혼이민자와 단기 체류자 중심의 한국적 이민 환경에 토대를 두지 않은 지적 사대주의라고 비난하고 있는데, 유럽의 '다문화 실패론'에 대한 언급에서처럼 서구의 경험으로 한국의 다문화주의를 비판하는 아이러니한 상황을 연출하고 있다고 비판한다.

김영숙(2015: 133-148)은 인터넷에 나타난 반다문화 내용 분석과 반다문화 활동가에 대한 심층면접을 통해 반다문화 담론을 고찰한다. 연구결과를 반다문화 담론의 내용과 전략으로 구분해 제시한다.

반다문화 담론의 내용에는 이민자에 대한 비하를 포함한 일방적 범주화, 결혼이민여성에 대한 폄하, 외국인에게 피해를 당한 경험으로부터 야기된 반동적 정서, 민족 기준에 따른 편 가르기, 일자리 박탈 우려, 보수적 민족 정서의 부활, 순혈주의 민족 정서에 기초한 차별의 정당화, 이민자에 대한 극단적 폭력행사의 용인 등이 포함되었다고 설명한다. 한편 반다문화 담론에 나타난 행동 전략은 이민자에 대한 공포의 확산과 이를 통한 대중지지 확보, 일자리 등의 경제문제를 활용해 사회경제적 소수자의 동원, 다문화사회의 미래에 대한 비관적 전망 유포, 정치적 공론장에서 반다문화 담론의 의제화 등이 두드러지게 나타났다고 언급한다. 한국사회 반다문화 담론의 구조는 이념 차원에서는 차별과 폭력을 정당화하는 순혈주의 고수, 목표 차원에서는 민족 정통성을 명분으로 한 기득권 지키기, 전략 차원에서는 이분법적 구도하에서 편 가르기라고 지적한다. 반다문화 담론이 확산되는 것을 막기 위해서는 다문화교육의 강화, 이민자의 생산적이고 미래 지향적인 이야기의 전파, 내국인과 이민자의 일자리 경쟁을 조정할 수 있는 사회적 기구의 설치 등을 주장한다.

육주원(2016: 110-113, 116-130)은 반다문화 담론의 '타자 만들기' 동학을 고찰하고, 주류 다문화 담론과 반다문화 담론이 차이의 활용과 수용의 방식에서는 차별점이 있으나 인종/문화, 젠더, 신자유주의 등에 기초해 차이를 이해하고 생산해내는 틀에서는 유사성을 가진다고 분석하면서 양자의 관계성을 고찰한다. 외국인노동자로 인한 임금 하락과 일자리 잠식, 자본과 정부의 결탁, 한국 경제발전의 저해, 다문화주의의 '정치적 올바름'에 대한 반감 등의 비판에 기초한 반다문화 담론에는 신자유주의와 반이주자 정서가 결합되어 있다고 지적한다. 한편 "다문화정책은 민족말살정책"이라는 주장에서처럼 민족과 문화 차이라는 '인종화된 경계들'을 활용한 반다문화 담론이 제기되었다고 설명한다. 또한 반다문화 담론에서는 주로 결혼이민여성을 대상으로 민족 또는 국민의 경계를 젠더화 해 구축한다고 비판한다. 다문화 담론과 반다문화 담론 간의 대립에도 불구하고 반다문화 담론의 인종화, 젠더화된 민족과 국민 경계 만들기는 주류 다문화 담론에서도 이민자의 '계급화/인종화/젠더화된 위계'로 적극 활용되고 있는 역설적 상황이라고 주장한다.

다문화 담론이 '인종화된 타자'에 대한 완곡어법으로 제기되었고 인종을 문화로 치환한 다문화 용어가 이민자 '타자성'의 언표로 활용되고 있는 것처럼, 반다문화 담론 진영의 주장도 인종주의를 문화적인 것으로 둔갑시키고 있다고 지적한다. 또한 다문화정책이 실제적으로는 '젠더화 된 동화주의' 정책으로 역할하면서 긍정적인 차이의 양성을 담론화하지만, 반다문화 담론에서는 차이와 동화에 대한 논리적 대응으로 차이의 위험성과 동화 불가능성을 제시한다고 지적한다. 따라서 다문화와 반다문화 담론을 반인종주의와 인종주의의 대립으로 인식하는 것은 오류이며, 이들의 관계는 다문화 담론이 제시한 차이와 다양성의 위계를 둘러싸고 협력적 경쟁을 하고 있기 때문에 다문화 담론이 생산하고 있는 '인종적 효과'를 직시해야 한다고 주장한다.

김현희(2016: 214-216, 224-237)는 외국인 범죄와 테러를 통해 표출된 반다문화 담론의 정서와 글로벌화를 분석한다. 구체적으로 2015년 시화호 토막살인 사건과 프랑스 연쇄테러 사건이 한국사회의 반다문화 정서와 어떻게 연계되었는지를 고찰한다. 시화호 사건의 범죄자에 대해서는 동포가 아닌 중국의 소수민족으로 범주화하면서, 조선족에 대한 혐오와 거리 두기, 중국 송환과 처벌 요구 등 초국적 범죄자로 인식하는 경향이 두드러졌다고 설명한다. 프랑스 파리테러 사건 이후에는 테러의 원인이 이민자와 다문화에 있다고 간주하면서, 분명한 반이슬람 정서와 다문화정책의 폐해에 관한 담론이 적극적으로 제시되었다고 분석한다. 반다문화 담론에서는 테러리스트, 난민, 이민자, 외부 인종과 종교 모두가 다문화로 통칭되는 양상을 보이면서 테러리스트와 이민자는 의미상 차이가 없게 되었고, 이민자로 인해 한국사회도 테러 위험성이 가중되고 있다는 주장을 확산시켰다고 언급한다. 반다문화 담론에서 한국은 이민자 범죄에 대한 무방비와 실패한 다문화정책을 받아들여 테러의 위험에 놓인 사회로 간주되며, 다문화에 대한 혐오감과 국가안보에 대한 위기감은 반다문화 담론에서 우리를 피해자로 표상하고 타자에 대한 배격 명분과 정당성을 확보하는 데 영향을 미쳤다고 지적한다.

황경아(2017: 159-185)는 반다문화 담론의 부상을 보수와 진보를 대표하는 언론인 〈조선일보〉와 〈한겨레신문〉의 기사에서 어떻게 설명하고 의제화하고 있는지를 분석한다. 반다문화 정서와 관련해 〈조선일보〉는 반다문화 담론이 이슈화된 시기에 집중해 외국인 혐오와 차별에 대해 문제를 제기했던 반면, 〈한겨레신문〉은 인종차별이나 외국인 혐오증을 지속적으로 의제화하면서 원인의 규명과 진단, 해결방안을 제시하는 방식을 취한다고 설명한다. 예를 들면 이자스민 의원에 대한 온라인상의 공격에 대해 〈조선일보〉는 결혼이민여성의 상징성, 외국인 혐오증의 경계, 세계시민의 윤리, 진보진영의 침묵에 대한 비난 등을 강조한 반면, 〈한겨레신문〉은 적극적 보도 태도를 보이지 않았으며 언론매체의 과잉보도와 이민자 문제에 무관심한 진보정당을 비판하는 입장을 나타냈다고 지적한다.

외국인 범죄 문제와 관련해서는 해결방안을 보수언론에서는 제도적 차원의 규제와 관리로 제시한 반면, 진보언론에서는 외국인 범죄에 대한 언론의 과잉보도 문제를 제기한다고 분석한다. 내국인과 이민자 간 일자리 경쟁 담론에 대해서는 보수언론이 주로 의제화하는 양상을 나타냈다고 언급한다. 다문화주의에 대한 반격으로 대표되는 반다문화 담론의 부상에 관해 보수와 진보언론 모두 주류사회의 입장에서 동화 차원의 논의 구조에 제한되었거나, 인권과 시혜 관점의 수준에 머물러 있어 다문화 관련 다양한 논의와 대안적 담론을 제시하지 못한다고 주장한다.

김지영(2017: 142-143, 168-170)은 19대 국회 「다문화가족지원법」 개정안과 관련해 15차에서 19차 입법예고 사이트 게시판에 표출된 반대의견의 반다문화 논리에 관해 고찰한다. 분석결과를 통해 반다문화 논의가 일부의 커뮤니티에서 형성되고 공유되는 것이 아니라, 반다문화 담론을 주창하고 동의하는 행위자의 참여를 통해 확장되며 재생산되고 있다고 제시한다. 반다문화 논리의 확산 측면에서 보면 입법예고의 횟수가 증가하면서 반대의견도 다양한 논리를 갖추게 되었다고 지적한다. 구체적으로 차별금지의 문제를 이슬람과 같은 다른 문화의 수용으로 변형시키거나, 보육과 교육지원 등의 확대는 이민자가 의무를 다하지 않으면서 복지 혜택만 얻는 부당성을 강조하는 국민과 비국민의 구별 짓기 등의 논리가 중심이 되었다고 언급한다. 또한 다문화 홍보를 확대하기 위한 입법예고에는 유럽의 다문화 실패 담론을 활용해 비판하는 논리가 등장한다고 설명한다. 한편 반다문화 논리의 공유 흐름 측면에서 보면 19차 입법예고에서 두드러지게 나타난 것이 반다문화 대표 논리를 반복적으로 활용하는 경향이라고 지적한다.

4) 다문화와 이민정책 담론의 연계

2007년 제정되고 시행된 「재한외국인처우기본법」의 배경으로 법무부는 "국내 체류 외국인의 지속적인 증가와 함께 체류 외국인의 유형도 결혼이민자·외국인근로자·난민 등으로 다양해져 이들에 대한 적정한 처우와 우리 사회에 적응토록 하는 문제가 시급한 정책 과제로 대두"한 것으로 제시한다.

2008년 여성가족부가 주도한 「다문화가족지원법」에서는 다문화가족을 결혼이민자와 대한민국 국민, 귀화자와 대한민국 국민, 귀화자와 귀화자 등의 결혼으로 형성된 가족으로 정의한다. 지원법에 따라 2009년에는 국무총리실 산하에 〈다문화가족정책위원회〉가 설치되었으며, 위원회는 다문화가족 정책을 심의·조정하는 역할을 수행한다(김종태, 2014: 118, 126).

(1) 국제이주와 이민정책 담론

심보선(2007: 43, 65-70)은 이주노동자정책을 이주노동자를 보호

의 대상으로 간주하여 정감에 호소해 문제를 해결하려는 온정주의
적(paternalist) 정책으로 정의하고, 정책의 형성과 변화에 관해 분석
한다. 관용 패러다임의 재부상 속에서 국가가 주도하는 온정주의적
이주노동자정책이 확산되었으며, 결혼이민자까지 포괄하는 인종·
종족 기획으로 실행되었다고 지적한다. 2006년과 2007년 정부의 법
제도 제정과 정책 시행은 이민자 지원 단체와의 협력을 통한 온정주
의적 제도와 복지, 상담, 교육, 문화 프로그램의 수립과 시행에 집중
되면서, 다문화적 '인정의 정치'와 이민자 조직은 정책 영역에서 배
제되었다고 언급한다. 따라서 '인정의 정치'를 추구하는 이주노동자
운동과 국가와 복지를 지원하는 이주민 지원 단체와의 관련성은 현
저히 낮아졌다고 주장한다.

엄한진(2008: 122-137)은 정부, 학계, 언론, 시민사회단체의 이민
논의의 분절성을 내적 측면과 외적 측면으로 구분해 고찰한다. 내적
인 분절은 이주노동자와 결혼이민여성의 구분과 차별적이고 분할
통치적 대응의 형태에서처럼 이민 집단 유형에 따른 이질적인 논의
에 기인한다고 지적한다. 구체적으로 결혼이민여성과 자녀에 대한
이민 논의의 독점과 재한외국인과 재외한국인에 관한 논의의 독점
과 회피 등이 나타났다고 언급한다. 한편 이민 담론은 한국의 노동
과 여성문제 관련 시민운동과 소수자운동의 사회적 논의와 단절되
는 외적인 분절을 보였다고 제시한다. 한국 여성에 대한 논의와 결
혼이민여성에 대한 논의의 괴리를 사례로 제시한다. 또한 한국의 이
민 논의는 두뇌 유출과 여성의 이주, 이민과 통합 등의 보편적인 이
민 논의와도 괴리를 드러냈다고 지적한다. 이민 담론의 분절성을 해

결하는 방안은 다문화교육과 같은 시민사회의 변화가 아니라, 국가의 주요 담론 주도성이 큰 한국에서 오히려 국가의 변화가 필요하다고 주장한다.

박미경(2010: 113-127)은 미등록 이주노동자의 권리보장과 사회통합정책을 연계해 분석하고 정책과제를 제시한다. 한국의 국내법 체계에서는 미등록 이주노동자의 인권을 보호할 수 있는 근거가 미비하다고 지적한다. UN과 ILO 등의 국제기구와 국제인권기준에서 제시한 국제규범과 이주노동자협약의 고찰을 통해, 미등록 이주노동자 권리보장의 필요성과 보장받아야 할 권리를 제시한다. 한국 사회에서 미등록 이주노동자의 최소한의 권리를 보장하기 위한 과제로 이주노동자에 대한 차별보다는 통합과 수용을 위한 사회적 인식의 전환, 이주노동자협약 가입과 비준 진행, 미등록 이주노동자를 포함하는 국내법 개정 등을 제안한다.

정상호(2010: 32-44)는 한국 이민자 참정권 제도의 특징을 '조숙한 제도화(premature institutionalization)'로 규정짓고 도입배경에 관해 분석한다. 한국은 2005년에 영주권 취득 후 3년이 경과한 19세 이상의 외국인에게 주민투표, 주민소송, 주민소환제도를 보장하는 지방선거 참정권을 부여했으며, 이것은 북유럽 국가의 경우처럼 '비차별적' 지방 참정권 유형에 해당된다고 설명한다. 비례대표제도, 출생지주의 국적법, 국제기구와 시민단체의 역할, 집권 정당의 성격 등을 이민자의 정치적 권리의 확대 요인으로 제시하는 기존 연구와 다른 주장을 제시한다. 즉 한국에서 이민자 참정권의 도입을 촉진시킨 변수는 일본에 대해 재일한국인의 참정권을 요구하는 외교 전략,

국제결혼의 급증이라는 특수한 이주형태에 대응하기 위한 이주노동자 배제와 결혼이민여성의 적극적 수용이라는 이중전략이라고 주장한다. 한편 이민자의 노동권과 참정권을 반대하는 인터넷 카페들이 등장하는 경우에서처럼, 제도적 조숙성과 함께 사회적 공론화의 부실이라는 특성을 한국의 이민자 참정권이 가지고 있다고 언급한다. 이민자 참정권은 차별과 부정의를 극복하기 위한 제도적 대안이고, 사회적·시민적 권리와 정치적 권리는 긍정적으로 연관되어 있다는 한국사회의 인식 전환이 필요하다고 주장한다.

이병렬과 김희자(2011: 348-354)는 서구의 이주정책유형론과 사례에 관한 검토를 기초로, 한국의 이민정책을 전형적인 '차별배제모형'으로 유형화한다. 결혼이민여성, 외국국적동포 노동자, 비동포 이주노동자, 새터민, 화교, 난민 정책에 관한 분석을 토대로, 한국의 이주정책은 결혼이민여성과 새터민을 제외한 대부분 이민자에 대해 정주를 허용하지 않거나 최소화하고, 노동시장에 대한 통제적 접근과 복지권에 대한 제한적 보장을 특징으로 하는 '차별배제모형'이라고 주장한다. 한편 한국의 경우 독일과 달리 내국인 노동자, 외국국적동포, 외국인노동자, 비합법체류자 등으로 구분하고, 민족 내부와 민족과 비민족 간의 차별과 분리를 특징으로 하는 '층화적 차별배제모형'이라고 지적한다.

이규용(2014: 15-28)은 한국의 이민자 유입정책의 쟁점과 향후 과제를 분석해 제시한다. 이민자 유입 확대가 미치는 사회경제적 영향에 대한 고찰과 논의가 필요하며, 선별기능을 강화한 이민정책의 수립과 함께 이민자를 어떻게 수용하고 활용하며 편익을 증가시킬 것인가를 이민정책의 목적으로 설정해야 한다고 주장한다. 인구 감소 문제와 관련해 이민자 유입정책은 한국의 경제구조와 노동력 활용 가능성, 분배구조, 사회안전망 등을 함께 고려해야 한다고 언급한다. 외국인력정책은 노동시장의 외국인력 수요 변화를 반영하고, 숙련 정도에 따라 상이하게 적용하는 것이 필요하다고 제안한다. 한편 단순 인력 부족이라는 논리에 근거해 외국인력의 유입을 확대하기보다는 국내 유휴인력을 충분히 활용하는 것도 요구된다고 언급한다.

김희강과 류지혜(2015: 228-242)는 영주권제도의 개편을 통해 다문화 시대에 접어든 한국 이민정책의 개선 방안을 제시한다. 한국의 영주권제도는 취득자격이 전문 인력과 숙련노동력에 제한된 편향을 가지고 있으며, 제도하에서 영주권자는 근로의 권리와 선거권은 부여받지만 공공부조와 사회복지 서비스의 수혜에서는 배제되고 있다고 지적한다. 또한 영주권에서 귀화로의 단계의 연계가 미흡하다고 평가한다. 영주권제도의 개선을 위한 규범으로 하버마스의 '헌정적 애국주의'를 제시하면서, 한국의 정치, 문화, 헌법의 원리를 이해하고 국민의 자격을 갖춘 이민자에게는 준시민의 자격인 영주권을 부여해야 한다고 주장한다. 구체적으로 영주권제도의 개선을 위해서는 영주자격 취득에 이주노동자를 포함하는 보편적 기준의 적용, 영주권과 시민권 사이의 권리 차이를 최소화한 영주권자의 사회적 권리 보장 등이 필요하다고 제안한다. 또한 영주권 전치주의를 넘어 귀화와 영주권의 대체 가능한 관계가 설정될 수 있는 귀화와 영주권의 긴밀한 관계 설정을 제언한다.

조영희(2015: 163-172)는 국가 이민정책의 변화와 발전을 위해

'개발 친화적 이민정책'을 주장한다. 수용국과 송출국의 공동발전이라는 시각에서 제기된 '개발 친화적 이민정책'은 이민정책에 '개발을 위한 정책 일관성(policy coherence for development)'의 이행을 포괄하는 것이라고 제시한다. '개발 친화적 이민정책'을 실현하기 위해서는 이주요소와 공적개발원조를 연계하는 것 이외에도, 이주 전 과정의 정책을 개발 친화적으로 개선하는 것이 포함되어야 한다고 지적한다. 이주의 개발효과는 개인과 가족, 본국, 수용국, 국제지역 등 다차원적으로 나타날 수 있다는 점을 고려해 정책을 수립해야 한다고 강조한다. '개발 친화적 이민정책'과 관련될 수 있는 구체적인 정책 유형으로는 송금, 디아스포라, 순환이주, 사회통합, 국제협력 등으로 제시한다.

김은미와 정헌주(2016: 309-316)는 이민자 유입이 수용국의 송출국에 대한 공적개발원조에 미치는 영향을 한국 사례를 통해 분석한다. 분석 결과 전체 이민자 수가 1% 증가할 때 수원국 원조는 약 6.5% 증가하는 것으로 나타났으며, 이민자 중 결혼이민여성의 증가가 원조에 가장 큰 영향을 미치고 유학생과 이주노동자 순으로 정도의 차이가 있다고 제시한다. 결혼이민여성은 투표권이 있으며 직간접적으로 한국사회에 행위자로서 영향을 미칠 수 있는 것이 원인이라고 주장한다.

성장환(2017: 45)은 이민정책의 발전을 위한 방향을 제시하면서, 전통이민국가와 선발이민국가의 이민정책을 참조할 수 있지만 한국사회가 가지는 특수성을 고려하여 이민정책을 수립할 것을 제안한다. 즉 한국의 이민 역사가 짧고 이민 경험도 적은 점과 분단국가라는 상황이 반영되어야 한다고 지적한다. 한국의 특수성을 반영한 이민정책의 형성을 위해서는 이민수요에 대한 조사와 연구가 필요하다고 제언한다. 또한 서유럽의 갈등사례가 한국에서 재현되지 않기 위해서는 다문화주의 이민정책을 과도하게 확대하기보다는 국민적 합의를 통한 신중한 이민정책의 수립이 필요하다고 주장한다.

원숙연(2019: 317-335)은 이민정책의 방향에 관한 제언을 다음과 같이 제시한다. 첫째, 규범적인 지향이나 도덕적 이상보다는 현실에 기초한 합리성을 갖추어야 한다. 둘째, 복지의 수혜자를 넘어서 이민자가 한국사회의 구성원으로서 기여할 수 있도록 일을 할 수 있는 기회를 제공해야 한다. 셋째, 이민자와의 접촉 기회를 늘리는 것과 함께 접촉의 질을 높여야 한다. 넷째, 이주 외국인을 대상으로 분리된 정책에 주안점이 두어졌는데 이를 통합하는 방향으로의 전환이 필요하다. 제도의 통합을 추구하는 시스템적 통합이 추진되어야 한다. 다섯째, 정책 선호의 반영과 변화 가능성에 대한 선제적 대응이 요구되며, 다른 나라의 정책 경험을 그대로 적용하는 '정책 표절'을 경계해야 하고 한국사회의 맥락이 반영된 적실성 있는 선택적 '정책 이전'이 수립되어야 한다.

사득환(2018: 296-297: 302-314)은 서구학계의 '원하지 않는 이민을 수용'한다는 이민정책의 패러독스(paradox) 개념을 한국 이민정책의 분석을 위해 적용한다. 한국 이민정책의 패러독스를 구체적으로 불법체류자의 증가와 동화주의 정책의 미진한 성과, 숙의적 이민 담론 창출의 어려움과 이민자에 대한 미비한 인권 보장 등에서 나타난다고 지적한다. 패러독스를 해결하기 위해서는 다문화주의의 문제를 극복할 수 있는 상호문화주의의 적용이 필요하고, 제한적인 개념으로 활용되고 있는 다문화정책을 이민정책이라는 용어로 바꾸어 사용할 것을 제언한다. 또한 정부 조직과 제도, 분산된 이민정책의 형성과 시행을 통합하기 위해 이민청의 설치와 조직개편을 제안했으며, 이민 관련 다양한 법률을 이민법으로 단일화시키고 제도교육에서 상호 문화 존중의 통합교육이 시행되어야 한다고 주장한다.

(2) 다문화정책과 이민정책 담론

송종호(2007: 118-121)는 유럽 국가와의 비교를 통해 한국의 이민자통합정책에 관한 제언을 제시한다. 한국의 이민자통합정책은 과도하게 세분화되었고 분산되어 있다고 지적하고, 유럽 국가의 보편적 서비스에 나타난 이민자에 대한 경제적·사회적·문화적 권리부여와 민관협력을 통한 사회통합 모델의 창출을 제안한다. 또한 문화 이해와 접촉, 인식 변화를 촉진할 수 있는 다문화교육의 확대가 필요하다고 지적한다. 다문화사회의 초기 과제는 개별 문화의 보존과 강화이지만 중장기적으로는 문화 간 교류와 상호 이해가 필요하다고 주장한다.

원숙연(2008: 34-45)은 한국의 다문화정책을 포섭과 배제라는 정책의 방향성과 정체성의 정치를 포함하는 집단 정체성의 견고성을 분석틀로 설정해 정책대상자에 대한 정책의 유형화를 시도한다. 결혼이민여성과 자녀의 경우 포섭의 정책 방향성과 명확한 정체성의 속성을 가짐으로써 동화의 특성을 가진 유형인 반면, 배제의 정책 방향성과 정체성의 속성이 명확한 경우 합법적으로 체류하고 있는 이주노동자와 화교에 대한 정책은 분리 유형의 특성을 가진다고 제시한다. 한편 새터민에 대한 정책은 포섭과 정체성의 불명확성을 가진 주변화 유형으로, 불법체류 이주노동자와 남성결혼이민자에 대한 정책은 배제와 정체성이 불명확성을 특징으로 하는 해체 유형으로 구분한다. 차별적 포섭과 배제의 원인을 자민족중심주의, 부계혈통 중심의 가부장적 인식, 정책 대상 집단의 도구적 효용성 등으로 주장한다.

원숙연과 박진경(2009: 205-220)은 중앙정부 공무원의 외국인정책에 대한 인식을 조사해 결과를 분석한다. 중앙정부 15개 부 610명을 대상으로 한 설문조사에서 공무원은 민족적 요인보다 시민적 요인을 국민 됨의 조건으로 보다 중요하게 인정하는 것으로 나타났다고 언급한다. 2007년의 조사에서 일반인이 국민 됨의 조건으로 한국에서의 출생과 부계와 모계의 중요성 등 민족적 요인을 보다 강조했던 것과는 차이를 보였다고 지적한다. 한편 공무원이 선호하는 외국인의 이주유형은 고숙련노동력과 생산직 노동력 등의 노동이주로 나타났으며, 다문화 태도에서는 다문화수용의 정향을 보여주었다고 설명한다. 다문화정책의 정향성은 동화, 차별과 배제, 다문화 순으로 나타났는데, 이러한 결과는 일반인의 경우 동화와 다문화 선호가 비슷하게 나타난 것과 차이를 보였다고 언급한다. 차이의 인정과 문화적 다양성 존중에 기초한 다문화주의 인식보다는 이민자가 한국의 문화와 제도에 순응하고 적응할 수 있도록 지원하는 것을 긍정적으로 인식하는 경향이 강하다고 지적한다. 조사결과를 토대로 외국인정책의 방향에 관한 논의의 필요성을 제언하면서, 실제적으로 동화주의를 다문화정책이라는 용어로 포괄하고 있는 문제, 동화주의와 다문화주의의 이분법적 구분이 아닌 정책 방향의 다양성 확보 문제, 차별과 배제의 정책 정향성을 사회적 다양성에 대한 교육을 통해 개선하는 문제 등을 해결해야 한다고 주장한다.

김선미(2009: 204-224)는 정부 주도의 다문화가족 지원 사업과 시민사회 주도의 이민·다문화가족 지원 사업을 구분해 분석한다. 「다문화가족지원법」의 법제화와 다문화가족지원센터의 설립과 지원 등이 진행되었으며, 정책 대상은 결혼이민여성과 자녀라고 설명한다. 센터는 한국어교육, 다문화사회이해교육, 가족교육, 상담, 자조 모임 활동 등을 필수 사업으로 진행한다고 언급한다. 정부 주도의 다문화가족 지원 사업은 대상을 이주여성가정으로 국한시켰으며, 다문화주의나 성인지적 관점의 결여, 인권과 역량 향상에 미흡한 프로그램 중심의 일시적이고 형식적인 지원의 한계 등을 노정한다고 지적한다. 시민사회가 주도하는 지원 사업은 결혼이민여성과 함께 불법체류자를 포함한 이주노동자도 대상에 포함시켰으며, 상담, 복지, 교육, 공익, 정보 지원 등의 사업을 진행해왔다고 설명한다. 시민단체의 인적·재정적 어려움은 정부의 재정지원에 대한 의존도를 높여왔고, 시민사회 지원 사업의 제도화를 촉진한다고 지적한다. 정부 주도와 시민사회 주도 지원 사업의 개별적 한계를 극복하기 위해 민관 거버넌스 구축을 제안하면서, 지방자치단체와 시민단체 간 협력이 필수적이라고 주장한다.

권숙인(2010: 116-118)은 호주, 프랑스, 일본 등의 사례 분석을 통해 한국의 다문화정책을 위한 함의를 제시한다. 한국은 포괄적인 이념과 제도의 틀이 미비한 상황에서 분산적이고 중복된 정책이 시행되거나 실험되고 있다고 지적한다. 이를 해결하기 위해서는 다문화주의 개념과 '한국형 다문화주의'의 방향과 목표에 대한 사회적 합의, 목표를 추진할 수 있는 제도와 정책의 준비가 필요하다고 주장한다. 온정주의적이고 시혜적인 공공선으로서의 다문화주의 담론이 아닌 '한국형 다문화사회'에 대한 전망과 합의의 도출이 필요하다고 지적한다. 또한 이민정책과 지원프로그램을 포함한 위로부터의 다문화주의와 함께 아래로부터의 다문화주의도 필요하다고 주장한다. 아래로부터의 다문화주의는 지역사회에서 다문화 공간과 문화 간 소통을 확산시키고, 차이에 대한 관용과 이민자의 권리에 대한 인식의 증진 등을 통해 강화될 수 있다고 강조한다.

설동훈(2010: 51-52, 62, 67)은 한국사회에서 다문화정책은 이민자 집단의 문화와 관련된 정책을 의미하기보다는, 국경통제, 체류관리, 사회통합으로 구성되는 넓은 의미의 이민정책이거나 사회통합에 국한된 좁은 의미의 이민정책으로 간주되어 왔다고 언급한다. 사회통합 측면에서 본 한국사회의 다문화정책은 대상이 결혼이민자에 국한되어 있으며, 전체를 포괄하는 틀이 미비하다고 지적한다. 예를 들면 「다문화가족지원법」에서 다문화가족은 이주민 가족을 포괄하는 의미라기보다는 생득적(生得的) 한국인과 결혼한 결혼이민자와 혼인귀화자 가족을 지칭하는 개념으로 활용된다고 제시한다.

김승권(2010: 6-18)은 2009년 실시된 전국 다문화가족 실태조사를 토대로 다문화가족의 사회경제적 특성을 분석하고 정책방안을 제시한다. 구체적으로 자녀를 출산한 결혼이민자의 영주권과 국적 취득이 용이하도록 하는 제도 개선, 체류기간 2년 미만의 최근 입국자를 중심으로 한 한국어교육과 한국사회 적응교육 강화, 연령 및 교육수준의 차이가 큰 국제결혼가정의 한국인 배우자에 대한 가족생활과 부부생활에 관한 교육 시행, 다문화가족의 경제생활 안정을 위한 가족구성원 대상 직업훈련 및 취업연계 강화, 임대아파트 특별지원을 통한 자가소유율 증대와 주거환경 개선 지원, 다문화가족 특성별 욕구를 정기적으로 파악하여 맞춤형 서비스 제공 등을 제안한다.

박진경(2010: 272-285)은 한국 다문화정책의 모형을 규정하고, 대안적 정책방향을 제시한다. 1990년대 이후 한국의 다문화정책을 인력정책, 동포정책, 결혼이민자의 등장에 기인한 이민정책으로 구분해 분석한다. 한국의 다문화정책은 '차별적 배제 모형'에 가깝다고 주장하면서, 이주노동자의 정주화 가능성 차단, 저개발 국가 재외동포에 대한 차별적 대응, 결혼이민여성에 대한 동화정책 시행, 우수인력 유치를 위한 선별적 이민정책 등을 근거로 지적한다. 그럼에도 차별과 배제의 특성을 가진 정책이 정책 아이디어로 선택되었다고 보기는 어렵다고 언급한다. 다문화정책의 발전을 위해 사회적 합의를 통한 다문화정책의 방향성 정립과 개방적인 이민정책의 도입, 다문화사회에서 발생할 수 있는 갈등과 위험요소에 대한 관리와 관리를 위한 기초로 내국인과 이주민의 동등한 대우를 위한 차별금지법의 제정 등이 필요하다고 주장한다.

황정미(2012b: 64-66, 77-79)는 한국에서 이민정책과 다문화정책이라는 용어가 정부의 공식적 정책에서 채택되었다고 보기 어렵다는 입장을 제시한다. 외국인노동자, 결혼이민자, 유학생 등 이민자 집단의 특성에 따라 대상을 달리하는 분절된 정책이 존재하고 있을 뿐이라고 지적한다. 2007년 제정된 「재한외국인정책기본법」에서 다문화에 대한 이해 증진이 표현되었지만, 이민자와 한국인의 공존을 위한 가치나 원칙들이 제시되지 못한다고 언급한다. 그리고 다문화정책과 이민정책의 개념과 범위에 대한 합의가 불명확하다고 주장한다. 특히 다문화가족이라는 개념은 범위와 내용에서 모호성을 가지고 있는데, 혈통적 한국인과 결혼한 외국인 배우자 가족, 귀화한 국인 가족만을 대상으로 한 정책으로 분명한 제한성과 배타성을 가지고 있다고 지적한다. 이러한 한계에도 불구하고 다문화가족과 결혼이민자의 기준이 재정의되고, 이민자의 인권과 권리가 강화되는 변화가 나타나고 있다고 설명한다. 한국의 다문화가족정책에 대한 연구는 지구화 시대 국경을 넘어 국민의 경계를 재생산하는 국민국가의 '통치성(governmentality)'에 대한 연구로 확대되어야 한다고 주장한다. 구체적으로 다문화가족 담론은 이주관리, 가족 재생산, 인구관리 정책이 교차하는 영역에 더해 국민국가의 통치성이 제도화되고 변화하는 역사적 과정의 맥락에서 고찰해야 한다고 강조한다.

박세훈(2011: 6-7, 25-31)은 선발이민국가에서의 '다문화주의에서의 쇠퇴'로 지칭되는 국가 차원의 정책 변화에도 불구하고, 이민자 수요가 존재하는 도시 차원에서는 적극적이고 포용적인 통합정책의 기조가 유지되고 있다고 주장한다. 이에 반해 한국의 지방자치단체는 중앙정부에 비해 소극적 태도를 가지고 있으며, 그 결과 도시 차원의 매개 없이 정책의 중복과 과잉, 낮은 실효성, 정책추진 행위자

간 갈등을 야기해왔다고 지적한다. 외국인정책의 지방화를 위해 부처별로 분산적으로 시행되고 있는 사회통합 관련 정책을 통합하거나 조율해야 하며, 지방자치단체에 권한과 예산을 넘겨주어야 한다고 주장한다. 지방자치단체는 정책을 수행할 수 있는 역량과 시민사회와의 소통과 협력 강화, 협력방식의 다변화와 지역밀착형 도시정책의 발굴을 추진해야 한다고 제안한다.

김판준(2012: 51-58)은 한국 다문화정책의 문제점을 외국노동력 유치와 관리에서의 한계, 이민자를 포괄하지 못하는 결혼이민자 중심의 지원정책, 우리 문화에 대한 적응을 강조하는 정책 등으로 제시한다. 이러한 문제를 해결하기 위한 다문화정책의 과제로 국가 간 협약을 통한 외국인노동력 유입정책 시행, 재외동포를 활용한 다문화의 효율적인 다양성 확보, 이민자와 지역주민이 동참하는 다문화 커뮤니티 발굴 및 사회단체 참여 활성화 등을 주장한다.

이종두와 백미연(2014)은 한국의 다문화정책이 분단국가와 복지국가의 경험 부재라는 특수성을 반영하지 못한다고 비판한다. 기존 학술연구는 다문화정책에 대해 서구의 경로를 따라야 하는 규범적 접근을 하거나 구체적 내용이 미비하다고 지적한다. 분단국가라는 특수성은 사회통합에 민족이라는 기준이 기능하게 했으며, 복지국가의 경험 부재는 '다문화 대 역차별' 논쟁으로 나타났다고 설명한다. 역차별 논쟁의 해결을 위해서는 이민정책의 틀, 사회통합의 이론과 정책 대상에 관한 논의가 새롭게 시작되어야 하며, 결혼이민여성과 국민의 의견이 반영되는 다문화가족정책의 형성이 필요하다고 주장한다.

윤인진(2014a: 234-238)은 한국정부의 이민자 통합정책을 결혼이 민여성, 재외동포, 북한이탈주민 등 다문화적 소수자집단을 구분하 는 '구별 짓기' 통합정책으로 규정한다. 이러한 통합정책은 이민자 간 균열과 함께, 이민자와 선주민 간 편견과 갈등까지 야기해왔다고 지적한다. 이를 극복하기 위해서는 출신 배경이 아닌 보편적 기준에 의해 정부정책이 공평하게 시행되어야 한다고 주장한다.

윤인진(2014b: 318-320)은 한국에서는 이민자 통합정책의 시행에 주안점이 두어져 왔던 반면, 다문화주의 정책은 제한적으로 진행되 어 왔다고 지적한다. 이민자 통합과 다문화주의가 상호 배타적이고 모순적 관계는 아니라고 언급하고, 실천 단계에서 이민자통합과 다 문화주의가 서로 보완적인 역할을 할 수 있는 모델로 '단계적인 다 문화주의(stepwise multiculturalism)'를 주장한다. 구체적으로 이민자 보 호 단계에서 이민자 통합 단계로의 이행과 점진적으로 다문화주의 를 실천하는 단계로 발전하는 것을 제안한다. 각 단계별로 타 문화 에 대한 이해와 관용, 차별금지, 문화권의 인정과 보장 등이 권고될 수 있다고 제시한다.

박영민(2014: 85-86)은 정부의 다문화정책을 검토하고 정책적 과 제를 제시한다. 다문화사회로 전환하면서 제기되고 있는 외국인의 출입국과 거주 증가, 이민자의 권리 요구, 이민자의 사회통합 필요, 재외동포의 정체성 유지 등에 대응하기 위해 법제도적 차원의 변화 가 필요하다고 주장한다. 이를 위해 국무총리실 산하의 다문화가족 정책위원회와 외국인정책위원회의 통합, 이민자의 문화적 다양성 보호와 한인네트워크를 통한 재외동포 정체성 유지, 외국인 범죄에 대응하기 위한 선제적 대응방안 수립과 인력 보강, 이민·다문화청의 신설 등을 제안한다.

이용승과 김용찬(2013: 144-145. 153-160)은 한국, 영국, 프랑스, 네덜란드의 시민통합정책(civic integration policy)을 비교 분석하고, 한국 사회를 위한 제언을 제시한다. 시민통합정책은 이민자가 주류사회에 통합되기 위한 요건과 관련한 정책으로 정의하고, 구체적으로 시민권과 영주권 취득을 테스트와 프로그램, 시민권 취득 의례를 분석 대상으로 설정한다. 한국의 경우 2009년 도입한 사회통합 프로그램과 1997년부터 시행된 귀화적격심사를 분석한 결과, 혈통주의에 토대를 둔 '국민 만들기'의 경향이 강하게 나타났다고 지적한다. 한국과 유럽 국가의 시민통합정책은 동화주의적 지향과 요소를 가지고 있다는 유사성을 가지고 있으나, 한국은 유럽 국가와 달리 반차별정책을 시행하고 있지 않다고 설명한다. 이민자의 주류사회로의 통합 의무에 주안점을 두고 있는 시민통합정책은 반차별정책이 부재한 경우에 불평등을 심화시킬 수 있기 때문에, 한국의 경우 차별을 금지하는 입법과 정책 시행이 필요하다고 주장한다.

설동훈과 전진영(2016: 139-142. 148-169)은 18대 국회 입법 활동을 사례로 국회의 이민정책 결정과 정당의 정책 선호에 관한 실증적 분석을 제시한다. 서구에서는 이민정책을 둘러싼 정당 간 차별화 시기를 거쳐 수렴 경향이 뚜렷해지고 있는데, 한국의 경우 비교적 최근에야 이민 이슈가 정치적 의제로 제기되기 시작한다고 지적한다. 2010년 4월 제출된 외국인의 지문 및 얼굴에 관한 정보의 제공을 포함한 「출입국관리법」 개정안을 둘러싸고 여야 간 입장 차이가 두드러지게 나타났는데, 개정안에 대해 당시 한나라당 98%가 찬성한 반면 야당인 민주통합당의 경우 57.1%가 찬성, 20.4%가 반대, 22.4%가 기권했다고 설명한다. 또한 「국적법」 개정에서 복수국적의 제한적 허용을 둘러싸고도 여야 간 의견대립이 표출되었다고 지적한다. 한나라당이 95.5% 찬성한 반면, 민주통합당은 49%만이 찬성을 표명했다고 언급한다. 그러나 여타 「출입국관리법」 개정과 「난민법」, 「외국인근로자의고용등에관한법률」 개정, 「재한외국인처우기본법」 개정, 「다문화가족지원법」 개정, 「결혼중개업의관리에관한법률」 개정, 「재외동포의출입국과법적지위에관한법률」 개정, 「북한이탈주민의보호및정착지원에관한법률」 개정 등은 만장일치에 가까운 찬성률을 보였다고 설명한다.

표결분석 결과 이민정책에서 정당 간 차이는 두드러지게 나타나지 않았다고 주장한다. 이러한 경향의 주요 원인을 이민정책이 국제인권 규범의 준수와 이민자 지원에 주안점이 두어져 정책 선호가 나타날 여지가 부족했던 점과 이민자에 대한 국민의 입장 정책 반영과 정당 간 이념적 스펙트럼의 중앙으로의 수렴 등으로 제시한다. 향후 이민자의 규모가 증가하고 이민자에 대한 지원을 국민이 사회경제적 손실로 인식하게 되고, 이민 이슈를 둘러싼 갈등과 대립이 발생하면 정당 간 정책 선호가 대립하는 정책 영역으로 이민정책이 부각될 수 있다고 주장한다. 특히 반이민을 표방하는 극우 정치세력이 성장하게 되면 이민을 둘러싼 정당 간 정책경쟁은 심화될 가능성도 존재한다고 지적한다.

정장엽과 정순관(2014)은 중앙정부 다문화정책의 내용과 정책의 이해당사자인 결혼이민자와 지역주민의 다문화가족정책에 관한 인식 조사를 통해 동화주의와 다문화주의 성향을 분석한다. 중앙정부의 정책인 외국인정책기본계획과 다문화가족정책기본계획은 동화주의와 다문화주의 성향이 큰 차이 없이 비슷한 수준으로 나타났다고 설명한다. 정책 영역별로는 다소 차이를 보이는데 외국인정책기본계획 중 복지 분야에서는 동화주의, 교육, 문화, 고용 분야에서는 다문화주의 성향이 두드러진다고 지적한다. 다문화가족정책기본계획 중 문화 분야에서는 동화주의, 고용 분야에서는 다문화주의 경향이 나타나는 것으로 설명한다. 한편 정책에 대한 인식 측면에서는 결혼이민자와 지역주민 모두에서 다문화주의 성향이 유의적인 차이를 보일 만큼 높게 표출되었다고 제시한다. 다만 결혼이민자는 교육과 문화 관련 다문화정책을 동화주의 성향이 강한 정책으로 인식하고 있으며, 지역주민의 경우에도 문화 분야 정책에 대해서는 동화주의 경향을 갖고 있는 것으로 인지하고 있다는 결과를 설명한다.

임동진(2015: 339-349)은 다문화정책에 대한 공무원, 교수, 연구자, 언론인 등을 포함한 전문가 조사를 통해 개선이 필요한 분야와 우선순위가 부여되어야 할 정책을 제시한다. 중앙정부의 다문화가족지원센터와 긴급지원 콜센터 운영, 기초생활보장과 긴급복지 지원, 다문화가족 방과 후 교육 실시 등이 효과성에서 긍정적 평가를 받은 것으로 언급한다. 개선이 필요한 영역은 다문화정책 총괄기구 설치와 부처 간 중복사업 조정, 맞춤형 정책지원과 다문화 포용성 제고, 거버넌스 구축 등으로 나타난 조사결과를 제시한다. 다문화정책의 방향은 인권침해와 차별의 해소, 단순기능인력 중심의 외국인력 구조개선, 체류 및 거주요건의 완화 등에 주안점이 두어져야 한다는 분석결과를 언급한다. 조사결과를 토대로 차별금지와 평등성 확보를 위한 노력, 다문화정책을 총괄하고 조정하는 컨트롤타워 구축, 평가 및 성과관리체계 도입, 장·단기적 계획 수립을 통한 전략적 대응, 다문화정책의 방향성에 관한 논의 등을 제안한다.

장임숙(2017: 203-212)은 다문화정책의 입법네트워크와 공동발의 네트워크의 참여자와 정치적 연합의 주도자를 분석하고, 가족과 젠더정책의 입법네트워크와 비교 분석 결과를 제시한다. 18대와 19대 국회에 발의된 「다문화가족지원법」, 「여성발전기본법」, 「건강가정기본법」의 개정안을 대상으로 조사한 결과, 「다문화가족지원법」 개정안에 대한 의원 당 발의안 수가 다른 법안에 비해 많았다고 설명한다. 입법네트워크에서는 파당의 존재와 정당에 따른 조직화된 분열 양상을 보이지 않았으며, 의원 간에 상호작용이 많았다고 지적한다. 18대 국회에서 발의된 「다문화가족지원법」 입법네트워크는 특정 정당 편중현상을 보이지 않았고, 여성의원과 비례대표의원의 활동이 강화되었다고 언급한다. 19대 국회 입법네트워크에서는 새누리당 의원이 중심적인 역할을 수행하고, 민주당 의원의 경우 매개자로서의 역할을 하는 경향이 두드러졌다고 설명한다. 「다문화가족지원법」은 「건강가정기본법」에 비해 초당적인 협력관계가 구축되었다는 점에서 차이를 보였다고 언급한다.

4. 다문화와 이민정책 담론의 변화 특징

한국의 다문화와 이민정책 담론의 제기는 한국의 사례가 아닌 서구의 사례에 대한 학문적 탐색과 한국의 해외이주에 관한 연구로부터 시작되었다. 1990년대 이후 2006년까지 국제이주와 다문화주의에 대한 학계를 중심으로 한 관심의 증가는 다문화 이민정책 담론의 본격적인 형성으로 나타나게 된다. 이 시기 다문화와 다문화주의에 관한 이론적 담론은 외국인노동자의 이주 증가와 정책의 수립 등으로 인해 국제이주노동정책과 연계된 이민정책 담론의 형성과 연결되었다.

다문화와 이민정책 담론의 증가와 변화는 2000년대 중반 정부의 정책 수립과 시행에 영향을 받았다. 기존 다문화와 다문화주의에 관한 담론은 이론과 사례연구, 비교 분석 등의 다양한 차원으로 확장되었고, 한국사회에서의 다문화와 다문화주의에 관한 담론의 논쟁의 영역이 확대되었다. 또한 기존 다문화 담론에 대한 비판적 고찰을 담은 담론이 본격적으로 제시되었다. 학문적 영역에서보다는 민간 영역에서 소수이기는 하지만 다문화 담론에 반대하는 반다문화 담론이 제시되었다. 한편 다문화와 이민정책 담론의 연계는 국제이주, 외국인노동자정책, 다문화정책 등을 이민정책의 범주에서 다루는 논의를 통해 본격화되었다. 국제이주와 외국인노동자정책이 출입국과 체류관리 영역의 이민정책과 연결된 담론이 증가된 한편, 사회통합 영역의 이민정책과 연계된 담론도 늘어나게 되었다.

제2부

한국의 다문화와 이민정책
담론의 주요 개념과 쟁점

제2부에서는 한국의 다문화와 이민정책 담론의 형성과 변천 과정을 개념과 쟁점 분석을 통해 고찰한다. 제3장에서는 지식체계와 언술체계의 다문화와 이민정책 담론에서 도출한 30개 주요 개념의 담론과 쟁점을 분석한다. 주요 개념은 다음과 같다. 국적법/영주권, 국제이주레짐, 국제이주와 개발, 국제이주와 안보, 다문화수용성과 정책지표, 다문화정책, 다문화정책과 중앙/지방정부, 다문화주의 비판, 다문화주의 유형, 동화정책/사회통합정책/시민통합정책, 두뇌유출/유입/순환, 재외동포정책과 디아스포라, 미등록이민자/불법체류이민자/난민, 민족과 민족주의, 반다문화주의, 상호문화주의, 시민권, 외국인노동력정책, 이민자 네트워크, 이민자 정치참여, 이민자 권리와 인권, 이민정책과 노동시장, 이민정책과 제도, 이민정책의 유형, 인구문제와 이민정책, 인종주의와 극우, 차별금지, 체류/출입국관리, 초국가주의, 후기다문화주의 등 주요 개념의 담론을 고찰하고 쟁점을 분석해 제시한다. 주요 개념은 정치·경제 분야 다문화 담론의 개념 중 이민정책과의 연계성을 고려해 선정했다. 이민정책의 출입국, 체류와 정착, 사회통합이라는 범주 아래 국제이주, 노동이주, 출입국, 국적, 다문화주의, 동화, 사회통합 등의 하위범주에 해당하는 학술적·정책적 주요 개념을 선별했다. 또한 다문화가족, 복지와

교육, 종교와 문화를 다루는 다른 총서에서 포괄하지 못하는 정치·경제 분야의 다문화와 이민정책에 관한 개념을 선정했다. 국가와 정부의 정책과 관련된 개념과 노동력과 인구 등과 연관된 개념 등은 대표적으로 정치·경제 분야에서 분석해야 하는 주요 개념이기에 30개의 주요 개념에 포함했다.

구체적으로 학술연구정보서비스를 통해 "다문화"와 "이민정책"을 입력하여 국내학술지, 학위논문, 해외 학술논문, 단행본, 연구보고서 등을 검색했으며, 검색된 자료의 주요 키워드를 정리했다. 검색어와의 관련성 정확도와 다운로드 등의 데이터를 기초로 선택된 자료 중에서 키워드 다문화를 중심으로 이민정책과 연관된 분석 자료로 재분류하는 과정을 거쳐 주요 개념들을 선정했다.

한편 주요 개념과 쟁점 연구는 학술연구의 지식체계와 정치사회, 시민사회, 언론 등의 자료를 활용한 언술체계의 담론을 포괄하는 분석을 포함한다. 다문화와 이민정책 담론의 주요 개념은 다문화사회의 형성과 변화와 관련된 국제이주와 체류와 정착의 주요 개념과 다문화와 이민정책의 사회통합 과정에서 제기되어 온 담론의 핵심 개념들을 검토한다. 주요 개념에는 차별금지와 같이 하나의 개념적 틀에서 고찰 가능한 영역도 존재하지만, 동화정책, 사회통합, 시민통합정책 등의 개념들은 비교 분석이 필요하기에 하나의 개념적 틀에서 고찰한다. 주요 개념에 관한 설명은 주로 저서, 논문, 언론 사설과 기사 등의 자료를 활용해 진행한다. 주요 개념을 둘러싼 쟁점 분석은 개별 개념 중심으로 진행하면서도 상호 연계될 수 있는 개념들의 쟁점은 함께 다루고 있다. 가독성을 위해 주요 개념의 순서는 가나다

순으로 배치하고 있다. 쟁점은 크게 학문적 쟁점과 정책적 쟁점으로 구분해 분석함으로써, 향후 진행될 서구 다문화와 이민정책 담론과의 비교를 위한 준거 확보와 학문적 · 정책적 담론의 변화를 예측할 수 있는 경향과 특성을 제시하고 있다.

다문화와 이민정책 담론의
주요 개념과 쟁점 분석

1. 국적법과 영주권 담론과 쟁점

국적법에는 주류사회의 상이한 문화를 가진 이민자의 유입에 대응하기 위한 보호의식이 반영되며, 이러한 보호주의 성향은 이민법과 출입국관리법에도 영향을 미쳐왔다. 이민자와 자녀의 국적취득은 국적법에 의해서 진행되는데 개별 국가들은 국적 부여 원칙을 설정하고 있다. 대체로 원칙은 혈통주의와 출생지주의 또는 속인주의와 속지주의로 구분할 수 있다. 혈통주의는 부모 또는 부의 국적이 국적취득의 기준이 되는 원칙으로 '부모 양계 혈통주의'와 '부계 우선 혈통주의'로 구분된다. 출생지주의는 태어난 국가의 국적취득이 가능하도록 하는 원칙이다. 한국의 경우 과거에는 아버지의 국적을 국적 부여의 기준으로 설정하는 '부계혈통주의'에서, 「국적법」 개정을 통해 자녀 출생 시점 아버지 또는 어머니가 한국 국적을 가지고 있는 경우 국적을 부여하는 '부모양계혈통주의'로 변경한다. 또한 복수국적자에게 '국적 선택 기간'을 설정해 하나의 국적을 선택하도록 강제하는 '국적선택의무'를 도입한다. 영주권은 거주 국가에 영구 거주할 수 있는 권리를 의미한다. 한국은 영주권 이민사증의 발급이 부재하다. 대신 체류자격을 가지고 있는 이민자가 영주권자로 체류자격 변경을 신청해 승인을 받는 체류자격 변경 허가를 운영하고 있다. 한편 영주 체류자격 허가와 귀화 요건에서 5년 이상의 체류 또는 주소 등의 거주 기간을 명시하고 있으며, 품행이 단정할 것이라는 조건을 포함하고 있다. 또한 거주와 국적취득을 위해 기본 소양을 갖추고 있어야 하며, 소양은 한국어능력과 한국사회 이해 등을 포함하고 있다. 그러나 「국적법」 제5조 3항의 품행 단정에 대해 비판하는 의견이 제시되었다. 이민자가 해당 조항에 대해 헌법소원을 제기한 것에 대해 천주교인권위원회는 "국적법 제5조 3항에서 외국인의 일반귀화 요건으로 '품행이 단정할 것'을 규정하고 있지만 구체적 기준이 하위 법규에 명문화되지 않아 지나치게 광범위하게 해석될 여지가 크다"라고 지적하면서, "품행 단정 기준을 법무부 장관의 자의적 판단에 맡기는 것은 헌법상 법류유보원칙에 어긋나고 귀화요건으로 불명확한 요건을 규정한 것은 과잉금지원칙에도 어긋난다"라고 주장한다. 국가인권위원회도 2011년 '품행 단정'의 세부 기준을 마련할 것을 법무부 장관에게 권고한다(설동훈, 2016b: 87; 2016a: 160-161, 171-181; 이재걸, 2014. 11. 5.).

1997년 개정된 한국의 「국적법」에 "여성차별해소를 위해 부모양계혈통주의채택, 국적선택제도 신설, 여성과 미성년자의 독자적 국적선택권 보장, 위장 결혼방지" 등을 도입한 것은 기존 국적법에 비해 진일보한 것으로 평가한다. 이전 「국적법」은 "국적의 저촉으로 발생하는 무국적과 이중국적의 해소 및 방지 그리고 여성과 미성년자의 권리보호"를 등한시함으로써 국제법의 이상인 국적 단일주의와 국제인권신장의 흐름에 부합하지 못하는 한계를 가졌다고 비판한다. 한편 4차 개정된 1997년 「국적법」의 문제점과 개선방안에 관한 연구가 제시되었다. 국적법의 문제점으로 "최초 국민 규정의 누락, 북한주민의 법적 지위문제, 이중국적 상태의 장기방치, 외국인 처의 귀화와 일정기간 국내거주 요건" 등을 지적한다. 또한 「국적법」의 향후 개정 방향에는 "국적단일주의, 국적자유주의, 부모양계 혈통주의의 3대 기본원칙을 유지하는 가운데, 남녀 차별적 요소의 지속적인 근절, 배우자의 갑작스러운 사망과 같은 인도적인 측면의 배려, 민족적·혈통적 측면의 고려" 등이 포함되어야 한다고 주장한다. 국적법 개정에 따라 외국국적동포의 출입국과 법적 지위, 난민의 국적취득, 정주외국인에 대한 특별대우 등 관련 제도의 전면적 재검토가 필요하다고 지적한다(이장희, 1998: 360; 제성호, 2001: 134-146, 154-155).

입법예고 당시 1997년 개정 「국적법」의 부계혈통주의에서 부모양계혈통주의로의 개정을 지지하는 의견들이 제시되었다. 부계혈통주의는 "남녀평등의 원칙을 명문화한 헌법이나 국제조약의 정신에도 위배될뿐더러 출생하는 아이들에게 국적선택권을 부여한다는 측면에서도 국적취득상의 성차별은 더 이상 용납될 수 없다"라고 지적한다. 특히 외국인과 결혼하는 한국 여성이 증가하고 있는 상황을 도외시할 수 없다고 강조한다. 기존 「국적법」에 따르면 외국인 남편은 동거인으로, 자녀는 사생아 신분이 되어서 의료보험 혜택을 받을 수 없었고, 자녀의 학교교육도 한국인 어머니를 미혼모 신분으로 가장하지 않으면 어렵도록 했던 문제를 야기한다고 비판한다. 한편 부모양계혈통주의의 도입은 1948년 「국적법」 제정 이후 부계혈통주의를 통한 단일민족주의의 원칙을 포기하고 한국사회가 다인종 국

가로의 전환 내지 다혈통주의를 수용하는 의미를 가진다고 주장한
다. 또한 부모양계혈통주의의 도입과 함께 한국인 여성과 결혼한 외
국인 남성의 귀화에 필요 거주기간을 기존 5년에서 2년으로 단축한
것도 이민으로 인한 사회문제 해결에 긍정적 기여를 할 것으로 평가
한다(국민일보 사설, 1997. 9. 20.; 매일경제 사설, 1997. 9. 22.; 한겨레신문 사
설, 1997. 9. 20.; 경향신문 사설, 1997. 9. 20.).

이중국적을 유지하다가 병역의무의 기피를 위해 한국 국적을 포
기하고 외국 국적을 선택하는 일부 계층에 대한 비난 여론이 급등한
다. 만 18세에서 35세 사이의 남성이 국적 포기로 병역의무를 회피
한 후, 한국에서 취업하면서 특혜를 누리고 있다고 비판한다. 이러
한 상황이 지속되면 외국 시민권을 자식에게 부여해주기 위한 원정
출산은 더욱 증가할 것이라고 지적하고, 반드시 제도의 개선이 필요
하다고 주장한다. 또한 한국에서 부모가 경제활동을 하면 자녀의 이
중국적 여부와 관계없이 병역의 의무를 기피할 수 없다는 주장도 제
시된다. 특히 정치지도자 자녀의 이중국적으로 인한 병역면제에 대
한 비난이 거세게 제기된다. 고위공직자나 공직후보자 자녀의 병역
기피는 민간기업의 경영자와 달리, 공직자로서의 도덕적 자질에 대
한 문제 제기를 받을 수밖에 없다고 비판한다. 국민이 수긍하기 어
려운 병역면제를 위해 활용되고 있는 이중국적에 대한 기준과 평가
를 다시 설정해야 한다고 주장한다(중부일보 사설, 2002. 2. 9.; 서울신문
사설, 2003. 3. 5.; 부산일보 사설, 2004. 2. 6.).

이중국적의 허용 시 대안적 접근방법에 관한 제언이 제시되었다.
병역회피 수단으로 활용될 수 있는 이중국적 악용의 여지를 최소화

할 수 있는 2005년 국적법 개정이 진행된 상황에서, 국민 정서에 기반을 둔 복수국적의 허용과 범위에 대한 고려가 필요하다고 언급한다. 해외우수인재, 병역의무를 마친 한국인, 외국국적동포로 구분해 검토가 필요하다고 지적한다. 국민의 거부감이 상대적으로 적은 해외우수인재와 병역의무를 마친 한국인에 대해 한정된 범위 내에서 복수국적을 허용하고, 발생하는 문제를 해결하는 제도 개선을 통해 단계적으로 복수국적의 허용 범위를 확대하는 것이 필요하다고 강조한다. 외국국적동포의 복수국적 허용은 다음 순위로 고려되어야 한다고 언급한다(임지봉, 2008: 374-376).

탈국가주의와 초국가주의를 복수국적 문제와 연계한 연구가 제시되었다. 탈국가주의자들은 유럽연합(EU) 시민권 사례와 같은 개별 국가의 시민권을 넘어서는 새로운 시민권의 형성을 옹호한다고 언급한다. 초국가주의자들은 이중시민권의 획득을 중시 여기며, 이중시민권은 "초국가주의의 결과이자 동시에 원인으로 작용"한다는 입장을 표명한다고 설명한다. 2010년 개정 「국적법」에서는 기존 이중국적자를 복수국적자로 명칭을 변경하고, 결혼이민자, 해외우수인재, 65세 이상 국적회복자, 외국국적 포기가 불가능한 자 등에 한정해 복수국적을 제한적으로 인정한다고 언급한다. 초국가적 삶을 살고 있는 행위자에게 복수국적을 인정하는 경우는 결혼이민자와 해외우수인재가 해당된다고 지적한다. 특히 해외우수인재의 복수국적 허용은 "초국가주의에 바탕을 둔 이중국적의 허용 전략"이라고 강조한다. 다만 해외우수인재의 귀화를 통해 이중국적을 가지는 경우가 증가할 것이라는 입장에는 비관적 전망을 제시한다. 조선족 동포의 경우 초국가적 생활을 영위하고 있지만 중국정부의 복수국적 불인정 정책으로 인해 복수국적 확대 대상이 되지 못한다고 분석한다. 또한 중국정부의 정책 변화로 복수국적이 인정된다고 해도 조선족 동포의 대규모 정착으로 인한 사회경제적 파급이 클 것이라는 우려로 현실화되기 어렵다고 평가한다(김정규, 2012: 500-502, 508-510).

2010년 공포된 제10차 개정 「국적법」의 문제점과 대안을 제시하고 있다. 해외우수인재에게 부여되는 국적과 복수국적 허용이 모호한 국익 또는 우수 인재라는 기준으로 가능한 것인지에 대한 검토가 필요하며, 국적 대신 영주권을 부여할 것을 주장한다. 복수국적의 대상에서 제외된 재일동포와 재중동포 등의 재외동포에 대해서는 영주권 취득 활성화를 통한 지원이 필요하다고 지적한다. 국적상실을 결정할 수 있는 조건 중 국익에 반하는 행위와 사회질서에 지장을 초래하는 행위 등이 가지는 모호성과 악용 가능성에 대한 우려를 표명한다. 또한 여전히 개정된 국적법에서도 화교문제를 다루고 있지 않은데, 화교에게 복수국적을 허용해야 한다고 주장한다. 화교의 경우 세금납부는 한국인과 동일하게 하고 있지만, 노인 연금, 장애인 복지혜택, 지하철 무료 이용 등의 지원은 받지 못하고 있다고 비판한다. 또한 원정출산을 통한 이중국적자의 복수국적 불허 방침을 정부가 분명히 표명하고 있지만, 국가경쟁력 강화라는 명분 아래 도입되는 해외우수인재의 복수국적 허용을 노린 원정출산이 급격히 증가하고 있다고 비판한다. 한편 개정된 「국적법」의 과제로 복수국적 취득자의 정치적 권리와 공직임용 등에 관한 세부내용이 보완되어야 하며, 국적회복 또는 국적 재취득자의 복수국적 허용으로 인한 특혜시비가 없도록 조치가 필요하다고 제언한다. 또한 화교의 복수국적 허용, 배우자의 귀책사유로 결혼생활이 정상적이지 못한 결혼이민자의 복수국적 유지, 장애 등으로 병역의무를 수행하지 못한 경우의 복수국적 허용 등의 소수자 복수국적 문제에 관한 검토가 필요하다고 주장한다(이금로, 2010: 122-123; 박병도, 2011: 137-139; 경향신문 사설, 2010. 2. 18.).

제한적이지만 2010년 개정 「국적법」을 통해 복수국적의 상시 보유를 허용하는 것에 대해 비판적인 입장이 제시되었다. 출생으로 인한 선천적 복수국적자와 신규 국적취득자가 한국에서 외국 국적을 활용하지 않겠다는 서약서를 제출하거나 병역을 필하고 서약만 하면, 복수국적을 허용한다는 조항은 문제라고 지적한다. 국제화의 흐름에 부합하고 이민자의 권리보장과 해외우수인재 유치를 위해 복수국적 허용은 긍정적인 의미를 가진 진일보한 조치로 평가한다. 그러나 복수국적 허용이 소수의 이익에 악용될 여지가 충분하다는 우려를 표명한다. 이중국적자가 병역의무가 면제되는 36세 이후에 해외우수인재로 인정받아 입국하게 되면 복수국적을 유지할 수 있기 때문이다. 또한 복수국적을 인정하지 않는 중국과 일본의 동포에 대해 영주권 제도의 확대 방안도 미비하다고 지적한다(한겨레신문 사설, 2009. 11. 14.).

2002년 도입된 영주권 제도는 해외우수인재를 유치하기 위한 기획의 일환으로 도입되었지만, 장기간 정주하는 이민자의 지위가 법적으로 보장받을 수 있는 계기가 되었다고 평가한다. 그럼에도 영주권 제도를 통해 이민자가 받을 수 있는 혜택은 안정적인 체류일 뿐이라고 비판한다. 주민으로서 납세를 하지만 주민등록 대상에서는 외국인으로 간주되어 배제되는 한계를 가진다고 비판한다(이안지영, 2009: 36-40).

시민단체들은 불법체류 외국인노동자 자녀에게 영주권을 허용할 것을 요구한다. 부모가 불법체류 외국인 신분이지만, 한국에서 출생한 아동의 합법적 체류를 보장하기 위해서는 영주권을 부여해야 한다고 주장한다. 영주권을 보장받지 못하게 되면 불법체류자 자녀들이 추방의 위기에 내몰리게 된다고 지적한다. 국내에서 출생한 아동을 불법체류자로 방치하지 않고 영주권 허용, 18세 이후 국적선택권과 국적 부여, 학교수업 허용 등을 요구한다(김규식, 2005. 10. 29.).

영주권전치주의를 도입할 것을 주장하는 연구가 제시되었다. 한국의 영주권제도는 영주권과 국적을 취득하는 귀화의 연계성이 부재하면, 이민자는 영주권과 귀화 중 하나를 택해야만 하는 상황이라고 지적한다. 또한 귀화보다 영주권 취득이 더 어려워 귀화신청자가 급증하고 있다고 언급한다. 이를 개선하기 위해서는 영주권전치주의의 도입이 필요하며, 영주권전치주의를 "귀화 이전에 결혼이주자, 장기체류 외국인의 인권 보호와 생활의 안정을 도모하면서 동시에 한국사회에 문화적으로 적응한 사람들만을 귀화시킴으로써 국민적 정체성을 확보하는 방안"으로 제시한다. 영주권자에게는 대통령과 국회의원 참정권을 제외한 국민의 기본적 권리를 부여해야 하고, 영주권을 획득하고 5년 이상 한국에 체류한 이민자에게만 귀화를 허용해야 한다고 제언한다. 이를 위한 전제로 영주권을 부여하는 조건을 완화하고 대상을 확대해야 하며, 반면 영주권이 병역회피 수단으로 악용되지 못하도록 하는 제도적 장치가 필요하다고 주장한다(최현, 2010: 251-255).

한국의 영주권제도는 대상을 전문 인력과 숙련노동력에 국한하는 제한성을 가지고 있다고 지적하는 주장이 제기되었다. 현재의 영주권제도하에서 영주권자는 근로의 권리와 선거권은 부여받지만 공공부조와 사회복지 서비스의 수혜는 배제되고 있다고 지적한다. 영주권과 귀화와의 연계도 미흡하다고 평가한다. 다문화사회로의 전환을 경험하고 있는 한국사회는 영주권의 제한성을 극복해야 하며, 구체적으로 이주노동자를 포함하는 영주권 부여 대상 확대와 영주권과 시민권 간 차이를 최소화하는 권리보장 조치가 필요하다는 견해를 제시한다. 또한 영주권 전치주의를 넘어 귀화와 영주권의 관계를 새롭게 설정하는 개편을 제안한다(김희강, 류지혜, 2015: 228-242).

이주자통합정책지수를 통해 한국의 영주권제도를 비교 분석하고 정책 개선방안을 제시한 연구가 제출되었다. 영주권 취득의 용이성과 영주권자의 권리 영역에 대한 비교 분석 결과에 따르면 자격요건 관점에서 체류자격 범위와 부재기간 허용, 행정재량으로부터 지원자 보호 관점에서 자격 갱신 거절/취소/거부 사유와 추방 전 고려사유, 그리고 영주자격 관련 권리 관점에서는 사회보장 및 부조 권리에 현저히 낮은 평가를 받았다고 지적한다. 이러한 문제를 개선하기 위해서는 일정기간 거주한 장기체류자에게 영주자격 취득기회를 확대하고, 강제퇴거로부터 보호받을 수 있도록 추방 금지 사유를 제도화하여 인도주의적 차원의 보호가 제공되어야 한다고 제언한다. 또한 납세 등의 의무를 다하는 영주권자에 대해 공적부조 혜택을 제공해야 한다고 주장한다(김재일, 2019: 189-190).

시민권정책지수를 통해 한국 국적법의 현황을 진단한 연구가 제시되었다. 시민권정책지수는 출생지주의, 귀화제도의 엄격성, 복수국적 용인 정도 등을 평가하는 기준을 의미한다고 설명한다. 한국의 국적법을 시민권정책지수를 통해 평가하면서, 시민권정책지수에서 한국은 출생지주의를 택하고 있다고 볼 수 없어 0점을 받고, 귀화의 엄격성은 유럽 국가와 비교 시 배우자 간이귀화를 제외한 일반귀화와 혼인귀화는 감점 요소를 가지고 있다고 분석한다. 귀화의 거주요건, 심사난이도, 귀화율 등에서 0.835점을 취득할 수 있다고 언급한다. 복수국적의 용인의 폭에서 0.5점을 확보해 총 1.335점을 취득한다고 평가한다. 한국은 유럽연합 국가와 비교했을 때 폐쇄적인 국적법으로 평가할 수 있다고 주장한다(이철우, 2014: 429-432, 453-462).

국적법과 영주권 담론은 지식체계와 언술체계로 구성되었다. 개념과 관련된 주요 쟁점은 국적부여 원칙과 복수국적에 관한 논의로부터 시작되었다. 부계혈통주의를 고수하고 있던 한국의 국적법에 대해서 여성차별과 남녀불평등을 지속시키며, 다문화사회로의 전환이라는 현실을 외면한다는 문제 제기가 제시되었다. 복수국적과 관련해서는 병역기피가 사회적으로 이슈화되면서, 복수국적의 허용 기준과 범위에 대한 논쟁이 진행되었다. 복수국적의 부여 대상에서 병역기피자를 배제하는 조치는 별다른 논쟁이 벌어지지 않았지만, 해외우수인재에게 복수국적을 확대하는 정책에 대해서는 긍정적 의견과 비판적 의견이 제시되었다. 비판적 의견을 제시한 측에서는 해외우수인재에게는 복수국적 허용 대신 영주권을 부여해야 병역의무

기피 수단으로 해외우수인재 유입제도가 악용될 소지를 방지할 수 있으며, 한국에 정착해 거주하고 있는 화교에게 복수국적을 허용해야 한다는 주장을 제기한다. 한편 영주권 관련해서는 영주권자의 제한된 권리를 확대해야 하며, 영주권 부여의 범위를 해외우수인재 이외에 외국인노동자에게도 확대해야 한다는 의견을 제시한다. 또한 영주권 전치주의를 이민자의 사회통합을 위해 도입해야 한다는 주장이 제시된 반면, 영주권 전치주의의 한계를 벗어나 귀화와 영주권의 새로운 관계 설정, 영주권 허용의 범위 확대, 영주권자의 권리 강화 등이 필요하다는 의견을 제출한다. 앞으로 국적취득 자격, 복수국적과 영주권의 부여 범위와 기준, 영주권자의 권리 등의 이슈가 지속적으로 논의될 것으로 판단된다.

2. 국제이주레짐 담론과 쟁점

국제이주 관련 국제협력은 제2차 세계대전 이후 포로, 군속, 강제이주자 등의 모국으로 귀환 등의 전후처리 과정에서 시작되었다. 중국에 거주하고 있던 한국인 300만 명의 귀환 문제를 둘러싼 중국과 미국의 협력을 사례로 들 수 있다. 유럽의 전후 처리과정에서 유럽 내 피난민 등 이민자 문제를 해결하고자, 유럽 정부 간 기구로 1951년 설립된 국제이주기구(International Organization for Migration: IOM)는 국제이주에 관한 최초의 다자간 국제협력 기구였다(이진영, 2016a: 470-473).

국제이주 분야에서 레짐 형성을 위한 토대인 국제협력이 저발전 상황이라는 것은 주지의 사실이다. 국제경제나 무역 분야와 달리 거버넌스를 포함한 레짐이 저발전되어 있는 것은 국제이주가 개별 국가의 주권 영역이라는 점, 국가 간 협력을 위한 동기 부족, 국가 간 이익 조정의 어려움, 수용국과 송출국 사이의 힘의 불균형 등에 기인한다고 지적한다. 따라서 국제이주를 둘러싼 국가 간 다자협력은 예외적인 경우에 발생한다. 국제이주 분야에서 국제협력이 증가할 수 있는 지점은 지역 수준에서 점진적인 접근을 통해 가능할 수 있다고 주장한다(이병하, 2019: 13-18).

국제이주와 관련된 레짐은 다양한 형태로 존재해왔다. 국제이주에 관한 글로벌 차원의 국제적 논의는 1985년 시작된 이민에 관한 지역협의체(Regional Consultative Processes: RCPs)이다. 이 협의체는 국가, 국제기구, 비정부기구 등이 국제이주의 이슈에 관해 논의하는 비구속적 회의체로서의 특징을 가지고 있었다. 1990년 12월 18일 이주노동자의 권리 보호를 위한 모든 이주노동자와 그 가족의 권리에 관한 협약(International Convention on the Protection of the Rights of All Migrant Workers and Member of Their Families)이 UN총회에서 통과되었고, 12월 18일은 세계이주민의 날로 제정되었다. 1994년 UN인구기금이 주관한 인구와 개발에 관한 국제회의(국제인구개발회의, ICPD)는 국제이주를 전 지구적 의제로 설정하게 한 회의였고, 이후 UN 인구 및 개발위원회의 활동이 본격화되기 시작한다(이진영, 2016a: 476-477).

유엔 산하의 유엔난민기구(Office of the UN High Commissioner for

Refugee: UNHCR)와 정부 간 국제기구인 국제이주기구 등이 대표적 국제기구이다. 국제이주레짐에 관한 관심은 글로벌 이주 거버넌스에 대한 논의로 구체화해 진행되어 왔다. 2003년 글로벌 차원의 합의된 원칙에 기초해 개별 국가 수준의 일관된 이주정책 수립과 시행을 추구했던 베른 이니셔티브(Bern Initiative)와 동년에 설립된 국제이주위원회(Global Commission for International Migration: GCIM)는 유엔 사무총장에게 국제이주 관련 자문을 진행했으며 2005년까지 한시적으로 운영되었다. GCIM의 제안에 따라 유엔 사무총장은 글로벌 이주그룹(Global Migration Group: GMG)을 설립하였으며, 2006년 유엔에서 국제이주에 관한 고위급 회담 이후 이주와 개발에 관한 국제포럼(Global Forum on Migration and Development: GFMD)이 창립되었다. GMG와 GFMD는 이주를 통한 개발효과를 극대화하기 위해 개발계획에 있어서 이주를 주류화하는 것을 전략으로 설정하고 있다. 이러한 주류화는 기존 개발도상국의 저발전을 국제이주의 원인으로 간주하는 시각을 벗어나, 빈곤과 불평등의 해결과 국제이주와 관련된 국가들의 개발이 진전되는 것을 추구하는 것이다(조영희, 2015: 152-159, 171).

국제이주와 관련된 국제레짐에는 국제기구 또는 대화체와 함께 규범들도 포함된다. 난민 관련해서는 유엔난민기구와 난민협약을 기반으로 하는 국제난민레짐이 존재하는 반면, 이민자와 관련된 국제레짐은 저발전의 상황에 놓여 있다. 국제난민레짐은 "난민에 대한 국가들의 대응을 규제하는 일련의 원칙, 규범, 규칙 및 의사결정 절차로서, 난민이 국제사회로부터 보호를 보장받을 수 있도록 국가 간 협력을 촉진하는 역할을 하는 것"을 의미한다고 제시한다. 또한 국제난민레짐을 구성하는 규범을 '비호(asylum)'와 '책임분담(burden-sharing)'으로 언급한다. 국제난민레짐을 통해 난민협약에 가입한 국가들은 난민의 권리 보장과 강제송환금지 원칙을 준수해야 한다고 지적하면서, 강제송환 금지와 가족결합 원칙의 시행이 국제협력이 필요한 분야라고 강조한다. 주로 이민자의 인권 보호를 위해 국제인권규범에 의존하는 경향이 두드러졌다. 경제적·사회적 및 문화적 권리에 대한 국제규약, 시민적 및 정치적 권리에 관한 국제규약, 모든 형태의 인종차별 철폐에 관한 국제협약 등을 통해 이민자의 인권 보장에 관한 내용을 도출해왔다. 지역 차원에서는 1980년대 유럽을 시작으로 지역협의체의 형태로 국제이주에 관한 지역 거버넌스가 다양하게 존재해왔다. 지역협의체는 국제이주에 관한 의제발굴과 합의 구축에는 기여했지만 실질적인 법제도와 정책을 변화시키는 데는 제한성을 노정해왔다. 또한 동아시아지역의 경우 이주와 관련된 국제레짐은 미발전의 단계에 머물러 있다. 동아시아지역에서 국제이주레짐을 구축하기 위해서는 국가 주도를 탈피해 글로벌, 지역, 국가, 사회 수준의 다양한 협력에 기초한 다층적 거버넌스를 모색해야 한다고 주장한다. 거버넌스의 형성 이전에 유럽 이주 네트워크(European Migration Network) 사례처럼 국제이주에 관한 역내 정보를 공유하기 위한 동아시아 이주 네트워크를 구축하고 점진적 접근법을 통해 거버넌스를 형성할 필요가 있다고 제안한다(김현미, 2016c: 441-443; 이병하, 2019: 19-40).

이주노동자 문제와 관련된 지역협력을 위한 레짐으로 연성법(soft

law)과 다층 거버넌스(multilevel governance)를 제시한 연구가 제출되었다. 유엔, 국제노동기구(ILO), 국제이주기구(IOM) 등이 이주노동자 문제 관련 연성법을 설계하고 국제기구 지역 사무국은 매개적 역할을 수행하며, 한국과 일본의 중앙정부는 연성법의 설계와 실천을 병행하며 지방정부와 NGO는 연성법 실천을 포괄하는 이주노동자 문제에 관한 동아시아 다층 거버넌스를 제시한다. 다층 거버넌스에서 정부 간 기구와 국가 간 합의의 부재에도 불구하고 연성법을 통해 거버넌스의 구축이 가능하다고 지적한다(미우라 히로키, 2011: 174-179).

국제이주와 개발 관련 글로벌 이슈들은 송금, 투자, 인재유입, 관광 등이다. 이민자의 송금과 투자가 개발 관련 공동투자를 위한 기초가 될 수 있다는 점에 주목해 정부와 민간 부문의 주요한 관심이 되고 있다고 언급한다. 두뇌순환을 통한 인재유입은 이민 송출국의 개발과 발전을 위한 선진국의 기술과 지식을 확보 방안으로 적극 고려되고 있으며, 관광의 경우도 개발도상국에 재정확보의 수단이 되고 있는데 이민자는 송출국의 관광 개발과 수용국으로의 제품 수출에 기여한다. 기존의 국제이민협력이 난민, 출입국과 정착에 주안점이 두어졌다면 최근의 이민협력은 개발과 연관된 주요 이슈들을 다루는 국제기구, 지역기구, 국가, 비정부기구 등이 참여하는 레짐을 통해 진행되고 있다고 지적한다. 한국의 국제이민협력은 제2차 외국인 기본계획에 반영되었다. 기본계획에 나타난 국제이민협력의 목표는 글로벌 이민정책에서 이니셔티브 모색과 구축이다. 구체적으로 한국의 특성을 반영한 글로벌 이민체계추진체계를 구축하는 것으로 제시한다. 정책의 추진 방향은 글로벌 레짐과의 연계와 귀환 이민자 관리와 지원을 통한 국제협력 강화로 언급한다. 기본계획에서 제시된 국제이민협력의 목표와 방향은 한국에서 인지 강화의 시작 단계라는 상황과 국제이주와 관련된 다자적 차원의 협력에 접근하지 못하는 현실적 한계를 가지고 있었다고 평가한다. 한국의 국제이주협력 추진 방향으로 인지 강화, 거버넌스 구축, 어젠다 세팅 등으로 제시한다. 국제이민협력의 현황과 필요에 관한 정부, 학계, 언론 부문의 인지 강화와 대화가 필요하다고 지적한다. 현재 분산되고 파편화된 이민과 국제이민협력 관련 부서의 정책을 통합할 수 있는 거버넌스 체계를 구축하는 노력이 필요하다고 강조한다. 또한 국제이주협력과 관련한 새로운 정책의 개발과 의제 설정이 요구된다고 언급한다(이진영, 2016a: 480-481, 493-498).

한국의 IOM이민정책연구원은 한·아세안 이주 네트워크를 추진하기로 2016년 합의한다. 한·아세안 이주 네트워크 사업은 국제이주기구 아태지역사무소, 필리핀 대통령 직속 필리핀 재외동포위원회, 인도네시아 사회문화연구과학원과 공동으로 한·아세안 내이주와 지속 가능한 개발과 정책적 논의에 관한 회의를 시작으로 국제협력 활동을 시작한다. 이주 네트워크 사업은 전문가 협의체 구성, 안전하고 질서 있는 국제이주가 이루어질 수 있도록 정책결정자와 시행 공무원, 한국 체류 아세안 출신 이주민들의 본국 발전에 기여할 수 있는 사업 제안과 지원 등을 목표로 제시한다. 실제로 같은 해 11월 한국을 포함해 필리핀과 인도네시아 등 아세안 8개국 국제이주 관련 공무원이 참여하는 이주와 개발 연계 워크숍이 IOM이민정책연구원 주최로 개최되었다. 워크숍에서는 이주와 개발을 연계하는 관점의 주류화에 관한 주제가 다루어지면서, 이민자가 한국과 아세안 공동발전의 자원이라는 공감대를 형성한다(허일현, 2016. 4. 28.; 김승열, 2016. 11. 21.).

이민자 문제에 대처하기 위한 안전하고, 질서 있고 정규적인 이주를 위한 글로벌 콤팩트(Global Compact For Safe, Orderly and Regular Migration: GCM) 채택에 참여할 것인가를 두고 정치적 논쟁이 진행되었다. GCM에는 "체류 조건과 관계없이 이주민 권리 보호, 노동시장에 대한 차별 없는 허용, 이주민에게 복지제도 보장" 등의 내용이 포함되어 있다고 설명한다. 정부에서는 GCM이 법적 강제력이 없는 국제이주에 관한 협력 프레임워크라고 설명했지만, 야당에서는 국민의 일자리 · 복지 분야의 피해 가능성이 있고, 국가 주권의 침해와 불법체류자 문제 해결의 난항이 우려되기에, 채택 이전 공론화 과정이 필요하다는 입장을 표명한다. 한국은 163개 유엔 회원국과 함께 2018년 12월 정부 간 회의에서 GCM 채택에 참여한다. GCM에서는 23개 공동목표를 제시하고 있는데 주요 내용은 "분쟁, 자연재해 등 본국을 떠날 수밖에 없게 만드는 부정적인 이주의 원인과 구조적 요인 최소화, 이주자 밀입국 알선 방지 위한 공동 노력 강화, 실증적 근거에 기반을 둔 이주정책 형성 위한 데이터 수집" 등을 포함한다. GCM 전문에는 법적 구속력 없는 협력체계임이 명시되어 있다고 지적한다. 한편 국내에서는 이주 글로벌컴팩트의 국내 이행 촉구와 이행의 평가 활동을 주도할 시민단체 네트워크가 결성되어 활동하기 시작했다(임광복, 2018. 12. 5.; 김태이, 2020. 10. 27.; 위은지,

2018. 12. 14.).

국제이주레짐 개념과 관련한 주요 쟁점은 주로 학술연구로부터 비롯되었다. 국제이주 분야가 경제와 통상 등의 영역과 달리 국가 간 협력의 수준이 낮은 상황이라는 것은 공통된 인식이다. 이러한 원인은 국제이주가 국경통제와 이민자 사회통합과 연계되는데, 국경통제와 사회통합 등은 국민국가의 주권 행사에 해당하는 영역이기 때문이라고 지적한다. 따라서 국제이주 영역에서 국가 간 협력은 난민문제 해결이나 유럽통합으로 인한 지역 차원의 협력 등과 같은 특수한 환경 속에서 발생할 수 있다는 주장을 제시한다. 그럼에도 이주노동자와 그 가족의 기본적 권리를 보장하기 위한 협약의 경우처럼 참여한 국가들의 국내 시행까지 강제할 수는 없지만, 협약이 국제규범으로서의 역할을 하고 있다고 언급한다. 난민문제 관련해 형성된 국제난민레짐은 이민자와 관련된 국제레짐에 비해 발전된 상황이라고 언급한다. 난민협약이 한국의 난민법 제정에 영향을 미쳤기 때문에 국제이주레짐 중 발전된 형태임에 분명하다. 반면 동아시아지역의 경우 다른 지역에 비해 국제이주레짐의 형성이 지체되고 있는 상황이라는 분석이 주를 이룬다. 이를 극복하기 위해서 유럽 사례와 같은 역내 이주에 관한 다층적 거버넌스가 모색되어야 한다는 제언을 제기한다. 한국의 국제이민협력이 활성화될 수 있는 영역으로 이민자의 귀환과 송출국 개발 지원 관련 글로벌레짐을 제시한다. 한국의 국제이민협력이 발전하기 위해서는 국내 차원의 통합된 거버넌스 구축이 필요하다고 주장한다. GCM과 같은 국제이주레짐에 참여 여부를 두고 국내 정당 간, 시민단체 간 이견이 표출되었던 것을 보면, 국제이주레짐 참여와 발전을 위해 국내 거버넌스 구축과 공론화 과정이 필요하다는 것을 나타내준다. 향후 난민 분야 이외의 국제이주 영역에서 한국의 국제이주레짐 참여와 협력, 국제 이주레짐과 국내정책과의 연계, 국제이주협력 관련 공론화와 거버 넌스에 관한 논의가 진행될 가능성이 높다.

3. 국제이주와 개발 담론과 쟁점

국제이주와 개발의 연관성에 관한 연구는 이주가 송출국의 발전 을 촉진하는가라는 문제를 규명하는 것으로부터 출발한다. 국제이 주와 개발의 상호 연관성과 관련해 자본의 전달과 두뇌 순환에 기초 한 낙관론과 두뇌 유출을 우려하는 회의론에 기반을 둔 연구 경향의 부침이 존재해왔다. 2000년대 중반 이후 낙관론에 기초해 국제이주 가 개발에 미치는 긍정적 영향을 최대화하면서도 부정적 효과는 감 소시키려는 논의가 활성화되고 있다.

2000년부터 2015년까지 진행된 유엔(UN)의 새천년개발계획 (Millennium Development Goal: MDGs)의 이후를 대비하기 위해 'Post-2015 개발논의'가 진행되었다. 'Post-2015 개발논의'에서는 이주 를 통한 개발 관점이 제시되었으며, 유엔에 의해 새롭게 제시된 지 속 가능한 개발목표(Sustainable Development Goals: SDGs)에서는 국가 간 불평등을 완화하기 위해 계획적으로 잘 관리된 이민정책을 통해 질서, 안전, 규칙, 책임성이 보장되는 국제이주와 이동성을 촉진하는 것이 세부의제로 포함되었다(조영희, 2015: 152-163).

GCIM의 활동은 글로벌 차원에서 국제이주에 관한 관심이 고조되는 데 긍정적 영향을 미쳤으며, UN과 연계해 국제이주와 개발 의제를 연계하는 데도 기여한다. 2006년 9월 진행된 이민과 개발에 관한 UN 고위급 회담(High Level Dialogue on International Migration on Development: HLD)에서는 국제이주와 개발을 연계한 국제협력에 관한 논의가 진행되었다. GCIM과 HLD의 활동과 성과는 이주와 개발에 관한 포럼인 GFMD의 설립으로 발전되었다. GFMD의 두 축은 정부 간 모임(Government Meeting: GM)과 시민사회의 날(Civil Society Days: CSD)로 구성되었다(이진영, 2016a: 478-479).

유엔의 지속 가능한 개발목표로의 전환과 맞물려 국제사회는 국제이주와 공적개발원조의 상관관계에 본격적으로 주목하기 시작한다. 기존 연구에서는 공적개발원조 관련해 공여국 내 수원국의 이민자 수가 공여국의 원조 규모에 긍정적 영향을 미친다고 제시한다. 한국의 경우도 수원국의 이민자 유입이 증가할수록 해당 수원국에 대한 한국의 공적개발원조의 제공도 많아지는 경향이 나타났으며, 특히 이민자 중 결혼이민자의 국제이주와 원조의 상관관계가 가장 높게 나타난다는 연구결과가 제출되었다(김은미, 정헌주, 2016: 289-325).

개발 친화형 이민정책은 송출국과 수용국의 개발효과의 제고를 지향하고, 이러한 정책의 실현을 위해서는 이민정책에서의 ODA 활용과 같이 국제이주와 개발을 직접 연계하는 방식과 국내 정책적 고려를 넘어서 기존 이민정책을 개발 친화적으로 개선하는 방식 등이 고려될 수 있다. 개발 친화형 이민정책과 관련된 정책 유형은 송금,

디아스포라, 순환이주, 사회통합, 국제협력 등으로 제시한다. 송금의 생산적 활용, 본국 개발의 행위자로서의 디아스포라의 역할, 이민자의 귀환과 본국에서의 재통합에 주안점을 둔 순환이주 이슈, 경제개발에서 인간개발의 관점으로의 확장과 연관된 사회통합 문제, 국가 간 개발의 목표에 관한 공유가 전제되는 국제협력 등이 개발 친화적 이민정책의 쟁점이 되고 있다(조영희, 2015: 166-171).

이주노동자의 국제이주가 수용국의 지역발전에 미치는 함의에 대한 연구가 제시되었다. 이주노동자의 국제이주는 노동력 확보를 통해 저출산, 고령화에 따른 노동력 부족 해결에 기여하며, 중소기업, 3D 업종, 농어업의 1차산업 등의 인력난을 해소하는 긍정적 역할을 한다고 언급한다. 또한 경제적 측면의 긍정적 영향 이외에도 다문화 의식의 형성에도 영향을 미친다고 지적한다. 반면 이주노동자의 국제이주로 저숙련노동력의 임금을 하락시킬 수 있으며, 불법체류자가 증가하는 등 지역발전에 부정적 영향을 미칠 수 있다고 제기한다(박범종, 2017: 121-128).

이민자의 송금이 송출국의 개발에 미치는 영향에 관한 논의도 지속되어 왔다. 외국인노동자의 송금은 기본적으로 본국의 가계 소득의 증가와 다양화로 인해 빈곤 감소에 기여한다. 개발과 관련해서는 송금이 주로 가계의 소비에 사용되는지 또는 지역발전을 위한 투자에 활용되는지에 관한 논의가 있다. 송금의 경제적 활용 개념과 관련된 논의로 경제적 활용은 "송금이 단순히 빈곤에서 벗어나고 보다 나은 소비를 추구하는 것을 넘어, 보다 생산적인 곳으로 투자"되는 것을 의미한다. 아시아지역 국가에서 송금은 주로 가계의 소비로 사용되지만 제한적이나마 농업이나 사업투자 등을 통해 지역발전에 긍정적 영향을 미치는 사례도 나타나고 있다. 그럼에도 이주노동자의 송금이 개발에 미치는 영향은 분명한 제한성을 가지고 있고, 송금으로 인해 송출국 내 지역 간 발전 격차를 야기한다고 지적한다. 송금이 비용 효율적인 방법으로 이루어지는 것을 의미하는 송금과정의 경제성 개념에 관한 논의도 시작되었다. 개념은 수수료 문제 등 송금과정의 투명성에 분석의 주안점을 두고 있다(최영진, 2010: 212-216; 이규용, 2016a: 313-317).

아시아와 아프리카 외국인노동자의 송금에 관한 경험적 연구에 따르면, 선진국의 경제지원 또는 직접투자보다 외국인노동자의 송금이 저개발국가의 경제성장에 더 기여가 큰 것으로 나타났다. 노동력 이동의 자유화를 통해 빈곤 국가의 절대빈곤을 해결하는 것이 무역과 투자의 자유화보다 선행되어야 한다는 주장이 제시되었다. 방글라데시, 인도, 파키스탄, 보츠와나, 수단 등 이들 국가의 자국 노동자의 해외에서의 송금은 경제 기여도가 높은 수준으로 나타났다. 2003년 개최된 영국의 국제개발국과 방글라데시, 중국, 인도, 파키스탄, 베트남 등의 전문가들은 선진국이 고용, 사회보장, 범죄 등의 문제로, 일부 개발도상국의 두뇌 유출의 우려로 인해 노동력의 자유로운 이동을 제한하고 있다고 지적한다. 수용국과 송출국 모두에 노동력 이동 활성화가 도움이 된다는 의견을 제시한다(박중언, 2003. 6. 27.).

세계경제 위기 상황 속에서 유엔개발계획(UNDP)은 2009년 보고서를 통해 외국인노동자 활용이 선진국이 경제침체를 벗어나고, 송금 감소로 경제적 어려움을 겪는 저개발국가가 다시 개발을 추진할 수 있는 방안이라고 주장한다. 반이민 보호주의를 벗어나 이민 활성화를 위해 "미숙련 노동인력 진입장벽 완화, 이민자 기본권 보장, 이민 비용 절감, 이민 대상국과 이민자의 상호 협력적 해법 모색, 이민을 사회개발 전략의 일부로 수용" 등의 조치가 요구된다고 강조한다(조찬제, 2009. 10. 6.).

국제이주와 개발 관련 담론은 국제이주가 송출국의 개발에 도움에 되는가에 관한 논의로부터 시작되었다. 송금과 두뇌순환을 통해 송출국 발전에 기여한다는 낙관론과 두뇌 유출을 통해 저발전이 지속된다는 회의론이 대립하고 있다. 유엔에 의해 제시된 이주를 통한 개발 관점은 국제이주를 통해 송출국의 개발을 촉진할 수 있고, 발생할 수 있는 문제를 최소화하기 위한 인식의 준거로 제시되었다. 이러한 시각의 연장선에서 제기된 개발 친화형 이민정책은 국제이주와 개발과 연관된 이슈인 송금, 디아스포라, 순환이주, 사회통합, 국제협력 등의 영역에서 새로운 논쟁을 촉발시켰다. 외국인노동자의 송금과 관련해서는 송출국의 가계 소비를 증가시키기는 하지만 지역발전에 대한 기여는 제한성을 가지고 있다는 주장도 제시되고 있다. 반면 아시아와 아프리카 외국인노동자의 송금은 선진국의 경제지원이나 직접투자보다 경제발전을 촉진한다는 의견도 제출되었다. 또한 수용국에서도 외국인노동자의 활용이 경기침체를 벗어날 수 있는 중요한 기제가 될 수 있다는 분석이 언급되었다. 국제이주와 개발 담론은 지역 차원에서 국제이주가 송출국의 개발 촉진과 수용국 기여에 대한 규명을 통해 긍정과 부정의 입장이 논쟁을 지속할 것이다. 송금이 송출국의 개발에 미치는 영향에 대한 논의는 실제 사례 분석의 활성화를 통해 더욱 발전할 것이다. 국제이주와 공적개 발원조의 연계는 이민자의 귀환 이후 지원을 포함하고 있는데, 이에 대한 연구를 통한 학문적 · 정책적 논의가 필요할 것이다.

4. 국제이주와 안보 담론과 쟁점

국제이주와 안보에 관한 논의는 미국 9 · 11 테러 이후 이민정책 에 반영되기 시작했으며, 유럽 난민사태와 파리 테러 등은 국제이주 와 안보 논의의 결합과 다양한 층위가 존재함으로써 주지시켜 주는 계기가 되었다. 국제이주와 안보 논의는 국내와 국제사회 차원에서 지속되어 왔다. 국내 차원의 이민과 안보 논의는 서구의 무슬림이민 자에 의한 안보 위협, 무슬림의 사회통합 문제, 반이민 정치의 등장 으로부터 본격화되었다. 국제사회 차원에서는 유럽에서 발생한 대 량 난민사태를 둘러싸고 제기된 난민의 안전 문제와 국경통제 이슈 는 국민국가의 경계를 넘어서는 국제이주와 안보 문제로 부각되었 다. 또한 이민자 관련한 인간안보 문제는 국제이주 과정에서 밀입 국과 인신매매와 연관된 이민자의 인권과 국제이주 후 이민자의 기 본적 권리와 인권침해 등으로 구분될 수 있다. 이민과 안보 논의 관 련해 부각되고 있는 것이 이민자의 범죄에 관한 것이다. 한국에서의 이민과 안보 논의는 통칭 외국인 범죄로 언급되는 이민자범죄에 관 심이 집중되어 있는 상황이다. 실제로는 이민자의 범죄율이 주류사회 일반인의 범죄율보다 낮은 상황이지만 언론 등을 통해 이민자범죄가 부정적으로 부각되면서 안보와 안전 문제로 인식되고 있다고 지적한다(이진영, 2016b: 225-254).

이민자의 유입이 한국사회에 미치는 영향을 문화안보, 경제안보, 공공안보 차원에서 분석한 연구가 제시되었다. 외국인노동자와 결혼이민여성의 국제이주가 문화, 경제, 치안에 끼친 영향을 보수와 진보 언론의 사설과 칼럼 분석을 통해 고찰한다. 개별 안보의 구체적 위협요인으로 이민자 문화, 실업률과 국부 유출, 외국인 범죄 등을 제시한다. 사설과 칼럼 분석에 따르면 외국인노동자는 국내 일자리를 잠식함으로써 경제안보에 위협적이고, 거주 지역의 슬럼화와 불법체류 등을 통해 치안 불안을 야기하고 공공안보에 위협이 된다는 의견들이 제시되었다고 언급한다(김수경, 2015: 192-193, 199-203).

국제이주를 안보의 관점에서 이해하기 위해 국가안보와 인간안보 연계성에 주안점을 둔 연구가 제시되었다. 국제이주와 국가안보의 연계는 출입국, 체류, 이민자정책에서 관련성을 가진다고 지적한다. 테러에 대비하기 위한 국경통제 강화, 미등록체류자 통제, 이민자가 사회통합 강화 등이 국제이주로 인한 국가안보를 유지하기 위한 대응으로 제시되어 왔다고 지적한다. 국제이주와 인간안보 연계는 국제이주의 전과 후로 구분할 수 있으며, 이주 동기와 관련된 인간안보와 이주수용국에서의 인간안보 문제를 언급한다. 인간안보는 인간에 대한 "질병, 굶주림, 실업, 범죄, 사회갈등, 정치적 억압, 환경재앙으로부터의 보호"를 의미하며, "경제안보, 식량안보, 건강안보, 환경안보, 개인적 안보, 공동체안보, 정치안보" 등으로 구성된다. 난민과 비호 신청의 경우처럼 자국 내에서의 인간안보의 위기는 국제이주를 발생시키는 비자발적 요인으로 작용한다는 것이다. 또한 국제이주 이후 이민자가 정착한 이주수용 국가에서의 주류사회와 이민자의 개인과 집단 차원 인간안보의 문제가 발생한다. 주류사회와 이민자공동체 간의 갈등 또는 반이민 극우세력 활동 증가 등이 집단 차원의 인간안보 이슈라고 한다면, 개인 차원의 인간안보 문제는 차별과 혐오, 미등록체류자에 대한 통제 등으로 제시한다(이용승, 2014: 137-169).

난민이 난민신청을 위해 국제이주를 진행하는 과정에서 발생하는 안전, 인신매매, 사망 등의 문제가 이슈가 되고 있다고 언급한다. 밀입국 과정에서 인권침해와 인신매매가 자행되고 있으며, 비호국 입국 후에도 감금과 강제퇴거의 위험에 노출되고 있다고 지적한다. 난민보호에 관한 논의는 난민을 국가중심의 안보 인식에서 중요한 한 국가의 시민으로서의 개개인이 아닌 사람으로서의 개개인으로 간주하는 초국적 인간안보의 시각에서 조망해야 한다고 설명한다. 난민보호는 인간안보를 강화하는 조치이며, 또한 국가안보와 국제안보의 증대와도 연계된다고 주장한다(김현미, 2016c: 451-453).

제주 예멘 난민사태로 촉발된 난민 이슈를 해결하기 위한 사회통합 방안으로 인간안보 개념의 확대 적용을 언급한 연구가 제시되었다. 난민 문제의 해결을 위한 전제 조건은 인간안보 개념을 "인간존엄성과 인권 보호라는 인류공동체의 구성원으로 존중의 권리를 난민에게 부여할 때 시작"할 수 있다고 제시한다. 인간안보의 개념은 인권과 연계되어 있어 보편적 인권 개념은 난민 문제 해결을 위한 기제가 되고 있다고 지적한다. 이러한 차원에서 인간안보는 "난민으로 신청하려는 자에 대해 인권 차원에서 수용국의 법과 제도적 장치에 부합되는 절차로 공정한 난민심사가 이루어져야 하는 것을 의미"한다고 주장한다(석인선, 황기식, 2019: 107-108).

이민 2세와 3세에 의해 프랑스에서 발생한 증오범죄 또는 폭동에 대한 원인 분석을 통해 한국에서 증오범죄 발생을 막기 위한 방안을 도출한 연구가 제시되었다. 이슬람을 잠재적 테러리즘의 위협 요소로 인식하는 경향이 존재하는 한국에서 증오범죄의 발생은 국가안보를 저해할 수 있다고 언급한다. 이민자의 증오범죄는 경제적 빈곤, 이민자 본국에 대한 편견, 종교 갈등 등의 요인에 기인한다고 지적한다. 이러한 요인은 이민자 2세와 3세에 대한 차별과 편견으로 나타나 증오범죄의 기반이 되고 있다고 설명한다. 증오범죄에 대응하기 위한 방안으로 '다문화인권교육'의 필요성을 강조한다. '다문화인권교육'은 보편적 인권의 존중, 시민사회 주도의 교육, 학교 현장에서의 교육, 탈정치화된 다문화교육 등의 방향으로 진행되어야 한다고 주장한다(정은정, 김대중, 2019: 120-132).

한국의 다문화주의 논의에 인간의 안전보장 관점을 포함해야 한다고 언급한다. 첫째, 인간안보 개념의 모든 사람을 위한 정책이라는 전제는 사회통합 문제가 대두되면서 다문화주의의 철회가 언급되고, 다문화주의를 경제적 이익의 측면에서만 인식하는 시점에 다문화주의를 위한 기초로서 역할을 한다. 구체적으로 다문화주의에 인간안보 개념이 도입된 정책에서는 이익을 제공해주는 것이 아니라 본래 누리고 있던 권리를 환원한다는 인식이 반영된다는 것이다.

둘째, 인간안보에서 제시하는 '공포로부터의 자유'와 '결핍으로부터의 자유' 개념은 경제적 어려움에 처하거나 범죄에 노출되기 쉬운 다문화가정에 대한 정책의 근간이라고 지적한다. 셋째, 인간안보 개념의 도입을 통해 기존 국민과 국가 구분의 한계를 넘어서 인간이라는 범주로 구성원을 확대함으로써 다문화주의의 의미를 강화한다고 주장한다(박원화, 2013: 19-24).

국제이주와 안보 담론 쟁점은 이민자 테러와 같은 수용국에서 발생한 안보 이슈와 난민의 경우처럼 송출국 또는 국제이주 과정에서의 이민자의 안전 문제 등과 연관된 것이다. 전자는 테러, 외국인 범죄, 불법체류 등의 문제에 주목하면서, 국내 안보를 위해 국경통제, 불법체류 단속, 사회통합 강화 등을 언급한다. 국내 안보에 대한 극단적 강조는 서구의 반이민 정치집단이나 극우정당의 정치적 담론이 되어 왔다. 후자는 국제이주 발생, 국제이주 과정, 이민자 정착 등에서 발생하는 이민자의 인간안보 문제에 천착한다. 국제이주 과정에서 자행되는 인권침해와 인신매매, 수용국 입국 과정에서의 감금과 강제퇴거, 정착 후 차별과 배제 등의 이슈가 이민자의 안전을 심각하게 위협한다고 주장한다. 난민과 이민자를 보호하기 위해 인간안보 개념을 이민자에게 확대 적용해야 한다는 의견이 제시되고 있다. 다문화사회로 전환하고 있는 한국에서 국가안보와 이민자 인간안보에 관한 논쟁은 어디에 주안점을 둘 것인가에 관해 학문적·정책적 논쟁이 발전할 것이다. 국가안보와 이민자 인간안보의 연계성에 주목하면서 이분법적 해결방안의 도출이 아닌, 국제이주를 통해 발생할 수 있는 안보문제에 대한 통합적 분석과 대응방안 제시에 대한 논의로 확장될 것으로 판단된다.

5. 다문화수용성과 정책지표 담론과 쟁점

다문화수용성을 "다문화사회로의 변화에 대한 태도(다문화 지향성, 자민족 지향성)와 외국인에 대한 인지된 위협"으로 구분해 분석한 연구가 제시되었다. 조사결과 한국인은 다문화사회로의 전환이 가져오는 문화 다양성을 단일민족주의에 대한 위협으로 인식하지 않고 있으며, 다문화주의와 단일민족주의가 병렬적인 것으로 사고한다고 설명한다. 단일민족주의에 대한 자부심과 신뢰가 높게 유지되면서도 다문화주의가 "문화 다양성을 확대하고 국가 경쟁력을 강화"한다는 인식이 공존한다고 지적한다. 인지된 위협은 합법적 체류 이주노동자가 한국사회에 미치는 경제와 사회적 영향을 경제기여 미미, 임금저하, 일자리 손실, 지역사회 불결함과 범죄율 증가 등의 항목으로 조사를 진행한다. 조사결과 외국인노동자로 인한 경제기여 부족, 임금저하, 일자리를 빼앗김 등의 문항에는 부정적 의견이 많은 반면, 지역사회가 지저분해지고 범죄율이 상승한다는 질문에는 긍정적 의견이 많았다고 설명한다. 이러한 결과는 한국사회가 외국인노동자에 대한 경제적 측면에서 부정적 영향이 크지 않다고 인식하는 반면, 사회적 측면에서는 위협이 될 수 있는 부정적 영향을 미치고 있다고 인식한다고 평가한다(윤인진, 송영호, 2011: 147, 169-171).

다문화수용성에 영향을 미치는 요인과 수용성 증진을 위한 방안 마련을 위해서는 다문화수용성을 과학적으로 측정할 수 있어야 한다고 지적한다. 측정을 위해 다문화수용성을 평가할 수 있는 7개의 하위개념을 제시한다. '외국이주민에 대한 이해와 개방', '외국이주민에 대한 차별', '외국이주민에 대한 거부 및 회피', '외국이주민과의 상호 교류행동', '외국이주민과 한국사회의 쌍방적 동화', '외국이주민의 한국사회로의 일방적인 동화', '외국이주민에 대한 고정관념' 등이 하위개념을 구성하는 것으로 언급한다. 하위개념에 기초해 "나는 외국이주민들이 우리나라의 국민이 되는 것을 찬성한다. 나는 한국에 사는 외국이주민들끼리 따로 모여서 자기들의 음악이나 무용, 공연을 즐기는 것이 마음에 들지 않는다. 지하철이나 버스에서 개발도상국 출신 외국이주민의 옆자리에 앉지 않는 것은 피하고 싶다. 나는 외국인 근로자가 모여 사는 지역에 있는 식당에 들어가 밥을 먹겠다. 외국이주민의 가정은 한국의 가족뿐 아니라 고향에 있는 부모나 가족을 챙겨야 한다. 한국에 체류하는 동안에는 외국이주민들은 한국과는 다른 자신들의 전통이나 생활습관을 버려야 한다. 외국이주민은 수동적인 존재이다" 등으로 다문화수용성 지수를 제시한다. 다문화수용성 지수의 개발을 통해 영향을 미치는 변수를 파악할 수 있고, 다른 국가 사례와의 비교를 위한 기준도 마련될 수 있다고 언급한다. 또한 지수를 통해 다문화정책의 효과를 평가하고 새로운 정책을 개발할 수 있는 근거를 확보할 수 있다고 주장한다(황성욱, 조윤용, 이철한, 2014: 188-191).

2015년 여성가족부의 '국민 다문화수용성 조사' 보고서에서는 "외국인 근로자가 늘어나면 경제적 기여보다 손실이 크다"라는 항

목에 33.1%, "외국인 근로자가 늘어나면 범죄율이 올라간다"라
는 항목에 46.7%, "한국이 오랫동안 단일민족 혈통을 유지해온 것
은 자랑스러운 일이다"라는 항목에 53.5%, "인종 · 종교 · 문화적
다양성이 확대되면 국가경쟁력에 도움이 된다"라는 항목에 39.2%
가 "그렇다"라고 답한다고 제시한다. 또한 세계가치조사(World Value
Survey)에서는 "외국인 근로자 · 이민자를 이웃으로 삼고 싶다"는 질
문에 한국인의 68.2%만이 긍정적으로 답해 스웨덴 96.5%, 미국
86.3%, 대만 79.8% 등에 비해 현저히 낮은 수준을 보였다고 소개한
다. "다른 인종을 이웃으로 삼고 싶다"는 문항에서도 호주 95%, 미
국 94.4%, 일본 77.7% 등에 비해 낮은 74.3%가 긍정의 답변을 했
는데, 조사대상국 중 터키를 제외하고 가장 낮은 수치라고 설명한
다. 이러한 외국과의 지표 비교를 통해 보면 한국의 다문화수용성은
상당히 낮다고 진단한다(김효정, 2019. 3. 18.).

　한국사회의 다문화 '시티즌십'의 수용 정도를 파악한 연구가 제
시되었다. '시티즌십'은 시민으로서의 법적 지위와 시민의 덕성으로
정의되고, 다문화 '시티즌십'은 다문화와 관련한 시민의 덕성과 의
식을 의미하는 것으로 언급한다. 구체적으로 다문화 '시티즌십'의
분석을 위해 국민정체성, 외국인 귀화, 이민자 지원정책 등에 대한
한국인의 태도를 조사한 결과를 분석한다. 2007년 조사[3]의 분석결

3　2005년 조사에서 한국인은 한민족보다 한국 국민으로 인식하는 경향이 더 높게 나타났다. 혈
　연보다는 대한민국의 국적을 중심으로 한 정치공동체에 대한 소속감을 중시하는 경향이 표출
　된 것이다. 한국인이 되기 위한 조건 중에서 대한민국의 국적 유지가 가장 높은 선호를 보인
　것도 동일한 인식의 결과이다(송종호, 2007: 101-102).

과 한국인은 국민정체성의 기준을 혈통적-문화적 요인과 함께 정치적-법적 요인을 포함시키고 있으며, 귀화와 관련해서는 아시아인에 비해 미국인의 귀화에 보다 더 우호적으로 나타났다. 이민자의 권리에 대해서는 노동법상 권리를 한국인과 동등하게 부여해야 한다는 의견이 많았으나, 이민자를 보호하기 위한 '적극적 조치(affirmative action)'에 대해서는 부정적인 태도가 두드러졌다. 속지주의에 대해서도 과반수가 지지하는 것으로 나타났으나, 계약이 종료된 외국인 노동자의 본국 추방에 대해서도 과반이 찬성하는 것으로 나타난 것을 고려해보면 다문화와 관련한 '시티즌십'의 수용에 있어 이중적 태도가 존재한다고 지적한다(최현, 2007: 148-171).

다문화주의와 동화주의의 측정을 위한 지표를 제시한 연구가 제시되었다. 이주 적응, 교육, 고용, 문화, 복지 등의 영역에서 측정지표를 도출하고 있다. 이주 적응과 관련해 선거권 부여 및 정책참여, 이중국적 허용, 외국인 자체의 고유성 인정, 외국인의 적극적 수용 등을 제시하고 있다. 교육 관련 지표는 이중 언어 교육과 외국인 차별 지원 교육을 언급하고, 고용 관련해서는 고용우대 및 적극적 고용지원을 제기한다. 문화 관련 측정지표는 외국인 문화 활동 지원과 한국인의 외국인 문화 인정을 제안하며, 복지 관련해서는 차별적 복지서비스를 지표로 언급한다. 이들 측정지표는 다문화정책 관련 법률과 결혼이민자와 지역주민 대상 설문에 공통적으로 적용될 수 있다고 주장한다(정장엽, 정순관, 2014: 132).

'이민자통합정책지수'의 지수와 환경변수를 기준으로 다문화주의를 다원주의적 · 발전주의적 · 보수주의적 · 자유주의적 다문화주의로 구분한 연구가 제시되었다. 서구의 다문화주의 유형화는 국가 분류에 활용하기 어려운 문제가 있으며, 국가 내 국적취득이나 취업 등의 영역별 다문화주의의 형태 차이를 규명하는 데 한계를 가지고 있다고 지적한다. 또한 정책 이외에 개별 국가의 정치·경제적 맥락에 관한 고려가 포함되어야 유형화가 적실성을 가질 수 있다고 언급한다. 유형화를 위해 '이민자통합정책지수'를 노동시장 접근성, 가족재결합, 장기거주, 정치참여, 국적 접근성, 차별금지 등의 6개 영역으로 구분하고 각 영역별로 적격성, 획득조건, 안정성, 관련 권리 등의 4개의 하위 차원을 설정해 측정한다. 지수와 함께 이민자 비율의 사회적 요인, 우파정당 의석점유율의 정치적 요인, 1인당 GDP와 제조업/농업/서비스업 종사자 비율의 경제적 요인도 변수에 포함시키고 있다. 17개국을 대상으로 한 분석결과 4개의 유형으로 구분되었다. 캐나다와 영국 등 다원주의적 다문화주의 유형은 국적접근성, 장기거주, 정치참여의 지표가 높았고, 이탈리아와 스페인 등 발전주의적 다문화주의 유형에서는 노동시장접근성과 가족재결합 영역의 지표가 높게 나타났다. 두 유형의 다문화주의에서는 우파정당의 의석점유율이 낮게 나타난 공통점을 가지고 있었다. '이민자통합정책지수'가 평균적으로 낮게 나타난 프랑스와 독일 등 보수적 다문화주의 유형에서의 우파정당의 의석점유율이 가장 높았다. 아일랜드와 스위스 등 자유주의적 다문화주의는 두 번째로 낮은 '이민자통합정책지수'를 기록했으며, 1인당 GDP와 이민자 비율, 제조업/서비스업종사자의 비율이 가장 높은 선진국들에서 주로 나타났다(이영범, 남승연, 2011: 156-171).

이민자 통합정책에 대한 평가를 위해 이념형으로 제시된 '동화모형', '다문화주의 모형', '구분배제모형' 중에서 어느 모형에 근접해 있는가를 분석하는 과정이 진행되어 왔다. 프랑스의 경우 대표적인 '동화모형'의 이민자 통합정책 국가로 간주되어 온 것이다. 그러나 이념형에 기초한 사례연구나 비교연구는 지나친 일반화로 인해 이민자 통합정책의 평가와 변화를 도출하는 데 한계를 가진다고 지적한다. 이민정책을 평가하기 위해 지표를 개발해 활용하는 지표 중심 접근법을 제안한다. 최근 33개국에서 활용되고 있는 '이민자통합정책지수'는 이민자 관련 노동시장 이동, 가족재결합, 교육, 정치참여, 장기거주, 국적취득 가능성, 반차별 조치 등의 7개 영역에 148개 항목의 지표로 정책을 평가하고 있다고 제시한다. 지표를 통한 통합정책의 평가는 비교 가능성을 높이고 경험적 연구의 확대에 기여할 수 있다고 제언한다. 한편 '다문화주의정책지수(Multiculturalism Policy Index)'와 '시민통합지수(Civic Integration Index)' 등도 개발되어 다문화주의와 통합정책을 평가하는 척도로 활용되고 있다. 이들 지수의 개발은 객관성을 담보할 수 있는 제도와 정책 등에 주안점이 두어져 있어 이민자의 의견이 반영되지 못하고 있는 한계를 노정해왔으며, 이를 극복하기 위해서는 이민자를 대상으로 한 연구방법이 결합되어야 한다고 제언한다(이병하, 2017: 42-45).

한국의 '이민자통합정책지수'의 조사를 통해 52개 국가와 비교한 연구가 제시되었다. 지수는 조사대상국 평균인 52점보다 높은 56점으로 나타났고, OECD 국가 평균에 해당되는 점수이며 일본, 중국, 인도네시아, 인도 등 조사대상 아시아 5개국 중 가장 높았다. 연구에서는 노동시장 이동성, 가족 재결합, 교육, 정치, 장기 거주, 국적 취득 접근성, 반차별, 보건 등 8개 영역의 세부 지표를 측정한다. 교육, 보건, 장기 거주, 국적취득 등의 영역에서는 지수가 향상된 반면, 노동시장 이동성, 가족 재결합, 반차별 등의 영역에서는 점수가 낮아졌다. 즉각적인 노동시장 접근, 직·간접적 차별과 괴롭힘에 대한 법적 명시, 반차별에 대한 적극적 조치와 평가 관련 법 등의 부분에서는 0점을 받았다고 지적한다(양태삼, 2020. 12. 22.).

　지역 차원의 다문화사회통합을 측정할 수 있는 지표가 제출되었다. 수준지표(existing condition), 정책지표(policy input), 성과지표(policy outcome)로 구분해 측정 가능하다고 제안한다. 수준지표는 "지역 내 외국인 총수, 구성, 외국인 집단별 규모와 구성, 내국인의 인식, 태도, 다문화 감수성 정도" 등을 세부지표로 한다. 정책지표의 경우 "외국인지원 인력/단체/예산, 조례와 규정 상황, 내외국인 교류 공간 및 시설 확보, 다문화가정 자녀 지원 사업, 외국인의 지방행정 참여, 내국인에 대한 다문화사회통합 관련 교육 및 홍보활동" 등을 포함한다. 성과지표는 "외국인의 총괄적 만족도, 외국인시설의 이용 평가, 외국인 집단별 정착 의지, 내국인의 의식, 태도, 다문화 감수성 정도" 등으로 제시한다(이시철, 김혜순, 2009: 131-133).

　다문화수용성과 정책지표 담론은 주로 학문 분야의 연구와 국민 설문조사 등을 통해 제출되었다. 다문화수용성은 다문화사회 선주민의 이민자와 문화 다양성 등에 대한 인식을 파악하기 위한 개념으로 제시되었다. 다문화수용성을 측정하기 위해 문화 다양성과 민족주의, 외국인에 대한 위협 의식, 외국인에 대한 이해, 차별, 상호 교류 등 다양한 지표들이 활용되고 있다. 분석 결과들에 따르면 한국의 다문화수용성은 민족주의에 대한 자부심과 문화 다양성의 수용이 공존하는 경향을 나타내며, 경제적 측면에서 이민자의 기여를 인정하는 반면 외국인 범죄 등의 사회적 문제를 우려하는 인식 또한 병존하는 특성을 보여준다. 이민자 또는 다른 인종을 "이웃으로 삼고 싶다" 질문에 대한 답변에서 주요 선진국에 비해 한국 국민은 현저히 낮은 긍정적 인식을 나타낸 것은 주목할 점이다. 한편 다문화정책 지표 담론은 서구에서 개발된 '이민자통합정책지수', '다문화주의 정책지수', '시민통합지수' 등의 검토와 적용, 또는 새롭게 개발한 지표를 활용한 조사 분석을 통해, 다문화정책 또는 이민자통합정책의 특성, 유형, 경향 등을 설명하는 내용이 주를 이루었다. 다문화수용성과 정책지표 담론은 측정지표의 적실성에 관한 논의와 조사결과에 따른 한국사회의 정책적 대응방안에 관한 토론으로 발전할 것이다. 예를 들면 다문화수용성 인식에서 민족주의와 문화 다양성수용이 병존하는 원인과 이에 대한 정책도 함께 논의해야 하며, '이민자통합정책지수'에 이민자의 인식이 반영되지 못하고 있다는 지적 등을 반영해 한국적 상황에 부합하는 지수개발에 관한 공동의 학문적 검토가 필요하다.

6. 다문화정책 담론과 쟁점

한국사회에 필요한 다문화정책의 방향을 제시한 연구가 제시되었다. 이민자가 시민으로서 평등하게 권리를 확보하고 의무를 다할 수 있도록 정책이 변화되어야 하며, 주류사회와 이민자사회 공히 시민적 자질을 육성하는 교육이 진행되어야 한다고 지적한다. 또한 중앙과 지방정부의 역할 변화와 함께 협력적 다문화 네트워크가 구축되어야 한다고 주장한다. 또한 문화 다양성과 사회통합정책의 동시성 확보가 필요하며, 다문화정책을 위한 전제로 한국사회 내부의 소수자에 대한 포용과 이해를 기초로 한 다양성의 수용이 진행되어야 한다고 주장한다(강휘원, 2006: 24-30).

한국의 다문화정책은 2007년 다문화가족지원정책을 시작으로 결혼이민여성의 한국사회 적응과 다문화가족과 자녀에 대한 지원정책에 주안점이 두어져 왔다. 부족했던 다문화정책의 영역으로 결혼이민여성의 경제활동지원정책이라고 지적한다. 경제활동지원정책의 취업 역량 강화와 일자리 창출을 위한 정책이 진행되어 왔다. 결혼이민여성의 창업 의지에 영향을 미치는 변수에 관한 연구에서는 개인 차원의 교육수준, 사회·심리적 차원의 지역사회의 다문화에 대한 포용과 차별 경험, 창업을 지원하는 정책에 대한 인식 등이 영향을 미친다고 규명하고 있다. 기존 다문화정책은 '생산적 다문화정책'으로 전환이 필요하며, '생산적 다문화정책'은 "문화적 다양성을 토대로 지역사회가 정신적으로 창조적이고, 물리적으로 생산적인 기능을 갖추게 하는 다문화정책"으로 제시한다. 이러한 정책을 통해 다문화사회 구성원의 해당 정책에 대한 지지를 기초로, 이민자의 경제활동참여 활성화를 도출해야 한다고 주장한다(김경아, 2012: 389-405).

다문화가족의 사회경제적 특성에 관한 분석을 기초로 다문화가족정책의 개선방안을 제시하고 있다. 구체적으로 자녀를 출산한 결혼이민여성의 경우 국적취득이 용이하도록 개선이 필요하며, 한국어와 한국사회 적응교육은 전체 결혼이민여성을 대상으로 하기보다는 체류기간 2년 미만자에게 집중해야 한다고 제안한다. 또한 다문화가족 중 부부간 연령과 교육수준의 차이가 큰 경우 가족생활과 부부생활에 관한 교육이 필요하다고 지적한다. 다문화가족을 대상으로 한 직업훈련과 취업연계를 강화해야 하며, 주거환경 개선을 위한 지원이 요구된다고 언급한다. 다문화가족의 생애주기에 따른 삶의 만족도 증진을 위한 조사와 맞춤형 서비스 제공이 이루어져야 한다고 주장한다(김승권, 2010: 17-18).

다문화정책을 정책의 방향성과 정체성을 기준으로 분석할 수 있는 분석틀을 제시한 연구가 제출되었다. 정책의 방향성은 포섭(inclusion)과 배제(exclusion)로 구성된다. 정책의 방향성이 포섭의 경향을 가지고 있고 정체성의 속성이 명확한 경우 다문화정책은 동화의 특징을 가지며, 결혼이민여성과 그 자녀를 대상으로 한 정책이 여기에 해당한다고 지적한다. 반면 정책의 방향성이 배제의 경향을 나타내고 정체성의 속성이 불명확한 경우는 다문화정책이 해체의 특성을 보이며, 불법 이주노동자와 남성 결혼이민자에 대한 정책이 이에 해당한다고 언급한다. 이 외에도 새터민이 대상인 주변화와 합법 이주노동자와 화교가 대상인 분리 등을 특징으로 한 다문화정책으로 분류 가능하다고 설명한다. 한국사회에서 다문화정책은 단선적이지 않고 동질적이지도 않다고 지적한다. 차별적 편입과 배제가 구분 가능한 다문화정책으로 구현되는 원인은 한국사회의 혈연 중심의 자민족중심주의, 부계혈통중심의 가부장적 인식, 이민자집단의 효용성 등이라고 언급한다. 정체성의 형성과 한국사회에 대한 기여도 평가에 따라 다문화정책의 방향이 동화, 분리, 주변화, 해체 등으로 시행되고 있다고 주장한다(원숙연, 2008: 34-47).

다문화사회의 소수자정책의 유형화를 시도한 연구도 제시되었다. 소수자정책을 제도적 차원과 문화적 차원으로 구분해, 각각 차원의 평등화와 계층화, 동질화와 이질화 정도를 평가해 소수자정책의 유형을 언급한다. 평등화와 동질화가 진행된 제도적으로 차별이 없고 문화적으로 주류사회에 동화가 이루어진 유형 I 과 사회에서 하위계층으로의 계층화와 문화적 이질화가 이루어진 유형IV 사이에, 평등화, 계층화, 동질화, 이질화의 정도에 따라 유형 II 와 유형 III이 존재한다고 제시한다. 소수자정책의 경우 이민 초기 유형IV에서 시작해 기간이 경과함에 따라 유형 III으로 변화하고 소수자집단의 저항을 거쳐 평등화가 강화된 후 유형 I 로 발전할 수 있다고 지적한다. 참여정부의 다문화정책에 대한 평가 과정을 통해 유형IV는 '차이 배제모형', 유형 III 또는 유형 I 은 '동화주의모형', 유형 II 는 '다문화주의 모형'으로 구분하고, 목표는 '다문화주의 모형'을 추구하는 것으로 인식되지만 정책 대상과 정책수단을 기준으로 보면 유형IV의 '차이 배제모형' 또는 유형 III 또는 유형 I 의 '동화주의모형'을 지향하는 것으로 평가한다. 다문화정책의 방향은 결혼이민여성과 자녀는 유형 III에서 유형 I 로 변화할 가능성이 높지만 유형 II 로의 발전을 모색해야 하며, 외국인노동자의 경우 유형IV에서 유형 III으로 진행한 후 유형 I 로 진행될 가능성이 높다고 주장한다(최무현, 2008: 55-72).

다문화정책을 문화 의제의 측면에서 고찰한 연구가 제시되었다. 다문화사회로 전환하고 있는 한국사회는 이민자의 한국문화에 대한 적응을 위한 정책에 주안점이 두어졌지만 이민자 문화의 인정 문제가 부상할 가능성이 높다고 언급한다. 다문화정책은 문화적인 부분에서는 다문화사회로의 전환과 궤를 같이하지 못하면서 모순되는 양상을 보이고 있다고 지적한다. 문화의 고유성과 지속성이라는 민족주의적 담론과 같은 문화 질서의 전제를 재구성해야 한다고 강조한다. 문화적 다양성을 기초로 한 문화 질서 개념의 재편이 진행되어야 하며, 문화적 역동성에 주안점을 두는 문화에 대한 기본 시각도 재정립되어야 한다고 주장한다(김이선, 2010: 185-188).

한국의 다문화정책은 '차별적 배제 모형'으로 규정짓는 주장이 제시되었다. 근거로는 외국인노동자의 정주화 차단과 저개발 국가 거주 재외동포에 대한 차별적 대응으로 언급한다. 또한 결혼이민여성의 경우 '문화적 병합' 대상으로 간주해 중앙과 지방정부, 민간단체 등이 동화를 위한 정책 형성과 시행을 진행하고 있다고 비판한다. 결혼이민여성에 대한 정책을 다문화정책으로 표상되고 있는 것도 개념적 혼란을 야기하고 있다고 지적한다. 우수인력에 대한 선별적 이민정책과 혈통에 의한 국적부여 원칙도 차별적 배제의 특징이라고 설명한다. 그럼에도 차별적 배제의 특성을 보이지만 정책 아이디어로 채택되어 일사불란하게 시행되고 있다고 보기는 어렵다고 평가한다. 실제 행정현장에서는 다문화정책에 관한 선택적 해석의 차이로 인한 개념적 혼란과 정책적 혼선이 나타나고 있으며, 정책의 실행을 둘러싼 부처 간 경쟁과 중복이 존재한다고 지적한다. 이러한 상황의 탈피를 위해서는 다문화사회에 대한 이해와 사회적 합의가 필요하다고 주장한다. 또한 외국인노동력에 대한 개방적 이민정책에 대한 논의 활성화, 다문화사회 전환으로 인한 위험관리, 이민자가 내국인과 평등한 대우를 받을 수 있도록 하는 '차별금지법' 제정을 주장한다(박진경, 2010: 280-285).

한국에서 다문화정책은 이민자의 문화에 관한 정책이라기보다는 출입국, 체류, 사회통합을 포괄하는 이민정책을 의미한다고 언급한다. 한국의 다문화정책의 문제점으로 다문화정책 총괄과 조정을 위한 체계 미비, 정부 다문화정책의 다문화 감수성 부족, 결혼이민여성과 그 가족만을 포함하는 다문화가족과 결혼이민자 개념의 편협성, 이민자의 한국사회로의 일방적 적응 강조 등을 제시한다. 이러한 문제를 해결하기 위한 대안으로 이민청 신설을 포함한 다문화정책체계 정비, 정부 정책에 다문화 감수성 부여, 「재한외국인처우기본법」의 명칭을 「이민자처우기본법」 또는 「재한외국인과국적취득자처우기본법」으로 변경, 결혼이민자의 범주에 외국인과 국적취득자를 포함해 확장, 한국인과 외국인·이민자의 상호 적응 등으로 제안한다(설동훈, 2010: 51-52, 62-70).

한국의 학계에서는 다문화정책을 분석해왔지만 정부의 공식적 정책 용어로 활용되지 않았으며, 대신 외국인 정책이라는 개념이 통용되어 왔다고 지적한다. 이주민 집단의 범주에 따라 외국인노동자, 결혼이민여성, 난민, 유학생 등에 대한 부처의 개별 정책을 포괄하는 것이 외국인 정책이라고 언급한다. 한국사회에서는 다문화정책이나 이민정책에 관한 사회적 합의가 명확하지 않은 상황에서 다문화정책은 다문화 가족에 대한 정책을 지칭하는 것으로 인식되고 있다고 제시한다(황정미, 2012b: 65-66).

한국사회에서 '다문화적 논의'가 유효하다는 것을 전제로 다문화정책의 방향과 과제를 제시한 연구가 제시되었다. 다문화 논의의 확장을 기초로 정책 대상의 범주에 결혼이민여성뿐만 아니라 외국인노동자와 자녀까지 포함해야 한다고 주장한다. 서구의 다문화주의모델보다는 한국 상황에 근거한 '경험적 다문화'모델을 추구하는 것이 필요하다고 언급한다. 시민사회 차원에서 다문화 교육의 내용과문화 다양성에 대한 검토가 요구된다고 강조한다. 이민자의 기본적권리에 대한 관심이 강화되어야 하며, 정부, 학계, 시민단체 간 다문화 논의가 경쟁이 아닌 협력과 상호 보완의 방향으로 전환되어야 한다고 지적한다(조현상, 2012: 240-241).

한국의 다문화정책 전문가 대상 설문조사를 통해 다문화정책의방향을 제시한 연구가 제시되었다. 설문조사 분석 결과 다문화정책의 개선이 필요한 영역에 대한 중요도는 다문화정책 총괄기구(이민청) 설치, 부처 간 유사 중복사업의 조정, 맞춤형 정책지원과 다문화포용성 제고, 중앙/지방/민간 차원 거버넌스 구축 등의 순으로 나타났다. 향후 다문화정책의 방향은 인권침해 및 차별해소, 단순기능인력중심의 외국인력 구조개선, 체류 및 거주요건의 완화 등의 순서로 제기되었고, 중요도의 측면에서 인권침해 및 차별해소의 비중이상대적으로 크게 나타났다. 분석결과를 토대로 다문화정책의 개선을 위한 제언을 제시하고 있다. 이민자에 대한 부정적 인식이 상대적으로 높은 한국에서는 이민자에 대한 차별금지를 위한 정책이 도입되어야 한다. 또한 다문화정책의 효율적 추진을 위해 정책을 총괄할 수 있는 제도의 수립이 필요하다. 기존 관련 위원회를 통합한 가칭 '외국인정책총괄위원회'를 신설해 업무를 총괄하고 조정할 수 있도록 해야 하며, 장기적으로는 이민청을 설립해야 한다고 언급한다. 한편 다문화정책 프로그램을 평가하고 관리할 수 있는 체계의 도입이 필요하다. 한국의 다문화정책은 단기적으로 "다문화정책 총괄조정 기능 강화, 다문화사업의 유사 중복사업의 조정, 인권침해 및 차별해소, 단순기능 인력중심의 구조개선" 등이 요구되며 장기적 과제는 "국민들의 인식개선 노력, 체류요건 및 거주요건 완화, 복지혜택 확대" 등이 필요하다고 제안한다. 이민자의 사회통합과 다문화사회의 긍정성을 극대화하고 부정적 측면을 최소화할 수 있는 다문화정책의 방향성에 관한 종합적이고 체계적인 논의가 요구된다고 주장한다(임동진, 2015: 345-349).

다문화정책과 관련해 〈조선일보〉와 〈한겨레신문〉 기사분석에서 나타난 경향은 차별성을 나타낸다. 보수언론은 사회통합에 주안점을 두고 다문화정책의 대상인 결혼이민여성과 다문화가정 자녀에 대한 차별의 문제를 다루었던 반면, 진보언론에서는 인권에 초점을 두고 외국인노동자의 기본적 권리, 미등록노동자 자녀의 체류 보장, 차별금지법 도입 등을 기사화하는 양상을 보였다고 지적한다. 외국인노동자에 관한 제도와 인권 등에 관한 시각에서 보수언론은 효용적 가치를 강조하고, 진보언론에서는 인권적 가치의 측면에 주목한다고 언급한다. 다문화 담론과 관련해 보수언론과 진보언론의 보도 경향은 동화의 관점과 인권문제 제기의 수준에 국한되어 다문화에 관한 다양한 논의와 담론 형성을 주도하지 못한다고 지적한다(황경아, 이인희, 2018: 110-111).

다문화정책 담론은 다문화정책의 범위, 대상, 유형, 문제점, 방향 등에 관한 다양한 쟁점을 중심으로 발전되어 왔다. 한국의 다문화정책은 이민정책 또는 외국인정책과 동일시하는 의견이 제기된 반면, 다문화정책은 다문화가족지원정책에 국한되었다는 지적도 제시되었다. 다문화정책의 방향이 '차별적 편입과 배제'의 특성을 보여준다는 주장이 제출되었다. 구체적으로 다문화정책은 결혼이민여성에 대해서는 동화정책으로 구현되지만, 외국인노동자는 대상에서 배제되고 있다고 언급한다. 다문화정책에서 이민자의 문화를 인정하고 수용하는 문화 의제는 다루어지지 않는다는 비판 또한 제기되었다. 다문화정책에 내재된 차별과 배제의 문제를 해결하기 위해서는 정책 대상을 외국인노동자와 그들의 자녀까지 확대해야 한다는 주장이 제시되고 있다. 한편 다문화정책의 결정과 시행의 분산과 중복을 지적하면서, 다문화정책을 총괄할 수 있는 통합 부서의 설치와 중복 사업의 조정 등을 제언하며, 또한 이민자 인권침해와 차별 해소를 새로운 정책 방향으로 제안한다. 다문화정책 담론은 다문화정책에서 문화 의제의 포함, 외국인노동자를 포함한 정책 대상의 확대, 동화정책 경향의 수정, 차별과 인권침해의 개선, 정책 결정과 시행의 분산성과 비효율성 개편 등의 의제가 학문적·정책적 쟁점으로 논의될 것으로 예상된다.

7. 다문화정책 중앙과 지방정부 담론과 쟁점

한국의 다문화정책은 이론적 기반과 사회적 합의가 부재한 상황에서 중앙정부의 부처별로 상이한 모형의 정책을 시행한다고 지적한다. 노동부, 법무부, 외국인력정책위원회 등은 '차별모형'에 토대를 둔 외국인노동자정책과 '동화모형'에 기초한 국제결혼정책을 실행에 옮긴 반면, 여성부, 보건복지가족부, 문화체육관광부 등은 이민자의 적응을 지원하는 '다문화주의적 성격'의 정책을 시행한다고 언급한다. 이러한 정책의 시행은 통합성을 결여한 부처별 업무의 중복과 혼선을 야기한다고 강조한다. 한국어교육 프로그램을 보건복지가족부와 문화체육관광부에서 중복 운영하고 지원하는 것을 대표적 사례로 제시한다. 한국의 다문화정책의 기반이 되는 이론 정립을 위해서는 기존 이론의 검토와 한국의 현실에 부합하는 이론의 개발, 이민자의 다양성 인정과 권리 인정의 정도에 관한 검토, 이민자에 대한 경제적 지원의 범위, 정치참여의 허용, 중앙정부와 지방정부, 시민단체 역할의 새로운 정립 등 논의가 진행되어야 한다고 주장한다(지종화, 정명주, 차창훈, 김도경, 2009: 489-498).

다문화정책 입법과정을 네트워크를 통해 분석한 연구가 제시되었다. 구체적으로 19대 국회의 다문화가족지원법 관련 입법네트워크의 특징으로 정당 간 차이와 분열의 부재와 빈번한 의원 간 상호작용으로 제시한다. 가족과 젠더정책 입법네트워크와 비교해보면 특정 정당 중심의 편중성이 두드러지게 나타나지 않는다고 지적한다. 또한 여성 의원이 입법 활동에 미치는 영향력은 18대 국회에 비해 증가한다고 설명한다(장임숙, 2017: 204-212).

중앙정부의 외국인정책 정향성을 관료의 인식을 중심으로 분석한 연구가 제시되었다. 중앙정부 공무원을 대상으로 한 한국사회의 다문화사회로의 전환에 관한 인식 파악을 위한 설문조사 분석을 제시한다. 공무원은 민족 요인보다 시민적 요인과 한국사회에 대한 기여 정도를 '국민 됨'의 조건으로 인식하는 경향을 보였다고 언급한다. 또한 선호하는 이민자 국제이주의 형태는 노동이주, 결혼이주, 재외동포의 이주를 의미하는 민족이주의 순으로 나타났다. 외국인정책의 방향과 관련한 선호는 동화, 차별배제, 다문화 순으로 조사되었다. 다문화정책이라는 용어를 사용함에도 관료의 인식에서는 동화정책을 선호하는 경향이 두드러지게 나타난 것이다. 이러한 상황은 기존 다문화정책을 포함한 외국인정책이 동화주의 방향에 기초해 진행된 것을 이해할 수 있는 단초라고 지적한다. 공무원 인식조사를 기초로 실제적으로는 동화주의를 내용으로 하면서 다문화정책이라는 용어를 사용하고 있는 상황의 개선을 위해 정책 방향과 정책 방향의 다양성에 관한 논의가 필요하다고 언급한다. 공무원 인식조사에서 높게 나타난 차별배제 정향은 이민자의 증가와 국제규범 등의 영향으로 인해 변화가 필요하고, 개선을 위해 사회적 다양성에 관한 교육을 제안한다(원숙연, 박진경, 2009: 209-220).

정부와 시민단체가 중심이 되어 시행한 이주·다문화가족지원의 비교 분석을 통해 민·관 거버넌스 구축을 제안한 연구가 제시되었다. 국가 주도와 시민사회 주도의 지원 사업은 목적, 관점, 지원 대상, 사업내용 등에 있어서 차별성을 나타내며, 정부 주도의 지원 사업은 이주여성에 국한되고 통합을 강조하는 등의 한계를 보이며, 시민단체의 지원 사업은 이주여성 지원에 집중되어 이주노동자 문제를 경시하는 양상이 나타나고 있다고 지적한다. 이러한 한계를 극복하고 이민자 권리 증진과 복지서비스 제공 강화를 위해서는 민·관 거버넌스 구축이 필요하다고 주장한다. 거버넌스의 핵심은 지방정부와 시민단체의 협력이라고 지적한다. 중앙정부는 정책의 총괄과 개선, 제도화, 재정지원 등의 역할을 해야 하고, 지방정부는 시민단체와의 협력과 정책적 지원을 강화하고 주민자치센터를 매개로 이민자에 대한 지원을 NGO와 시행해야 한다고 언급한다. 또한 이민자의 정착과 경제 자립을 위해 취업연계가 필요한데 거버넌스에 기업이 참여하도록 함으로써 활성화될 수 있다고 지적한다. 이러한 거버넌스의 구축과 함께 시민사회의 이민자에 대한 차별과 편견을 넘어서 존중과 이민자 문화의 다양성 수용 등을 포함하는 인식 개선이 요구된다고 제언한다(김선미, 2009: 216-224).

한국은 다문화사회로 전환하면서 이민자의 이주와 정착의 증가, 영주권자와 귀화자의 권리, 이민자 사회통합, 재외동포 정체성 유지 지원 등의 새로운 문제에 직면해 있다. 이에 대응하기 위해 중앙정부 차원의 다문화정책 방향과 제도화를 제시한 연구가 제시되었다. 다문화정책의 장기적 목표 설정과 지속을 위해 다문화가족정책위원회와 외국인정책위원회를 통합해야 한다고 지적한다. 또한 이민자 문화 다양성 인정과 재외동포 정체성 유지로까지 다문화정책의 영역을 확대해야 한다고 제시한다. 외국인 범죄에 대한 대응방안을 준비해야 한다고 언급한다. 다문화정책의 제도화를 위해 「재한외국인처

우기본법」과 「다문화가족지원법」의 통합과 국무총리실 산하에 '이민
·다문화처'를 신설할 것을 제안한다(박영민, 2014: 85-86).

중앙정부의 다문화정책은 부처 간 사업의 중복과 효율성에 관한
비판을 받아왔다. 이러한 문제는 "정책의 목적과 내용의 괴리, 집행
과정의 혼란, 정책에 대한 반발 확산"이 병행되는 '탈구적' 형태를
나타내고 있다고 지적한다. '탈구적' 상황의 개선을 위한 과제로 시
혜적 정책을 넘어서는 이민정책 수립과 시행, 이주노동자 정책의 원
칙 수립과 실행, 이주민을 별도의 정책 대상에서 한국사회 계층에
포함시켜 지원하는 정책 대상 범주의 전환, 이민 행정 또는 다문화
행정 체계의 개혁 등으로 제시한다(한건수, 2012a: 73, 79-84).

중앙정부 조직개편에 대한 의견을 제시하면서 외국인 관리 전담
기구의 설립을 제안한다. 외국국적동포 전담 부서와 난민업무를 출
입국관리국 조직개편을 통해 전담하게 한 것은 긍정적으로 평가하
면서도, 출입국관리국 조직개편만으로는 외국인정책의 수립과 시행
은 어렵다고 지적한다. 국제이주와 이민자 체류의 증가는 국가에 많
은 영향을 미치고 있는 이주의 시대를 맞이해, "외국인력의 수급과
활용, 사회 적응 등을 체계적으로 관리할 수 있는 종합적인 정책을
개발"해야 할 시점이 되었다고 언급한다. 이를 위해 "외국인 전담
기구를 만들어 외국인의 출입국 관리는 물론 영주 및 국적제도 운
영, 외국인의 국내에서의 사회, 경제적 활동, 나아가 우리 국민의 해
외 이주와 재외동포의 국내 입국 등의 업무를 통합적으로 관할"하
도록 해야 한다고 제안한다(경기일보 사설, 2006. 3. 9.).

중앙정부와 지방정부 간 외국인정책 또는 다문화정책의 차이는

지방단위의 경우 외국인 관련 정책을 지역 공동체의 유지와 연계하는 점이라고 언급한다. 저출산과 고령화로 인해 인구와 생산인구 감소로 인해 지방정부의 생존이 위협받는 상황에 직면하면서, 지역 내 이민자의 정착은 중요한 지방정부의 주요 과제가 되었다고 지적한다. 또한 자격 요건을 갖춘 등록 외국인의 경우 지방선거에 참여할 수 있게 되면서 지방정부의 정책 대상으로 이민자가 자리매김하게 되었다고 설명한다. 예산지원과 관련해 중앙정부가 지방정부에 대해 주도권을 가지고 '지휘'하는 과정이 반복되는 문제가 나타났으며, 사업비 매칭(matching) 방식은 지방정부 다문화사업의 중복성, 비효율성, 과다지출 등의 문제점이 야기되었다고 평가한다(이시철·김혜순, 2009: 126-129).

지방정부의 다문화정책은 결혼이민여성에 대한 국제결혼 지원과 정착지원으로부터 시작되었다. 1992년 한중수교 이후 농촌총각과 조선족동포 여성과의 결혼을 주선하거나 재정을 지원하는 프로그램을 지방정부에서 시행한다. 기초지방자치단체에서 국제결혼을 지원한 것은 중앙정부의 지방정부 지원을 확대하고, 경제활동인구 확보를 통한 지역발전을 추구하는 '인구의 정치학'의 요인에 영향을 받았다고 지적한다. 다문화정책을 둘러싼 중앙정부와 지방정부의 관계는 사업수주와 집행의 관계로 규정짓는다. 사업을 수주하기 위한 경쟁과 갈등이 중앙정부와 지방정부 사이에는 나타나지 않고, 주로 지방정부는 사업을 수행하거나 민간단체에 위탁하는 역할을 맡는다고 설명한다. 지방정부는 사업의 시행을 위해 계약이나 공모를 통해 산하기관이나 민간단체에 프로그램을 맡기고, 관리 감독기관으로서의 기능을 수행한다고 언급한다. 이러한 상황에 기초해 지방정부와 민간단체의 관계는 사업파트너 또는 경쟁자 관계라고 주장한다(김혜순, 2008: 45-47, 54-55).

지방정부 다문화정책 추진체계를 강화하기 위한 방안이 제시되었다. 우선 중앙정부와 지방정부의 업무중복성을 탈피하기 위해 '외국인정책위원회' 강화와 '이민및사회통합기본법'제정을 제언한다. 다문화사업 추진을 위해 지방정부 차원의 전담부서의 설치, 위탁 또는 직접 관리, 인력충원 등을 통한 사업시행을 제기한다. 이민자 사회통합 재정확충을 위해 정부의 교부세와 인건비 산정에 등록외국인 수를 반영하고, 적극적으로 사업을 추진하는 지방정부에 추가 지원을 제공해야 한다고 주장한다. 중앙정부의 부처별로 산재해 있는 기관들을 지방정부로 이관해야 하며, 지방 차원에서는 지방정부와 관련 단체가 참여하는 거버넌스를 구축해 협력체계를 발전시켜야 한다고 지적한다(한승준, 2009: 287-288).

한국 지방정부의 외국인정책에 대한 검토를 기초로 지방정부의 '다문화 도시정책'을 제안하는 연구가 제시되었다. 중앙정부의 외국인정책이 지방정부와의 연계가 미비한 상태로 시행되면서, 중복과 과잉, 효율성 저하, 시행 주체 간의 갈등 표출 등의 문제를 야기한다고 지적한다. 이러한 문제를 해결하기 위해서는 '다문화 도시정책'이 필요하다고 주장한다. '다문화 도시정책'은 지방정부에 외국인정책 시행의 권한과 예산을 부여하는 제도개편, 지방정부의 정책역량 증진, 지역 차원의 사회적 대화기구 수립, 지방정부와 지역 내 이민자 관련 민간단체와의 협력 강화와 확대, 지역밀착형의 창조적 도시정책 발굴 등을 포괄한다고 제시한다. 지역밀착형의 창조적 도시정책은 지방정부가 지역 외국인의 요구를 파악하고 민간단체의 아이디어를 수용해 창조적인 정책의 수립을 주도하는 역할을 할 수 있다는 내용을 포함하고 있다. 또한 해당 정책을 통해 지방정부의 주도로 지역주민과 외국인과의 교류 활성화와 공동체성 향상도 진행될 수 있다고 지적한다. 지방정부의 역할 강화로 문화적 다양성과 경제적 역동성이 유지되고 통합된 도시사회를 형성할 수 있다고 주장한다(박세훈, 2011: 7, 24-31).

'다문화 공생사회'를 제안하면서 "다문화사회를 정착시키는 일은 우리들 생활 주변에서 비롯되어야 한다. 우리와 동등한 인격체라는 시각에서 접근해야 한다. 잘사는 나라, 유럽 선진국, 동남아시아인들을 차별해 대하는 편향된 인식을 우선 떨쳐내야 한다. 진정한 다문화 공생사회를 조성하려면 국제결혼 가정에 대한 관심이 커져야 한다"라고 언급한다. 이러한 상황이 조성되면 도시경쟁력도 증진될 수 있기에 지방정부는 폭넓은 이주외국인 통합프로그램을 개발해야 한다고 주장한다(제민일보 사설, 2008. 8. 6.).

이민자의 다양한 문화의 수용은 지방정부의 '품격'을 높인다고 언급한다. 부산의 이민자와 다문화 유입이 진행되고 있는 반면, 이민자에 대한 배타성이 나타나고 있어서 이에 대한 극복이 필요하다고 주장한다. "글로벌 시대에 부산이 지향하는 다문화사회는 교류와 융합을 특징으로 한다. 다양한 문화적 배경을 가진 사람들이 서로 어우러져 하나가 되어야만 국제 경쟁력을 가지고 세계화 전략을 구사할 수 있다. 그러기 위해서는 먼저 이질적인 문화를 수용할 수 있는 포용력부터 지녀야 한다"라고 지적한다. 이를 위해 지방정부는 한국사회에 "자연스럽게 안착할 수 있도록 정보를 교류할 수 있는 거점 공간"을 구축해야 하며, 주류사회와 문화를 교류할 수 있는 프로그램을 개발해야 한다고 강조한다(부산일보 사설. 2013. 4. 16.).

지방정부 다문화사업의 역설적 효과와 정책결정 과정에 대한 비판을 제기한다. 안산시에서 다문화공동체의 유지, 이민자들의 체류합법화, 지역경제 발전 등을 목표로 추진하고 있는 다문화마을 특구사업이 지역개발계획으로 전도되었다고 지적한다. 이러한 개발사업 계획의 추진은 집값 상승을 야기해 외국인노동자를 포함한 이민자들이 원곡동을 떠나게 하는 역설적 상황을 가져왔다고 비판한다. 이러한 상황이 조성된 원인을 "이주생활의 애환이나 특구지정의 필요 등 정작 주인공인 외국인들은 철저히 배제된 채 행정관청의 탁상공론으로 진행된 데 따른 부작용"으로 분석한다. 따라서 다문화마을 조성사업은 "계획입안 단계에서부터 외국인 대표들을 참여시켜 실현 가능성, 효율성 있는 사업"을 준비해 시행해야 한다고 제안한다. 또한 일부 지방정부의 결혼이민여성정책이 일원화되지 못한 적응 프로그램의 시행과 미약한 행정지원 등으로 문제를 야기한다고 비판한다. 지원예산 부족과 한시적 한글교육과 문화체험 프로그램이 전부이고, 행정 담당부서도 이원화되어 있는 상황에다가 시민단체와의 연계도 부재하다고 비판한다. 이러한 문제의 해결을 위해 다문화센터의 설립과 전담부서의 일원화 등을 제안한다(경인일보 사설, 2009. 4. 3.; 이재문. 2007. 7. 16.).

다문화정책이 지역중심으로 전화되어야 한다는 의견이 제시되었다. 2015년 개최된 '제8회 세계인의 날 기념 이민정책 포럼'에서 참가자들은 "사회통합 프로그램 운영, 정책, 인권, 교육 등은 조례를 통해 지자체 수준에서" 시행되어야 한다고 제안한다. 또한 "이민·다문화정책을 중앙정부 중심이 아니라 지역별 중심으로 전환할 시점"이라고 지적하면서, "주민과 이주민이 상호 참여하는 정책, 민관이 상호 협력하는 정책을 통해 다문화 사회통합"이 진전되어야 한다는 주장을 제시한다. 이를 위해 "로컬 거버넌스(지역 민관 합치)를 형성하기 위한 시민·사회단체의 역할"이 중요하다고 강조한다(김진호, 2015. 5. 20.).

다문화가족정책 결정과 시행과정에서 지방정부의 역할에 관한 의견이 제시되었다. 우선 지방정부는 해당 지역 공공기관, 민간단체, 시민단체 등이 수행하는 다문화가족정책의 컨트롤타워 기능을 담당해야 한다고 언급한다. 광역 차원에서는 다문화가족지원센터를 다문화센터로 전환해 이민자와 소수자를 포괄할 수 있도록 해야 한다고 지적한다. 지역의 지리, 경제, 이민자 구성 등의 특성을 고려한 정책의 수립과 맞춤형 정책의 시행이 진행되어야 한다고 제언한다. 또한 지방정부는 선주민의 문화 다양성 수용과 차별 인식이 개선될 수 있도록 인식개선사업을 추진해야 한다고 강조한다. 지방정부에서 이민자정책을 담당하는 인력의 역량 강화와 처우의 개선이 필요하다고 주장한다(승해경, 2018: 18-19).

지방정부의 다문화정책 예산 감축 조치에 대한 비판 의견이 제시되었다. 특정 지역에서 다문화 예산과 담당 인력 부족, 담당 공무원 교육 부실 등의 문제가 나타나고 있다고 언급한다. 광주광역시의 경우 2014년 129억의 다문화예산에 비해, 2019년은 41억만이 외국인과 다문화가정을 위해 예산을 축소 배정한다고 지적한다. 다문화 담당 공무원에 대한 교육도 줄어들고 있다고 분석한다. 전체 주민의 2%에 달하는 광주 · 전남 거주 외국인 인구, 2만 7,000명의 결혼이민자와 다문화가정 자녀, 매년 10% 이상 증가하는 외국인노동력 등을 고려하면, "이들이 지역사회의 일원으로 정착할 수 있도록 포용정책 개발과 예산 지원 확대"가 이루어져야 한다고 주장한다(광주일보 사설, 2019. 4. 4.).

다문화정책과 중앙정부와 지방정부 담론의 핵심 쟁점은 중앙정부 정책의 통합성 부재, 분산성, 비효율성, 중복성, 공무원의 다문화 이해 부족 등에 대한 지적과 지방정부의 미미한 역할과 중앙정부와의 연계성 부족 등에 대한 언급으로 크게 구분된다. 중앙 개별부처에 분산되어 있는 다문화정책의 경우 동화, 차별, 다문화주의 등의 상이한 특성을 나타내기까지 한다는 지적이 제시되기도 한다. 중앙정부 공무원의 인식조사 결과에 따르면 동화정책 선호가 두드러지게 나타나고 있어, 정부에서 사용하는 다문화정책 용어와는 괴리를 보여준다는 주장도 제시되었다. 이러한 문제점들을 해결하기 위해 정부와 시민단체가 참여하는 민 · 관 거버넌스 구축을 제언한다. 또한 중앙정부의 다문화정책의 장기목표 형성과 지속적 시행을 위해 다문화가족정책위원회와 외국인정책위원회의 통합과 다문화정책 또는 외국인정책을 전담하는 새로운 통합 부서의 설치를 제언한다. 정책 범위에도 문화 다양성과 재외동포 정체성 등을 포함시켜야 한다고 주장한다. 지방정부의 다문화정책은 지역공동체의 유지라는 측면에서 중요한 의미를 가지지만, 중앙정부 주도의 정책 결정과 중앙정부 정책의 중복성과 비효율성이 지방정부에서도 재현된다고 언급한다. 따라서 다문화정책을 둘러싼 중앙정부와 지방정부의 관계는 사업수주와 집행의 관계에 국한된다고 주장한다. 지방정부의 다문화정책 추진을 위한 전담부서 설치, 담당 공무원의 증원과 예산 증액, 중앙정부 사업의 지방정부로의 이관, 지방정부와 시민단체가 참여하는 거버넌스 구축, 이민자 통합프로그램 개발 등을 지방정부 주도 다문화정책의 발전 방향으로 제시한다. 또한 지방정부의 다문화정책에는 지역주민과 이민자의 의견이 반영될 수 있도록 정책결정 과정에 참여가 보장되어야 한다고 제언한다. 중앙정부의 다문화정책과 외국인정책을 통합적으로 수행할 수 있는 통합 부서의 설치는 학계와 시민사회에서 지속적으로 요구해온 사안으로 앞으로도 주요 쟁점이 될 것이다. 통합 부서의 설립은 중앙정부 다문화정책 시행의 중복성과 비효율성 문제를 해결하기 위한 방안이기도 하지만, 지방정부 다문화정책과의 연계에서 노정되고 있는 한계를 극복할 수 있는 기제로서 논의될 가능성이 높다. 지방정부의 다문화정책 관련해서는 단순 시행부서로서의 역할을 탈피하기 위한 다양한 방안에 대한 논의가 지속될 것이다.

8. 다문화주의 비판 담론과 쟁점

한국의 다문화주의는 문화적 차이 또는 '문화접변'에 관한 논의와 정책이 부재한 가운데 다문화주의가 논의되고 정책이 실행되는 역설적 상황이 지속되어 왔다는 비판이 제시되었다. 이러한 상황은 다문화주의를 채택했던 국가들과 달리 한국의 경우 소수민족 공동체의 미발전과 공존의 경험이 빈약한 문화적 기초라는 사회적 조건으로 인해 다문화주의가 동화주의적 성격을 가지게 되었다는 지적이다. 또한 한국의 다문화주의는 외국인노동자와 결혼이민여성에 대한 차별적 구분 및 대응과 다문화가족 범주의 협소화 등을 통해 다문화주의로 대표되는 이민담론 분절성의 특성을 드러냈다고 언급한다(엄한진, 2008: 114-126).

한국 다문화주의의 '이중성'이 지적되었다. 이민자의 정주화 방지 정책 고수와 단일민족주의가 팽배한 한국사회에서 커다란 갈등 없이 다문화주의가 주류 담론으로 발전한 역설적 상황에서 '다름과 평등함'이라는 다문화주의의 핵심 내용은 간과되었다고 언급한다. 한국의 국가 주도와 '공급자 중심'의 다문화주의는 동화를 추구하며 이민자의 참여가 부재한 다문화주의로 변화되었고 표리부동한 '이중성'을 노정하게 되었다고 비판한다. 한국사회에서 다문화주의 담론이 가지는 문제점으로 담론과 이민자 현실의 괴리, 이민자정책에서도 문제를 야기한 정부 주도의 다문화 담론 제시, 이민자 참여 배제 등을 지적한다(오경석, 2007: 37-38; 오경석, 2010: 190-193).

한국의 다문화주의는 '규범적' 성향을 강하게 가지고 있다. '지구적 프레임'에서 소수자를 '오점화' 하는 것이 바람직하지 않다는 인식을 수용해, 한국정부는 현실에서 다문화정책을 시행하지 않음에도 불구하고 다문화주의를 이념적으로 활용하고 있다고 지적한다.

이념이 아닌 상식으로 다문화주의를 활용하기 위해서는 차이의 인정과 차이를 '사소화하는(trivialize)' 노력이 필요하다고 주장한다. 문화적 차이를 무관심하게 다루고 간주하는 '사소화하는' 실천을 통해 다문화주의가 상식으로 자리매김할 수 있다고 강조한다(최종렬, 2009: 73-76).

다문화주의의 퇴조와 실패가 언급되고 있는 상황에서 한국은 다문화주의가 적극적으로 제시되는 역설적 상황에 직면하고 있다고 지적한다. 한국에서 다문화주의는 서구와 달리 공론화 과정이나 검토 없이 도입되어 중앙정부, 지방정부, 시민단체 간 '선점' 경쟁이 진행되고 있다고 언급한다. 이러한 상황은 정책의 분산과 중복의 문제를 야기해왔다고 주장한다. 다문화주의와 관련된 이념과 제도가 준비되지 않은 배경에 원인이 있다는 것이다. 개선을 위해서는 다문화주의의 정의와 '한국형 다문화주의'의 목표와 전망에 관한 공론장에서의 논의를 통해 사회적 합의를 도출해야 한다고 주장한다. 논의 결과를 실행에 옮기기 위해 제도의 마련과 정책 프로그램이 준비되어야 한다고 제시한다. 또한 '위로부터의 다문화주의'와 함께 지역 차원에서 문화 간 소통과 관용의 확대와 소수자 권리의 증진을 추구하는 '아래로부터의 다문화주의'가 요구된다고 주장한다(권숙인, 2010: 116-118).

한국 이주민 지원 단체의 이주민 관련 담론과 사업시행은 이주민과 소수자의 권리 보장과 주류사회와의 차이를 인정하는 다문화주의와는 거리가 존재한다는 연구가 제시되었다. 한국의 다문화주의 담론은 '부계부권 가족중심주의', '이주민의 타자화·온정적 대상화', '순혈주의와 동화주의'의 특수성을 가지고 있다고 언급한다. 이주민 지원 단체는 이주노동자 문제를 이슈화했던 것처럼 다문화주의가 한국사회에서 의제화되는 데 중요한 기여를 한다고 지적한다. 그러나 이주민 지원 단체의 실제 사업에서는 이주민의 문화적 권리를 인정에 관한 내용은 미비하고 '문화적 소외현상'이 나타나고 있다고 강조한다. 이러한 상황이 지속되는 것은 정부와 이주민 지원 단체의 이주민 지원 사업 공조와 이로 인한 모호해진 경계, 이주민을 동원 대상으로 간주해온 이주민 지원 단체의 성향, 문화적 다양성보다는 지원프로그램의 규모에 주된 초점을 두는 이주민 지원집단의 인식, 문화적 권리와 인권 보호를 선진화되고 문명화된 한국의 자긍심으로 제시하는 이주민 지원 단체의 담론, 국가주의와 민족주의에 비판적 성찰이 부족한 이주민 지원 단체의 상황 등에 기초해 있다고 설명한다. '반동화(反同化)'와 문화적 권리의 보장과 차이의 인정을 토대로 한 다문화주의 개념은 이주민 지원 단체에서 '왜곡된 다문화주의'로 나타나고 있다고 지적한다. 이러한 이유는 한국이 이주민과 소수자들이 문화적 권리보다는 보편적 자유주의 권리를 요구했고, 인종주의가 이슈로 부각되지 않은 환경 등으로 제시한다. 한국의 다문화주의 논의는 주류사회와 이주민공동체의 공존에 관한 선언이 아니라, 이를 가능하게 하는 전제 조건에 관한 것에 주안점이 두어져야 한다고 주장한다. 또한 논의 과정에서 이주민 관련 구조적 문제를 문화 의제로 환원되지 않도록 유의해야 한다고 지적한다(김원, 2011: 81-96).

한국에서 다문화주의는 '계몽적·규범적' 가치로 제안되었으며,

다문화주의에 관한 논의와 정책은 '다문화 열풍'으로 지칭될 정도로 발전해왔다고 언급한다. 그러나 한국사회의 다문화주의 의제에 관한 논의는 한국적 상황과 연계되지 않고 전통이민국가 또는 선발이민국가의 정책 등이 다루어지는 한계를 노정한다고 지적한다. 따라서 대부분의 시민은 다문화사회로의 전환이 가져올 영향과 변화에 관해 인지하고 논의에 참여하기보다는 다문화주의를 '정치적으로 옳은' 것으로 수용하게 되었다고 강조한다. 이를 '다문화 피로증'으로 지칭한다. 피로감의 등장은 유럽 국가의 다문화정책 또는 다문화주의 실패 선언들과도 연계되어 심화되었다고 지적한다(한건수, 2012a: 74-76).

다문화 담론에 대한 비판 담론은 두 개의 입장에서 제시되고 있다. 한국사회를 다문화사회로 규정짓는 것은 문제이고, 다문화사회로의 전환도 "바람직하지 않다는" 입장이 있다. 또한 다문화사회로의 전환은 "바람직한" 것으로 인식하지만 시행되고 있는 다문화정책의 방향에 문제가 있다는 입장이 존재한다. 전자의 입장에서 다문화 담론에 대한 비판을 제기한다. 우선 개념과 관련해 한국사회에서는 다문화 용어보다 '다민족화' 또는 '다인종화'의 사용이 적절하다고 지적한다. 다문화는 가치 편향적 용어로 '다민족사회'와 외국인 정책 등으로 바꾸어야 한다고 주장한다. 또한 다문화론자들이 단일민족 신화에서 벗어나자고 주장하지만, 정확하게는 '일민족 국가'를 사용하는 것이 바람직하고 '일민족 국가' 의식을 벗어나야 한다는 것에 벗어나 다민족 국가로의 전환이 가지는 문제점을 검토해야 한다고 지적한다. 한편 한국사회 다문화 담론은 일방성과 편협성의 문제를 안고 있다고 비판한다. 구체적으로 다문화 담론은 다문화사회로의 전환의 필요성과 바람직함, 다문화정책의 이주, 정착, 통합, 갈등조정 등에 관한 질문들에 검토 없이 외국인의 인권과 복지문제에 주안점을 두는 편협한 문제의식을 가진다고 언급한다. 또한 다문화 담론 수입의 '서양 중심주의와 시대착오성'을 지적한다. 이민과 다민족 상황이 상이한 서구의 다문화 담론을 한국 상황에 적용하고 있다는 것이다. 유럽에서 다문화주의 비판 담론이 제시되고 있는 상황에 다문화 담론을 제시하는 것은 '지적 사대주의'이자 시대착오적이라고 비판한다. 다문화 담론에서는 다문화사회로의 전환이 필연적이라고 주장하지만 '다민족사회'는 선택할 수 있는 방안 중의 하나일 뿐이라고 주장한다. 한편 다문화 담론은 '다민족사회'의 위험성을 간과하고 있다고 지적한다. 즉 외국인 유입으로 인한 종족, 종교, 문화, 경제적 갈등, 외국인 범죄, 외국인정책을 둘러싼 정치적·사회적 갈등 등이 발생할 위험성이 높다는 것이다. 그러나 한국의 공론장에서는 다문화 지지와 옹호가 절대다수를 차지하는 다문화 담론의 '지적 패권' 현상이 나타나고 있는데, 그 원인은 "경제적 이익, 지적 사대주의, 지배가치의 억압, 부처 이기주의, 한국적인 휩쓸림" 등의 복합적 작용이라고 주장한다(김영명, 2013: 142-164).

한국에서 다문화주의가 성공하기 위해서는 실현조건의 충족이 필요하다는 주장이 제시되었다. 한국의 객관적 조건에 대한 이해와 관리, 유럽의 다문화주의 모델에서 탈피한 다문화주의 논의, '단군순혈주의/비순혈주의' 또는 '단일민족/비단일민족'의 이분법적 역사도식 극복, 온라인상 다문화 반대단체에 대한 '도덕적 규제' 등이 실현조건에 해당된다고 주장한다. 첫 번째 조건의 실현을 위해서는 다문화주의 정치철학의 객관적 조건에 부합해 적용되어야 하며, 학계 일부의 유럽 모델의 적용을 주장하는 '유럽 사대주의'를 벗어나야 한다고 지적한다. 또한 '단군순혈주의'를 주장하는 학계 일부의 왜곡과 다문화를 반대하는 사회적 피해자 집단의 피해의식과 무지가 결합되지 않도록 대응이 필요하다고 강조한다(박병섭, 2011: 207-209).

한국의 다문화주의 연구가 한국적 맥락을 고려하지 않고, 서구의 이론에 기반을 두어 한국의 다문화주의를 설명하고 평가하는 오류를 범하고 있다는 점을 비판한 연구가 제시되었다. 한국의 다문화주의에 대한 비판 주장은 '동화주의 정책의 문제'와 '서열화와 차별적 포섭 · 배제 정책의 문제'로 구분할 수 있다고 언급한다. 다문화주의를 가장하지만 실제에 있어서는 반다문화주의와 동화주의라는 비판과 이민자에 대한 서열화와 차별적인 포섭 · 배제가 두드러진다는 문제 제기와 비판이 주를 이룬다고 설명한다. 전자의 대상이 주로 결혼이민여성과 자녀인 한편, 후자의 대상은 비숙련 외국인노동자라고 지적한다. 한국과 서구의 다문화주의는 소수민족, 원주민, 이민자 등의 상이한 연구와 정책 대상을 전제로 하고 있기에, 서구의 다문화주의로 한국의 다문화주의 또는 다문화정책을 비판하는 것은 한계를 가질 수밖에 없다고 비판한다. 즉 한국의 경우 서구와 달리 '자발적 이민자'만이 다문화주의의 논의 대상이 된다는 것이다. 서구의 다문화주의 이론에서도 이민자에 대해서는 소수민족과 원주민과는 상이한 정책을 제안하는 것을 고려해야 한다고 언급한다. 또한 외국인노동자에 대한 정책은 기본권의 문제일 수 있기 때문에, 서열화와 차별·배제라는 다문화주의 관점에서 비판하는 것이 적절한지도 검토되어야 한다고 지적한다. 한국의 다문화주의는 국내 소수집단이 '현대적·자발적' 이민자 집단이라는 대상의 제한성을 고려해야 한다고 주장한다. 한국의 이민자 다문화주의는 "이민자들의 권리를 지키면서 주류사회로의 통합을 촉진하고, 한국사회의 전체적인 안정을 유지하며 동시에 합당한 다원주의적 사회 건설에 기여할 수 있을지 한국의 현실 속에서 고려"를 기초로 다문화주의의 수준이 논의되어야 한다고 강조한다. 한편 '새로운 이민자 수용'의 문제를 다문화주의를 통해 고찰하는 한계를 벗어나, 한국사회에 수용할 이민자의 유형과 조건 등에 관한 별도의 검토도 필요하다고 지적한다(윤경훈, 강정인, 2019: 91, 98-103, 110-112).

다문화주의 비판 담론은 다문화주의 언명과 동화주의의 실제 내용 간 괴리를 분절성과 '이중성' 등으로 표현하는 비판으로부터 시작되었다. 서구 다문화주의의 문화 의제와 '다름과 평등함'의 내용은 배제되고, 동화주의가 국가 주도의 다문화주의로 활용되고 있다고 주장한다. 다문화주의에 대한 공론화 과정이나 검토 없이 중앙정부, 지방정부, 시민단체가 다문화주의를 제각각 해석하면서, 다문화주의 선점 경쟁만 벌여왔다고 지적한다. 이주민 지원 단체에서 언급하는 다문화주의도 문화적 차이 인정과 권리 보장은 도외시하는 한계를 가져왔다는 비판도 제시한다. 또한 서구의 다문화주의와 한국에서의 다문화주의의 괴리가 노정되어 왔음에도, 다문화주의가 '계몽적·규범적' 가치로 강조되면서 '다문화 피로증'까지 야기한다고 주장한다. 한편 한국에서는 다문화사회로의 전환과 다문화주의의 시행도 바람직하지 않다는 입장도 제기되었다. 한국사회에서는 다문화가 아닌 '다민족화' 또는 '다인종화' 개념을 사용해야 한다는 주장이다. 또한 서구의 다문화주의의 무분별한 적용을 경계해야 한다고 언급한다. 서구의 다문화주의가 형성된 배경과 소수민족이나 원주민이 존재하지 않는 한국의 다문화사회 상황은 차별성을 가진다는 것이다. 앞으로 한국의 다문화주의에 대한 비판은 '한국적 다문화주의'의 또는 '한국의 이민자 다문화주의' 논의로 발전될 것으로 보인다. 서구 전통이민국가의 다문화주의 담론과 선발이민국가의 다문화주의 실패 담론 등과의 비교 검토를 통해, 한국의 현실을 반영한 다문화주의 담론에 대한 논쟁이 본격화될 것으로 판단된다. 차이의 인정과 평등의 보장을 포괄하는 차별금지정책이 공론화되고 있고, 향후 문화 다양성 의제의 부상 가능성도 높아 다문화주의 비판 담론은 다문화주의의 폐기보다는 수정 또는 한국의 다문화주의를 고민하는 주장으로 진화할 것으로 예상된다.

9. 다문화주의 유형 담론과 쟁점

동질성이 강한 국민국가의 다문화사회로의 전환은 '대표와 연대의 위기'를 야기한다고 지적하면서, 이러한 위기를 가져오는 원인은 문화이고 다문화사회의 민주주의 발전에 영향을 미친다고 강조한다. 주류 문화 집단과 소수문화 집단 사이의 불평등, 문화 집단 내

개인의 열악한 지위, 국가정체성과 관련한 선주민과 이민자 간 갈등 등의 문제를 해결할 수 있는 방안은 타협이라고 주장한다. 이러한 타협은 '심의 다문화주의'를 통해 가능하다고 제기한다. '심의 다문화주의'는 "상호 존중, 합리적인 대화, 정치적인 권리" 보장 등의 '규범적 조건'들로 구성된다고 제시한다. '정치적 권리'는 정치공동체의 민주주의 발전과 정당화와 '안정적인 해결책'의 확보를 위해 중요한 의미를 가진다고 지적한다(김남국, 2005a: 100-105).

다문화 환경의 유형화를 제시한 연구에서 '유럽-제국주의형', '미국형 혹은 신제국주의형', '아시아형 혹은 탈식민주의형' 등의 다문화 환경 유형을 언급한다. '유럽-제국주의형'은 유럽 선진국의 다문화 환경이 해당하며, 시민권의 다양화가 진행된 반면 인종주의와 배타주의가 나타난다고 평가한다. '미국형 혹은 신제국주의형'은 미국, 캐나다, 호주 등 이민국가가 이에 해당하고, 선진적 다문화주의의 전범을 제공하고 있다고 평가되나 국가 주도와 토착민에 대한 '이방인 정복자' 헤게모니 장악의 한계가 존재한다고 지적한다. '아시아형 혹은 탈식민주의형'에는 인도네시아와 말레이시아 등이 해당되며, 탈식민 상황 속에서 역사적으로 존재해왔던 다종족과 다문화 환경을 복귀시키는 과제를 가지게 되었다고 설명한다. 한국의 다문화 환경은 위 세 가지 다문화 환경 이념형으로 유형화하기 어려운 특수성을 가지고 있다고 강조한다. 소수민족이나 원주민이 부재하고, 특정 종교 공동체의 헤게모니 장악이 없다는 측면에서 다문화 환경 이념형과는 차이점을 가진다고 설명한다. 한국사회는 다문화주의를 고려해야만 하는 '상부구조 및 멘탈리티(mentality)'가 형성되지 않았기 때문에, 다문화주의를 적극적으로 실행할 수 있는 제도적 기초와 시민사회의 동력이 미비하다고 강조한다. 다문화주의에 관해 검토할 수 있는 제도적 토대와 '시민사회적 멘탈리티' 형성을 위해서는 한국의 특수한 다문화 환경에 적합한 다문화 개념, 모델, 방법론을 개발하는 것이 요구된다고 주장한다. 한국에서 다문화주의는 정부의 통치 전략을 넘어서 초점을 체류와 노동의 권리를 포함하는 이민자의 생존에 두어야 한다고 주장한다. 또한 이민자의 생존과 함께 '결정할 수 있는 자유'가 강조되어야 한다고 지적한다. 이를 통해 '다문화 간 연합 정치 활동'이 고려될 수 있다고 언급한다. 다문화주의는 사회통합이 아닌 다원화를 지향해야 하며, 담론 차원에 국한된 다문화주의가 아닌 '수행적'이고 '실존적인' 다문화주의가 필요하다고 주장한다. 구체적으로 한국의 보수적이고 '자기분열적인' 다문화주의가 배태하고 있는 배제를 넘어서기 위해서는 "탈범주적인 다문화 주체들의 생존의 자유와 삶의 권력에 초점을 맞춘, 아래로부터의, 소수자 연합 정치로서의, 다원주의를 지향하는, 수행적이며, 실존적인 다문화주의"를 제시한다. 이러한 다문화주의를 통해 "다문화 담론과 실천, 목표와 수단, 주체와 타자 사이의 간극"을 최대한 좁힐 수 있다고 강조한다(오경석, 2007a: 38-43, 52-54; 오경석, 2007b: 117).

한국의 다문화주의를 담론 차원에서는 다른 다문화주의 국가들과 같이 관 주도형 다문화주의로 유형화한 연구가 제시되었다. 그러나 한국의 관 주도형 다문화주의의 핵심적인 내용은 소수자의 통합을 추구하는 것으로, 담론으로서의 다문화주의와 정책으로서의 다문화주의가 차이를 나타낸다고 언급한다. 소수자도 결혼이민여성과 다문화가정 자녀만 포함하고 화교와 장기체류 외국인노동자는 배제한다고 지적한다. 이러한 배경에는 인구 감소 문제와 인종적 다양화에 대한 대응 등이 존재한다고 설명한다. 한국의 관 주도형 다문화주의는 외국인노동자에 대한 차별과 배제에서 나타나는 것처럼 순혈주의와 민족주의의 제한성을 벗어나지 못하고 있다고 지적한다. 또한 한국의 관 주도형 다문화주의는 정책결정 과정에서 이민자의 참여를 배제하는 특징을 갖는다고 주장한다. 관 주도형 다문화주의는 이민자에 대한 관리 기제로 작동하고 있으며, 문화에 대한 내용은 부재하고 이민자에 대한 관리, 통합, 배제의 수단으로 기능하는 특징을 보인다고 비판한다. 관 주도형 다문화주의는 정부에 의한 추진과 주로 결혼이민여성을 대상으로 한 '실천적 주체'인 이민자 지원 단체의 지지와 프로그램 시행이 결합된 양상을 보인다고 지적한다. 따라서 한국의 다문화주의는 외국인노동자를 배제한 상태에서 결혼이민여성을 중심으로 한 이민자를 '위한' 다문화주의로 이민자에 '의한' 다문화주의는 아니라고 주장한다(김희정, 2007: 66-77; 이선옥, 2007: 100-105).

'아래로부터의 다문화주의' 관점의 필요성을 강조한 연구가 제시되었다. '아래로부터의 다문화주의'는 "이주자들이 자신의 다양한 정체성을 드러낼 때만이 한국인들이 이들과 함께 공존하고, 타협하는 방식을 만들어갈 수 있다는 점을 강조"한다고 언급한다. 한국에서 다문화주의 정책은 이민자의 모국과의 연계를 지속하면서 수용국에서의 정체성 재정립과 권력 행사가 진행되는 '아래로부터의 초국적주의'에 기반을 두어야 하며, 이민자가 의사결정에 참여할 수 있는 제도적 장치의 구축이 필요하다고 주장한다. 또한 이민자의 사회통합은 한국사회로의 통합이 아닌 이민자가 형성하는 "다양한 연결망이나 사회적 관계에 의미를 부여하고 이를 주류문화의 하나로 인정하고 통합해내는 것"이라고 강조한다(김현미, 2008: 73-74).

'한국적 다문화주의의' 특성을 제시한 연구가 제시되었다. 한국의 다문화정책과 프로그램들은 "정부와 시민단체 간의 상호 공조, 협치, 네트워크 등의 요소들"이 많이 나타나기 때문에 '관 주도 다문화주의'로만 한국의 다문화주의를 규정하는 것은 문제가 있다고 지적한다. 다문화주의의 이념형으로 "중앙정부 또는 지방자치단체에 의해 추진되는 다문화주의를 '국가 주도 다문화주의', 이주민들과 이들을 지원하는 시민단체 및 학자들이 추구하는 다문화주의를 '시민 주도 다문화주의'로" 제시한다. 한국의 다문화정책은 국가 주도 또는 시민 주도 다문화주의의 특성을 일면적으로 가진다기보다는 '국가와 시민사회 간의 상호 공조, 정책 네트워크, 거버넌스'가 진행되는 양상을 강하게 나타낸다고 강조한다. 정책 형성과정에서 '상호 공조 및 네트워크'의 작동이 두드러지며, 또한 정책 시행과정에서 정부의 지원과 시민단체의 서비스 제공의 역할 분담이 나타난다고 평가한다. 한국의 다문화주의는 "과거의 동화주의에서 미래의 다문화주의로 전환되어 가는 중간 지점에 있다"라고 진단한다. 전통적 이민국가가 아니며 인종적 · 문화적 동질성과 '혈통적 민족주의'가 강하게 나타나는 한국의 상황을 고려해 '한국적 다문화주의'를 고려해야 한다고 강조한다. 이러한 맥락을 고려한 현실적인 방안으로

'단계적인 다문화주의'를 제시한다. 1단계에서는 외국인의 인권보장과 소수자 보호에 주력하고, 2단계에서는 숙련외국인노동력의 정착 허용과 자격요건을 갖춘 불법체류자의 합법화 등을 추진하며, 정주 외국인에게는 '주민권(denizenship)' 등의 기본 권리를 부여하는 것이 요구된다고 언급한다. 3단계에서는 사회통합을 위한 제도적 체계 마련, 차별금지정책, '인정의 정치', 다문화교육의 강화 등이 시행되어야 한다고 주장한다(윤인진, 2008: 80, 96-100).

한국사회에서 다문화주의 정책이 적극적으로 실행되기 어려운 원인을 제시하고 '비판적 다문화주의'를 대안으로 제시한 연구가 제시되었다. 다문화주의 시행의 쉽지 않은 이유는 우선 문화경계가 불분명해지고 있는 환경에서 문화를 독립변수로 정책을 수립하는 것이 어려우며, 문화적 통일성이 지속되어 온 한국사회의 비관용성과 비융통성 등으로 언급한다. 또한 서구에 비해 협소한 사회문화 지평과 분단으로 인한 '이념적 경직성' 등도 영향을 미치고 있다고 지적한다. 문화적 권리의 보장과 사회통합 사이에서 균형을 추구하는 '비판적 다문화주의'는 개별집단의 문화적 권리를 보장하는 다문화주의의 실현보다는 '문화적 잡종성과 혼종성'을 배양할 수 있는 토대를 구축하는 것을 포함하며, 그 토대는 "보편적 인권의식과 교육을 강화하고, 사회적 약자에 대한 기회균등과 배분적 정의를 실현하는 일과 연관"된다고 주장한다(김혜숙, 2011: 19-20).

다문화주의를 정책의 주체와 실행과정을 중심으로 '피동적 다문화주의'와 '능동적 다문화주의'로 구분하는 유형화가 제시되었다. '피동적 다문화주의'의 목표는 인종적 · 문화적 차이와 다양성의 승인과 이민자의 공적 영역에의 참여 권리 부여이며, 행위자는 정부와 지방정부, 일부 시민·종교단체가 주체인 반면 이민자는 피동적 존재로 간주된다. '능동적 다문화주의'는 차이의 인정을 넘어 다문화주의를 부정하는 집단에 대한 저항을 목표로 제시하며, 행위자는 주류집단에 저항하는 시민·종교단체와 능동적으로 참여하는 이민자로 구성된다. 구체적인 정책 사례로는 시혜적 지위 인정, 지원프로그램과 축제 등과 이민자의 노동3권을 포함한 기본권 보장, 주류사회와 이민자가 공동으로 참여하고 진행하는 프로그램과 축제 등으로 대별된다. '피동적 다문화주의'는 정책적, 하향식, 온건한 다문화주의의 내용을 포함하는 반면, '능동적 다문화주의'는 실천적, 상향식, 강경한 다문화주의의 특성을 포함한다고 제시한다(최병두, 2011: 20-22).

다문화주의에 관한 논쟁에서 대안으로 등장한 것이 '공화주의, 문화 상호작용주의, 심의 다문화주의' 등이며, 이들 다문화주의는 한국사회가 지향해야 할 다문화주의 또는 다문화주의 접근으로 제시된다고 지적한다. 다문화주의에 대한 공화주의적 접근은 문화적 차이를 극복하기 위한 방안으로 공평한 법과 제도의 확립을 주장한다. 또한 문화 간 상호작용을 강조하는 '상호 다문화주의'와 문화 간 소통과 소수집단의 권리를 중시하는 '심의 다문화주의'를 대안적 접근으로 제시한다. 이 중 '심의 다문화주의'가 한국에 적용 가능한 다문화주의 모델로 고려되어야 한다고 주장한다. 이민자 소수집단의 의견이 자유롭고 공정하게 표출될 수 있는 제도를 전제로 하는 '심의 다문화주의'를 통해 소수집단 문화에 대한 존중과 자유 확보가 가능해질 수 있다고 지적한다(손경원, 2013: 222-224).

한국 다문화주의의 문제점을 다문화주의 담론 자체와 담론이 전개되는 방식의 문제라고 지적한 연구가 제시되었다. 다문화의 대상이 "문화인지 민족인지 인종인지" 개념을 명확히 하고 구분하는 것이 필요하다고 언급한다. 또한 한국의 다문화주의 담론은 이론적 빈곤을 노정하면서 '동화를 위한 다문화주의'와 '문화적 수용 능력을 위한 다문화주의'에 한정되거나 '보수주의적 다문화주의'에 편향되었다고 지적한다. 한국사회의 다문화 담론의 한계를 극복하기 위한 제언을 제시한다. 한국의 다문화주의 담론은 평등주의가 아닌 '다인종주의' 담론이 되어야 하며, 분리주의 또는 동화주의를 제외한 '다원주의와 융합주의' 원칙을 추구해야 한다고 지적한다. 또한 '보수주의적이고 동화주의적인 다문화주의' 담론의 편향성을 극복하기 위해 '자유주의적이고 진보주의적인 담론'에 관한 논의도 활성화해야 한다고 주장한다(홍석준, 2018: 183-186).

다문화사회의 정치사회화 전략을 유형화한 연구가 제시되었다. 개인과 국가 1차 차원과 개인 차원의 분리와 포용, 국가 차원의 통합과 이해라는 2차 차원으로 구분하고, '동화주의, 융합주의, 문화다원주의, 다문화주의' 등의 네 가지 정치사회화 전략을 제시한다. 분리와 통합 차원의 동화주의 전략은 '시혜적 차원의 정치사회화' 프로그램을 지원하고, 주류사회의 문화에 동화시키는 전략을 의미한다. 분리와 이해 차원의 융합주의 전략은 소수자의 문화정체성을 인정하지만, 다만 개별적으로 용인된다는 측면에서 동화주의 전략과 유사한 결과를 도출할 수 있는 전략이라고 설명한다. 포용과 통합 차원의 문화다원주의 전략은 주류사회 문화의 중심적 지위를 인정하고, 소수자의 문화정체성을 적극적으로 수용하는 전략이라고 언급한다. 포용과 이해 차원의 다문화주의 전략은 "다수자들의 중심 문화의 헤게모니를 소수자들의 문화정체성과 동등한 지위에서 고려하는" 정치사회화 전략이라고 제시한다. 소수자의 문화정체성을 인정한다는 측면에서는 다문화주의 정치사회화 전략과 문화다원주의 전략이 동일하지만, 사회개혁운동을 포함하는 "사회구조적인 변혁까지 추구"한다는 면에서 다문화주의 정치사회화 전략은 차별성을 가진다고 지적한다(김용신. 2011: 97-98). 다문화주의를 이데올로기와의 관계를 중심으로 유형화한 연구가 제시되었다. 진보주의와 급진적 세계시민주의와 연관된 '평등주의적 다문화주의', 보수주의와 공화주의와 연계된 '동화주의적 다문화주의', 자유주의와 소수집단 공동체주의와 관련된 '다원주의적 다문화주의와 상대주의적 다문화주의', 소수집단 민족주의와 연관된 '분리주의적 다문화주의' 등으로 구분한다. 개별 국가의 다문화주의는 이민자 유입 확대, 문화 집단 간 사회·경제적 불평등의 확대, 정치사회와 국민이 공유하는 지배적 이념 등에 영향을 받는다고 주장한다(진시원. 2018: 195-196).

한국의 유교 전통 속에 내재해온 다문화적 가치에 관한 연구가 제시되었다. "'내가 원하는 것은 남도 하게 하는', '내가 싫은 것은 남에게도 하지 않도록 하는'" 것을 의미하는 '인(仁)'과 '서(恕)'의 관념이 '친다문화적' 내용을 포함하고 있다고 언급한다. 유교에서 '인'과 '서'라는 관념은 "타인을 자신과 동등하게 고려하는 마음에서 나온 것이고, 더 나아가 상대에게 필요한 덕목을 맞춘 맞춤형 가치"로 인식되었다고 설명한다. '인(仁)'과 '서(恕)' 개념은 "일방적이지 않고 상호 간의 배려적 의무를 다한다는 의미에서 '쌍무적'이고, 상대에게 필요한 것을 제공한다는 점에서 '호혜적'이다. 곧 '쌍무호혜적'이다"라는 가치를 제공한다고 언급한다. 다문화와 관련된 또 다른 유교의 전통을 다양성을 존중하는 '화이부동(和而不同)'으로 제시한다. '화이부동'은 "'군자는 다른 사람과 화합(和合)하되 뇌동하지는 않는다. 소인은 다른 사람과 뇌동(雷同)하되 화합하지 못한다'는 공자의 언명 이래 유교문명권에서 상이한 목소리를 낼 줄 알고 또 이를 받아들일 줄 아는 다양하고도 자유로운 의사 표현과 수용의 정치 공동체의 상징으로서 인간다운 삶을 실천하는 하나의 독트린"으로 존재해왔다고 강조한다(안외순, 2018: 269, 273-280, 288-289).

다문화 시대 동질성과 차이로 인해 발생하는 갈등의 해결을 위한 대안으로 유가의 '어울림철학'을 제안하는 연구가 제시되었다. '어울림철학'은 "자기중심주의적인 관점에서 상대를 배제시키는 배타적 경쟁의식을 지양할 뿐만 아니라, 자신을 상대에 귀속시키거나 상대를 자신에게 귀속시키는 맹목적인 동일화 의식을 지양한다"라고 지적한다. 어울림의 논리는 『춘추좌전』에 분명하게 나타나 있다고 언급한다. 즉 "어울림이란 여러 음식 재료들이 각각의 특성을 잃지 않으면서도 서로 골고루 섞이어 하나의 맛있는 국을 끓이는 것과 같을 뿐만 아니라, 여러 악기와 다양한 음성이 조화를 이루어 아름다운 음악을 창출하는 것과 같다"라고 설명하며, "어울림 의식은 다양성 가운데 통일성을 지향하고 있다"라고 주장한다. 이러한 유가의 '어울림철학'은 다문화 시대 차별과 소외로 인한 사회적 갈등의 해결과 '평화로운 공동체 사회'를 형성하는 데 기여할 수 있다고 강조한다(이철승, 2015: 137-142).

다문화주의의 다양한 유형에 관한 논의가 전개되었다. 다문화주의의 유형화는 현재 다문화주의의 문제점과 특성을 진단하고, 유형화를 통해 다문화주의의 발전 모델로 검토할 수 있는 유형에 관한 언급들이 제시되는 경향을 나타냈다. 한국은 전통이민국가, 선발이민국가, 다민족국가 등의 다문화 환경과 차이를 가지고 있기 때문에 현실에 적합한 다문화주의가 필요하며, 정부 주도의 '관 주도형 다문화주의'를 탈피해 "아래로부터의, 소수자 연합 정치로서의, 다원주의를 지향하는, 수행적이며, 실존적인 다문화주의"를 제안한다. '아래로부터의 다문화주의'에서 핵심은 이민자의 의사결정 참여라고 주장한다. 선주민과 이주민 간 타협을 중시하는 '심의 다문화주의'도 이민자의 참여가 미비한 현실을 반영해 이민자의 참여가 보장될 수 있는 '심의 다문화주의'를 다문화주의의 발전된 유형으로 제시한다. '관 주도형 다문화주의'로만 한국의 다문화주의를 유형화하는 것은 학계와 시민단체의 활동을 간과하는 것으로 한국의 다문화주의는 '국가 주도 다문화주의'와 '시민 주도 다문화주의'로 구분할 수 있다고 제기한다. 이러한 상황을 고려해 다문화주의의 발전단계를 1단계, 2단계, 3단계로 나누어 단계별 목표의 시행을 추진하는 '단계적인 다문화주의'를 주장한다. 이 외에도 보편적 인권과 분배정의를 강조하는 '비판적 다문화주의', 행위 주체의 활동 양태에 따른 '피동적 다문화주의'와 '능동적 다문화주의' 등도 제시되었다. 한편 동화와 문화의 수용에 국한된 '보수주의적 다문화주의'를 넘어서 다원주의와 융합주의에 기반을 둔 '자유주의적이고 진보주의적인' 다문화주의에 관한 논의가 필요하다고 주장한다. 이러한 의견은 다문화주의가 사회개혁운동을 포함하고 있다는 지적과 연결고리를 갖는 것이다. 한편 한국의 다문화주의는 유교 전통 속에서 가치의 탐색과 갈등의 해결방안 도출이 가능하다는 견해가 제출되었다. 다문화주의 유형에 관한 담론은 한국의 다문화주의가 지향해야 하는 다문화주의를 제시하기 위해, 한국과 서구의 현실에 기반을 둔 유형화와 발전 모델에 관한 내용을 담아왔다. 이러한 논쟁은 한국의 다문화주의를 재정립하기 위한 중요한 과정이며, 공론화를 위한 이론적 기반의 구축과정이다. 유형화와 발전을 위한 모델의 제시를 위해 이론적 기반과 현실 자료가 결합되는 논의가 향후 필요할 것으로 판단된다. 즉 규범적 논의와 함께 유형화와 발전 모델 제시의 근거가 될 수 있는 경험적 데이터의 제시가 요구된다.

10. 동화정책, 사회통합정책, 시민통합정책 담론과 쟁점

한국의 다문화정책은 동화정책을 다르게 표현하는 수사에 불과하다고 비판하는 연구가 제시되었다. 결혼이민여성과 자녀에 대한 지원정책은 한국사회로의 통합을 추구하고 있어서 동화정책의 목표와 동일하다고 비판한다. 다문화정책의 대상도 이민자 중 일부만 포함하고 있어 다문화정책은 궁극적으로 동화정책으로 귀결될 수밖에 없다고 언급한다. 한국의 다문화정책은 이민자를 사회의 구성원이

자 주체로 인식하기보다는 "관리와 배제의 대상으로 간주하고 관리의 대상에 대해서는 다문화정책이라는 전도된 수사를 동원하여 동화정책"을 실행에 옮기고 있다고 비판한다(이용승, 2011b: 149-151).

신문 사설을 통해 나타난 한국사회 동화주의 담론을 고찰한 연구가 제시되었다. 사설에서 나타난 이민자의 언어와 문화적 적응이 필요하고, 애국심을 가지도록 함으로써 공동체의 일원이라는 의식을 갖게 해야 한다는 주장을 언급한다. 또한 동화주의 담론의 일환으로 이민자 적응에 가장 큰 문제로 소통문제를 제시하면서 한국어교육과 한국문화이해교육을 강화해야 한다는 제안을 지적한다. 결혼이민여성이 가지고 있는 모국의 언어와 문화 등에 대한 배려와 고려는 부재한 채 한국 주류사회의 통합을 강조하고 있다고 평가한다(김현강, 2015: 47-51).

사회통합을 매개할 수 있는 다문화 시대 시민의 모습을 제시한 연구가 제출되었다. 다문화 시대의 이상적 시민은 "개인의 자유와 자유로운 내면의 가치를 지지하고, 다른 사람과의 문화적 차이를 존중하면서, 동시에 자신의 주변에서 일어나는 정치과정에 적극적으로 참여하고 있는 사람"으로 제시한다. 주류사회의 기존 시민과 이민자 모두 사회통합을 위해서는 "상호 존중과 합리적 대화, 그리고 정치적 권리라는 세 가지 조건"을 갖추는 것이 바람직하다고 주장한다. '상호 존중'은 "서로 다른 생활의 방식과 가치의 기준을 갖고 있다는 점을 당연하게 인정하는 것"이며, '정치적 권리'는 "공론장에 참여할 수 있는 개인들의 권리, 특히 사회적 소수의 권리"를 의미한다. '심의 다문화주의'에서 도출한 '상호 존중', '합리적 대화',

'정치적 권리'의 원칙은 다문화 시대 사회통합을 위해 "사회적 연대와 대표의 위기"의 해결을 위해 필요하다고 주장한다(김남국, 2005b: 115-117).

한국에서 사회통합은 "사회구성원들의 갈등을 예방하거나 극복하여 공통의 정체성으로 통합을 이루어 나가는 것"이라고 일반적으로 활용되고 있다. 사회통합위원회에서는 사회통합 개념을 "다양한 특성을 가진 사회구성원들이 공동체에 대한 소속감을 갖고(정서적 차원), 공동의 비전 및 협조 의지를 공유하며(의지적 차원), 실제적 행동으로 협력하는(행동적 차원) 상태를 지칭"한다고 제시한다. 한국이 이민자 사회통합정책의 대상은 결혼이민여성에 주안점이 두어졌으며, 부분적으로 외국국적동포 중 귀환 희망자와 일부 외국인노동자를 포함시켜 왔으며 최근 난민과 유학생 등으로도 대상을 확대해왔다. 이민자와 관련된 정부의 사회통합정책의 목표는 "재한외국인, 귀화자와 그 자녀 및 국민 등이 서로를 이해하고 존중하는 다문화사회 환경을 만들어 이민자의 대한민국 사회 적응을 지원하고 개인의 능력을 최대한 발휘하도록 하기 위한" 정책으로 제시되었다. 사회통합정책은 사회통합 교육 프로그램으로 구체화되었으며, 정부는 교육 프로그램의 표준화와 강화를 추진해왔다. 한국의 사회통합정책은 "정책의 원칙과 비전이 수립되지 않은 상태에서 이민자 정착 지원 프로그램으로만 운영되고 있다"는 것이 핵심적 문제라고 지적한다. 대상에 있어서도 결혼이민여성에 집중된 한계를 노정하고 있으며, 추진체계의 불분명성도 여전히 문제가 되고 있다고 언급한다. 한국의 이민자 사회통합정책의 발전을 위해서는 "사회통합의 목표와 내용에 대한 엄밀한 규정과 그에 대한 사회적 합의를 도출", "이민자 사회통합정책의 대상을 분명하게 규정하고 확대", "사회통합정책의 추진체계를 분명하게 정립", "이민자 통합의 목표와 이를 달성하는 정책 수단이 좀 더 체계적으로 구축" 등을 주장한다(한건수, 2016a: 215-220).

다문화사회의 사회통합은 다양한 문화를 존중하고 공존을 인정하는 '상호성의 원칙'에 입각해야 한다고 제시한다. 이러한 원칙이 구현된 사례로 싱가포르의 사회통합정책과 중국의 소수민족정책을 언급한다. 다문화사회에서의 사회통합 개념은 "이주자들이 거주사회의 언어, 문화, 가치관, 행동 양식을 수용하여 동화되어 통합되는 전통적 동화과정이 아니라, 한 사회를 구성하는 이질적인 존재 집단들이 다양성, 상호주의 원리, 체계에 의해 통일된 하나의 공동체를 형성해가는 상호성이 내재된 사회통합"으로 제기한다(김학태, 2015: 295-297).

다문화사회에서 사회통합을 위한 과제로 경제적·구조적 통합 추구, 다문화정책의 범주 확대, 새로운 정체성의 요구 등으로 제시한 연구가 제시되었다. 경제적·구조적 통합은 이민자가 문화적 정체성을 유지하면서 경제적·사회구조적 측면에서 주류사회에 통합된 단계로 언급한다. 현실적으로 상호문화주의와 시민통합론에서 주안점을 두는 것도 경제적 동화를 목표로 하는 통합정책이라고 지적한다. 또한 다문화정책의 지평을 확장하기 위해 결혼이민여성 중심의 정책 대상의 범위를 확대하고, 다문화정책의 범위에 국제이주의 전 과정을 포함시켜야 한다고 제시한다. 이민자에게 '공화주의적 애국심'에 기초한 새로운 정체성을 수용하도록 해야 하며, 이민자가 공동체의 시민으로서 의무를 수행할 수 있도록 적극적으로 요구해야 한다고 주장한다. 특히 국적취득의 과정에서 이민자에게 사회적·문화적 책임을 요구할 필요가 있다고 강조한다(변종헌, 2016b: 264-269).

외국인노동자의 사회통합정책을 미등록 외국인노동자의 권리 보장 측면에서 고찰한 연구가 제시되었다. 합법적으로 체류하고 있는 외국인노동자에 비해 미등록 외국인노동자에 관한 법률과 정책은 부재하다고 지적하고, 인권 보호의 필요성을 언급한다. 이주노동자 협약이라는 국제규범을 기준으로 자유권적 기본권, 사회권적 기본권, 이주노동자 신분에 따른 권리 등의 내용이 원용될 수 있다고 제시한다. 미등록 외국인노동자의 권리보장을 위해서 인식적 측면에서 인종적·문화적 다양성을 가진 외국인노동자에 대한 이해와 수용이 필요하며, 제도 영역에서는 이주노동자협약에의 가입과 미등록 외국인노동자에 대해 적용할 수 있는 국내법 제정 등이 요구된다고 주장한다(박미경, 2010: 113-126).

다문화사회에서 사회통합을 위해서는 "공화주의에 기초한 비지배적 상호성"을 대안으로 제시한 연구가 제시되었다. 사회통합이 동화 또는 배제로 귀결되지 않고 '다문화 공존'이 형성되기 위해서는 '비지배적 상호성'이 법과 제도에 적용되어야 한다고 주장한다. "타인의 자의적인 지배로부터 자유로울 수 있는 '비지배'라는 조건"은 공동체 내 규범과 집단 간 '협상의 원칙'이 되어야 한다고 언급한다. 또한 사회통합은 국가의 동일한 대우를 보장받는 '소극적 시민성'에서 정치적 견제를 수행할 수 있는 '민주적 시민성'으로의 발전을 목표로 해야 한다고 제시한다. 한편 개인의 정체성은 개인의 선택 문제로 간주되어야 한다고 지적한다. '비지배적 상호성' 원칙을 통해 다문화 공존과 사회통합이 야기할 수 있는 긴장과 갈등관계를 해결하고, 다문화주의 논의에서 언급이 미진했던 공화주의를 공론장에 등장할 수 있다고 주장한다(곽준혁, 2007: 12-17).

다문화사회에서 통합을 위한 논의를 위해서는 언어, 인종, 종교, 민족, 문화 등의 기준에 따라 규정되고 있는 다문화사회에 대한 정의를 명확하게 해야 한다고 주장한다. 이민자의 유입과 새로운 문화의 수용이라는 표면적 인식을 벗어나 '문화 다양성'과 '소수성의 보편화 과정'에 주목해야, 다문화사회에 대한 올바른 인식을 가질 수 있다고 지적한다. 한국의 다문화 사회통합은 한국사회의 문화를 유지하면서 이민자와 이민자 문화를 수용해 경제발전과 문화 상품화를 통한 국제경쟁력 강화를 목표로 한 방식으로 진행된다고 비판한다. 한국사회에서 통합은 "동일성의 재현이 아니라 '차이'의 드러냄으로 가능하다. 이것이 새로운 다문화 사회통합의 방식으로서 '연대'이며, 그것이 중첩적으로 드러내며 서로 의존함으로써 지속적으로 분절되는 통합의 방식으로 드러난다. '힘을 드러냄'으로써 통합은 바로 분기하는 차이 '들'에 의해서만 가능하다"라고 주장한다. 사회통합은 "문화적 기호의 균열에 대한 성찰"에서 시작해야 한다고 지적한다. 또한 소수자의 등장이 통합의 '동인'으로 작용하며, 이로 인한 '균열과정'이 "동일성으로서 통합을 담지한다"라고 강조한다. 다문화사회에서 "통합의 이름으로 회복되어야 하는 것은 차이에 기초한 연대의 가능성이다. 그리고 연대의 중첩 가능성이 새로운 동일성의 기초가 된다"라고 제시한다(이용재, 2014a: 71-72, 86-90).

이민자의 지역사회통합이라는 측면에서 사회통합을 조망한 연구가 제시되었다. 이민자의 사회통합은 "문화적 차이에 대한 인정과 존중을 전제한 가운데, 통합의 주체들이 인간으로서 가질 수 있은 삶의 기회를 확장하는 데 기여할 수 있어야 한다"라고 언급한다. 이민자의 지역사회통합은 '주민권'을 매개로 가능하다고 주장한다. '주민권'은 "법적 지위, 권리, 정체성, 주민으로서의 덕성"을 내용으로 한다고 제시한다. 이주민이 지역에 거주하며 사회적·경제적 관계와 심리적 유대감을 가지고 있는 경우 주민의 범주에 포함될 수 있다고 언급한다. '주민권'의 권리에는 지역 차원의 공민권, 정치적 권리, 사회적 권리를 포괄된다고 지적한다. 이민자의 '주민권'이 현실적으로 구현되기 위해서는 한국사회의 이민자 현실에 대한 이해, 이민자의 '서사'가 공적 공간에서 표출될 수 있도록 하는 제도 구축과 이민자와의 관계 재정립, 이민자 중 이주노동자의 체류기간과 자격의 변경 등을 제시한다. 이민자도 '관(官)'의 '선한 의지'에 의존하지 않는 자세와 지역사회 주민으로서 책임과 의무를 받아들이고 지역의 현안에 참여하는 주민으로서의 자질을 향상시켜야 한다고 주장한다(이용승, 2016: 7-19).

한국에서 결혼이민여성과 다문화가족의 사회통합정책은 결혼이민여성과 다문화가족 지원정책으로 구체화되었으며, 「다문화가족지원법」에 기반을 두고 있다고 설명한다. 다문화가족 지원정책은 결혼이민여성의 적응과 정착과정에서 제기되는 문제인 언어소통과 출산 및 양육지원에 주안점이 두어졌다고 지적한다. 법무부는 사회통합

프로그램 시행을 통해 사회통합교육을 제공하고 있으며, 이민자 조기적응프로그램은 결혼이민여성이 정착 초기의 부적응 문제를 해결하기 위해 결혼이민자와 가족을 대상으로 하고 있다고 설명한다. 결혼이민여성에게는 간이귀화제도를 통해 귀화할 수 있는 기회가 부여되고 있으며, 사회통합 프로그램을 이수하는 경우 필기시험과 면접시험을 면제해주고 있다고 설명한다. 다문화가족 중도입국자녀의 사회통합을 위해서 '다문화가족자녀 교육프로그램'이 운영되고 있다고 언급한다. 그러나 한국정부의 결혼이민여성과 다문화가족 사회통합정책은 '자민족중심주의' 모델에 기초해 있으며, 젠더 관점에서 보면 '부권 가족적 복지모델'의 특성을 가진다고 비판한다. 향후 결혼이민여성의 사회통합을 위한 정책은 "상호 인정에 의거한 공정한 통합 관점을 취해야 하며 이를 위해서는 구체적인 척도를 개발하여 결혼이민자의 고용증대, 가족재결합의 권리, 교육, 정치적 참여, 장기 체류권과 국적취득의 용이성, 반차별" 등의 내용을 포괄해야 한다고 주장한다. 또한 결혼이민자의 공적 대표성 강화와 공적 영역에의 참여 권리의 보장 등이 필요하다고 지적한다(김현미, 2016a: 381-391).

시민통합정책 개념은 서유럽에서 제시되었다. 시민통합정책의 핵심 내용에는 주류사회 참여로 요구하는 것에서처럼 이민자의 통합에 대한 의무적 요소가 강화되었다. 다문화주의 정책이 이민자의 사회통합을 효과적으로 달성하지 못한 자성과 비판으로부터 시민통합정책에 관한 고려가 시작되었으며, 이러한 상황에 기초해 이민자의 사회통합 프로그램의 강화와 의무화를 포함하는 시민통합정책이 시행되었다. 구체적으로 입국 이전 또는 시민권 취득 과정에서 언어와 시민교육 등을 확대하고 의무화하는 조치가 진행되었다. 한국의 사회통합 프로그램과 귀화적격 여부 심사를 위한 시험 등을 시민통합을 위한 정책 프로그램으로 언급한다. 한국과 서유럽 국가의 시민통합정책을 비교한 연구에서는 책무를 강조하는 서유럽 국가에 비해 한국의 경우 이민자의 자발적 참여를 강조한다는 측면에서 차이가 있다고 지적한다. 또한 정책 대상에서 한국은 이민자 전체를 대상으로 한 반면 서유럽 국가의 경우 국적이나 영주권을 취득하려는 이민자가 대상이라는 점에서 차별성을 가진다고 언급한다. 세부 프로그램에서 서유럽 국가와 달리 한국의 경우 직업교육 프로그램과 반차별정책이 부재하다는 특징을 보인다고 제시한다(이용승, 김용찬, 2013: 144-150, 156-159).

한국의 외국인 통합정책의 보완을 제기한 의견이 제시되었다. 외국인 통합정책의 유형으로 차별배제정책, 동화주의정책, 다문화주의 정책 등을 언급한다. 이 정책들 중 하나를 택해 시행하는 국가는 없으며, 역사적으로 보면 차별배제에서 동화주의로 변화하고, 다문화주의로 전환하는 발전과정을 거친다고 설명한다. 한국은 차별배제 또는 동화주의 모델의 경향성을 보이면서도, 「재한외국인처우기본법」과 「다문화가족지원법」 등의 시행은 '진보된 동화주의 정책'으로 평가한다. "외국인 고유의 문화를 인정하고 배려하는 다문화주의 정책으로는 부족"하다고 진단하면서, 다문화주의와 함께 "차별금지와 사회편입을 위한 통합 법체계 구축이 필요"하다고 주장한다(소성규, 2009. 8. 3.).

사회통합정책의 문제점을 진단하고 한국사회에 대한 함의를 제시한 연구가 제출되었다. 사회통합정책은 보수담론과 결합해 있으며, 동화주의의 근간이 되었던 '인종주의 담론'과 유사성을 가진다고 지적한다. 사회통합정책의 문제점은 이민자에 대한 통제와 차별 강화, 이민자의 '종족 문화'에 대한 불인정, 이민자를 타자화 또는 주변화하는 '상징적 배제' 등으로 언급한다. 한국사회는 다문화주의 인식의 확산 이전에 사회통합 이슈가 정책에 반영되기 시작한다고 지적한다. 한국의 이민자정책은 기존의 동화주의정책에서 다문화주의와 사회통합정책이 "혼재한 상황으로 변화"하고 있다고 분석한다. 사회통합이 주요 이슈로 부각된 상황에서 서구의 이민자정책의 한국적 함의를 제시한다. 우선 이민자 편입 정책의 결정과 시행에서 이민자의 참여가 보장되어야 한다고 언급한다. 또한 다문화주의와 사회통합정책이 혼재되어 있는 한국에서는 개별 정책의 장단점에 대한 검토가 필요하다고 강조한다. 서구의 다문화주의와 사회통합 정책이 "이주자를 위한 정책이라기보다 주류사회가 안고 있는 사회 문제의 본질을 전환시키는 전략임을 이해하는 것이 중요"하다고 언급하면서 서구의 이민자정책이 가지는 장점과 단점을 분석해야 한다고 제언한다. 마지막으로 주류사회의 이민자와 이민자 문화 등에 대한 인식 변화가 수반되어야 하고, 주류사회의 변화와 문화 간 상호 교류를 전제하는 "문화변용과 상호문화주의"의 장점이 한국사회에 수용되어야 한다고 주장한다(이용균, 2014: 120-124).

동화정책, 사회통합정책, 시민통합정책 담론은 이민자를 한국사회에 어떻게 통합시킬 것인가를 둘러싼 학문적·정책적 논의이다.

한국 정부의 다문화정책은 동화정책이며, 언론사 사설에서도 동화주의 담론이 두드러지게 나타난다고 주장한다. 다문화사회 환경을 조성해 이민자의 적응과 능력 발휘를 목표로 하는 한국의 사회통합정책은 결혼이민여성을 주요 대상으로 하며, 부분적으로 외국국적동포, 외국인노동자, 난민, 유학생 등으로 대상을 확대해왔다고 언급한다. 정책의 원칙과 비전 제시와 사회적 합의가 부재한 상황에서 중복의 프로그램들만 운영되고 있다고 비판한다. 사회통합의 원칙으로 '상호성의 원칙'을 제시하고, 사회통합을 매개할 수 있는 시민의 모습 제시를 통한 통합 모델의 공유를 제언한다. 또한 사회통합을 위해 이민자에 대한 '주민권'을 보장해줄 것을 제안한다. 한편 사회통합을 강화하기 위해 경제적·구조적 통합, 다문화정책 범주 확대, 새로운 정체성의 형성 등을 제안한다. 새로운 정체성의 핵심을 '공화주의적 애국심'으로 언급한다. 공화주의에 기초한 사회통합정책의 원칙 수립은 다른 연구들에서도 제시되었다. 사회통합의 전제는 문화적 차이로 인한 균열과 소수자 등장에 대한 이해 또는 용인이 전제되어야 한다고 주장한다. 시민통합정책은 다문화주의 정책의 한계를 극복하기 위한 대안으로 언급한다. 구체적으로 이민자에 대한 사회통합 프로그램의 강화로 나타나고 있다고 설명한다. 한국은 이민자 전체에게 사회통합 프로그램을 제공하고 있는 데 반해, 반차별정책이 부재하다는 점에서 서유럽 국가와의 차별성이 나타난다고 지적한다. 한국의 이민자 통합정책은 사회통합정책으로 지칭되지만 동화정책의 특성이 주를 이루고 있다는 것이 학계의 지적이다. 따라서 다문화정책 담론의 논쟁과 같이 사회통합정책을 어떻게 규정할 것인가는 앞으로도 지속적인 논쟁이 될 것이다. 사회통합 정책의 정의와 구체적 내용은 동화정책이나 다문화정책 중 공론화 과정을 거쳐 사회적 합의가 도출될 수 있고, 서유럽의 시민통합정 책 논의처럼 다문화정책의 한계를 극복하기 위한 한국적 시민통합 정책이 체계화될 수 있다. 이민자 통합정책의 개념 정의, 방향, 세부 내용 등에 대한 논쟁은 학문과 정책 분야에서 공히 진행될 가능성이 높고, 국민과 이민자가 참여하는 사회적 공론화 과정을 통해 확립될 것으로 예측된다.

11. 두뇌 유출, 유입, 순환 담론과 쟁점

두뇌 유출(brain drain)은 "국가 간 임금격차 및 일자리 기회 때문 에 인력, 특히 교육수준이 높고 인적자원의 축적이 많은 고급인력이 다른 나라로 이전하는 현상"을 의미한다. 두뇌 유출은 송출국의 인 적자원 감소와 경제발전을 저해할 가능성을 높일 수 있는 현상으로 인식되어 왔다. 그러나 두뇌 유출이 오히려 송출국에 긍정적 영향을 미친다는 주장이 제시되었다. 송출국에서 고숙련노동력의 선진국으 로의 이민을 통해 고소득을 얻을 수 있다는 학습효과가 발생하면서, 전문인력이 되기 위한 인적자본에 대한 투자가 증가해 기술과 경제 발전이 이루어질 수 있다는 것이다. 또한 고숙련노동력이 다시 본국 으로 귀국하면서 자본과 기술을 가져옴으로써 송출국의 발전에 기 여한다는 것이다. 이에 더해 최근에는 고숙련노동력이 송출국과 수용국 사이를 지속적으로 이동하면서 두뇌 순환이 발생하고 이의 긍정성에 관한 주장이 제시되고 있다. 두뇌 유입은 노동이민 중 전문기술 노동이민을 의미한다. 수용국에서 설정한 기준에 따라 생산 또는 단순 업무에 종사하는 저숙련노동력과 대별되는 고숙련 또는 숙련노동력의 수용국으로의 유입을 의미한다. 고숙련 또는 숙련노동력은 "고등학교 이후의 교육을 이수했거나 전문직 경험이 있는 기술 및 지식 소유자"를 의미하는 전문기술인력으로 지칭되기도 한다(이규용, 2016a: 293-294, 317-318).

한국의 두뇌 유출을 우려하는 의견이 제시되었다. 우수 인재의 해외 유출과 첨단기술의 해외 유출이 2000년대 들어서 증가하기 시작한다고 지적한다. "기술을 파악하고 있거나 개발할 우수 인력이 경쟁국들의 다양한 유인책에 끌려 떠나고 있는 것"은 한국경제에 피해를 줄 것이 자명하기에, 인력이 떠나지 않도록 하는 경제 환경의 개선이 요구된다고 주장한다(서울경제 사설, 2004. 10. 8.).

국내의 두뇌 유출이 국력 신장으로 연결되기 위해서는 재외동포에 대한 지원이 필요하다는 의견이 제기되었다. 국외 이민자가 언어문제와 사회 경력부족 등으로 인해 정착에 어려움을 경험하는 경우가 많은데, 이에 대한 지원정책이 부재하다고 지적한다. "이민 간 사람들이 당해 나라에서 정착할 수 있도록 취업, 창업, 자녀교육 등을 지원해준다면 이들은 여건이 허락하는 대로 애착을 갖고 모국발전에 기여할 것이다. … 유휴인력을 밖으로 내보내기만 하고 돌봄이 없는 소극적 정책에서 재외동포를 내국의 인적자원 보호 차원과 같은 수준에서 육성 관리하는 적극 정책으로 전환해 나가야만 한다"

고 주장한다(중부일보 사설, 2000. 11. 13.).

한국의 IT산업 분야 두뇌 유출에 대한 대응방안에 관한 연구가 제시되었다. 한국의 IT인력 배출요인(push factor)으로 "IMF 금융위기에 따른 원화의 급격한 평가절하, R&D 연구 인력의 비중 감소, 열악한 교육 및 연구환경"으로 제시한다. 이에 대한 대책으로 해외 IT인력의 유치를 위한 정부정책이 수립되어야 한다고 제안한다. 구체적으로 "외국학생의 유치, 외국학생의 체류 보조, 단기 취업비자의 신규발행 또는 발행제한의 완화, 국제적인 IT 자격검증 기준의 마련, 해외 취업설명회의 개최" 등을 언급한다. 또한 해외에 거주하고 있는 한국 IT인력을 활용할 수 있는 네트워크를 구축하는 것이 필요하다고 지적한다. '해외 IT인력 한민족 네트워크'를 설립해 해외거주 IT인력을 활용하자는 취지이다. "고급 IT인력의 해외로의 이동을 단순히 전문 인력을 빼앗기는 현상으로 생각하기보다는 이들이 귀국하여 IT산업의 발전에 기여할 수 있는 긍정적인 측면을 고려하여 '두뇌순환(Brain Circulation)'의 개념으로 이해할 필요가 있다"라고 주장한다(서민교, 이지석, 남병탁, 2003: 133, 141-145).

'고급인력 순환모형'에 기반을 두어 과학기술 인력이 해외 유출 방지와 해외 고급두뇌 유치를 위한 정책제언을 언급한 연구가 제시되었다. 국내 잔류를 유도하기 위해 "과학기술 연구 환경 및 인적자원관리시스템 개선"과 국내 고급인력이 해외 유출 후 다시 국내로 유입될 수 있도록 '고급인력순환'의 관점에서 유치 정책을 수립해야 한다고 언급한다. 또한 해외에서 박사학위를 취득한 과학기술 인력의 유치 및 활용 정책이 준비되어야 하고, 연구, 생활, 취업 등의 어려움에 대한 지원이 시행되어야 한다고 제언한다. 해외 영주 과학기술인력에 대해서는 네트워크 구축을 통해 활용도를 증진시키는 방안을 모색해야 한다고 지적한다(송하중, 양기근, 강창민, 2004: 170-172).

두뇌 유입을 위한 구체적인 정책대안을 제시한 연구가 제시되었다. 해외 연구인력 관리자와 해외 고급인력을 대상으로 한 설문조사 결과에서 열악한 주거환경, 의료보험 지원 미비, 자녀교육 지원 부재 등의 문제가 제기되었다고 설명한다. 각 영역별 복수의 정책대안들에 대한 설문평가에서는 주거환경 관련해서 "대덕연구단지에 외국인 전용건물(Guest House)을 건설하는 안"이 선호가 가장 높다고 언급한다. 의료지원과 관련해서는 "외국인 과학기술자를 위한 새로운 의료보험 마련"과 자녀교육 관련해서는 "정부 차원의 지원을 통한 기존 외국인 학교의 이용"이 가장 선호되었다고 설명한다. 위에 언급된 설문조사에서 소망성과 실현 가능성에서 가장 선호가 높은 정책대안들도 현실적 문제점을 가지고 있기 때문에, 다양한 영역의 이슈들을 검토해 "실천 가능하고 상황 변화에 유연하게 대처할 수 있는 방안"을 수립해야 한다고 주장한다(권기헌, 이홍재, 2005: 95-105).

미국에서 학위를 취득한 과학자를 대상으로 분석해 두뇌 유출국의 결정요인을 제시하고, 한국의 두뇌 유입정책인 국제연구인력교류사업을 평가하고 대안을 제언한 연구가 제출되었다. 거시경제의 측면에서 보면 "1인당 GDP, GDP 증가율, 인구증가율은 낮고, 물가상승률은 높게 나타나는 국가 출신일수록 두뇌 유출이 지속"된다고 분석한다. 한국정부의 국제연구인력교류사업의 일환인 해외과학자

초청사업은 기술선진국의 과학자를 초빙해 고급기술 이전을 통한 보유를 목적으로 했지만, 실제 조사결과 주로 아시아지역 과학자의 유입으로 귀결되었다고 지적한다. 현장에서는 선진국의 과학자 초청이 현실적으로 어려워 연구역량이 우수한 아시아권 과학자 초빙으로 연구인력 풀의 확대에 주력하고 있다고 설명한다. 해외과학자 유입을 증가시키기 위해서는 과학자 교류의 활성화가 선행되어야 하며, 이를 위해서는 해외과학인력의 체류와 거주, 연구 활동에 대한 지원이 동반되어야 한다고 지적한다. 또한 각 연구 분야별로 한국의 과학기술의 세계적 수준을 진단해 수요가 큰 분야를 중심으로 고급인력을 유치할 수 있는 '유인체계'를 구축해야 한다고 주장한다(한웅용, 정원일, 전용일, 2011: 285-287).

소프트웨어와 엔지니어 분야 이외에 창업을 포함한 다양한 분야에서 해외 인재를 유치해야 한다는 의견이 제시되었다. 선진국은 이미 오래전부터 해외인재유치 경쟁을 치열하게 벌여왔으며, 이러한 유치 노력은 두뇌 유입이 국가경쟁력 강화의 필수적 요소라는 인식에 근간을 두고 있다고 언급한다. 해외전문인력의 유입을 위해서는 비자, 영주권, 국적취득 등 출입국 서비스가 혁신적으로 변화해야 한다고 지적한다. 귀화를 위한 보증절차와 같은 과도한 규제조치들이 완화되어야 한다고 제언한다. "외국 인재를 끌어들여 국가발전에 활용하려면 이런 '인적 쇄국주의'부터 청산해야 한다"라고 주장한다. 또한 육아·교육·의료·언어 서비스 등의 다양한 영역의 해외인재를 유입시킬 수 있는 혁신정책을 전개해야 한다고 강조한다(중앙일보 사설, 2013. 10. 17.).

두뇌자본 확보를 위한 방안을 제시한 연구가 제시되었다. 두뇌자본의 비효율적 활용을 의미하는 '내적 유출'을 방지하기 위해 '브레인웨어 육성법'을 제정하여, 국내 활동 지원과 효율적 활용을 모색해야 한다고 언급한다. 두뇌자본의 '외부유출'이 발생시키는 부정적 영향을 최소화하기 위해 '두뇌순환 역량'을 강화해야 한다고 제언한다. 구체적으로 초국가 민족네트워크인 해외 고급인력 네트워크를 적극 활용해야 하고, 첨단 정보통신 기술을 활용한 교류 강화 등을 제시한다. 또한 '국가 두뇌자본 전담기구'와 지방정부의 추진 기구를 설치해 '미래형 고급두뇌 양성, 유치, 활용' 방안을 수립하고 시행해야 한다고 주장한다(유영성, 2013: 20-21).

OECD 주요 국가의 이주정책 분석을 토대로 한국의 외국인력정책 방안에 관한 연구가 제출되었다. 우선 한국의 이주정책의 대상을 고숙련 해외인력 중심으로 변화시켜야 한다고 언급한다. 고숙련노동력 도입을 위한 정책을 시행하고 있지만, 여전히 저숙련노동력과 결혼이민여성의 유입에 이주정책의 초점이 맞추어져 있다고 지적한다. 해외우수인재의 정착을 위한 연구 환경, 주거지원, 사회통합 프로그램 등의 기반 조성을 준비해야 한다고 제언한다. 우수 인력의 정주화는 경제적 기여와 기술이전의 측면에서 한국사회에 긍정적 영향을 미친다고 설명한다. 또한 외국인력의 역량수준을 평가할 수 있는 기준의 보완이 필요하다고 주장한다(송해련, 2019: 66-67).

두뇌 유출, 유입, 순환 담론 논쟁은 두뇌 유출이 송출국에 미치는 영향, 두뇌 유입이 수용국에 미치는 영향, 두뇌순환이 송출국과 수용국에 미치는 영향 등에 관해 진행되어 왔다. 과거 두뇌 유출이 송출국에 인적자원과 저발전 등 부정적 영향을 미친다는 연구가 주를 이루었으나, 최근 전문인력의 본국 귀환을 통해 자본과 기술이전 등 송출국에 긍정적 영향을 미친다는 주장이 제기되고 있다. 두뇌에 해당하는 인력에 대한 규정은 수용국의 기준에 따라 차이가 나타날 수 있다. 대체로 고숙련 또는 숙련노동력을 해당 범주에 포함시키고 있다. 한국의 경우 2000년대까지도 두뇌 유출을 우려하는 의견들이 시민사회를 중심으로 제출되었다. 한국의 경우 해외우수인력 또는 전문기술인력의 유치가 성공적이지 못한다고 지적한다. 한국은 해외우수인력 확보가 필요하기 때문에, 두뇌유입에 관한 조사 분석을 통해 구체적 지원방안의 논의와 재외동포를 활용해야 한다는 주장 등이 제시되었다. 특히 재외동포 전문기술인력의 활용은 두뇌순환의 측면에서 긍정적 영향을 미칠 것이며, 네트워크 구축을 통해 가능하다고 제언한다. 두뇌 유출, 유입, 순환 담론은 한국의 해외 우수인재 유치 필요성과 이를 지원하기 위한 정책방안에 논의가 머물러 있는 수준이다. 향후 두뇌 유입에 따른 부정적 영향에 대한 대응방안과 사회적 공론화와 합의에 대한 의견이 본격적으로 논의되어야 한다. 또한 두뇌순환에 관한 경험적 연구를 통해 한국과 송출국에 미치는 영향과 지원정책에 대한 고찰이 필요하다. 두뇌 유출과 관련해 한국과 송출국의 공적개발원조 차원에서의 논의도 검토되어야 한다.

12. 디아스포라와 재외동포정책 담론과 쟁점

디아스포라는 "주로 정치, 경제적인 이유에서 세계 곳곳에 추방되는 경험을 함으로써 집단적인 외상(trauma)과 정체성을 공유하는 전형적인 이주집단"으로 역사적 의미를 가진 공동체로 정의된다. 추가적으로 일자리를 찾아 노동자가 이주함으로써 형성되는 노동 디아스포라가 존재하며, 영국의 식민지 시기 인도 노동자의 이주, 북아프리카 노동자의 프랑스 이주, 일본 노동자의 하와이 사탕수수 농장 이주 등에 의해 형성된 디아스포라가 역사적 사례로 제시된다. 최근 노동 디아스포라는 세계화, 초국가주의, 탈영토화, 다중정체성, 디아스포라의 위치 등의 개념과 연계될 수 있으며, 노동 디아스포라를 초국가적 행위자로 이해하는 것이 필요하다고 강조한다. 디아스포라 현상의 연구는 한민족의 해외이주와 정착에 대한 분석과 함께 최근 한국으로 유입되고 있는 타민족의 디아스포라 경험에 대한 설명도 병행되어야 한다는 것이다. 또한 디아스포라 현상을 국가, 사회, 시장과의 관계 속에서 살펴봄으로써 체계적 설명을 추구해야 할 것으로 제언한다(전형권, 2007: 124-128).

디아스포라의 관계의 연결과 정체성 유지에 주목해 "고국을 떠나 타국에 뿌리를 내리며 살아가는 소수민족 집단으로서 수용국-고국-타국에 거주하는 동족 이주민집단과의 국제적인 유대관계를 이어가면 자신들의 정체성을 유지하는 사회정치적 공동체"로 현재성을 강조한 정의가 제시되었다. 국제이주와 본국 발전과의 연계와 관련해 디아스포라의 역할을 규명하는 연구가 제시되었다. 디아스포라의 본국 발전에 미치는 영역은 본국 송금, 두뇌 유입과 순환, 본국과 수용국 간 초국적 네트워크 등으로 구분한다(신지원, 2015: 8-10, 14).

재외동포는 "대한민국 국민이 외국국적을 보유했거나(대한민국정부 수립 전에 국외로 이주한 동포 포함) 또는 그 직계비속으로서 외국국적을 취득한 자(외국국적 재외동포)와 장기간 외국에 거주하는 재외국민(대한민국의 국민으로서 외국의 영주권을 취득한 자 또는 영주할 목적으로 외국에 거주하고 있는 자)까지 포함하는 포괄적 개념"으로 제시하고 있다. 19세기부터 20세기 초반까지 러시아, 중국, 미국, 일본, 멕시코, 쿠바 등지로 향한 재외동포의 이주는 '디아스포라' 또는 '민족이산'으로 간주할 수 있다. 디아스포라는 재일동포 올드커머와 구소련 고려인동포가 대표적이며, 모국과 거주국과의 연계성과 이동성이 낮은 집단으로 구분되었다. 1990년대 이후 중국과 구소련지역 재외동포의 국내 거주와 모국 귀환이 증가한다. 재외동포정책은 "모국과 재외동포 간의 관계를 정립하고, 양자의 발전 관계를 증진하기 위한 정부의 목표, 결정, 활동을 가리킨다. 구체적으로 재외동포의 정의와 범위, 권리와 의무를 규정하고, 재외동포에 대한 국가 책임의 범위와 내용을 명시하고, 정책의 목표와 추진방안을 수립하고, 정책을 추진하기 위한 법률을 제정하고 전담조직을 설립"하는 것으로 정의하고 있다. 「재외동포의출입국및법적지위에관한법률」(재외동포법) 제정, 재외동포재단 설립, 재외국인 선거제도 도입 등이 대표적인 재외동포정책으로 언급된다. 2007년부터 시행된 방문취업제는 국내 재외동포의 국내 취업이 증가하는 데 기여한다. 특히 중국동포는 방문취업제와 함께 2008년부터 재외동포(F-4) 비자를 통해 장기간 한국에 거주할 수 있게 되었다. 재외동포정책은 재외동포 사회의 다원성을 다차원적으로 이해할 수 있는 인식에 기초해야 한다고 언급한다. 국내 거주 재외동포의 증가는 재외동포가 모국의 사회구성원임을 일깨우고 있다. 인적자원으로서의 재외동포 활용, 초국가적 네트워크, 국내 거주 재외동포의 다문화 경험 등에 관한 고찰이 필요하다고 언급한다. 또한 재외동포와 모국 간 '호혜적이고 포괄적인 방안'이 모색되어야 한다고 주장한다(윤인진, 2016: 395-435).

한국과 중국의 재외동포네트워크정책의 비교 분석을 통해 한국의 정책적 함의를 도출한 연구가 제시되었다. 한국의 경우 세계한상대회, IT 전문인력 네트워크 구축, 한민족 여성 네트워크 구축 등을 분석했으며, 중국의 경우 세계화상대회와 화교 우수 인재와의 네트워크 등을 사례로 연구한다. 이러한 비교 분석을 통해 한국의 정책 개선을 위한 시사점을 재외동포 투자 유치 확대를 위한 지원정책 강화, 지방정부와 재외동포의 네트워크 강화, 재외동포와의 '장기적인 유대 강화' 추진 등으로 제시한다. 한편 재외동포 네트워크의 활용도가 낮다는 진단을 통해 제고방안을 제출한 연구가 제시되었다. 경제, 교육, 문화, 인적 분야의 네트워크 활용도 낮은 것으로 언급하면서, 정부의 정책은 네트워크 구축이 아닌 구축되어 있는 네트워크의 활용 지원과 '지속적인 사후 관리' 등에 주안점이 두어져야 한다고 주장한다. 또한 국가 단위 재외동포 네트워크를 넘어서 "상호 교류가 가능하도록 글로벌 연결망을 강화"시켜야 한다고 제언한다. 그리고 오프라인 네트워크와 '온라인 허브'의 병행과 지역과 직능별 '다양한 클러스터' 차원의 재외동포 네트워크 구축이 필요하다고 제시한다(최영, 2011: 81-686; 임채완, 김혜련, 2012: 148-149).

재외동포사회의 젠더 이슈에 관한 연구가 제시되기 시작한다. 국제이주를 젠더 시각에서 분석하는 것은 분석 대상을 여성으로 설정한다는 수준을 넘어서 인간관계에서 권력을 구조화하는 방식이자 사회적 성 역할인 젠더 관계에 주안점을 두는 것이라고 언급한다. 호주 한인 1세대 여성에 관한 젠더 관점의 연구를 통해 재외동포사회의 한인 여성은 지위 향상과 가부장제로부터의 탈피 등의 '권한 강화(empowerment)'와 가족 내에서의 전통적 젠더 역할 요구와 열악한 노동환경 등에 따른 '상호 모순적인 정체성'을 가지고 있다고 지적한다(문경희, 2018: 49-102).

한국의 1960년대 초부터 1980년대 중반까지를 '개발국가(developmental state)' 시기로 규정하고, 해당 시기 정부 주도의 해외이주정책의 젠더문제를 지적한 연구가 제시되었다. 1960년대 한국 여성의 취업을 위한 국제이주는 '생존의 여성화(feminization of survival)'의 측면에서 인식되어야 하는데, 당시 국제결혼이나 해외취업을 한 한국 여성에 대한 부정적 담론이 언론을 통해 나타났다. '개발국가' 시기 한국 여성의 해외이주는 개척자로서의 남성중심 해외이주에 비해 제한적인 관심이 두어졌다고 지적한다. 한국의 해외이주에 대한 분석을 위해서는 '여성주의적 접근'이 요구되며, 이를 통해 젠더의 관점에서 한국 여성의 해외이주를 재고찰할 수 있다고 주장한다(황정미, 2018: 37-39).

재외동포의 귀환이주와 모국에서의 공동체 형성에 관한 연구가 제시되었다. 귀환이주는 "정치적 · 사회적 · 경제적 · 문화적 · 개인적 요인 등으로 인해 다른 국가로(자발적 및 비자발적으로) 이주한 자 및 이주국에서 출생한 그 자손들이, 본인의 의지로 본국으로 돌아오는 이동"으로 정의한다. 국내로 귀환한 재외동포 공동체는 정주와 단기 체류의 성격으로 구분해 중국동포로 대표되는 가시적 집단과 재미동포와 재일동포를 포함하는 비가시적 집단으로 구분한다. 국내 거주 중국동포와 고려인동포의 경우 이주노동자 공동체로 규정한다. 이들 재외동포 공동체는 주로 취업의 경제적 목적을 가지고 귀환해 공단 주변에 집단 거주하는 특성을 나타낸다고 언급한다. 방문취업제의 실시는 중국동포의 정착이 증가하는 데 중요한 영향을 미쳤으며, 중국동포는 외국인력 정책 차원을 벗어나 이주노동자 집단과 차별화된 정책 대상으로 부각되었다고 지적한다. 또한 재외동포 비자(F-4) 도입과 발급 확대는 중국동포와 고려인동포의 귀환과 정착 증가에 기여한다고 언급한다. 귀환동포의 이주와 정착을 통한 공동체 형성에는 방문취업제와 재외동포 비자 등의 재외동포정책이 직접적 영향을 미쳤다고 주장한다. 현재는 귀환동포 공동체의 형성이 진행되는 시기로 주류사회와 분리된 '종족 집거지'로 발전할 것인지 또는 주류사회로 동화될 것인지에 관한 향후 고찰과 후속연구가 필요하다고 지적한다. 귀환동포 공동체 간 교류보다는 개별 공동체가 귀환동포의 거주, 경제활동, 단체활동의 중심지 역할을 할 것으로 예측한다(윤인진, 김희상, 2018: 31, 41-45, 53-60, 92-95).

재외동포 차세대의 주류화에 관한 연구가 제시되었다. 주류화 개념을 재외동포가 "거주국의 기회구조와 사회적 관계에 동등하게 참여하는 과정"으로 정의한다. 구체적으로 "거주국의 주류 민족집단과 비교해서 삶의 기회와 질에 대해 동등한 지위를 확보할 때 주류화가 이루어졌다"라고 언급한다. 주류화를 측정하기 위한 지표로 "시민권자 비율, 불법체류자 비율, 영어 구사력, 족외혼율, 취업률, 직업, 소득, 빈곤율, 주거 소유율, 최종 학력, 주관적 건강 상태, 의료보험 가입률, 비선거 정치 참여, 선거 등록률, 투표율, 선출직 또는 고위 임명직 비율" 등을 제시한다. 주류화 관점에서 재외동포사회를 조망하는 것을 통해 재외동포사회를 분석틀을 활용해 종합적 설명과 비교 분석을 가능하게 할 수 있다고 언급한다. 지표를 활용한 분석틀을 통해 거시적 요인과 미시적 요인의 동시적 고찰과 재외동포사회 간 비교 분석을 할 수 있다고 강조한다. 또한 주류화 분석은 재외동포사회의 향후 변화를 예상할 수 있는 기초를 제공한다고 지적한다. 재외동포 1세대의 해외이주와 적응 분석에 국한된 기존 연구방법을 탈피해, 주류화 연구는 재외동포 차세대의 주류사회 참여와 동화 등의 현황 파악과 예측을 가능하게 한다고 강조한다(윤인진, 2019: 50-73).

디아스포라와 재외동포정책 담론은 디아스포라의 정의, 디아스포라 유형, 재외동포사회 변화, 재외동포정책의 범위와 대상 등에 관한 논의가 주를 이루고 있다. 한민족 디아스포라 고찰은 국내 거주 재외동포와 타민족 디아스포라에 관한 연구로 발전되어야 한다고 언급한다. 디아스포라와 재외동포의 초국가적 네트워크와 활동에 관한 분석도 제시되었다. 한국의 재외동포의 국내 취업과 거주, 네트워크 구축, 정체성 증진 등에 관한 지원 확대가 필요하다는 요구는 해당 정책 수립과 시행, 재외동포재단 설립과 운영, 정부부서의 지원 등을 통해 발전되어 왔다고 지적한다. 국내 거주 재외동포의 증가, 공동체 형성, 국적 소속 국가와의 네트워크 구축 등 기존 재외동포정책으로는 포괄할 수 없는 영역의 새로운 이슈에 대응하기 위한 정책 수립이 필요하다고 주장한다. 재외동포사회의 차세대의 성장은 재외동포정책의 새로운 이슈로 부각하고 있다. 재외동포정책 대상 범위의 재구축과 재외동포 1세대와 다른 3세대와 4세대의 정체성 증진과 주류사회 진출에 대한 지원 범위에 관한 논의의 필요성을 제기한다. 그동안 간과되었던 재외동포사회의 젠더와 이주의 여성화의 관점에서의 고찰과 같은 재외동포사회 다양한 이슈에 관한 의견도 제출되었다. 앞으로 디아스포라와 재외동포정책 담론은 한국의 경우 차세대와 관련해 재외동포정책의 범위와 대상, 내용 등의 개편에 관한 논의가 필요하다. 또한 재외동포사회를 이해하기 위해 이민자 공동체의 보편성과 한민족 민족정체성의 특수성에 관한 고찰도 요구된다. 한국의 재외동포정책을 이민정책과 어떻게 연계할 것이지 또는 포괄할 것인가에 대한 학문적·정책적 논의도 진행될 것으로 예상된다.

13. 미등록이민자, 불법체류이민자, 난민 담론과 쟁점

불법취업 외국인노동자의 증가에 대한 우려를 표명한 의견이 제시되었다. 불법체류이민자의 증가는 정부의 정책 부재와 함께 "외국인 노동력 수입을 묵인"한 것이 원인이라고 분석한다. 중소기업의 인력난을 이유로 정부는 불법체류이민자 문제를 방치해왔다고 지적하고, 정부가 행하는 불법취업자 단속으로는 문제를 해결할 수 없다고 비판한다. 오히려 정부는 "불법취업 외국인에 대한 미온적인 단속과 강제출국 시한 연기, 외국인 산업기술 연수제도 확충" 등을 통해 불법취업자를 양산하고 있다고 설명한다. 따라서 외국인노동력 유치는 통제되어야 하고, "외국인의 불법취업은 그대로 방치할 수 없는 문제"라고 주장한다. 한편 증가한 불법체류 외국인으로 인한 불법취업으로 인한 고용구조 왜곡과 범죄 증가로 인한 치안문제 등의 한국사회에 대한 부정적 영향이 사회문제가 되고 있다고 지적한다(한겨레신문 사설, 1994. 9. 6.; 경향신문 사설, 1992. 8. 5.).

불법체류이민자의 경우 주로 불법체류노동자를 지칭하는 용어로 활용되어 왔다. 불법체류노동자를 "취업을 할 수 없는 조건으로 입국했거나 체류기간이나 자격을 어기고 취업한 이주노동자"로 지칭한다. 서구에서는 외국인노동자의 존재를 부정적으로 의미하게 만들 수 있기에 불법체류노동자 대신 미등록노동자라는 용어를 사용하고 있다. 2003년 고용허가제 도입 이전까지 외국인노동자는 공식적으로 존재하지 않았고, 산업연수생 기간이 종료된 후 불법체류하게 된 미등록외국인노동자 또는 한국사회에서 익숙한 불법체류노동자로 거주한다. 불법체류 신분은 외국인노동자에게 임금체불과 폭행 등에 노출되게 했으며, 기본적 권리도 보호받지 못하도록 한다고 지적한다(한건수, 2003: 162, 165-167).

외국인노동자는 산업에 필요한 노동력을 제공한다는 측면과 인간으로서의 보편적인 존엄과 기본권을 보장받아야 한다는 면에서, 국내 체류할 수 있는 자격을 논하기 전에 기본권을 누릴 수 있도록 해야 한다고 지적한다. 또한 이러한 기본권 보장은 한국사회의 '선진화'의 진전을 파악할 수 있는 척도라고 언급한다. 특히 불법체류 외국인노동자의 의무 교육과정이 중학교 교육을 받지 못하는 현실은 부끄러운 현실이라고 비판한다. 모든 아동에게 동등한 교육 기회를 제공함으로써 빈곤의 대물림을 방지하겠다는 취지의 〈유엔아동권리협약〉에 가입한 한국이 불법체류 외국인노동자 자녀에게 교육 기회를 제공하지 않고 방치하는 것은 문제라고 주장한다. 불법체류 외국인노동자의 "기본권 보장 등 인권 신장을 위해 관심과 지원을 아끼지 않는 것도 해외 원조를 늘리는 것 못지않게 국가 브랜드 가치를 높이는 일"이라고 지적한다(한국일보 사설, 2010. 1. 26.).

불법체류자의 급증에 대한 정부의 대응을 요구하는 의견이 제시되었다. 미등록 외국인은 2019년 약 37만 명으로, 2016년 약 20만 명에 비해 57% 증가했다고 소개한다. 이러한 불법체류자 증가의 원인은 비자면제 프로그램 확대, 정부의 미온적 대처, 사업주의 고용 지속 등으로 제시한다. "불법체류자 문제를 이대로 방치할 경우 각종 사건 사고나 주민과의 갈등 등 사회문제가 점점 커질 수밖에 없다. 정부는 지금이라도 인력과 예산을 들여 불법체류 문제를 해결하고 제도 개선 등 시스템도 정비해야 한다"라고 주장한다. 한편 불법체류자 급증을 최저임금의 인상에서 찾는 의견이 제시되었다. 최저임금의 과속인상으로 단기비자로 입국한 중국과 동남아 출신 외국인노동자가 불법체류를 통해 수입을 얻고자 하는 유인이 커졌다고 지적한다. 이를 해결하기 위해서는 출입국 통제만으로는 어렵고, 최저임금 인상의 속도 조절이 필요하다고 주장한다(매일신문 사설, 2019. 10. 1.; 헤럴드경제 사설, 2019. 1. 22.).

난민 개념은 난민협약에 따르면 "인종, 종교, 국적 또는 특정 사회집단의 구성원 신분 또는 정치적 의견을 이유로 박해를 받을 것이라는 충분한 근거가 있는 두려움으로 인하여, 자신의 국적국 밖에 있는 사람으로서, 국적국의 보호를 받을 수 없거나 또는 그러한 두려움으로 인하여 국적국의 보호를 받기를 원하지 않는 사람, 또는 그러한 사건의 결과로 인하여 종전의 상주국 밖에 있는 무국적자로서 상주국으로 돌아갈 수 없거나 그러한 두려움으로 인하여 상주국으로 돌아가는 것을 원하지 아니하는 사람"으로 정의된다. 난민신청자는 "비호신청인 또는 난민신청자, 난민인정자, 인도적 체류 허가자, 국내실향민, 현지체재 중 난민 또는 현장난민, 재정착난민" 등의 다양한 신분의 용어로 정의된다고 언급한다. 난민과 이주민의 구분은 강요된 이주인지와 자발적인 이주인지에 여부 판단이 기준으로 활용될 수 있다고 지적한다. 한국의 난민정책은 1992년 〈난민지위협약〉과 〈난민지위의정서〉 가입과 1993년과 1994년 「출입국관리법」과 시행령에 난민인정조항 신설과 난민지위인정신청 접수로부터 시작되었다고 설명한다. 2013년 「난민법」의 제정과 시행은 난민정책의 체계화에 기여한다고 강조한다. 「난민법」은 난민에 대한 정책을 인권 보호의 측면에서 접근할 수 있도록 하며, 난민의 지위와 기본권 보장을 법률적으로 강화한 내용을 포함한다는 측면에서 의미를 가진다고 설명한다. 한국에서는 「난민법」의 제정에도 불구하고 난민에 대한 차별적 인식과 대우로 인해 난민이 어려움을 겪고 있다고 비판한다. 난민아동의 경우 혈통주의에 기초한 국적제도로 인해 무국적자가 되는 상황을 문제의 사례로 지적한다. 그러나 한국사회에서 난민의 수용은 다양한 문화와 언어적 자원의 유입과 민주화운동의 의미 공유와 초국적 연대를 통한 한국 정치발전 등에 기여한다고 주장한다. 또한 난민정책은 '경제중심주의' 또는 '국민국가주의'에 기초하기보다는 '인권 중심적' 권리 개념에 토대를 두어야 한다고 강조한다(김현미. 2016c: 438-441. 457-465).

한국사회의 난민에 대한 인식 부족의 원인과 난민에 대한 경도된 인식의 단편을 분석한 연구가 제시되었다. 한국에서 난민에 대한 이해와 관심의 부족은 국제인권문제에 대한 무관심, 분단과 반도라는 지정학적 위치로 인한 난민 경험 부족, 저개발국가 국민에 대한 멸시를 기반으로 하는 '폐쇄적 민족주의', 난민신청과 심사과정에서의 '행정 편의주의' 등에 기인한다고 지적한다. 난민문제에 대한 잘못된 인식 또한 다양한 갈래로 나타난다고 설명한다. 난민에 대한 지원은 경제적 손실이고, 난민 입국이 시작되면 대규모 난민 유입을 발생시킬 것이라는 우려가 표출된다고 언급한다. 또한 한국 정착을 위한 수단으로 난민신청이 악용되고 있다는 인식과 명망가만 난민신청을 하거나 수용해야 한다는 편견도 존재한다고 분석한다(송종호, 2005: 88-93).

난민에 대한 외국인혐오증(xenophobia)의 표출은 보수정권의 "도구적 다문화주의의 귀결"과 진보진영의 "다문화 어젠다에 대한 상대적 무관심"이 결합되어 나타났다고 지적한다. 특히 예멘 난민에 대한 반대에서 여성에 의한 제노포비아가 확산된 것은 예멘 난민의 91%가 남성이라는 불안감과 이슬람 여성의 낮은 인권 수준에 대한 분노 등에 영향을 받았다고 설명한다. 2018년 당시 여론조사에서도 예멘 난민 수용에 대해 여성 60.1%가 반대해 남성의 46.6%보다 높게 나타났다고 언급한다. '여성들의 공포'라는 담론은 '내국인의 안전' 우선 논리로 접근하는 문제를 야기한다고 지적하면서, 이러한 논리는 "국민주의적인 동시에 남성주의적인 안보 논리"에 기반을 두고 있다는 점을 인식해야 하며 외국인에 대한 혐오를 정당화해서는 안 된다고 비판한다(조경희, 2018: 231-232, 240-242).

젠더의 관점에서 난민 반대 담론에 관해 분석한 연구가 제시되었다. 반다문화 담론은 '남성 주체성'의 강조를 통해 성범죄자 이민자와 피해자로서 한국 여성이라는 이분법을 동원해왔고, 이러한 이분법은 난민문제에 대한 한국 여성의 반난민 담론에 투영되면서 인종주의의 확산을 가져왔다고 분석한다. 2018년 등장한 난민 반대 담론에서 여성 화자가 등장하면서 예멘 난민을 "젠더적으로 중층적인 불안의 대상으로 만들었을 뿐 아니라 동시에 반다문화에서 성장한 우익적 정동을 한층 증폭"시켰다고 지적한다. 난민 반대의 입장에서 여성 화자들은 성폭력을 '민족 또는 국가의 유린', 피해자로서 여성은 남성 난민에 취약한 국가 대신 "강한('남성적') 국가"를 소환한다고 설명한다. 또한 어머니-여성의 정체성 제시를 통해 난민을 통제할 수 있는 "가부장적 국가의 복원"을 요구한다고 언급한다. 일부 페미니스트의 경우 난민 반대의 입장에서 강간을 민족 또는 국가의 유린이라는 시각이 아닌 여성에 대한 억압으로 재정의한다고 소개하고, 이는 '억압자(가해자) 남성'과 '피억압자(피해자) 여성'의 이분법의 한계를 벗어나지 못한다고 지적한다(전의령, 2020: 364, 395-396).

난민에게 기본적 권리로서 방문권과 영주권을 제공해야 한다는 주장이 제기되었다. 난민이 '권리를 가질 권리'를 보장받도록 해야 한다고 강조하면서, 세계시민으로서 방문의 권리가 부여되어야 한다고 지적한다. 또한 소극적 방문권을 넘어 장기적 거주가 보장되는 영주의 권리로 연계되어야 한다고 주장한다. 한국사회도 국경의 문턱을 낮추어 난민의 방문권을 보장하고, 더 나아가 영주권과 시민의 권리가 부여될 수 있는 포용적 정책이 필요하다고 언급한다. 이를 위해서는 박해에 국한된 난민 요건을 "자연재해, 정치적 변란, 외국 군대의 침입" 등의 다양한 요인으로 발생한 난민도 보호 범주에 포함시켜야 한다고 지적한다. 또한 난민에게 과도하게 박해를 증명하도록 요구하는 심사과정과 심사기간의 개선이 필요하며, 심사기간 동안 기본적 생계지원이 필요하다고 강조한다. 난민으로 인정된 경우 영주의 권리와 귀화 등을 포용적 자세로 지원해야 한다고 주장한다(손철성, 2013: 214-217).

제주도로 입국한 난민 인정에 대해 시민사회는 찬성과 반대의 입장이 제시되었다. 찬성 측은 "'난민혐오 반대' 등의 구호를 외치며 신속하고 공정한 난민심사와 정부의 보호 대책 마련을 촉구"하면서, 난민이 "안전을 위협한다는 주장에는 어떠한 합리적인 근거도 존재하지 않는다"라고 주장한다. 반대 측에서는 "가짜 난민과 불법체류자를 즉각 추방할 것을 요구"하면서, "대한민국의 안보가 위협받고 있다"라고 주장한다. 특히 난민신청을 한 경우에 주어지는 혜택이 많아 '가짜 난민'들이 한국으로 들어오고 있다고 비판한다. 또한 난민반대 단체는 「난민법」과 무사증 입국 제도를 폐지할 것과 난민법이 아닌 출입국관리법으로 난민문제에 대응해야 한다고 주장한다. "유엔 난민협약에도 체약국이 국가 안보를 위한 조치를 잠정적으로 취하는 것은 제한하지 않는다"는 의견을 제시한다. 이러한 주장에 대해 한국의 경우 국제이주가 '역사적 · 정치적' 특성을 가지지 않으며, 난민 보호는 국제사회의 인도주의 원칙에 부합한다고 지적한다. 난민신청자가 한국을 적대시할 이유도 없고 한국사회에서 난민 입국으로 인해 이슬람과 기독교의 갈등이 표출될 가능성도 없다고 강조한다. 또한 외국인 범죄율이 일반 국민보다 낮고 난민심사를 인정하는 비율이 한국의 경우 현저히 낮은 상황에서 난민 입국을 반대하는 것은 적절하지 못하다고 비판한다. 한편 유엔난민기구 한국대표부는 한국정부가 난민의 일자리와 생계에 대한 지원을 확대해줄 것으로 요청하면서, "한국의 교육 수준이 매우 높고 첨단 기술도 있는 만큼, 해외 대규모 난민 캠프에 있는 난민들에게 원격 교육"을 제공해줄 것으로 제안한다(김지석, 2018. 7. 24.; 이지영, 2018. 7. 28.; 이경국, 2018. 9. 16.; 이윤주, 2019. 11. 20.).

난민문제에 대한 입장 정립과 지방정부의 대응을 주문하는 의견이 제시되었다. "난민문제는 배타주의도 지나친 온정주의도 곤란하다. 이슬람을 폄훼하는 등 반감을 드러내는 배타주의는 지양해야 한다. 그렇다고 무조건 수용하는 것도 문제다. 한편에선 난민 브로커를 통한 '기획 난민', '난민 비즈니스' 등 국내 체류 및 취업 방편으로 난민법을 악용하고 있다"라고 지적한다. 지방정부 차원에서는 이민자 집단거주지인 안산을 포함한 경기도가 난민 정착지가 될 가능성이 높기 때문에, 이에 대한 선제적 대처가 필요하다고 주장한다 (경기일보 사설. 2018. 9. 12.).

재정착 난민의 수용을 확대해야 한다는 의견이 제시되었다. 재정착 난민제도는 「난민법」에 규정되어 있고, 구체적으로 "해외 난민캠프에서 한국행을 희망하는 난민을 유엔난민기구(UNHCR)의 추천을 받아 심사 후 수용하는 제도"라고 설명한다. 한국이 재정착 난민제도를 통해 난민을 수용하기 시작한 것은 긍정적이라고 평가하면서도, 한국의 경제수준에 비해 매년 30명 수용은 규모가 너무 작다고 지적한다. "저출산에 따른 인구 변동 가능성까지 감안한다면 좀 더 적극적으로 받아들일 필요가 있다"라고 제언한다. 또한 세계 평균 난민 인정률 30%가 넘는 것에 비해 한국의 경우 3.6%에 불과해 과도하게 엄격한 난민심사제도를 운영하고 있다고 비판한다. "난민 수용 규모를 확대하고 이들의 성공적 정착을 지원하는 것은 한국을 다문화 시대의 매력 국가로 만드는 길이기도 하다"라고 주장한다(중앙일보 사설. 2015. 12. 24.).

미등록이민자, 불법체류이민자, 난민 담론은 해당 이민자의 증가에 대한 우려와 기본적 권리 확대의 상반된 의견이 제시되어 왔다. 불법체류자 또는 불법체류노동자라는 용어는 최근 학계나 시민단체를 중심으로 서구에서처럼 미등록이민자 또는 미등록노동자 등의 용어를 사용함으로써 병용되고 있는 상황이다. 1990년대 진보언론을 통해 불법체류자가 고용시장을 왜곡하고 범죄를 양산할 수 있기에 통제가 필요하다는 주장이 제시되었다. 2000년대 들어서면서 불법체류노동자의 기본적 권리조차 보장받고 있지 못하는 현실을 비판하며, 기본권 보장이 필요하다는 의견을 학계와 언론 등에서 제시한다. 기본권 보장은 국제규범에 부합하기도 하지만, 한국사회의 '선진화'를 판단할 수 있는 척도라고 언급한다. 반면 최근 불법체류자가 급증하고 있는 상황에 직면해 불법체류자를 감소시키기 위한 정부의 강력한 대응을 촉구하는 주장이 제기되었다. 난민 문제와 관련해 2013년 「난민법」 시행은 국제난민레짐의 국내적 적용이 이루어졌다는 면에서 진일보한 것으로 평가하면서도, '폐쇄적 민족주의' 와 '행정 편의주의' 등에 기초한 난민에 대한 부정적 · 차별적 인식과 대우는 여전히 존재한다는 비판이 제출되었다. 난민은 문화적 자원의 확장과 민주주의 발전을 위한 연대를 통해 한국의 정치발전 등의 긍정적인 측면을 가지고 있으며, 난민정책은 '인권 중심적' 권리 개념에 기반을 두어야 한다고 지적한다. 한편 난민에 대한 혐오증은 보수와 진보 각각의 "도구적 다문화주의의 귀결"과 "다문화 어젠다에 대한 상대적 무관심"의 결합과 젠더 담론의 부각이 혼합되어 강화되었다고 주장한다. 난민에 대한 반대 입장은 무분별한 난민 입국으로 인한 안보위협과 가짜 난민 문제를 집중적으로 제기한다. 반면 난민에게 방문권과 영주권을 확대해야 하며, 재정착 난민은 수용을 확대해야 한다는 주장도 제시되었다. 불법체류 또는 미등록이민자에 관한 담론은 이들에 대한 묵인 또는 합법화를 통해 경제적 기여를 증진할 수 있다는 주장과 이들의 거주를 통해 고용시장 왜곡과 외국인 범죄가 증가할 수 있다는 부정적 의견이 쟁점을 구성할 것이다. 이러한 주장에 대한 경험적 연구가 뒷받침되어야 할 것으로 판단된다. 난민 관련해서는 난민 수용을 둘러싼 찬성과 반대의 논쟁이 진행될 것으로 판단된다. 난민 수용이 가진 규범적, 긍정성에 대한 입장과 현실적, 부정성에 대한 견해가 대립할 가능성이 높고, 무슬림 난민과 남성 난민에 대한 반대 의견도 견고할 것으로 예상된다. 난민문제를 둘러싼 이견을 조정하고 사회적 합의를 도출할 수 있는 방안에 관한 논의 또한 필요하다.

14. 민족과 민족주의 담론과 쟁점

다문화주의에 대한 회의적인 시각은 단일민족주의와 순혈주의에 근거한다고 지적한다. '한민족-한 국가-한 언어-한 문화'를 토대로 한 단일민족주의와 순혈주의의 시각이 지배적인 한국사회에 다문화주의가 정착하기 어렵다는 회의적인 입장이 제기되었다고 언급한다. 그러나 한국사회에 단일민족주의가 '하나의 신화'가 된 것은 역사적으로 길지 않으며, 이러한 현상은 역사 이해의 오류에 기인한다고 강조한다. "조선 시대까지는 단일민족이라는 개념은 존재하지 않았으며, 혈통을 근거로 하는 차별 역시 존재하지" 않았다고 주장한다. 일제 식민지 시기를 거치면서 "손상된 문화적 긍지를 대체할 정서적 고안물"로 '발명된 상징'이 단일민족주의라고 비판한다. 또한 단일민족주의가 근대에 형성되었다는 점을 인정하는 것과 한국의 '분열증적인 민족주의' 또는 '강박적인 민족주의'가 야기한 폐해와 다문화주의 논의의 방해물로서의 기능을 간과하는 오류는 수정이 필요하다고 주장한다. 한편 화교와 1세대 혼혈인에 대한 배제정책은 인종주의적 편향을 보여주는 사례하고 설명한다. 혼혈인의 경우 국방의 의무로부터 '면제되는 특권'이 강제되었고, 의무로부터의 면제는 기본적인 권리로부터 배제되는 대우를 받아왔다고 지적한다. 시민사회에서조차 혼혈인에 대한 차별과 배제를 비판했던 선례가 미비하다는 것은 한국사회 내부의 인종주의에 기반을 둔 '사회 동질화'의 압력이 존재하고 있다고 비판한다(오경석, 2009: 25-27).

한국의 이민정책이 "반차별과 공존을 추구하는 자유주의적 방향"으로 변화되어 왔지만, 실제 정책과 담론에서는 결혼이민여성, 외국인노동자, 재외동포 등에 대한 '차별적 수용'이 진행되는 '재민족화(Re-ethnicization)'의 역설이 나타난다고 지적한다. 시민권 측면에서 '재민족화'는 '국민의 강화'를 기초로 재외동포에 대한 연계와 이민자에 대한 국민으로의 통합 강화의 두 가지 차원으로 구분할 수 있다고 언급한다. 한국의 '재민족화'는 "혈연이라는 민족적 요소에 근거"하고 있으며, 이민자에 대한 수용에 있어서 '민족 친화성'이 중요한 기준으로 작동하고 있다고 지적한다. 한국은 단일민족주의, 혈연 기반 국적제도, 재외동포 등으로 인해, '재민족화' 과정에서 정체성의 내용이 '민족적 요소(ethnic factor)'의 경향을 보이며, '민족 친화성'을 중심으로 '시민적 계층화'가 구축된다고 분석한다(조화성, 2009: 46-47, 51-52, 59).

다문화주의와 관련해 한국의 민족과 민족주의에 관한 연구가 제시되었다. 주로 다문화주의에 부정적 영향을 미치는 것으로 민족과 민족주의는 설명되었다. 단일민족과 '단군순혈주의'는 주관적이고 허구적 역사 도식으로 한국의 다문화주의가 정착하고 성공하기 위해 벗어나야 하는 이념적 프레임으로 지적한다. '단군순혈주의'는 근거 없이 발명된 개념이라는 비판까지 적극적으로 주장한다(박병섭, 2011: 207-208).

2007년 유엔 '인종차별철폐위원회'는 권고에서 단일민족주의와 순혈주의가 인종차별을 발생시킬 수 있기에 다인종, 다문화 교육 강화를 언급한다. 단일민족주의와 순혈주의는 한국의 전통과 문화의 기저에 당연한 것으로 간주되어 존재해왔고, 이로 인한 정체성의 갈등 경험 부재는 역설적으로 다문화가 쉽게 수용되고 활용되는 기회가 되었다고 지적한다. 강력한 단일민족주의와 순혈주의 문화는 이민자를 "불쌍하고 안타까운 그들"로 규정하고 인도주의적 온정과 시혜에 공감하는 것이 "다문화로 등치"하면서 단일민족주의와 다문화 간 갈등과 경쟁에 관한 우려와 긴장이 해결되는 "실마리 또는 면죄부"를 가지게 되었다고 주장한다(김혜순, 2008: 63-64).

다문화 시대의 도래와 함께 새로운 민족 개념에 관한 연구가 제시되었다. 19세기 말까지 장기간에 걸친 독립적인 정치공동체와 동질성이 강한 문화적 토대를 유지해오면서, 일제의 침략으로 민족주의적 각성이 강화되었다고 설명한다. 일제에 대한 저항을 위해 조선 민족의 일체성을 강조하기 위해 채택된 것이 신채호에 의해 제시된 '유기적 민족' 개념이라고 언급한다. 유기체로서의 민족 개념이 강조되면서 민족주의는 민족에 관한 '종족적 관념'을 기초로 발전했고, '종족 민족주의'로서의 특징을 가지게 되었고 분단에 의해 보다 강화되었다고 평가한다. '종족 민족주의'는 한국의 민주화, 산업화,

문화적 성과에 대한 인정 욕구와 분단 상황의 극복에 대한 정치적 입장의 표현으로 해석할 수 있다고 언급한다. 세계화와 함께 다문화 시대가 도래함에 따라 '종족 민족주의'는 편협성과 배타성을 강화할 수 있는 우려가 존재한다고 지적한다. 따라서 다문화를 수용하고 한국사회의 발전을 위해서는 "민족 개념을 개발"하는 노력이 필요하다고 주장한다. 민족에 대한 "보다 개방적이고 포용적이며 또한 전진적인 개념"의 새로운 정의가 필요하다고 강조한다(박상섭, 2010: 39-46).

신문 기사에 나타난 다문화와 민족주의의 관계에 관한 대중담론은 양자를 상호 대립적으로 인식하는 경향이 두드러졌다고 설명한다. 다문화는 "개방성, 포용성, 다양성"을 포괄하는 개념인 반면, 민족주의는 "폐쇄성, 배타성, 단일성"을 주장하는 개념으로 표상된다고 지적한다. 한국사회의 '혈통적 민족주의'는 서구의 민족주의보다 배타성이 강하고, '외국인 혐오'의 토대가 되고 있다는 인식이 지배적이라고 언급한다. 그러나 민족주의로는 중국동포에 대한 차별과 편견을 설명하기 어렵다고 지적한다. 이를 설명하기 위해서는 민족주의가 아닌, 선진국과 후진국 출신으로 위계관계를 구분하는 '선진국 담론'을 고찰해야 한다고 주장한다. 대중담론에서 다문화와 '선진국 담론'은 우호적인 관계로 자리매김하고 있다고 설명한다. 다문화는 "선진국이 되기 위한 실용적 · 당위적 조건"이고, 민족주의는 선진국이 되기 위해 극복해야 하는 것으로 '선진국 담론'에서 다루어진다고 분석한다(김종태, 2012: 100-101).

다문화주의와 민족주의가 개념적 영역에서는 상호 대립의 양태를 보이지만, 구체적 삶의 영역에서 다문화주의와 민족주의는 "다양한 의미를 내포하고 있는 복수성의 개념"이라고 언급한다. 현실에서 민족공동체 개념은 다양성을 민족이라는 개념에 종속할 위험성을 내포하고 있으며, 이러한 협소한 민족 개념은 재외동포의 다양성을 포괄하지 못하는 한계를 가진다고 비판한다. 이러한 한계성을 극복하기 위해서는 "다양한 문화를 포용하는 열린 민족공동체를 지향하는" 민족 개념으로의 전환이 이루어져야 한다고 지적한다. 구체적으로 "혈연적 민족에서 운명공동체로서의 민족, 삶의 공간에서 소통의 경험을 통해 형성되는 동일한 정체성, 그리고 유대와 연대를 통해 형성되는 민족에 기초한 민족공동체 개념"으로 변화되어야 한다고 주장한다(이용재, 2014b: 32-33).

다문화 시대의 민족주의는 기존 "종족 중심의 배타적 민족주의"가 사회통합을 강화하는 데 걸림돌이 될 수 있기 때문에 새로운 민족주의로의 전환이 필요하다고 언급한다. "시민권적 민족주의, 민주주의적 민족주의, 국제주의적 민족주의"를 제시하면서, 개별 민족주의는 시민권, 민주주의, 국제주의 등의 이념과 민족주의가 결합된 것으로 설명한다. 구체적으로 "시민권적 민족주의란 시민권적 개인의 기본적인 권리를 존중하는 것에서부터 시작해 궁극적으로 민족공동체를 자발적인 시민 공동체로 발전시켜 가는 역할"을 지칭하며, "민주주의적 민족주의란 통일과정에서 민족적 이질성과 다양성에 대한 관용과 조화를 가능케 하는 정치·사회적 기제를 수립해가는 역할"을 의미한다고 제시한다. 또한 "국제주의적 민족주의란 민족국가 간의 갈등을 상생적으로 극복해가며, 민족국가 간의 이해관계를 합리적으로 조정해가는 역할"이라고 주장한다(김창근, 2013: 265-266).

한국의 민족주의가 다문화정책에 미친 영향에 관한 연구가 제시되었다. 한국은 다문화적 상황에 대한 거부 입장에서 이민자의 정착을 통제하겠다는 다문화정책을 시행했는데, 이러한 시각의 형성에 민족주의가 영향을 미쳤다고 주장한다. 다문화정책에 내포된 '포섭과 배제' 전략은 "한국의 단일민족적이고 혈통주의적인 민족주의적 특성"에 기초하고 있다고 지적한다. 다문화가족에 집중된 지원, 외국인노동자에 대한 차별, 외국인노동자 중 동포에 대한 우대, 화교에 대한 배제 정책 등을 '포섭과 배제'의 사례로 제시한다. 구체적으로 다문화가족과 재외동포에 대해서는 순혈주의 또는 혈통주의에 기초한 "종족 민족주의에 의한 포섭" 정책을 구사한 반면, 외국인노동자와 화교에 대해서는 "종족 민족주의에 의한 배제" 정책을 시행해왔다고 분석한다(이진석, 2014: 219-226).

다문화주의와 단일민족주의의 공존에 관한 연구가 제기되었다. 다문화주의와 단일민족주의의 공존을 위해서는 민족과 민족주의 개념의 변화가 필요하다고 지적한다. "다양한 구성원의 자발적인 참여에 기반을 두어 '민족'이라는 공동체를 구성한다는 시민권적-영토적 민족주의로의 전환"이 요구된다고 주장한다. 이미 한국사회는 다문화사회로 변화하고 있기 때문에 보다 개방적이고 다원적인 사회로 전환할 것이고, 국민정체성도 "종족적-혈연적 정체성"에서 "개인의 권리에 바탕을 둔 시민적-영토적 정체성"으로의 이행이 가능할 것으로 예측한다. 이러한 전환을 기반으로 한국의 다문화주의와 민족주의는 "배타적이고 갈등적인 관계가 아닌 상호 공존하며 사회적 통합"에 기여할 것이라고 강조한다. 특히 한국사회가 분단국가라는 특수성을 가지고 있다는 점을 고려한다면 민족주의를 허구 또는 부정적인 이념으로 비판하고 배제하기에는 문제가 있다고 지적한다 (조희원, 2014: 23-25).

한국인의 국민정체성 인식에 관한 연구가 제시되었다. 국민정체성 인식의 유형은 시민적 요인과 종족적 요인을 중심으로 시민적 요인과 종족적 요인이 모두 강한 혼합형, 시민적 요인이 강한 시민형, 종족적 요인이 강한 종족형, 시민적 요인과 종족적 요인이 모두 약한 다원형으로 구분한다. 한국의 경우 혼합형이 전체의 79.2%, 시민형의 경우 9.6%로 나타나 혼합형이 다수를 차지하는 결과가 나타났다. 외국의 조사에서 혼합형과 시민형이 비슷한 수준으로 나타난 것과는 차이를 보인다고 설명한다. 혼합형의 국민정체성 인식을 가진 조사대상자의 경우 다른 유형의 사람들과 비교해 연령이 높고, 교육수준이 낮으며, 이념성향은 보수적인 경향을 보인 반면, 시민형의 경우 상대적으로 연령이 낮고, 이념성향이 진보적인 경향을 보였다고 언급한다. 다문화주의와 단일민족주의에 대한 조사에서 한국인은 "다문화사회로의 변화가 문화 다양성을 확대하고 국가 경쟁력을 강화한다고 생각하는 동시에 단일민족주의에 대해서도 자부심과 신뢰도가 높은 것"으로 인식하는 결과를 나타냈다고 설명한다. 다문화주의와 단일민족주의를 "배타적이라기보다는 병렬적인 것"으로 인식하는 경향이 강하다고 지적한다. 조사결과는 한국인은 다문화주의를 국가발전 과정에서 수용되는 문화 다양성으로 인지하면서, "민족동질성과 국민정체성을 근본적으로 위협하는 것"으로 고려하지 않는다고 평가한다(윤인진, 송영호, 2011: 146-147, 151-152, 165-170).

애국주의와 다문화주의의 관계에 관한 연구가 제시되었다. '보편적 · 비편파적 준거점'이 부재한 경우 애국주의는 전체주의와 패권주의로, 다문화주의는 '무도덕적(amoral)' 문화상대주의로 전락할 가능성이 높다고 지적한다. 이를 방지하기 위한 준거점으로 "민주적 헌법에 기반한 인권의 개념"을 제시한다. 다문화 시대와 대립하는 '배타적 애국주의'를 '민주적 세계정의'의 방향으로 전환할 수 있는 시각은 자유주의적 입장으로부터 도출할 수 있다고 언급한다. "영토적 · 인종적 · 언어적 · 관습적 연대감으로서의 '자연적' 애국심을 보편적 인간존엄의 자각에 기초한 '정치적' 애국심으로 극복"하려는 시각을 지칭한다고 설명한다. 애국주의는 민족과 연계된 민족주의에서, 조국과 연결되며 '시민들'을 평등하게 존중하는 공화주의적 애국심과 애국주의의 특성을 가지는 방향으로 전환이 필요하다고 강조한다(소병철, 2015: 130, 145-147).

한국의 '탈민족주의' 논쟁을 분석한 연구가 제기되었다. 논쟁은 2000년대 한국 민족주의에 대한 비판과 재비판 등을 통해 진행되었다고 언급한다. '탈민족주의' 논쟁이 시작된 배경은 1990년대부터 본격화된 세계화, 이민자의 유입과 정착, 일본의 역사 왜곡과 중국의 동북공정 등으로 제시하고, 이론적 측면에서는 모더니즘과 포스트모더니즘이 논쟁에 영향을 미쳤다고 설명한다. 한국의 '탈민족주의'의 주요 쟁점을 "한민족 형성의 근대론, 포스트모더니즘과 포스트모던 역사 인식, 권력 담론으로서의 민족주의, 탈민족 · 탈국가

역사 인식/서술과 국사해체론" 등으로 구분해 분석한다. '탈민족주의'에 관한 활발한 논쟁이 진행된 후 2000년대 후반 논쟁은 중단되었다. 이러한 상황이 조성된 것은 탈민족·탈국가 역사 인식이나 국사해체론 등의 내용을 포함한 '탈민족주의'가 보편화되기 어려운 것이 한국인의 민족주의적 인식과 역사문제를 둘러싼 주변국과 갈등이 상존하기 때문이라고 지적한다. 또 다른 이유는 국사해체론에 대해 비판을 제기하는 학자들은 해체 이후의 구체적이고 현실적인 대안을 '탈민족주의론' 주장 학자들에게 요구하는데, 이에 대한 적절한 답을 제공하지 못했기 때문이라고 분석한다. 그럼에도 '탈민족주의론'은 절대화되거나 신성화된 한민족에 대한 기존 인식을 객관적으로 검토하는 기회를 제공했으며, 차별과 배제 등의 부정적 영향을 미치는 민족주의의 "민족 담론이 지닌 권력의 속성"을 성찰하는 계기가 되었다고 평가한다. 또한 민족주의 연구자들이 '탈민족주의' 논쟁을 통해 공화주의와 자유주의적 민족주의 등을 통해 민족주의를 재편하는 노력을 기울이게 한다고 분석한다(전재호, 2018: 38-60).

한국사회 민족주의의 폐쇄성과 과잉현상을 수정해야 하고, 번영을 위해 세계시민으로서의 자질을 갖추어야 한다는 의견이 제시되었다. "폐쇄 민족주의로는 살아갈 수 없다. 지구촌화, 세계화의 물결 속에서 닫힌 민족주의는 설 땅이 없다. … 넘치는 민족주의를 덜어내자는 얘기다. 민족주의를 강조하다 보면 다원성을 해치게 된다. … 이데올로기화 한 민족 개념을 떨쳐 버리고 세계 시민으로 당당하게 설 수 있는 실력을 갖추는 게 우선이다. 그것이 세계화 시대에 우리 민족이 번영할 수 있는 생존술이기도 하다"라고 주장한다. 또한 일본정부의 재일동포에 대한 부당한 처우에 대해 분노하면서, 국내 외국인노동자의 현실에는 무관심한 현실도 한국 민족주의의 문제로 비판한다(중앙일보 사설, 2007. 2. 9.).

민족과 민족주의 담론은 다문화주의에 대한 반대와 인종차별의 기초로 포섭과 배제 전략을 특징으로 하는 민족과 민족주의가 활용된다는 주장과 다문화주의 시대를 맞이해 새로운 민족과 민족주의가 필요하다는 의견이 쟁점을 구성하고 있다. 한국의 단일민족주의와 순혈주의는 역사적으로, 경험적으로도 근거가 부족하다고 지적한다. 이민자에 대한 차별적 대우도 이민자를 대상으로 한 '재민족화' 과정의 산물이라고 언급한다. 언론에 나타난 다문화와 민족주의에 대한 인식은 대립적인 경향이 뚜렷하게 나타났다고 지적한다. 다문화에 비해 민족주의는 "폐쇄성, 배타성, 단일성"의 개념으로 표상된다고 언급한다. 다문화사회와 민족주의의 공존을 위해서는 민족과 민족주의 개념의 재설정을 주장하면서 민족은 개방적이고 포용적이며 또한 "다양한 문화를 포용하는 열린 민족공동체를 지향하는" 새로운 개념으로 재정립되어야 한다고 주장한다. 또한 민족주의도 종족 민족주의의 배타성을 넘어서 '시민권적 민족주의, 민주주의적 민족주의, 국제주의적 민족주의' 또는 '공화주의적 애국주의' 등으로 변화해야 한다고 제언한다. 한편 민족주의 담론 내에서의 '탈민족주의' 논쟁이 쇠퇴한 배경에는 한국에 내재한 민족주의 인식과 지정학적 위치로 인한 민족주의의 지속적 동원 등에 기인한다고 언급한다. 민족과 민족주의 담론은 다문화주의 또는 다문화정책과 연계해 쟁점을 검토하고 있다. 다문화와 관련해 민족과 민족주의는 차별과 배제를 야기하는 부정적 개념으로 담론에서 다루어지고 있다. 이를 극복하기 위해 제시된 새로운 민족과 민족주의 개념의 전환과 내용에 대한 논의는 지속될 것이다. 이러한 다문화와 관련된 민족과 민족주의에 대한 논쟁은 국민, 시민, 시민권, 이민자통합 등의 개념에 대한 고찰과 병행되는 것이 필요할 것으로 사료된다.

15. 반다문화주의 담론과 쟁점

한국사회의 반다문화주의는 초기 외국인 범죄와 국제결혼 피해 등을 부각시키는 데 주안점이 두어졌다고 언급한다. 예를 들면 국제결혼 피해사례를 공유하고 피해자 간 협력을 강화하며, 가출한 결혼 이민여성을 찾는 활동 등을 진행한다고 설명한다. 이후 외국인노동자의 불법체류 문제와 외국인 범죄문제를 이슈화하고 온라인과 오프라인 집회 등을 통해 비판하는 활동으로 발전한다고 지적한다. 또한 다문화정책 또는 이민정책 관련 공청회나 토론회 등에 참여하여 반다문화, 반이민자 주장을 적극적으로 제기해왔다고 강조한다. 반다문화 단체의 주장은 외국인 범죄 증가와 국제결혼의 폐해 등을 지적하며, 범죄자로 간주한 외국인에 대한 우대를 철폐하는 내용을 포함하고 있다고 제시한다. 이러한 주장은 정부의 다문화정책을 "국제결혼을 장려하고 결혼 이민자와 그 가족으로 지원함으로써 궁극적으로 한민족의 순수성을 훼손하고 민족 정체성을 혼란스럽게 하는 '민족말살'정책"으로 간주한다고 언급한다(한건수, 2012a: 77-78).

한국의 다문화정책은 단순히 노동력과 인구문제 해결을 위해 시행되고 있다면 폐지해야 하며, 한국을 전통이민 대륙국가와 혼돈해 민족말살정책인 다문화정책을 입안한다고 비판하는 의견이 제시되었다. "단기적으로는 노동력을 확보하는 데에는 성공할는지 모르지만 장기적으로는 적어도 20, 30년 후에는 이 한민족은 소수자로 남고 민족공동체 의식이 불분명한 국가 구성원의 급증으로 민족공동체는 와해되어 국가공동체는 극도의 혼란과 무질서로 인하여 국가는 영구분단으로, 망국의 길을 자초하게 될 것이다"라고 주장한다. 또한 "자국민 우선정책(외국인 차별정책이 아님)을 쓰지 않게 되면 의식 있는 양질의 국민은 이 나라를 떠나게 될 것이며 다문화정책으로 포장된 의도적인 혼혈정책이 국가와 민족의 건강한 내일을 어둡게 만든 정도가 아니라 민족을 말살하는 반민족적 정책"이 될 것이라고 비판한다. 결혼이민자에 대해서는 우대하거나 차별하지 않는 자세로 한국어교육과 한국문화교육을 통한 동화정책을 시행해야 한다고 주장한다(조동환, 2012: 45).

한국의 반다문화 담론에 관한 연구가 제시되었다. 온라인상에서 제기되고 있는 반다문화 담론은 자본, 민족, 종교, 외국인 범죄 등의 영역에서 제기되며, 음모론도 등장하고 있는 현실이라고 지적한다. 유럽 정치지도자들의 다문화 실패 선언은 한국의 반다문화 담론이 인터넷에서 학문의 장으로 확대되는 데 영향을 미쳤다고 언급한다. 반다문화 담론은 "일방적으로 진행되는 정부의 다문화정책에 대한 반대", "글로벌 기업의 이윤 확대 정책으로서의 다문화정책에 대한 반대", "국민들의 정체성과 가치관의 혼란을 불러일으키는 다문화주의에 대한 비판"등으로 유형화할 수 있다고 주장한다. 외국인 범죄, 인종갈등, 테러 위협 등으로 인해 다문화정책은 국가 안보를 위협할 수 있다는 반다문화 담론이 첫 번째 유형에 해당된다. 경제적인 측면에서 제시된 반다문화 담론은 '다문화의 편익'을 과장해 다문화사회에서 발생할 수 있는 비용문제를 은폐하고 있다는 주장과 저임금 외국인노동력의 대거 유입은 인건비 저하와 일자리 부족을 야기함으로써 '글로버 자본의 이윤 추구'에 다문화주의가 활용되고 있다는 주장이 제시되었다. 민족주의와 정체성 등과 관련해 다문화 정책은 자기비하와 서구중심주의를 확산시키며, "한국인의 자기비하 다문화주의"를 형성한다고 비판하는 담론이 제시되었다고 언급한다. 이러한 반다문화 담론은 "다문화주의라는 정치적 올바름에 대한 거부"에만 집중하면서 담론이 가진 소수자에 대한 차별과 존재 부정을 간과하는 문제가 있다고 지적한다. 신자유주의 경제 질서가 야기한 세계화와 '이주의 초국성'의 상황에 대한 불안감 또는 불만을 자본과 외국인노동자의 책임으로 치환하는 반다문화 담론도 문제라고 주장한다. 또한 다문화 진영에 대해 지적 사대주의 또는 서구 추수주의라는 비판을 제기하는 반다문화 담론 진영도 유럽의 다문화 실패론을 거론하면서 서구의 사례를 반다문화 담론의 근거로 제시하는 반어적 주장을 하고 있다고 비판한다. 한국사회의 다문화 상황에 기초한 다문화주의를 모색하기 위해서는 다문화 담론과 반다문화 담론 모두 정교화와 세밀화 과정을 거쳐야 하고, 이를 통해 다문화 담론의 '이상주의화'와 과잉을 방지할 수 있다고 주장한다 (강진구, 2014: 10-33).

'외국인노동자대책시민연대', '외국인범죄척결시민연대', '국제결혼피해센터' 등 반다문화를 표방하는 단체들은 "정부의 다문화정책은 아직 국민적 합의를 얻지 못한 상태"이고 "인종차별 국가가 아닌데도 불필요한 법을 만들어 외국인과 내국인의 대결 구도를 조장하려 한다. '다문화가정'이란 말 자체가 우리 사회에서 불우이웃과 동의어로 인식돼 정부가 각종 시혜성 정책을 쏟아내고 있다"라고 주장한다. 또한 외국인노동자의 유입과 관련해 "현실적으로 건설업종이나 서비스업에서 외국인으로 인해 일자리를 빼앗기는 사람들이 있는 만큼 이들이 처한 상황을 고려해야 한다"라고 언급하며, 실제 "한국인은 벽돌 쌓기 한 장당 50원, 외국인은 45원 받았는데 외국인이 증가하면서 한국인 임금도 40원까지 떨어졌다"라고 지적한다. 국제결혼과 관련해서도 "후진국 여성들이 위장 결혼으로 한국에 들어와 가출해 사기와 절도, 강도 등 각종 범죄를 일으킨다"라고 언급하며, "언론이 외국인과 결혼한 한국 남성은 변태 성행위자나 폭력 남편으로, 결혼이주여성은 무조건 피해자로 몰아가고 있다"라고 지적한다. 한편 외국인 범죄의 실상이 제대로 알려지지 않고 있다고 주장한다(양태삼, 경수현, 2011. 9. 11.; 박유리, 2011. 12. 1.).

한국의 반다문화주의는 사상적 토대를 가지고 있지 못하고 다문화주의 담론에 대항할 만큼 성장하지 못한다고 지적한다. 한국의 반다문화 담론의 사상적 기초는 민족 담론 또는 민족주의가 될 수 있고, 반다문화 담론은 고용, 민족과 인종, 외국인 범죄 등의 현실적인 문제에서 추상적 사상 문제로 진화하는 거대 담론화 과정에 있다고 주장한다. 실제 반다문화 담론 중에서 다문화주의가 민족말살을 야기할 수 있다는 주장이 제기되는 것처럼 다문화주의를 민족문제로 인식하는 견해들이 제시되고 있다고 언급한다. 한국사회에서는 민족이라는 추상적인 실체가 국민들에게 자리매김하고 있기 때문에 반다문화 담론의 체계화를 위한 기초로 활용될 수 있다고 지적한다 (김휘택, 2013: 326-329).

반다문화 담론 연구는 두 가지 방향으로 진행되어 왔다. 첫째, 반다문화 담론의 형성에 영향을 미친 원인을 다문화주의 정책과 다문화 담론과의 연계 속에서 파악하는 연구들이 제시되었다. 둘째, 반다문화 담론의 실천 행위자와 행위 등에 주안점을 둔 연구들이 제출되었다. 첫 번째 연구 경향에서는 반다문화 담론의 등장은 정부 주도의 다문화정책 추진과정과 또는 언론과 시민단체의 여론형성 과정에서 반대 담론의 형성에 기인한다는 분석 등이 제기되었다. 두 번째 연구 경향에서는 반다문화 담론의 실천 행위는 먼저 온라인 공간을 통해 진행되기 시작했고, 이를 기초로 오프라인 공간에서의 활동으로 확대되었다고 지적하며 온라인과 오프라인 반다문화 담론의 내용과 행위자를 고찰하고 있다. 한국사회에 확산되고 있는 반다문화 담론의 근거들은 '인지적/담론적 차원-순혈민족주의', '제도적 차원-정부의 다문화정책', '경제적 차원-일자리 경쟁 및 복지혜택 경쟁', '사회적 차원-외국인 범죄로 인한 사회 안전 위협'으로 구분할 수 있다고 언급한다. 〈조선일보〉와 〈한겨레신문〉의 기사를 대상으로 한 반다문화 정서 관련 기사에 대한 분석에 따르면 인종차별과 외국인 혐오 문제에 공통적으로 비판이 제시되었다고 지적한다. 양 언론사의 기사들에서 인종차별과 외국인 혐오는 언론사의 이

넘적 경향과 무관하게 사회의 규범과 가치를 훼손하는 것으로 공통적으로 비판의 대상이 되었다. 반다문화 담론의 핵심 내용 중 하나인 외국인 범죄문제에 관해 보수언론에서는 '실재적 위협'의 부각과 함께 규제 강화의 필요성을 강조하는 반면, 진보언론에서는 '상상된 위협'이 과장되고 있다고 지적한다. 또한 반다문화 담론에서 제기하고 있는 외국인노동자의 유입에 따른 고용과 임금문제와 이주민에 대한 복지지원을 둘러싼 문제 등에 대해 보수언론에서는 경제적 효용성의 시각에서 의제화한다고 언급한다(황경아, 2017: 151-153, 161, 180-181).

다문화가족지원법 일부개정법률안에 대한 반다문화 담론 진영의 의견을 분석한 연구가 제시되었다. 19대 국회에서 제안된 개정법률안을 둘러싼 반다문화 담론을 논의 확장과 공유의 측면에서 분석하고 있다. 분석결과에 따르면 반다문화 담론의 논리는 다문화가족에 대한 차별금지를 동성애와 이슬람 등 다른 문화의 수용 문제로 연결시키거나, 복지혜택 관련해 국민과 비국민의 '구분 짓기' 논리가 언급되었다. 또한 유럽에서 실패한 다문화주의를 시행하는 것은 문제가 있다는 논리가 등장하는 등 반다문화 담론 논리의 확장이 진행되었다고 지적한다. 반다문화 담론 공유 흐름에서는 대표 논리를 인용하거나 반복해 게시함으로써 다문화에 대한 반대 논리를 명확히 드러내는 데 집중하면서 반다문화 담론 진영을 결속시키고자 하는 경향이 두드러졌다고 주장한다(김지영, 2017: 169-170).

반다문화 담론은 논리적 설득력에 의존하기보다는 시기별 특정 이슈에 대한 "사회적 불만과 불안, 공포"를 활용하는 경향이 뚜렷하기 때문에, 인터넷 공간에서의 반다문화 담론을 분석하기 위해 담론에 포함된 정서 또는 감정에 주안점을 두어야 한다는 연구가 제시되었다. 반다문화 담론에서는 국내의 외국인 범죄와 해외 무슬림 테러가 외국인에 대한 공포를 부각시키면서, 혐오와 불안 등의 정서를 강화한다고 지적한다. 2015년 발생한 중국동포의 범죄에 대한 인터넷 공간에서의 논의는 혐오를 통한 조선족을 외국인으로 간주하는 타자화가 두드러지게 나타나며, 외국인의 추방이라는 해결책을 제시한다고 설명한다. 한편 조선족 범죄는 '다문화의 현실'이라면 이슬람 테러는 '다문화의 미래'로 담론화되었다고 언급한다. 이슬람 테러의 경우 이민자와 다문화에 테러의 원인이 있으며, 이민자와 테러리스트를 동일시하는 담론이 제시되었다고 지적한다. 인종과 혈연적으로 동질적인 사회에 이민자와 다문화는 테러를 양산시키는 사회적 문제의 원인이라는 반다문화 담론의 전형적 주장을 제시한다고 언급한다. 반다문화 담론에서 한국은 외국인 범죄에 대응하지 않고, 무분별하게 다문화를 수용해 테러의 위협에 처할 수 있는 사회로 묘사되고 있다고 설명한다. 국내의 외국인 범죄와 해외 이슬람 테러를 국가의 안보에 위협이 되는 위기 담론으로 제시하면서 다문화에 대한 혐오감과 결합하면서, 한국의 '우리'들을 '피해자'로 자리매김하는 반다문화 담론의 핵심 내용을 발전시켜 왔다고 주장한다(김현희, 2016: 214-215, 224-237).

반다문화주의 담론 분석을 위해 반다문화 활동가에 대한 인터뷰를 진행하고 분석결과를 제시한 연구가 제출되었다. 연구결과에서는 반다문화 담론의 내용으로 "일방적 범주화, 결혼이주여성 폄하,

피해 경험에서 야기된 반동적 정서, 편 가르기, 일자리 박탈 우려, 보수적 민족정서의 부활, 순혈주의 민족정서로 차별의 정당화, 극단의 폭력 용인" 등을 제시한다. 반다문화 단체들의 반다문화 담론의 확산 전략은 "공포의 확산과 대중적 지지 획득, 경제문제를 지렛대로 하여 사회, 경제적 소수자 수렴, 다문화사회의 미래에 대한 암울한 전망의 유포, 반다문화 논의를 정치적 공론의 장으로 끌어들임" 등으로 설명한다. '일방적 범주화'는 외국인노동자에 대한 비하하는 속칭으로 범주화한다는 것을 의미한다. "피해 경험에서 야기된 반동적 정서"는 인터뷰 대상자 중 실제 외국인들에게 피해를 당해 다문화주의에 대한 반감을 표현하는 것을 뜻한다. 일부이기는 하지만 극단의 폭력 용인은 외국에서 발생한 이민자에 대한 폭력을 불가피한 것으로 간주하는 의견이 제시되었다는 것을 의미한다고 설명한다. 반다문화 담론의 구조는 이념 차원의 '순혈주의', 목표 차원의 '기득권 지키기', 전략 차원에서는 '편 가르기'이며, 집단 차원에서는 "이주민들에 대한 공포와 우려", 개인 차원에서는 "억눌린 감정을 해소하고 사적 이익을 확보"하는 것 등으로 구성되어 있다고 언급한다. 반다문화주의 담론의 약화와 사회통합을 강화하기 위한 방안으로 사회교육의 강화, 이민자에 관한 '생산적이고 미래 지향적인' 내용의 발굴과 확산, 선주민과 이민자 간 일자리 경쟁을 조정할 수 있는 사회적 제도의 형성 등을 주장한다(김영숙, 2015: 133-148).

반다문화 현상의 주요한 원인을 "인종주의와 순혈주의가 결합된 배타적 민족주의"라고 지적한다. 식민지 경험을 통해 형성된 '저항적 민족주의'에는 해방 이후 타자에 대한 배타성을 강화한 혈연주의 담론이 포함되었다는 것이다. 순혈주의는 타자의 범주에 서구와 백인은 포함시키지 않으며, 비백인과 비서구를 타자화하고 배제의 대상으로 간주하는 인종주의와 결합한다고 비판한다. 반다문화 활동과 정서의 초점이 아시아계 노동자와 결혼이민여성에 맞추어져 있는 것이 순혈주의와 인종주의가 표출된 사례라고 지적한다. 반다문화 현상을 완화하기 위해서는 '민주적 다문화정책 철학'을 제시하며 세부내용으로 "민주적 애국주의의 재구성, 신자유주의 비판과 연대의 모색, 민주적 법치주의의 혁신과 재구성" 등을 언급한다. '민주적 애국주의'는 외국인노동자와 결혼이민여성의 문화정체성을 인정하고, 정치참여를 보장하는 심리적 에토스를 기반으로 한다고 언급한다. 또한 신자유주의는 다문화주의가 적대적 갈등을 강화하는 요인으로 작용할 수 있기 때문에, 경제적 민주주의 정책과 이민자와 신자유주의로 인해 피해를 당한 사람들의 소수자 연대가 필요하다고 주장한다. 법치주의의 혁신을 위해서는 이민자의 인권과 시민권 보호를 위한 헌법재판소와 각급 법원의 적극적 역할이 강화되는 '사법적극주의'가 요구된다고 지적한다. 궁극적으로는 '사법적극주의'를 넘어서 이민자와 소수자의 기본적 권리에 대한 공론장이 형성되고, 이 공론장에 시민들이 참여해 헌법과 법률을 심의하고 법치주의에 반영되는 '공화주의적 법치주의'로 발전되어야 한다고 주장한다(심승우, 2016: 371, 375-382).

다문화 담론과 반다문화 담론이 주류사회와 이민자 사이의 차이를 활용하는 측면에서는 우리 사회에 긍정적인 측면을 강조하거나 피해를 주장하는 등 차별성을 나타내지만, 차이의 생산과 이해의 틀에서 "인종/문화, 젠더, 신자유주의" 등을 공유하는 동질성을 가진다고 주장한다. 다문화와 반다문화 담론의 관계를 반인종주의와 인종주의의 구도로 이해하는 것은 오류라고 지적한다. 오히려 두 담론은 차이와 '다양성의 위계'와 관련해 협력적 경쟁을 진행하고 있다고 주장한다. 다문화 담론에서는 민족국가의 생물학적 지속과 경제, 사회, 문화적 발전과 다문화를 연계시키려고 하는 한편, 반다문화 담론에서는 민족국가의 주류임을 자임하면서 '다양성의 엄격한 품질 관리'를 요구하고 있다고 언급한다. 양 담론에서는 다양성의 수용 정도에서 경쟁과 포섭과 배제의 측면에서 상이한 경향을 보여주지만, 양자 모두 우리와 그들을 구분하는 차이의 기준을 공유하고 있다고 지적한다. '해악적 다양성'에 대한 통제를 요구하는 반다문화 담론은 다문화 담론에서 국가발전을 위해 다양성을 관리해야 한다는 내용으로 발현될 수 있어서 양 담론의 의도하지 않은 협력이 가능하다고 설명한다. 다문화 담론과 반다문화 담론은 공통적으로 "신자유주의적 경제 유용성에 따라 이주자를 위계화하고, (타자의 배제를 필연적으로 내포하는) 민족/국민이 경계를 구축하며, '문화'를 통한 인종화를 자연스러운 것으로 인식"하게 한다고 지적한다. 이러한 양상을 극복하기 위해서는 다문화와 반다문화 담론에서 모두 '인종화 효과'를 인식하고 대안을 형성하는 것이 필요하다고 주장한다(육주원, 2016: 112, 128-130).

반다문화주의 담론은 다문화주의에 대한 반대와 반대에 대한 비판을 중심으로 진행되어 왔다. 반다문화 진영의 주장은 외국인 범죄, 불법체류노동자 문제, 국제결혼 피해, 내국인의 임금과 고용에서의 불이익 등의 내용을 포함하고 있으며, 이러한 문제들을 발생시키고 있는 다문화정책의 지속은 민족말살을 가져올 것이라고 비판한다. 또한 다문화정책의 대안으로 동화정책을 제시한다. 다문화정책은 안보위협, 다문화로 인한 비용, 기업의 이윤추구를 위한 수단, 자기비하의 민족정체성 형성 등의 문제를 확산시키고 있다고 반다문화 담론에서는 주장한다. 최근 반다문화 진영에서는 이민자에 대한 차별금지를 이슬람 문화의 수용과 연계하고, 이민자에 대한 복지지원을 비국민을 지원하는 것으로 비판한다. 한편 반다문화 담론에 대해 담론 자체의 정교화와 세밀화가 부족하다는 점을 비판한다. 즉 신자유주의에 대한 불만을 외국인노동자에 대한 비난으로 치환하며, 서구 다문화주의의 한국으로의 무분별한 도입을 비판하면서 유럽의 다문화주의 실패 담론을 활용해 한국의 다문화주의를 공격하는 논리적 모순을 가지고 있다고 지적한다. 또한 다문화주의에 비해 반다문화주의는 빈약한 이념적 토대를 가지고 있으나, 민족과 민족주의가 반다문화 담론의 사상적 기초가 될 수 있다고 언급한다. 반다문화 진영의 주장에서 나타나는 인종차별과 이민자 혐오에 대해서는 보수와 진보 언론 모두에서 비판이 제기되었다. 반다문화 현상의 확산을 막기 위해서는 새로운 '다문화정책 철학'을 정립해야 한다고 주장한다. 다문화와 반다문화 담론은 의도하지 않은 협력적 경쟁 관계에서 지속되고 있으며, '인종화 효과'를 공통적으로 야기하고 있다는 비판도 제기되었다. 향후 반다문화주의 담론에서 기존 다문화정책의 비판에서 제기했던 종교, 문화, 인종 등을 범죄와 테러 이슈로 연계한다면, 한국사회에서 다문화와 반다문화 담론 간 논쟁은 극한 대립이 나타날 것으로 예상된다. 그럼에도 인종차별과 외국인혐오에 대한 규범적 비판 의식이 강한 한국사회에서 인종주의에 기반을 둔 극우 또는 반이민 정치세력의 형성을 위한 토대로 반다문화 담론이 활용될 가능성이 높다고 보기 어렵다. 다만 내국인에 대한 역차별, 고용과 임금상 불이익, 무슬림에 대한 편견과 혐오, 민족주의적 동원 등은 반다문화 담론의 지속에 영향을 미칠 것으로 보이며, 이에 대한 비판은 규범적 차원과 함께 실증적 고찰이 수반되어야 할 것으로 판단된다.

16. 상호문화주의 담론과 쟁점

한국적 다문화주의는 상호문화주의가 제공하는 메타포에 기초해야 한다는 주장이 제시되었다. 진정한 다문화주의는 소통에 토대를 둔 상호 문화적 다문화주의의 형태를 가져야 한다고 언급한다. 상호문화주의는 "다수와 소수 주류와 주변의 문화적 정체성을 각각 상호 인정하면서도 대화를 통해 글로벌한 정체성을 구성하는 일련의 합의와 소통의 절차를 필연적으로 전제"한다고 주장한다. 그리고 상호문화주의의 원형이 "의사소통적 수행이라는 실천 지향성"을 강조하는 불교와 유교의 한국 전통에 배태되어 있으며, 특히 화엄불교에서는 "一卽多 多卽一"의 "초문화적 메타포"가 함의되어 있다고 강조한다(김영필, 2010: 60-64).

한국 다문화교육의 새로운 대안으로 상호문화주의를 제시하고 있다. 한국에서는 국가 주도의 정책으로서의 다문화주의와 동화주의가 결합된 양상이 나타나고 있다고 지적한다. 다양한 문화정체성의 공존을 수용할 수 없는 동화주의와 사회통합에 있어 한계를 드러내는 다문화주의를 넘어설 수 있는 대안으로 상호문화주의를 제안한다. 상호문화주의에서는 문화와 정체성 간 상호작용에 주안점을 두며, 일상에서의 문화 간 상호작용을 통해 문화는 변화한다는 것을 전제하고 있다. '상호 문화성' 개념을 제시하고 있는데 "독특한 개별성을 지닌 개별 문화 사이에 공통된 보편성이 존재한다는 것"을 의미한다고 언급하며, '상호 문화성'에서 중요한 것은 "문화 간 소통"이라고 강조한다. "문화 간 소통"을 통해 새로운 문화가 태동할 수 있다고 주장한다(변종헌, 2016a: 117-123).

상호문화주의를 간문화주의로 표기하면서 관련 전문가집단의 인식조사를 기초로 다문화주의의 한계를 보완할 수 있는 대안적 접근법으로 상호문화주의를 제시한 연구가 제출되었다. 상호문화주의는 이민자를 구성원으로 인정하고, 이민자 문화가 주류사회 문화 발전을 위한 자산이라는 인식을 다문화주의와 공유하는 한편, 다문화주의가 다양성의 인정과 공존에 주안점을 두고 있는 반면 상호문화주의는 주류사회와 이민자 집단 간 교류와 공동 활동에 초점을 둔다는 측면에서 차이가 있다고 언급한다. 전문가 조사에서는 한국사회에서 상호문화주의가 적실성을 가지고 있는 것으로 파악되었다. 한국사회에 상호문화주의가 제도화되기 위해서는 민주시민교육과 사회통합을 위한 다양성 관리가 진행되어야 한다고 주장한다. 민주시민교육에는 간문화교육이 포함되어야 하며, 다양성 관리는 형평성에 기초해야 하며 다양성 증진 프로그램과 문화공존 프로그램 등으로 구체화될 수 있다고 제시한다(김재일, 2013: 300-308).

상호문화주의를 다문화 시대 한국사회의 사회통합과 통일을 위한 가치와 정책 방향으로 강조한 연구가 제시되었다. 특히 한반도의 분단 상황 속에서 '차이의 인정'을 핵심 내용으로 하는 다문화주의는 남북과 남남갈등을 증폭시킬 수 있다고 지적한다. 또한 자유주의 이념에 기초한 다문화주의는 포스트모더니즘의 해체주의와 연계되어 사회통합 구심력을 약화시키는 기능을 할 수 있다고 언급한다. 반면 상호문화주의는 공동체 내 관계, 소통, 보편과 특수의 수렴을 중요시하며, 사회통합을 핵심 목표로 하고 있다고 설명한다. 따라서 상호문화주의는 "한반도의 특수와 보편을 기초로 다문화주의의 다양성 인정과 민족주의의 보편적 통일성을 수렴할 수 있으며, '다양성 속에 통일성' 창출을 위한 총체적 국가 정책 어젠다로 가치가 높다. 또한 지구적 다문화 상황과 한반도 분단/갈등 상황에 기초하여 한반도 통일과 미래 준비에 기여할 수 있다"라고 주장한다. '다양성과 공생발전'의 공동체 추구와 '차이의 인정'을 넘어 '공공의 통합질서'를 형성하는 데 토대가 되는 상호문화주의의 가치가 "인식론적·실천적 지평"의 확대에 기여한다고 강조한다. 한반도 통일·통합에 상호문화주의가 기여할 수 있는 정책 방향은 첫째, 차이로 인해 갈등하는 집단을 동등한 정책 대상으로 간주하고, 집단 간 "상호 의존과 침투를 활성화시키는 것"이라고 언급한다. 둘째, 차이로 인해 발생하는 역사적으로 존재해온 '수렴현상과 창발'을 발굴하여 "공공의 국가정체성을 구축"해야 한다고 지적한다. 셋째, 일상 공간에서 공통의 이해와 관심으로 관계를 형성할 수 있도록 하며, 발전된 미래를 추구할 수 있도록 지원해야 한다고 주장한다. 상호문화주의 사회통합정책 방향의 구체적인 정책범위는 "평등하고 공정한 노동과 직업 생활 지원, 교육 지원, 지역 및 가정 생활 지원을 근간으로 한, 노동/직업 통합, 교육 통합, 지역 통합, 가정 통합" 등으로 제시한다(박영자, 2012: 322-323, 327-329).

상호문화주의가 다문화주의를 대체하는 사회통합 모델이기보다는 보완적인 역할을 할 수 있다는 연구가 제시되었다. 상호문화주의는 "보편적이고 공유되는 가치체계와 그 소통에 관한 접근이다. 한 집단의 고유한 문화적 배경을 넘어 다른 문화와의 대화와 소통을 통한 상호작용을 추구하는 시각"으로 정의한다. 상호문화주의와 다문화주의의 관계에 관해 주목하면서 양자 모두 다문화사회의 문화 다양성 관리를 위한 대책인 다문화정책의 근간이라고 강조한다. 다문화주의가 '다름의 인정과 공존'에 주안점을 두는 한편, 상호문화주의는 '상호 열린 대화와 소통'에 초점을 둔다는 접근방식의 차이가 존재할 뿐이라고 언급한다. 다문화주의와 상호문화주의를 '상호 보완적 관점'에서 다문화정책의 이념적 자원으로 활용하는 것이 필요하다고 주장한다(김창근, 2015: 207-208).

상호문화주의는 다문화주의의 한계를 극복하려는 시도라는 의견이 제시되었다. 상호문화주의는 다문화사회에서 종족들은 변하지 않는 고유의 문화를 가지고 있다는 전제에 기반을 두어 상이한 문화들 간 관계에 논의의 주안점을 두는 다문화주의에 비해, "문화에 대한 동태적인 인식"을 제시한다고 언급한다. 즉 "상호작용이 문화나 정체성의 핵심요소이며 문화는 상호작용의 결과 지속적으로 변화하는 것"이라고 지적한다. 상호문화주의는 이민자와 선주민 간 상호작용을 통한 일상적인 경험에 인식의 주안점을 둔다고 설명한다. 또한 "다양성을 존중하지만 시민으로서 필요한 공통의 문화도 중시한다"라고 언급한다. 한국에서 다문화나 다문화주의는 "종족적 · 종교적 · 문화적으로 차이가 나는 사람들에 대한 호의적인 태도와 관용적인 대응을 의미한다"라고 평가하고, 용어 자체보다는 어떤 내용이 포함되도록 할 것인가가 중요하다고 주장한다(엄한진, 2011. 11. 13.).

유럽평의회 주관 '상호문화도시'로 서울시 구로구가 지정된 사례를 소개하고 있다. "상호문화도시는 다양한 문화와 국적을 가진 주민들이 소통하고 협력해 사회통합을 추구하는 도시를 의미한다"라고 언급한다. '상호문화도시'는 "다양한 문화의 공존에 초점을 둔 기존 다문화주의에서 나아가 활발한 교류와 상호작용으로 상생의 도시를 지향한다"라고 강조한다. 구로구는 내외국인 주민이 참여하는 '세계인의 날' 축제 개최와 '상호문화리더과정'의 교육 프로그램을 통한 주민의 "상호 문화 역량 강화"를 추진해왔다고 설명한다(김희리, 2020. 10. 21.).

상호문화주의 담론은 다문화주의 또는 다문화정책을 대체할 수 있는 대안이라는 주장과 다문화주의의 한계를 보완할 수 있는 대안이라는 의견 등이 제시되면서 형성되었다. 상호문화주의는 동화주의와 다문화주의가 가진 문화정체성 수용 부정과 사회통합의 어려움 등의 문제들을 해결할 수 있는 대안으로 제시된다. 선주민과 이민자공동체 간 소통과 상호작용에 주안점을 두고 있는 상호문화주의는 문화정체성을 둘러싼 갈등을 피하면서 사회통합을 강화할 수 있는 대안이라고 주장한다. 남북한 통일의 가치와 정책 방향으로서도 상호문화주의는 중요한 의미를 가진다고 제언한다. 상호문화주의가 다문화주의를 대체하기보다는 기존의 다문화주의에 더해 상호 열린 대화와 소통의 접근을 중요하게 고려하도록 하는 보완적·이념적 자원이라고 언급한다. 상호문화주의는 문화적 다양성을 인정하지만 사회의 공통 문화도 중시한다고 지적한다. 또한 한국의 불교와 유교 전통의 '의사소통적 수행'에서 상호문화주의의 단초를 찾을 수 있다고 제시한다. 상호문화주의의 사례로 유럽에서처럼 서울시 구로구가 '상호문화도시'로 지정된 것을 제시하고 있다. 상호문화주의가 다문화주의를 대체할 대안인가 또는 대체보다는 다문화주의를 보완할 기초인가의 논쟁은 향후에도 지속될 가능성이 높다. 다만 한국의 경우 서구의 다문화주의와 달리 동화주의 경향을 보여주고 있다는 점에서, 상호문화주의의 논의는 문화 간 상호작용보다는 주류 사회와 이민자공동체 간 소통과 상호작용에 주안점을 두어야 할 것으로 보인다. 또한 한국의 다문화정책이 가진 강한 동화정책의 특성이 발생시킬 수 있는 문제를 완화 또는 해결할 수 있는 정책 방향으로서 상호문화주의의 역할에 관한 논의가 활성화될 필요성이 있다.

17. 시민권 담론과 쟁점

이민자의 시민적 권리에 대한 논의가 대두되기 이전 시기 한국사회에 필요한 시민권은 '사회적 시민권'이라는 주장이 제기되었다. "물질·심리적으로 안정된 삶을 보장받을 권리"로 '사회적 시민권'을 정의하고, 시민들이 인간다운 삶을 보장받을 수 있어야 한다고 주장한다(한국일보 사설, 1996. 1. 5.).

　외국인노동자에 대해 자국민과 동등한 권리를 보장하고 '국적에 의한 차별금지 원칙'을 적용하는 것이 외국인노동자에게 인권을 보호하고 한국사회의 시민권을 확대하는 방안이라는 주장이 제시되었다. 시민권 확대의 근거는 헌법과 근로기준법에서 국적에 따른 차별대우 금지를 명시한 것과 UN의 '모든 이주근로자와 그 가족의 권리보호에 관한 협약'과 ILO의 '취업을 위한 이주에 관한 협약' 등의 국제규범에서 찾을 수 있다고 언급한다(설동훈, 2002: 354-356).

　한국사회의 다문화화와 적용 가능한 시민권에 관한 문제를 분석한 연구가 제출되었다. 개인의 선택과 합의에 의해 공동체 내 문화를 선택할 수 있다는 자유지상주의적 시민권 모델은 자유주의적 합리주의 문화가 뿌리내리지 못한 한국사회에 수용되기 어렵다고 설명한다. 또한 자유지상주의적 시민권 모델이 적용되는 경우 주류집단이 강화되고 소수집단이 약화되는 상황을 초래할 수 있다고 지적한다. 복지자유주의에 기초한 시민권도 자유주의 문화의 절대성을 전제하면서, 비자유주의적 문화들은 선택의 대상으로 전락시킬 수 있는 한계를 내포하고 있다고 언급한다. 한편 공화주의적 시민권 개념도 다원화된 사회의 통합에 긍정적 영향을 미칠 수 있지만, 헌정적 애국주의에 대한 강조가 주류집단의 가치와 문화로 동질성을 강화하는 방향으로 될 가능성이 높다고 제시한다. 공화주의적 시민권

개념이 제대로 작동하기 위해서는 이민자가 공적 심의과정에 참여
할 수 있도록 정치참여가 보장되는 것이 필요하다고 주장한다. 한국
사회에 적합한 다문화주의 시민권은 자유주의적 시민권과 공화주의
적 시민권 개념의 단순한 적용이 아닌 한국사회의 특수성을 고려하
여야 한다고 언급한다. 한국적 시민권은 인종적·문화적 다양성, 민
주적 제도, 개인의 기본권 보장 등이 구현되는 사회에 대한 합의로
부터 구축될 수 있다고 주장한다. 이러한 사회상을 토대로 한국적
다문화주의 시민권의 성격과 내용에는 이민자에 대한 차별금지를
전제한 기본적 권리 허용이 포함되어야 한다. 특히 기본적 권리 중
적응과 상호 이해를 위한 '다문화교육권'이 중요성을 갖는다고 지적
한다. 한국사회에 적합한 다문화주의적 시민권에는 이민자의 노동
권과 제한된 참정권 등이 포함되어야 한다고 주장한다(김비환, 2007:
330-344).

다문화사회의 '시민형성' 방안에 관한 연구가 제시되었다. 다문화
사회 시민의 소양으로 '다문화 능력(multicultural competence)'을 갖추
어야 하며, '다문화 시민성(multicultural citizenship)'으로 표현할 수 있
다고 언급한다. 민주주의 국가가 다문화사회로 전환하는 경우 문화
적 측면에서 다양성과 단일성의 균형을 목표로 설정하여야 하는데,
목표 달성을 위해 필요한 것이 '다문화 시민성'이라고 제기한다. 다
문화사회의 '시민형성'의 논리적 기반으로 "문화적 다양성을 정체
성의 관점에서 인식하고, 국가사회의 통합성을 이해 중심으로 지향
하며, 다문화라는 새로운 형태의 질서체계에 적합한 민주주의를 실
천할 수 있는 정치적 조망"을 가져야 한다고 설명한다. 논리적 기

반으로 '정치적 다문화주의'로 지칭될 수 있는 '문화민주주의'를 제시한다. '문화민주주의'는 "절차적 정당성과 실질 생활의 형평주의 (egalitarianism)"로 표현할 수 있고, 민주주의를 위해 '문화민주주의'가 작동하기 위해서는 "소수문화 집단들이 정체성을 유지한 채, 기존의 우월한 주류문화 집단의 정치적 영향력을 인정하면서, 민주적 원칙들의 엄격하면서도 실질적인 적용이 이루어지는 '진정한 하나'를 지향해야 한다"라고 주장한다(김용신, 2008: 34, 48, 53).

이민자의 시민권은 전 지구화 과정에서 이민의 증가에 따른 '국민국가 시민권' 개념의 확장 과정을 통해 제시되었다. 이민자의 시민권 개념은 "다양한 형태의 정치공동체 성원 자격뿐 아니라, 생명과 재산에 관한 권리 등 자유권(civil rights), 사회복지 · 의료보장 등 사회권(social rights)과, 그것을 보장하기 위한 제도 · 관행까지 포함하는 것으로 확장"이 진행되어 왔다고 언급한다. 이민자의 시민권은 구체적으로 체류자격이 있는 외국인의 시민권, 국적취득자, 체류자격이 없는 외국인 시민권 등의 세 유형으로 제시한다. 체류자격은 "유입국의 출입국관리 공무원이 자국 정부를 대신하여 외국인에게 부여하는 지위"를 의미한다. 체류허가 또는 취업허가를 핵심으로하는 체류자격은 외국인의 시민권과 관련해 중요한 개념이라고 지적한다. 한국의 경우 외국인의 체류자격 이외에 '외국인주민' 개념을 사용하고 있다. '외국인주민'은 이민자 중 한국 국적을 취득하거나 가지게 된 사람을 포함하는 개념으로 활용되고 있다. 국적취득은 국적법에 따라 진행되며, 국적 부여 기준은 혈통주의, 출생지주의, 거주지주의 등이 있다. 한국의 경우 '부모 양계 혈통주의'를 원칙으로 채택하고 있다. 체류자격이 없는 외국인은 무국적자와 불법체류 외국인이다. 한국에서 불법체류 외국인은 체류기간이 초과한 외국인, 체류자격을 벗어난 활동을 한 외국인, 밀입국자 등을 의미한다. 불법체류 외국인도 한국에서 생활하는 동안 인간으로서의 기본권을 보장받을 수 있고, 이를 지칭해 '불법체류 외국인의 시민권'이라고 한다. 한국에서 외국인은 표현의 자유, 집회와 결사의 자유, 재산권, 법 앞의 평등 등 '자유권적 기본권'과 평등권을 보장받고 있다. 또한 정착허가 또는 영주 체류자격을 가진 외국인은 가족을 초청할 수 있다. 그러나 외국인의 정치적 권리는 인정하고 있지 않다. 영주권자의 경우 지방자치 투표를 할 수 있는 권리는 보장하고 있다. 외국인 노동자의 경우 이민자로서의 권리에 해당하는 영주할 수 있는 권리와 본국의 '가족초청권' 모두 부여하지 않고 있으며, 영주권자에게도 자국민 수준의 사회복지 권리를 지원하지 않고 있다고 지적한다 (설동훈, 2016a: 153-168, 183-188).

다문화 관련한 시민권 담론은 이민자를 시민으로 간주할 것인가와 시민권의 범위를 어디까지 확대할 것인가에 관한 논의를 통해 발전되어 왔다. 한국사회의 시민권의 범위를 확대해 외국인노동자에게도 내국인과 동등한 권리 보장과 차별금지 원칙 적용 등이 보장되어야 한다고 주장한다. 한국사회에 적합한 다문화주의 시민권은 자유주의, 복지, 공화주의 시민권 개념의 한계를 벗어나, 다양성 인정, 민주제도의 작동, 기본권 보장 등이 구현되는 사회에 대한 합의와 한국사회 특수성의 반영을 기초로 구축되어야 한다고 언급한다. 이러한 합의를 기초로 한국적 다문화주의 시민권은 이민자에 대한 차별금지를 전제로 이민자에게 기본적 권리를 허용하는 내용을 포함해야 한다고 제시한다. 기본적 권리에는 '노동권과 제한된 참정권'이 포함되어야 한다고 주장한다. '다문화 시민성(multicultural citizenship)'을 제시하면서, 이를 다문화사회의 시민이 가져야 할 시민소양이라고 언급한다. '다문화 시민성'의 논리적 기반은 '문화민주주의'라고 주장한다. '문화민주주의'는 소수집단의 문화정체성 인정, 주류사회의 영향력 인정, 민주적 원칙의 적용 등을 통해 작동할 수 있다고 제안한다. 이민자의 시민권은 정치적 권리, 시민적 권리(civil rights), 사회적 권리(social rights) 등을 포함하며, 이러한 권리들을 보장하기 위한 제도와 관행 등을 포괄하는 것으로 확대되어 왔다고 주장한다. 이민자 시민권에는 위의 권리들이 모두 포함되는 것은 아니고, 체류자격과 국적취득 여부 등에 따라 구분된 유형의 이민자 시민권이 존재한다고 언급한다. 한국에서 외국인은 자유권과 평등권을 보장받고 있고, 불법체류 이민자의 경우도 인간으로서의 기본적 권리가 보호받고 있다고 언급한다. 그럼에도 외국인노동자에게 영주권과 가족초청권이 허용되지 않으며, 이민자의 정치적 권리와 사회복지 권리도 제한적으로 인정되고 있다고 지적한다. 다문화 또는 이민자 관련 시민권 담론은 이민자의 권리 보장의 현실에 대한 진단을 기초로, 시민권 확대를 위한 논의들이 지속될 것으로 판단된다. 특히 이민자 중 영주권자와 외국인노동자의 시민으로서 권리와 인간으로서의 기본적 권리의 확대 또는 유지의 필요성에 관한 논의가 필요하다. 이러한 시민권 담론은 이민자 권리와 인권, 이민자의 정치참여 등의 논의와 연계될 수 있을 것이다. 한편 다문화사회의 시민권에 관한 학문적 논의가 요구된다. 이민자의 시민권을 넘어서 다문화사회 시민의 모습과 시민권에 관한 이념형에 관한 학문적 논의는 향후 다문화정책과 제도에 영향을 미치기 때문이다.

18. 외국인노동력정책 담론과 쟁점

외국인노동력의 국제이주의 시작에 관한 설명은 국제이주에 관한 신고전경제학적 접근의 거시이론으로부터 제시되었다. 국가 간 노동력 수요와 공급의 차이를 국제이주를 발생시키는 원인으로 설명하고, 외국인노동력의 국제이주는 임금과 노동력 수요의 차이로 인해 시작된다고 지적한다. 한편 노동시장분절론에서는 외국인노동력의 국제이주는 선진국에서 고숙련과 저숙련으로 분절화된 노동시장에 의해 형성된다고 설명한다. 본국인이 고숙련노동에 종사하기를 원하는 반면, 저숙련노동력의 고용은 기피하기 때문에 항상적으로 저숙련노동력의 수요가 존재하기에 외국인노동력의 국제이주가 발생하고 지속된다는 것이다(석현호, 2000: 7-10).

한국정부는 외국인노동력의 국내 취업을 통제하는 입장을 고수했고, 국내 노동력이 부족한 분야에 한해 충원을 허용하는 '대체성의 원칙'을 유지한다. 1990년대 초반 불법체류 외국인노동자가 증가하면서, 1991년 산업기술연수생제도의 도입과 자진신고 등을 통해 외국인노동자의 출입국을 통제하기 시작한다. 산업기술연수생제도가 법적 · 인권적 문제를 야기하자, 연수취업제도와 고용허가제도에 관한 논의가 본격화되었다. 논의가 시작된 1990년대 중반 외국인노동자정책의 개편을 위해 대안을 제시했다. 외국인력 충원은 노동자·사용자·정부로 구성되는 기구에서 결정하며, 외국인노동자도 내국인 노동자와 동등한 법적 대우를 받아야 한다고 제시했다. 또한 예외가 존재할 수 있지만 기본적인 '동일 노동 동일 임금'의 원칙이 지켜져야 하며, 외국인노동자의 권리구제에 관한 공적 기관이 설치되어야 한다고 제안한다(김종일, 이상철, 이종구, 설동훈, 1995: 77-93).

외국인노동력 유입을 위한 산업연수생제도와 고용허가제 도입에 관한 의견이 제시되었다. 외국인력 도입을 통해 고용환경 변화에 기인한 특정 업종의 노동력 부족 현상은 '고용구조의 모순'에 의한 것으로, 외국인노동력 유입을 통해 해결할 수 없다고 진단한다. 해외 노동력이 수입되게 되면 "국내 노동자들의 열악한 노동조건의 개선"이 진행되지 않을 것이라고 지적한다. 또한 값싼 노동력의 수입은 발생할 수 있는 다양한 사회문제에 대한 대책이 사전에 준비되어야 한다고 언급한다. "정부는 해외인력의 수입을 서두를 것이 아니라 '고용에 관한 중·장기 기본계획'을 정하고, 그런 계획에 따라 합리적인 고용정책을 수립, 시행해 나가야 한다"라고 주장한다. 한편 외국인 고용허가제 도입은 기존 산업연수생제도가 가진 불법체류와 인권침해 등의 문제 해결을 명분으로 제시하고 있지만, 실제로는 외국인노동력의 공식화하기 위한 조치라고 지적한다. 고용허가제가 시행될 경우 "외국인력이 국내 노동시장에 미칠 영향, 외국인노동력 관리, 사회적 통합문제" 등의 고려가 필요하기 때문에 신중한 접근이 요구된다고 언급한다. 국내 일부 업종에서의 노동력 부족은 "노동력 수급구조의 불균형과 직업훈련제도의 미비 및 부실한 직업안정제도"에 기인한다고 설명한다. 제도가 도입된다고 해도 인력 부족이 현저히 높은 직종에 제한적 유입을 허용해야 하고, 사용자에게는 고용분담금을 부과해야 한다고 주장한다. 또한 불법취업자에 대한 통제 강화와 국내노동자와 외국인노동자 간 '균등대우' 등의 조치가 전제되어야 한다고 제언한다(한겨레신문 사설, 1991. 3. 1.; 한겨레신문 사설, 1996. 3. 16.).

한국의 산업기술연수제도는 한국이 노동력을 수출하는 국가에서 수용국으로 전환하는 과정에서 일본의 외국인노동자정책을 차용해서 도입한 것이라고 지적한다. 외국인노동자정책을 합법노동자 충원을 위한 'front door' 정책과 불법체류 외국인노동자의 존재를 묵인하는 'back door' 정책 등과 달리, 산업기술연수제도는 실제적으로 노동력으로 활용하면서 처우는 노동자로 인정하지 않는 'side door' 정책으로 지칭한다. 산업기술연수제도는 시행 이후 불법체류 외국인노동자를 양산하는 'back door' 정책으로 변질되었다고 지적한다. 외국인노동자의 불법체류와 인권침해를 감소시키기 위한 대안으로 제시된 외국인노동자정책이 고용허가제이다. 한국의 외국인노동자정책은 노동력 부족의 측면과 함께 세계경제에서의 한국의 지위 변화와 아시아지역에서의 노동이주와 한국의 위치 등을 고려해 수립해야 한다고 주장한다(김희재, 2002: 36-43). 한국의 고용허가제는 외국인노동자를 공식적으로 충원하고 근로자 신분을 부여하는 제도로 한국의 외국인노동자정책이 'front door' 정책으로 변화

한 것을 의미한다. 또한 고용허가제의 도입으로 한국의 외국인노동
자정책은 일본의 기능실습제도와 구분되어 변화하고 있다고 언급한
다. 한국의 고용허가제상 재외동포의 취업특례 조항과 일본이 닛케
이진에게 정주 사증을 부여하는 것에서는 유사성이 있다고 지적한
다(설동훈, 2005: 204-207).

　외국인노동자정책을 '에스닉 집단화'와 연계해 분석한 연구가 제
시되었다. 외국인노동자의 국제이주로 수용국에서 '에스닉 집단화'
의 가능성은 높아지지만 개별 국가의 외국인노동자정책에 영향을
받아 실제 '에스닉 집단화' 여부가 결정된다고 언급한다. 에스닉 개
념은 "독자적인 문화적 · 역사적 요소를 공유하는 사람의 집단으로
서, 전체 사회의 일부를 구성하는 사회적 하위집단이나 마이너리티
뿐 아니라 문화와 혈통으로 특징지어진 사회집단"으로 정의한다. 외
국인노동자 국제이주의 지속, 소수민족집단 형성, 외국인노동자의
정주 경향성 등의 요인을 고려할 때 외국인노동자 문제는 '에스닉
집단화'의 측면에서 고찰되어야 한다고 지적한다. 한국과 일본 등
동북아시아 국가의 경우 외국인노동자정책이 일시적인 노동력 확보
의 측면에 주안점이 두어져 왔고, 자민족 또는 자문화중심주의가 강
한 인식과 역사적 요인에 의해 '에스닉 집단화'가 진행되지 못한다
고 주장한다(우평균, 2003: 177-182, 195-202).

　외국인노동력정책은 한국에서는 외국인력정책과 같은 의미로 사
용되기도 한다. 외국인력정책은 "외국인력의 도입 및 활용에 관한
제반 정책" 또는 "노동력으로서 이민자를 도입하여 활용하는 정책"
으로 정의된다. 여기서 외국인력은 협의의 의미로는 "취업자격을 부

여받은 외국인"을 지칭하지만 광의의 의미에는 "비취업자격으로 이주하였으나 취업활동에 종사하고 있는 외국인"을 포함한다. 개별 국가의 외국인노동력정책은 차이점이 존재함에도 고숙련 인력의 유치와 정주화 정책을 지속하고 있으며, 저숙련 인력에 대해서는 제한적 이주정책을 시행하는 경향을 공통적으로 나타내고 있다. 외국인노동력의 충원 원인은 노동력 부족의 해소, 생산인구의 확충, 국가경쟁력 제고 등으로 제시된다. 한국의 경우 고용허가제가 대표적인 외국인노동력정책 중 하나이다. 대만과 싱가포르 등도 고용허가제를 통해 외국인노동력의 유입을 조절하고 있다. 한국은 국내 노동력 수요에 부합하는 외국인노동력의 충원과 관리의 공적 체계를 갖추고 있으며 송출국의 외국인노동력 관리를 유도하고 있다는 점에서 차별성을 가진다(이규용, 2016b: 323-327).

한국의 외국인노동력정책은 노동력 부족에 대응하기 위한 외국인노동력 충원 확대에 주안점이 두어져 왔기 때문에, 외국인노동력 유입으로 인한 사회경제적 영향에 관해서는 관심을 기울이지 못한다. 한국의 외국인노동력 수요는 노동력구조의 변화, 인구변동, 국가경쟁력 강화를 위한 고숙련노동력 유치 필요 등으로 인해 계속적으로 증가할 것이 예측된다. '한국형' 이민정책을 수립해 필요한 외국인노동력의 선별유입과 외국인노동력 양성을 위한 양성형 이민정책이 요구된다. 또한 이민자의 사회통합 등을 포함한 외국인노동력 활용이 미치는 사회경제적 편익을 고려한 정책의 개편이 필요하다고 지적한다(이규용, 2016b: 354-356).

저숙련노동력의 국제이주와 관련해 관심이 증대되고 있는 개념

중 하나가 '이주의 여성화'이다. 외국인노동력의 국제이주의 '이주의 여성화'는 국제노동력 이주에서 여성이 차지하는 비중이 전체적으로 증가하고 있는 상황에 기초해 제시되었다. 또한 수용국의 여성이 고숙련 노동시장으로 진출하면서 간호, 요양, 가사노동 등 돌봄노동의 대부분을 여성 이민자가 차지하고, 송출국의 자녀는 부모와 친척에게 양육이 맡겨지는 '지구적 돌봄 연쇄(global care chain)' 현상을 반영한 개념이다. '이주의 여성화'를 젠더의 관점보다는 외국인노동력의 국제노동시장에서의 "계급적 연결과정"으로 인식해야 한다고 주장한다(최병두, 2012: 388).

한국의 외국인노동자정책을 온정주의적 정책으로 규정짓고 대안을 제시한 연구가 제출되었다. 온정주의적 정책은 "이주노동자를 합리적인 계약이나 정치적 인정의 평등적 관계 대신에 보호의 대상으로 취급하며 정감에 호소함으로써 문제를 해결하려는" 정책으로 정의하고 있다. 이러한 정책은 정책 영역과 정책 패러다임에 따라 형성과 변화하는 것이라고 지적한다. '관용' 패러다임이 재부상하면서 온정주의적 정책은 국가 주도에 의해 확산되고 있으며, 이민자 조직과 '인정의 정치'는 정책 영역에서 배제되고 정부와 지원 단체 간 파트너십을 통한 복지, 상담, 교육, 문화 프로그램 중심의 정부 주도 온정주의적 정책이 지속되고 있다고 지적한다. 이러한 상황의 변화를 위해서는 가능성은 낮지만 인정의 정치가 정당성을 확보해 인종·종족 동학이 변화해 정책 과정에 영향을 미치거나, 중장기적으로 외국인노동자 후속세대의 집단적 행위를 통해 새로운 인종·종적 동학이 확산되어야 한다고 주장한다(심보선, 2007: 43-44, 63-71).

외국인노동자에 대한 정책을 귀환 후 통합을 지원하는 프로그램까지 확대하는 방향을 검토해야 한다는 시민사회의 요구가 제시되었다. 사단법인 경남이주민노동복지센터는 외국인노동자가 본국 귀국 후 재통합할 수 있도록 기술교육과 본국 사회에 잘 통합할 수 있도록 지원하는 '귀환재통합 프로그램'을 개발해 운영해야 한다고 주장한다. 이러한 주장의 배경에는 외국인노동자의 귀국 준비의 미비와 수용국으로서의 한국과 송출국과의 연계의 지속성이 있다고 언급한다(박종완, 2017. 10. 10.).

숙련 외국인노동력의 국내 정착을 적극적으로 추진해야 한다는 주장이 제기되었다. 정부가 기존 전문 인력에게만 영주권을 부여하던 방침에서 2008년부터 숙련기능을 가진 외국인노동력에게도 영주권을 부여하기로 한 조처에 대한 지지를 표명한 것이다. 비숙련노동력으로 입국한 후 숙련노동력으로 성장해도 영주하지 못하고, 본국으로 귀국하거나 불법체류자가 되는 일이 반복적으로 나타난다고 지적한다. 기능인력의 수급불균형이 심각한 상황에서 외국인 숙련기능인력에 대한 영주권 부여는 긍정적 조치로 평가한다(국민일보 사설, 2007. 4. 25.).

외국인노동력정책을 추진체계, 내용, 성과의 측면에서 분석하고 정책적 함의를 제시한 연구가 제출되었다. 한국의 외국인노동력정책을 위한 정책적 함의를 추진체계의 측면에서 보면 현재 외국인인력정책위원회보다 위상이 높은 '정책심의·추진 기구'를 구축해야 한다고 언급한다. "종합적이고 전략적인 관점에서 외국인 노동자 활용계획"의 마련과 "사회통합을 위한 체계적인 지원"도 포함되어야 한다고 지적한다. 정책내용의 측면에서는 단순기능인력 관련 관리, 감독, 상담 업무 등을 전담할 수 있는 기구 설치와 인력 확보가 필요하다고 제언한다. 해외우수인재와 외국인유학생을 대상으로 각각 영주권 부여 확대와 취업지원 정책을 수립해야 한다고 주장한다. 정책성과 측면에서 외국인노동력 유입 관련한 지표 개발과 활용이 필요하다고 제기한다. 한편 외국인노동력의 수용과 활용에 관한 권한을 지방정부에 부여해야 한다고 강조한다(하정봉, 이광원, 권경득, 2019: 114-116).

외국인노동력정책 담론은 외국인노동력 도입에 관한 찬성과 반대의 입장, 정책의 결정과정, 정책제도, 외국인노동자의 권리, 외국인노동자의 정착과 통합, '이주의 여성화', 귀환 등에 관한 내용을 포함하고 있다. 산업연수생제도와 고용허가제 등을 통한 외국인노동력의 도입이 국내 노동력의 고용시장과 노동조건에 미치는 부정적 영향과 외국인노동력 관리와 통합 등의 문제 야기를 고려해, 외국인노동력의 수용을 신중하게 고려해야 한다고 주장한다. 외국인노동자의 권리 보장을 위해 국내 노동자와 동일한 법적 대우와 권리구제를 위한 기관의 설치를 제언한다. 산업기술제도가 불법체류자를 양산하는 'back door' 정책으로 변질되었고, 이를 개선하기 위해 도입한 'front door' 정책의 일환으로서 고용허가제를 평가한다. 한국은 고용허가제를 통해 수요에 입각한 외국인노동력 유입과 관리를 진행하고 있으며, 송출국의 외국인 관리를 유도하는 특징을 가진다고 언급한다. 한국형 외국인노동력 정책은 외국인노동자 선별유입과 외국인노동력을 양성하는 양성형 정책으로 발전되어야 한다고 주장한다. 한편 한국의 외국인노동자 통합 이슈는 정착의 어려움으로 인해 부각되지 못하고 있으며, 이로 인해 '에스닉 집단화'도 진행되고 있지 않았다고 언급한다. 또한 외국인노동자 정책도 온정주의적 정책의 틀 내에서 진행되는 한계를 극복하기 위해, '인정의 정치'에 기반을 둔 정책의 수립과 시행을 요구한다. 외국인노동자의 통합은 국내에서의 통합과 귀환 후 본국에서의 통합을 지원하는 방향으로 진행되어야 한다고 제언한다. 외국인노동자 중 숙련노동력의 경우 국내 정착을 위해 영주권 부여를 확대해야 한다는 의견을 제시하며, 한국에서 숙련노동력으로 성장해도 정착의 어려움으로 노동력 부족과 불법체류자 양산이 반복되고 있다고 지적한다. 외국인노동력정책의 추진체계를 현재의 외국인인력정책위원회보다 위상이 강화된 '정책심의·추진 기구'를 설립해야 한다고 제언한다. 정책 방향은 외국인노동력의 활용과 사회통합 지원이 공히 포함되어야 한다고 주장한다. 향후 외국인노동력정책 담론은 고숙련노동력 유치 확대와 사회통합, 외국인노동자의 권리와 정착 확대, 외국인노동력정책의 효율성과 통합성을 제고할 수 있는 제도 구축, 외국인노동력 활용과 사회통합의 정책 방향 등을 둘러싼 논의들이 지속될 것이다. 외국인노동력 도입의 찬성과 반대 논쟁은 외국인노동력의 급격한 증가나 불법체류자 문제가 부각되면 시민사회를 중심으로 다시 제기될 가능성이 높다. 또한 불법체류 외국인노동자에 대한 정책에 관한 논의도 지속될 것으로 판단된다.

19. 이민자 권리와 인권 담론과 쟁점

한국에서 외국인노동자의 권리를 보장하기 위한 시민사회의 이주노동운동은 인권운동, 노동권쟁취운동, 시민권운동의 방향으로 전개되어 왔다고 설명한다. 인권 차원에서는 인도주의적 관점에서 외국인노동자의 인권침해 개선과 인권 향상에 주안점을 두어왔으며, 시민권 측면에서는 외국인노동자를 주민으로 간주해 시민권 확장을 추진하는 데 초점이 두어졌다고 언급한다. 노동권 차원에서는 제한적이지만 노동조합 활동 참여를 위한 노력이 진행되었다고 지적한다(이선옥, 2007: 90-95).

국제인권규범 관점에서 한국의 이민자 인권정책 평가와 정책에 미친 영향을 분석한 연구가 제시되었다. 국제인권 관련 국제기구의 한국정부에 대한 권고를 중심으로 검토한 결과 이민자 인권과 관련해 한국정부의 정책에 대해 광범위한 사항을 지적하고 권고해왔다고 지적한다. 한국정부가 결혼이민여성, 다문화가족, 외국인노동자의 인권에 관심을 두고 있는 반면, 국제인권규범에서는 기존 정책대상 이외에 "난민과 망명 신청자에 대한 재검토, 무국적자 문제, 외국인노동자의 자녀, 이주 아동" 등 인권정책 대상을 확대할 것을 권고하고 있다고 설명한다. 특히 외국인노동자의 인권에 대한 국제기구의 지적과 권고가 가장 많이 제기되고 있으며, 이주 아동에 대한 보호를 강조하고 있다고 언급한다. 한편 행정 영역에서 국제인권규범의 권고가 수용되고 있지 않다고 지적한다. "국제인권규범이 이주민의 노동권, 사회권, 복지권 등에 대해 권고하고 있는 반면, 대한민국 행정부의 정책은 이와는 다소 동떨어진 문화지원, 언어지원, 상담지원 등에 초점"이 두어졌다고 설명한다(이병하, 2014: 285-286).

외국인노동자의 기본적 권리 보장을 요구하는 시민사회에 관한 연구가 제시되었다. 외국인노동자 단체들의 '인권 프레임'은 고용허가제 도입에 기반이 되었다고 분석한다. 1990년대 설립된 외국인노동자 지원 단체의 명칭에 인권이 대거 포함되었고, 이들 단체는 국내에서의 활동뿐만 아니라 "국제사회와 연대하여 국제적 인권 담론을 국내에 도입하고 이를 통해 이주노동자 문제를 해결"하기 위해 노력한다고 설명한다. 고용허가제는 "이주노동자의 인권문제로 프레임 되면서 이에 반대하는 것은 상당한 도덕적 위험을 감수해야 하는" 상황이 조성되었다고 지적한다. 고용허가제를 통해 외국인노동자는 연수생에서 노동자로 법적 지위를 인정받았지만, 사업장 선택과 노동권 행사에서 여전히 제한을 받는다고 언급한다. 이러한 상황을 국제인권규범이 실제에서 분리가 발생하는 '탈동조화(decoupling)' 현상으로 설명한다. 고용허가제라는 실제 정책에서 국제규범과 달리 "인권의 실질적 내용은 상당 부분이 후퇴하고 담론으로서의 인권만 남게 되었다"라고 분석한다(김수경, 2019: 93-97).

다문화사회에서의 인권 개념은 전통적인 보편적 인권 개념과 충돌한다고 언급한다. 보편적 인권 개념과 달리 다문화사회 인권 개념은 '문화적 특성과 맥락'의 주안점을 두기 때문에, 단순히 보편적 인권 개념에 포함시키기 어려운 측면이 있다는 것이다. 유교와 이슬람 문명의 문화적 인권 개념과 서구 인권 개념과의 갈등의 여지가 있다고 지적한다. 다문화사회에서의 인권 개념은 도덕적 정당성이나 이

넘 등에서 도출되는 것이 아니라 구성원의 합의를 통해서 정당화될 수 있다. 또한 다문화사회에서의 인권 개념에서는 '문화상대주의'에 기초해 문화적 가치의 보편성을 거부하고, 문화 간 위계의 존재를 부정하고 서로의 문화를 인정하고 존중해야 한다는 '상호 문화성'을 강조한다(김학태, 2015: 285-290).

해외의 이민자 인권정책 사례 분석을 통해 한국의 이민자 인권정책의 방향을 제시한 연구가 제시되었다. 이민자의 인권 보호를 위해서는 우선 단기순환정책으로부터 정주화정책으로 정책의 전환을 통해 이민자의 배제를 극복하고 통합을 증진시켜야 한다고 언급한다. 결혼이민여성 지원이 중심이 된 현재의 지원정책의 범위를 외국인, 재외동포 3세, 중도입국자녀 등의 이민자에게도 확대해야 하고 권리를 보장해야 한다고 지적한다. 이민자의 기본적 권리를 보장하기 위한 포괄적 법 제정 또는 현행 법제도의 정비가 필요하다고 강조한다. 또한 '인간다운 거주환경'과 건강권 지원이 필요하다고 제언한다. 노동권에서 배제된 이주노동자의 권리를 보장해야 하며, 이민자의 정착과 취업을 지원해 자립 역량을 갖출 수 있도록 하는 정책을 도입해야 한다고 제시한다(박미숙, 손영화, 2018: 85-87).

외국인노동자의 인권문제 개선을 요구하는 의견이 제기되었다. 외국인노동자 유입은 노동력 이동의 문제만이 아닌 '인간의 문제'를 동반하고 있다고 언급한다. 외국인노동자는 "대부분 제조업 부문 중소·영세 사업체에서 일하면서 장시간 노동에다 형편없이 낮은 임금을 받고 있다. 또한 이들은 극심한 차별대우와 폭력 등으로 고통당하고 있을 뿐만 아니라 산재를 당하고도 보상마저 제대로 못 받고 있는 실정"으로 외국인노동자 인권문제의 심각성을 지적한다. 이에 대한 대책이 필요하며, '외국인노동자 보호제 시행'을 대안으로 주장한다. 특히 산업연수생제도를 통해 입국한 외국인노동자는 임금체불, 감금생활, 잔업강요, 여권압류, 폭력행사 등의 인권침해에 노출되어 있다고 시민단체들은 지적한다. 인권보장을 위해 외국인노동자를 근로기준법상의 근로자로 인정하고, 산재보험의 적용을 받도록 해야 한다고 제언한다. 산업연수생 인력도입을 노·사·공익단체가 참여하는 독립기관을 설립해 주관하도록 하고, 도입 취지에 맞게 실제적인 기술연수가 진행되도록 조처를 취해야 한다고 주장한다. 궁극적으로는 고용허가제를 도입해야 한다고 제언한다(한겨레신문 사설, 1996. 7. 27.; 유강훈, 1995. 1. 21.).

미등록 이민자의 인권보장을 위한 법과 제도의 개선에 관한 연구가 제시되었다. 우선 「출입국관리법」 관련해서는 단속 절차에 대한 명시적 규정, 출입국관리공무원에 대한 인권교육 및 다문화교육, 영장주의 원칙에 기반을 둔 외국인 보호제도에 대한 보완, 강제퇴거 과정에서 미등록 이주민에 대한 권리보호 등을 개선 방안으로 제시한다. 또한 노동 분야의 법제와 관련해서는 사용자의 「근로기준법」 위반 시 처벌강화, 불법체류 발생을 최소화하기 위해 「외국인고용법」의 사업장 변경에 대한 규정 완화, 사업주와 국내 근로자에 대한 인권교육과 다문화교육 등을 구체적 방안으로 제언한다. 추가적으로 야간에 불법체류자에 대한 단속, 강제퇴거의 사유, 장기 구금 또는 보호 등에 대한 제한이 포함되어야 한다고 주장한다. 법제도 개선과 함께 "이해당사자들, 즉 국민, 법무부, 출입국관리공무원, 외국인이 관련 법과 절차에 대해서 인식을 같이하여 정당한 절차를 밟아야 한다. 불법체류외국인 단속·보호 행정은 단속행정이면서 동시에 관계행정이기 때문이다"라고 지적한다. 한편 헌법재판소는 출입국관리법상 외국인 강제퇴거제도에 대한 합헌결정을 내렸지만 강제퇴거제도에 대한 입법개선의 의견을 제시했고, 국가인권위원회에서도 출입국관리법의 개정을 권고한다고 언급한다. 따라서 국회의 출입국관리법에 관한 개정 작업이 요구된다고 지적한다. 이를 위해서는 "외국의 비교법 사례와 국제인권규범 규정을 충실히 반영"해야 한다고 주장한다. 구체적으로 보호기간 상한 명시, 피보호자의 청문권 보장, 영장주의 적용 등을 제언한다(정상우, 박지인, 2016: 432-438; 김병록, 2010: 208-210; 여경수, 2018: 86-87).

결혼이민여성의 인권문제에 대한 대책 마련이 필요하다는 의견이 제시되었다. 국가인권위원회의 2017년 실태조사 보고서에 따르면 조사대상자의 42.1%가 가정폭력의 경험이 있고, 피해유형은 언어폭력이 81.1%, 신체폭력이 38%로 나타났다고 언급한다. 가정폭력 피해는 차별과 남녀불평등이 복합적으로 영향을 미친 결과라고 지적한다. 한편 "이주여성의 인권을 침해한다는 이유로 체류자격 연장 허가 시 배우자의 신원보증을 요구한 출입국관리법 시행규칙이 지난 2011년 폐지됐으나, 여전히 보증을 요구받는 경우가 지속"되는 사례를 비판한다. 결혼이민여성도 "대한민국 국민이다. 이제부터라도 언어장벽과 체류자격 등의 문제로 피해를 받고 있는 많은 이주여성들의 인권 보호에 관심을 가져야 한다. 특히 배우자의 폭행과 인권침해 행위를 예방할 대책과 처벌을 강화해야 한다"라고 주장한다(광주매일신문. 2019. 7. 9.).

　난민보호를 위한 국내 법제도의 개선방안에 관한 연구가 제시되었다. 유엔난민협약과 난민의정서 등의 국제난민규범을 국내 법제도에 적용하기 위해서는 우선 차별금지와 강제송환금지 등이 명시적으로 포함되어야 한다고 제언한다. 또한 난민정의의 기준과 범주의 구체화, 남용적 신청의 방지, 난민의 신변 보호, 면접권 및 통역 등이 보장되어야 한다고 지적한다. 그리고 난민 인정과 별개로 보완적 성격의 '인도적 지위' 인정 명시, UNHCR의 역할과 체약국의 협력의무 강화, 신원확인 및 여행증명서 발급, 난민인정협의회 독립성 강화 등을 개선 내용으로 제시한다(장복희. 2007: 160-166).

　난민의 인권문제 개선을 요구하는 의견이 제시되었다. 장애를 가진 난민의 경우 인권 보호의 사각지대에 놓여 있다고 지적한다. 장애인복지법에는 외국인의 경우 장애인등록 대상을 외국국적동포와 영주권자, 결혼이민자로 제한하고 있어, 장애를 가진 난민은 장애인등록이 이루어지지 않아 사회보장 혜택을 받지 못한다고 비판한다. 또한 난민신청자가 난민신청이 받아들여지지 않는 경우 강제송환 이전까지 외국인보호소에 구금될 수 있다는 점과 장기간 구금이나 외국인보호소의 생활 여건 등은 인권침해의 요소가 많다고 언급한다. 난민과 난민신청자 모두의 인권개선이 시급히 이루어져야 한다고 주장한다(국제신문 사설, 2017. 6. 22.).

　이민자 권리와 인권 담론은 외국인노동자, 결혼이민여성, 난민 등의 권리를 둘러싼 의견들이 포함되었다. 그중에서도 외국인노동자의 권리와 인권과 관련된 주장들이 담론에서 높은 비중을 차지하고 있다. 1990년대 산업연수생으로 입국한 외국인노동자가 차별대우, 폭력, 임금체불 등에 빈번히 노출되어 있다고 지적하며, 인권 보호를 위해 외국인노동자의 근로자 인정과 외국인노동자 보호제도의 도입 등을 주장한다. 또한 산업연수생제도의 폐지와 함께 고용허가제의 도입을 제기한다. 그러나 고용허가제도 사업장 선택과 노동권 제한을 받는 상황이어서, 국제인권규범과의 '탈동조화' 현상이 나타나고 있다고 지적한다. 미등록노동자와 이민자의 인권개선을 위해 사업장 변경 확대와 과도한 강제퇴거를 제한하기 위한 청문권과 영장주의 원칙 도입을 제안한다. 외국인노동자의 권리보장을 위한 한국 시민사회의 활동은 인권, 노동권, 시민권 확대의 방향에서 진행되어 왔다고 언급한다. 결혼이민여성의 경우 폭행 피해와 인권침해 문제를 경험하고 있기 때문에 이에 대한 예방과 가해자에 대한 처벌 강화를 요구한다. 난민의 경우 차별, 강제송환, 구금, 장애난민 지원 부재 등의 인권침해를 개선해야 한다고 주장한다. 한편 한국의 이민자의 권리와 인권을 국제인권규범과 연계해 개선을 촉구하는 의견이 제시되었다. 국제기구의 한국의 이민자 인권개선을 위한 권고를 제시해왔다고 언급한다. 특히 해당 권고는 외국인노동자 인권개선에 주안점이 두어졌지만, 한국사회에서 관심에서 벗어나 있던 난민, 무국적자, 이주 아동 등까지 인권정책 대상을 확대할 것을 권고한다. 이민자의 권리와 인권 담론은 외국인노동자, 결혼이민여성, 난민, 불법체류이민자, 이주아동 등 개별 정책대상의 인권침해 실태와 이에 대한 개선을 요구하는 의견 제시가 지속될 것이다. 이러한 인권개선 요구의 '규범적 자원'은 이민자 국제인권레짐에 기반을 둘 것으로 예상된다. 따라서 한국사회의 이민자 권리와 인권 담론은 국제인권레짐과의 '동조화'를 요구하는 주장이 제시될 것을 판단된다. 이에 대한 반발로 내국인에 대한 역차별과 과도한 이민자 권리보장이 사회통합의 걸림돌이 될 수 있다는 반론이 제기될 가능성이 존재한다.

20. 이민자 네트워크 담론과 쟁점

국제이주와 관련해 네트워크는 다양한 의미로 활용되고 있다. 이민자와 먼저 국제이주를 통해 정착한 이민자와의 네트워크, 선주민과 이민자와의 네트워크, 이민자와 가족 또는 친구 등과의 인적 네트워크, 이민자의 민족성 또는 정체성과 관련된 문화적 네트워크 등을 포함하는 개념으로 사용되고 있다. 이러한 포괄적 의미의 활용은 개념의 모호성에 대한 비판이 제시되는 원인이 되기도 한다(최병두, 2017: 11-12).

사회적자본론에서는 이주 네트워크 개념을 "이주자, 이전 이주자 그리고 이출지 및 이입지의 비이주자를 연결하는 친족, 친구, 동향인 등의 대인관계"를 지칭하는 것으로 언급한다. 이주 네트워크는 국제이주의 비용과 위험을 감소시켜 주기 때문에 국제이주가 증가할 가능성을 높인다고 지적한다. 이주 네트워크는 정부의 통제를 벗어나 작동하기 때문에 국제이주를 지속시키는 기제로 작동한다고 설명한다. 이민자 또는 이주 네트워크로 사회적 연결망은 국제이주와 적응에 영향을 미치며, 이민자 공동체의 형성에도 기여한다(석현호, 2000: 13, 24).

결혼이민여성의 이주와 적응에 영향을 미치는 네트워크를 '사회적 연결망'의 시각에서 분석한 연구가 제시되었다. 이주민 네트워크는 이민자의 이주와 적응과 관련한 개인과 구조적 요인이 혼합되는 사례로 언급한다. '사회적 연결망'은 가족 네트워크, 사회적 네트워크, 민족문화 네트워크로 구성되고, 가족 네트워크는 친인척, 사회 네트워크는 친구, 종교, 중개인 등 사회관계, 민족문화 네트워크는 출신국과의 관계, 출신 문화 유지 등을 포함하는 것으로 정의한다. 결혼이민여성의 이주에는 가족과 사회적 네트워크가 영향을 미치며, 적응과정에는 가족, 사회적, 민족문화 네트워크가 작용한다고 제시한다(이소영, 2011: 34-38).

이주체계접근법에서 이민자 네트워크는 "이주수용 국가에 정착한 이주민들과 본국의 잠재적 이주민들의 연계로 인해 형성되면 잠재적 이주민의 국제이주의 형성과 지속에 영향을 미치는 것"으로 제시되고 있다. 여기에 더해 재외동포 네트워크인 한인회의 정책형성에 적극적으로 요구를 전달하는 사례에서처럼 수용국과 본국에서 국제이주와 관련된 이민자 네트워크의 정치적 영향력 행사에 관한 분석도 필요하다고 지적하고 있다(김용찬, 2006: 98-101).

정부기관이 이민자 네트워크 구축을 지원하는 것에 대해 긍정적 의견이 제시되었다. 2007년 제주 출입국관리사무소가 주관해 '필리핀 결혼이민자 네트워크 활성화 모임'을 개최한 것을 사례로 언급한다. 결혼이민자와 다문화가정이 일상에서 "언어와 문화적 차이로 인한 소외감과 자녀양육" 등 정착에서의 문제를 공동으로 대처하기 위한 결혼이민자 네트워크 구축은 중요한 의미를 가진다고 지적한 다. 결혼이민여성의 네트워크 형성 이후 제주에서는 '여성결혼이민 자 남편 네트워크'가 설립되었다고 소개한다. 남편 네트워크를 통해 다문화가정의 문제를 이해로써 해결할 수 있는 기초가 마련되었다 고 언급한다. 또한 이러한 네트워크는 다문화가정 남편이 경험하는 어려움의 상호 이해와 정보 교환의 매개체로서의 역할을 할 것이라 고 강조한다. 다른 지역에서도 출입국관리소 주관으로 이민자 네트 워크가 설립되었다. 2007년 수원에서도 이민자 네트워크가 설립되 었다. 대구에서는 2007년 '결혼이민자 네트워크'가 출범했고, 2013 년에는 유학생과 외국인노동자, 재외동포가 참여하는 '이민자 네트 워크'로 확대되었다. 2013년 청주에서도 이민자 네트워크 발대식 이 청주출입국관리사무소 주관으로 진행되었다. 이민자들은 결의문 에서 "우리는 분야별 이민자 네트워크의 연대를 지속적으로 확대해 이민사회의 통합과 소통을 위해 노력할 것"임을 표명하고, "이민문 화가 안정적으로 정착되도록 유도하고, 다양성이 존중되는 진정한 다문화 대한민국을 만드는 데 앞장서겠다"라고 선언한다. 이민자 네 트워크의 활동은 "이민자가 한국 문화, 풍습 등을 잘 습득해 한국 생 활에 조기에 정착할 수 있도록 통·번역 활동을 지원"과 멘토 활동 에 목표를 두고 있다고 밝혔다(한라일보 사설, 2007. 10. 22.; 한라일보 사 설, 2008. 1. 15.; 신선미, 2013. 9. 30.; 안순자, 2013. 10. 17.; 이상준, 2015. 9. 19.).

결혼이민여성의 사회적 네트워크에 대한 분석과 정책적 제언은 제시한 연구가 제출되었다. 결혼이민여성을 대상으로 한 분석을 통해 이주의 선택과 행동에 사회적 연결망의 영향이 중요하며, 한국의 정착 후 지역사회의 네트워크가 결혼이민여성의 삶에 큰 영향을 미친다고 설명한다. 반면 사회적 연결망의 부재나 낮은 수준의 영향력에 처한 결혼이민여성의 경우 "정서적인 안정감에 부정적인 영향"을 받고 있다고 지적한다. 모국과의 연결망을 통한 "초국가적 행위자로의 실천"은 한국사회의 적응에도 영향력이 큰 것으로 진단한다. 한편 정책 개선을 위해 결혼이민여성의 이주와 정착 과정에 영향을 미치는 행위자와 네트워크에 대한 분석을 기초로 시기별 지원 방안을 구축할 필요성이 있다고 제언한다. 또한 이주 이전 사회적 네트워크가 결혼이민여성의 국제이주에 중요한 영향을 미치는 한편, 적응과 사회통합 과정에서는 지역의 사회적 네트워크와 모국과의 네트워크가 긍정적 영향을 미친다고 분석한다. 따라서 결혼이민여성의 개인 차원의 노력과 "가족적 차원의 노력, 정부 정책적 차원의 노력이 통합적으로 이루어져야 한다"라고 주장한다(최병두, 정유리, 2015: 51-53).

결혼이민여성의 사회연결망 유형화와 행위전략에 관한 연구가 제시되었다. 사회연결망의 유형을 가족중심형, 한국인친구 중심형, 이주민친구 중심형, 복합형 등으로 구분한다. 가족중심형은 '가족지배형'과 '가족의존형'으로 세분화해 언급한다. 이주민친구 중심형도 '이주민친구 지배형'과 '의존형'으로 구분한다. 복합형의 경우 사회연결망이 특정 집단에 집중되지 않고, 여러 집단에 분산되어 있는 유형으로 지칭한다. 결혼이민여성에 대한 질적 조사 결과 각각의 유형과 결합한 행위전략이 나타났다고 설명한다. 예를 들면 '가족중심형'의 경우 "가족관계를 일차적인 출발점이자 준거점으로 삼아 자신의 생활세계를 형성해나가는 가족중심 행위전략의 다양한 모습들이 나타난다"라고 분석한다. 또한 조사결과 "결혼이주여성의 연결망이 특정 유형으로 수렴되기보다는 다양한 유형으로 분화된다는 점이며 한 유형 내부에서도 구체적인 경험의 내용이 다양한 모습을 보였다"라고 지적한다. 한편 "가족 연결망과 비가족 연결망의 상호 관계가 어떻게 형성되는가에 따라 이주여성들의 행위전략이 다른 모습으로 나타난다"라고 지적한다. 구체적으로 가족 연결망과 비가족 연결망을 동시에 유지하려는 행위전략, 가족 연결망의 연장을 통한 비가족 연결망의 확장, 가족 연결망의 문제를 비가족 연결망을 통해 대체 또는 보완하는 경향들이 나타난다고 분석한다(황정미, 2010: 9-35).

결혼이민여성의 사회적 연결망과 초국가적 정체성 형성에 관한 연구가 제기되었다. 결혼이민여성에 대한 질적 조사를 통해 사회적 연결망의 부재, 형성, 확대를 중심으로 분석한 결과에 따르면, 결혼이민여성의 국제이주 결정과 시행에 사회적 연결망이 중요한 영향을 미친다고 언급한다. 또한 한국사회에서 사회적 연결망 부재는 결혼이민여성의 정서적인 안정감에 부정적 영향을 미친다고 설명한다. 결혼이민여성의 사회적 연결망은 한국 내 연결망과 함께 모국과의 연결망으로 확장되는데, 이러한 '초국가적 행위자로서의 실천'에는 결혼이민여성의 적응이 주요한 요인으로 작용한다고 진단한다. "모국과 거주국을 잇는 경제적 · 사회문화적 실천들은 한국생활에 익숙해질수록 더욱 활발해졌으며 이는 곧 결혼이주여성의 초국가적 정체성으로 귀결된다"라고 주장한다. 따라서 "초국가주의와 적응 및 사회통합의 개념이 상호 배타적인 관계가 아니라 상호작용이 가능함을 시사한다"라고 강조한다(설진배, 김소희, 송은희, 2013: 252-254).

이민자 사회적 네트워크에 대한 유형화를 기반으로 특정 이민자의 네트워크를 분석한 연구가 제시되었다. 결속형, 교량형, 연결형 사회적 네트워크로 유형화하면서, 결속형 사회적 네트워크는 "사람들이 물질적 혹은 감정적 지원이 필요할 경우 활용할 수 있는 가족, 친척, 동료 및 이웃 간의 연결 관계"로 정의하며, 교량형 사회적 네트워크는 "다양한 배경을 가진 다른 집단이나 공동체에 소속된 사람들 간의 약한 유대관계"로 제시한다. 연결형 사회적 네트워크는 "사회의 명시적이고, 공식적이거나 제도화 영역인 시민사회단체, 정부기관, 정당, 공공기관, 민간 부문 등에서 형성된 사회적 관계"로 언급한다. 국내 방글라데시 이민자를 대상으로 한 사회적 네트워크 조사결과에 따르면 "가족을 중심으로 한 결속형 사회적 네트워크가 가장 강하게 나타났다"라고 설명한다. 한편 교량형 사회적 네트워크는 정서적 차원의 교량형 사회적 네트워크가 물질적 차원의 교량형 사회적 네트워크에 비해 상당히 높은 것으로 나타났고, 이것은 교량형 사회적 네트워크가 재정적 기반보다는 정서적 토대의 강화에 기여하는 것을 입증한다고 평가한다. 다른 사회적 네트워크에 비해 교량형 네트워크가 상대적으로 낮게 나타난 원인은 거주기간이 짧아 한국사회 구성원과의 상호작용을 위한 조건이 성숙하지 않았기 때문이라고 진단한다. 연결형 사회적 네트워크는 교량형(물질) 사회적 네트워크보다는 강한 것으로 나타났는데, 시민단체와 사회서비스 기관과의 연결에서 높은 점수를 보였다고 분석한다. 한편 연령과 결혼 여부, 거주지 등이 이민자 사회적 네트워크 유형의 차이에 영향을 미친다고 주장한다. 예를 들면 젊은 연령대의 미혼 이민자는 40세 이상 기혼 이민자에 비해 교량형(물질) 사회적 네트워크가 높게 나타나고, 비수도권 거주 이민자는 결속형과 교량형 사회적 네트워크가 수도권 거주 이민자에 비해 높은 수준을 유지하고 있다고 언급한다(Md Golam Hafiz, 신지원, 2018: 224-227, 241-244).

이민자 네트워크 담론은 국제이주와 정착을 위한 사회적자본, 사회적 연결망, 초국가 네트워크와 정체성, 이민자 사회통합과 네트워크, 네트워크 유형 등에 관한 의견을 포함하고 있다. 사회적자본이자 사회적 연결망으로서 이민자 네트워크는 국제이주를 지속시키는 역할을 하며, 이민자의 적응과 공동체의 형성에 긍정적 영향을 미친다고 언급한다. 결혼이민여성의 네트워크 유형에 관한 의견이 제시되었다. 구체적으로 가족, 사회적, 민족문화 네트워크 등의 구분과 가족중심형, 한국인 친구 중심형, 이주민 친구 중심형, 복합형 등의 유형화가 제출되었다. 이민자 네트워크를 결속형, 교량형, 연결형 등으로 유형화하고 방글라데시 이민자를 대상으로 한 사례 분석도 제기되었다. 한편 이민자의 본국과의 네트워크를 초국가적 활동과 정체성의 측면에서 고찰하면서, 모국과의 초국가 네트워크는 한국사회에 적응도가 높아질수록 활성화된다고 주장한다. 정부에서는 2000년대 들어서 출입국관리사무소를 중심으로 이민자 네트워크를 지원하기 시작했다. 결혼이민여성을 중심으로 결혼이민여성 남편, 재외동포, 외국인유학생 들도 참여하는 네트워크로 확대되어 왔다. 이들 네트워크 모임은 이민자의 어려움, 상호 이해와 정보의 공유, 궁극적으로 정착과 사회통합에 기여하는 것을 목적으로 하고 있다. 이민자 네트워크 담론은 이민자 네트워크가 한국사회에 정착한 이민자의 사회통합에 기여하고 있는가 또는 부정적 영향을 미치고 있는가에 대한 검토가 필요하다. 서구의 연구들에서는 이민자 네트워크의 긍정성을 인정하고 있는데, 이에 대한 경험적 분석을 기초로 한 의견들이 유형화 연구의 발전과 함께 제시될 것으로 예상된다. 이에 따라 이민자 네트워크에 대한 정부의 지원정책을 둘러싼 논의도 진전될 수 있을 것으로 보인다. 한편 이민자 네트워크 중 모국과의 초국가 네트워크의 영향에 대한 고찰이 이민자 유형별로 국제이주의 시작과 지속, 정착과 사회통합, 초국가적 정체성, 모국으로의 귀환과 적응, 개발문제 등과 연계한 의견들이 제출될 것으로 판단된다.

21. 이민자 정치참여 담론과 쟁점

이민자의 참정권은 국가 수준의 영주권의 취득 여부와 관계없이 국적을 취득하지 않은 경우 대부분의 국가에서 부여되고 있지 않다. 반면 지방선거 참정권은 유럽연합(EU)의 경우처럼 역내 국가의 시민들에게 선거권을 부여하는 '유럽통합 모델', 국가 간 관계의 맥락이 반영되어 특정 국가의 이민자에게 선거권을 부여하는 '상호주의 모델', 자격요건을 갖춘 이민자 모두에게 지방선거 선거권을 부여하는 '보편주의 모델'로 구분된다. 다만 피선거권은 대부분의 나라에서 인정하고 있지 않다.

한국 이민자의 참정권은 북유럽 국가에서 시행하고 있는 이민자 선거권 유형인 '비차별적 지방 참정권(nondiscriminatory local right) 모델'로 제시하고 있다. 2005년 공직선거법 개정을 통해 영주권을 취득하고 3년이 경과한 19세 이상 이민자에게 지방선거 참정권을 부여했으며, 주민투표, 주민소송, 주민소환제도에의 참여도 보장하고 있다. 한국의 경우 이민자의 참정권은 사회경제적 권리의 보장보다 조기에 부여되는 '조숙한 제도화'의 특징이 두드러졌다. 한국에서 조기에 이민자의 지방 참정권이 보장된 원인으로는 재일동포의 참정권 보장을 요구하기 위한 외교 전략과 국제결혼을 통한 결혼이민 여성의 새로운 이주 형태의 증가로 제시하고 있다(정상호, 2010: 29-33, 40-43).

이민자 정치참여의 필요성에 관한 연구가 제시되었다. 이민자가 한국에 정착과 적응의 과정에서 '시민 됨'의 과정이 필수적이라고 언급한다. 이민자의 '시민 됨'이란 "공동체에 대한 소속감과 책임감을 가지고 속해 있는 공동체를 위해 봉사하고 참여하고자 하는 마음을 가진 사람이 된다는 것을 의미한다"라고 설명한다. "참여의 궁극적인 단계는 정치참여"이기에, 이민자가 시민으로서의 권리와 의무를 다하도록 하고 이들의 정치적 요구가 반영되기 위해서 이민자의 정치참여가 필요하고 확대되어야 한다고 주장한다. 이민자의 정치참여가 부여되지 않는 경우 주류사회와 이민자 간 사회갈등이 증폭될 수 있으며, 서유럽의 테러와 폭동이 빈발할 가능성이 높아진다고 지적한다. 한편 이민자의 정치참여를 활성화할 수 있는 방안으로 시민교육 강화를 제시한다. 시민교육 프로그램은 "시민으로서의 권리와 의무, 선거와 매니페스토, 한국 정당, 한국 정치사, 시민단체와 이익집단에 대한 이해, 한국 정치문화, 정치 리더와 리더십" 등으로 구성할 것을 제안하며, 선거참여를 증진하기 위한 역량 강화에 주안점을 두어야 한다고 제언한다(송샘, 이재묵, 2018: 71-74, 85-87).

독일의 이민자 정치참여에 관한 분석을 통해 한국사회를 위한 함의를 도출한 연구가 제시되었다. 2005년 외국인에게 지방선거권을 부여한 것은 중요한 변화라고 평가하면서도, 외국인노동자의 배제, 피선거권 미부여, 정당 가입과 후원 불가 등의 한계를 가지고 있다고 지적한다. 독일에서 외국인에 대한 정치적 권리의 부여는 "민주주의를 실현하고 다문화사회의 다양성을 통합으로 묶어내려는 거시적인 정책 틀 속에서 중요성"을 가진다고 언급하고, 한국에서 이민자 정치참여의 문제도 민주주의의 발전과 국민통합에의 기여라는 측면에서 검토되어야 한다고 주장한다. 또한 이민자 참정권 확대와 관련해 한국의 정당과 의회가 주도적 역할을 해야 한다고 지적한다. 한편 한국에서 이민자의 "이해와 의사를 결집하고 표출하는" 이민자 자치조직과 지방정부의 거버넌스가 형성될 수 있도록 지원을 모색해야 한다고 강조한다(이규영, 김경미, 2009: 19-20).

이민자 참정권에 관한 논쟁을 검토하고 한국사회의 과제를 제시한 연구가 제출되었다. 한국은 "이주민의 참정권 획득조건을 완화하고 이주민이 정당과 선거운동에 참여할 수 있는 기회"를 확대할 수 있는 조치를 도입해야 한다고 주장한다. 또한 "이주민의 충성심을 이끌어내기에 가장 핵심적인 요소의 하나가 이주민의 정치참여"라는 인식이 확산되어야 한다고 지적한다. 또한 한국사회에서 미비한 이민자의 자치조직 결성과 활동 등 결사의 자유가 보장되어야 이민자의 정치참여가 확대될 수 있다고 언급한다(박호성, 2011: 163-166).

이민자의 정치참여 확대를 위한 구체적 방안이 제시되었다. 현행 공직선거법은 이민자가 영주권 취득 후 3년이 지나야 지방선거에 참여할 수 있는 투표권을 부여하는데, 영주권을 취득하기 위한 조건을 충족한 이민자의 경우 한국사회에 대한 충분한 이해를 가지고 있기에 영주권 취득 후 다시 3년이라는 기간을 설정하는 것이 문제라고 지적한다. 이 기간을 축소하거나 영주권 취득으로 선거권을 부여할 수 있다고 언급한다. 또한 3년의 경과기간을 그대로 둔다면 피선거권도 동시에 부여해야 한다고 주장한다. 영주권 취득과 3년의 기간 동안 주민으로서의 의무를 충실히 이행한 경우 피선거권이 보장되어야 한다고 설명한다. 특히 "한국사회에서 이주민을 책임과 의무를 동반하는 사회구성원으로 흡수하고자 한다면, 세계화를 의식한 가시적이고 형식적인 정치적 참여가 아니라 선거권과 피선거권을 함께 인정하여 능동적으로 동참할 수 있는 선거제도를 마련해야 한다"라고 강조한다. 한편 선거구 비례대표에 '영주권 비례대표' 의석을 배정해 이민자가 지역사회에 적극적으로 참여할 수 있도록 기회를 제공해야 한다고 주장한다(임희선, 김경제, 2017: 145-147).

이민자의 정치 환경 경험이 정치참여에 미치는 영향에 관한 연구가 제출되었다. 모국과 수용국에서의 정치사회화 과정이 "이민자의 정치참여에 각기 전이 및 노출의 형태로 복합적인 영향"을 미친다고 언급한다. 구체적으로 조사결과에 따르면 송출국의 정치체제가 민주주의인 이민자의 경우 권위주의 국가 출신 이민자에 비교해 정치참여에 보다 적극적이고, 한국 거주기간이 증가할수록 정치참여의 가능성은 높아진다고 주장한다. 특히 모국에서의 민주주의 경험은 한국 거주기간이 상대적으로 짧은 이민자에게 영향력이 크다고 설명한다. 한국 거주기간이 이민자 정치참여에 영향을 미친다는 것은, 한국에서의 이민자 재사회화가 이민자 정치참여 활성화에 긍정적 영향을 미칠 수 있는 요인으로 고려해야 한다고 강조한다(서정규, 하상응, 2019: 98).

한국의 이민자 참정권 제도에 관한 연구가 제시되었다. 한국은 일본과 유사하게 통합방법에서는 차별배제모형의 유형에 속하고, 국적부여원칙도 혈통주의에 기반을 두고 있다고 설명한다. 그러나 이민자의 참정권에서 있어서는 현저한 차이가 존재한다고 언급한다. 즉 한국의 경우 아시아 최초로 이민자에게 참정권을 허용한 반면, 일본은 아직도 재일동포를 비롯한 이민자에게 참정권을 부여하지 않고 있다고 지적한다. 한국에서 이민자 참정권 확대가 가능했던 요인을 "한국의 공화주의에 기초한 시민주권론"에 기초한 "정당과 사회운동으로 구성된 정치연합"이라고 주장한다. 한국에서는 정치의 주체로 등장한 시민과 활성화된 시민운동으로 인해 "국민이나 공민 개념에 새겨진 종속적이고 배타적인 획일성"은 거부당하고 있다고 분석한다. 또한 민주화 과정을 통해 확립된 '시민적 공화주의'는 한국을 "배타적 정체성의 대표 국가에서 개방적 정체성의 대표 국가"로 전환시키고 있다고 평가한다. 이러한 조건들은 한국에서 이민자 참정권이 확대되는 데 기여한다고 주장한다(정상호, 전찬희, 2013: 87-88, 115-116).

2006년 지방선거에서 영주권을 가진 이민자에게 투표권이 부여되었다. 대통령선거와 국회의원선거에는 참여할 수 없고 지방선거 투표만 허용되는 제도에 대한 비판이 제기되었다. "한국에서 태어나 세금도 내는데, 투표를 하지 못하니 차별받는다는 설움이 생기네요"라는 국회의원선거에 참여하지 못한 화교의 의견과 "초등학교에 들어간 아이가 '엄마는 왜 투표를 안 해'라는 말을 할 때 무슨 말을 해야 할지 몰라 너무나 가슴이 아팠다"는 결혼이민여성의 선거에 참여하지 못하는 감정을 소개한다. '다문화가정의 참정권 확대 요구 간담회'를 개최한 시민단체는 결혼이민여성의 경우 정주 목적과 의지가 분명하기 때문에, 투표권 부여 기준을 완화해 중앙선거에 참여할 수 있도록 보장해야 한다고 주장한다(김정민, 2008. 4. 7.).

이민자 2세의 성공을 위해 이민자의 정치참여를 옹호하는 의견이 제시되었다. 특히 이민여성의 정치참여에 대해 적극적인 지지의 입장을 표명한다. 이자스민 전 의원의 사례를 소개하면서 이민자의 정치참여가 증가하기 위한 노력이 수반되어야 한다고 강조한다. 구체적으로 "엄마 자스민은 용감하다. 워드와 오바마 같은 혼혈인 성공모델을 접한 게 계기였다. 자기 아들딸도 성공을 꿈꿀 수 있는 사회를 만들기 위해 방송에 얼굴을 내밀고 정치참여를 시도한다. 외국인 엄마들이 당당한 사회의 구성원으로 자리 잡을 때 자녀들에 대한 편견도 사라질 것이기 때문이다. … 자스민이나 최초의 결혼 이민자 출신 도의원 같은 이들이 더 많이 나오길 … 그럴 때 자스민의 바람처럼 우리 사회에서 '다문화 가정'이란 말 자체가 사라지게 될 것이다"라고 주장한다(중앙일보 사설, 2010. 6. 9.).

2010년 6월 지방선거를 앞두고 당시 한나라당이 경기도 도의원 비례대표에 다문화가정 출신자를 배정하겠다고 발표하자 결혼이민자와 다문화 관련 단체에서 환영 의견이 제시되었다. 시민단체에서는 "그동안 국내 다문화정책은 전반적으로 교육에만 치중해왔다"라고 지적하며, 경기도 도의원 배출을 통해 "다문화가정의 권익보장을 위해 근로조건 및 법률문제 등 다양한 문제를 해결해야 하는 만큼 한국인만의 목소리를 내서는 해결할 수 없는 부분들이 상당수 개선될 것으로 기대"한다는 입장을 제시한다. 이민자의 정치참여를 확대하기 위해서는 "국내정치 사회에 대한 교육 프로그램 진행 등 지자체와 정당 차원의 노력이 필요하다"는 전문가 제언을 언급한다. 당시 지방선거 출마를 선언한 결혼이민여성은 "다문화가정 출신 아이들의 더 나은 미래를 위해 정치에 도전"한다는 입장을 표명한다. 다문화가정이 경험하고 있는 고충과 사회적 편견을 해결하기 위해 정치에 도전하며, 정치참여를 통해 다문화가정 자녀들이 "당당한 한국 국민으로 살아갈 수 있는 나라"를 만드는 데 기여하겠다는 포부를 밝혔다. 결혼이민여성의 지방선거 비례대표 당선을 위해 한국여성정치연구소와 여성부는 '제1호 국제결혼 이주여성 정치인 만들기 프로젝트'를 운영했다(박광섭, 2010. 1. 12.; 박광섭, 이호준, 2010. 1. 25.).

이민자 정치참여 담론은 참정권 보장의 필요성, 범위, 참정권의 현행 문제와 확대 방안, 이민자 정치참여에 영향을 미치는 요인 등에 관한 논의가 중심을 이루고 있다. 이민자의 참정권 확대와 정치적 대표성 강화에 대한 요구는 학계, 시민사회, 이민자공동체에서 지속적으로 제기되었다. 이민자의 권익보장과 이민자 자녀의 미래를 위해 이민자가 정치적으로 대표되어야 한다는 주장이 이민자 단체와 언론 등을 통해 제출되었다. 학계에서는 이민자의 시민으로 통합되는 과정에 이민자의 참여가 필요하고, 이민자 참여는 정치참여를 통해 극대화될 수 있다고 주장한다. 한국은 지방 참정권을 이민자에게 부여하고 있어 아시아 국가 중 진일보한 이민자 정치참여를 보장하고 있으며, 이러한 참정권 확대는 한국의 "공화주의에 기초한 시민주권론"과 "정당과 사회운동으로 구성된 정치연합"에 기인한다고 주장한다. 그럼에도 대통령선거와 국회의원선거에 참여할 수 없고, 피선거권과 정당 활동 등에 제약을 받는 등 현행 이민자 참정권의 문제를 지적한다. 이에 대한 개선방안으로 지방선거의 경우 피선거권과 정당 활동을 보장하고 이민자 비례대표 의석을 배정해야 하며, 정치참여를 활성화하기 위해 이민자의 정치역량 강화와 교육 등을 제언한다. 선거를 통한 참여 이외에도 지방 차원의 정책결정 거버넌스에 이민자의 참여를 확대해야 한다고 제안한다. 이민자 정치참여 정도는 모국과 한국에서의 정치사회화가 영향을 미치기에 정치사회화 과정에 대한 검토와 지원이 필요하다고 주장한다. 이민자 정치참여 담론은 지방선거의 피선거권 보장, 정치적 대표성 강화, 선거권 확대 등에 관한 참정권과 이민자 대상 정책결정 거버넌스에의 참여 확대 등에 관한 논의가 활성화될 것으로 보인다. 이민자의 정치참여와 대표성 강화를 위한 정치사회화 과정의 일환인 이민자 대상 시민교육에 대한 의견도 논의될 필요성이 있다. 이민자의 모국 정치 참여와 사회통합에의 영향, 이민자의 귀국 후 한국 참정권 행사 등의 문제도 새롭게 제기될 수 있을 것이다.

22. 이민정책과 노동시장 담론과 쟁점

노동시장 개방에 관해 부정적 의견이 제시되었다. 산업연수생제도를 통해 외국인노동자가 입국하게 되면 국내 근로자의 일자리가 잠식되게 될 것이라고 지적한다. 유휴인력 240만 명에 달하는 상황에서, "이런 방대한 인력을 내팽개치고 外人 고용을 늘린다는 것은 한마디로 정부의 노동 및 고용정책 부재에 다름 아니다"라고 비판한다. 국내 노동자의 노동환경 개선과 복지지원을 도외시하고, "값싼 人力은 얼마든지 있으니 일하기 싫으면 나가라"는 식의 정부와 경영계의 자세는 노사화합을 어렵게 만들 것이라고 강조한다. 외국인 고용이 현실화되더라도 인원제한 이행 감시 등 사후관리가 필요하다고 언급한다. 또한 외국인노동력의 유입은 이민정책과도 연결될 수 있기에 "외국인 고용확대가 노동시장의 성급한 개방에 이르도록 방치해서는" 안 된다고 주장한다(부산일보 사설, 1991. 11. 9.).

외국인력정책은 외국인노동력 도입 분야의 결정체계와 도입관리체계의 측면에서 개선이 필요하다는 주장이 제출되었다. 구체적으로 도입 분야의 경우 직종별 숙련수준에 대한 세부평가기준 없이 단순히 외국인력을 전문인력과 비전문인력으로 구분해 충원하고 있다고 지적한다. 현행 고용허가제의 경우 해당 업종 내에서 직종별 외국인노동력 충원체계가 필요하다고 언급한다. 중장기적으로는 이원화되어 있는 외국인력 도입체계를 숙련도를 중심으로 한 개편을 고려해야 한다고 언급한다. 또한 외국인력 수요를 객관적으로 파악할 수 있는 지표체계 또는 리스트 등의 기제 구축과 노동시장의 변화에 대응한 외국인력 공급의 탄력성을 제고하는 노력이 요구된다고 설명한다. 외국인력 도입정책은 향후 국내 유휴인력과 저임금노동자의 증가 등 국내 노동과 고용 상황의 동시적 검토를 통해 변화되어야 한다고 주장한다(이규용, 2014: 21-28).

저출산·고령화 문제를 해결하기 위한 대안으로 이민정책을 제시하면서도, 이민정책은 해외우수인재 유치에 초점이 두어져야 한다고 지적한다. 노동력 부족을 충당하기 위해 저숙련노동력의 유입을 임시적으로 확대하는 것이 아닌, '창의적인 전문인력' 유치에 주안점이 두어져야 한다고 주장한다. "무계획적으로 이민을 받아들이면 이민자의 빈곤에 따른 사회문제와 문화적 갈등, 공공지출 부담 증가로 엄청난 사회적 비용을 치를 수 있다. … 문화적 다양성과 경제 활력을 높이는 데 기여할 수 있는 인재를 엄선해 영주권이나 시민권을 가진 정주인구로 만드는 정책이 필요"하다고 주장한다(매일경제 사설, 2011. 1. 11.).

노동력 감소는 노동생산성 저하로 연결되고 국가경쟁력 약화로 귀결된다고 언급한다. 구매력을 갖춘 노동력 감소는 소비와 투자의 감소로 인한 내수시장 위축과 사회보장 부담 증가로 이어져 국가재

정도 악화된다고 설명한다. 한국의 경우 2020년대 중반에 200만 명, 2030년대 중반에는 600만 명 생산가능인구가 감소하고, 2065년에는 현재 생산가능인구 50% 정도만 유지할 수 있을 것으로 예측한다. 따라서 2030년 약 930만 명, 2050년에는 약 1,600만 명의 이민자가 한국에 거주해야 생산가능인구가 유지 가능하다고 지적한다. 이민자가 한국경제에 미치는 영향이 증가하고 있음을 수용하고, 이민자와 함께 국가 경제성장의 동력을 발전시켜 가야 한다는 의견을 제시한다. 이민자 증가가 일자리 부족으로 이어진다는 편견을 넘어서, 외국인노동력이 없으면 폐업해야 할 공장이 많은 현실을 인정해야 한다고 지적한다. 따라서 이민정책도 경제적 관점에 기반을 두어 재정립해야 한다고 주장한다. 현실적인 대안으로 취업이민자와 유학생을 포함한 전문성을 갖춘 젊은 해외우수인재를 유치하는 이민 확대정책을 도입할 것을 제언한다(정진우a, 2016. 1. 4.; 정진우b, 2016. 1. 4.; 신현웅, 2017. 7. 26.).

불법체류 이민자 문제를 노동시장 상황과 연계해 검토해야 한다는 의견이 제시되었다. 외국인정책위원회가 2015년 기준 전체 외국인의 대비 11.3%인 불법체류자 수를 9.3% 수준으로 낮추기 위해 "환승여객과 제주도 무비자 입국자 관리 강화, 지속적인 불법체류자 단속, 자진출국 적극 유도" 등의 방안을 제시한다고 설명한다. 그러나 "우리 노동시장 환경을 감안하면 불법 외국인 수를 무턱대고 줄이는 것이 능사는 아니라고" 지적한다. 3D 업종에 종사하는 외국인 노동력은 필수 인력으로, 중소기업과 농어촌 노동인력 부족을 외국인노동력으로 충당하고 있다고 언급한다. 따라서 "불법체류·취업자를 단속하면 중소기업과 농어촌 인력난은 가중될 게 뻔하다. 노동시장에 미칠 파장을 면밀히 검토하고 그 대처방안을 마련해 피해를 최소화하는 게 불법체류자 수를 줄이는 것보다 우선"되어야 한다고 주장한다(헤럴드경제 사설, 2016. 4. 4.).

이민자의 노동시장 유입 관련 정부부처 간 입장과 전문가 견해 차이에 주목한 분석이 제시되었다. 2017년 당시 법무부와 기재부가 전문인력 도입에 적극적 견해를 표명하는 반면, 노동부는 "무분별한 유입은 청년·여성·중고령자의 일자리를 잠식한다"는 우려를 제시한다고 언급한다. 실제 기재부는 "올해 전문·우수외국인력 유치를 확대하고 중장기 외국인·이민정책 방향을 수립하겠다"라고 '2017 경제정책방향'에서 밝혔다고 설명한다. 비숙련외국인노동력 중 숙련노동력으로 전환이 가능한 경우 '정주형 이민'을 고려해야 한다는 주장도 소개한다. 결론적으로 개방적 이민정책으로의 전환은 양날의 칼이라고 지적한다. "인구 유입을 통한 경제성장률 유지라는 경제 논리도 강조되지만 사회·정치적으로 큰 논란을 부를 게 틀림없다"라고 강조한다(조계완, 2017. 3. 2.).

이민정책을 통해 노동시장의 노동력부족 문제를 해결하기보다는 '노동시장의 이중구조'를 개선해야 한다는 의견이 제시되었다. 중소기업계에서는 인력부족 문제를 이민 확대를 통해 외국인노동력 활용으로 해결하자는 주장이 지속되고 있다고 지적한다. 그러나 외국인노동력이 대규모 유입되는 경우 "정규직·비정규직으로 왜곡된 노동시장의 이중구조가 저임금 심화로 더 왜곡될 가능성이 크다"라고 지적하면서, 결국 "저임금 심화와 내국인 고용 회피"의 악순환으로 귀결될 가능성이 높다고 분석한다(서일범, 2017. 3. 14.).

난민의 노동시장 접근에 관한 연구가 제시되었다. 난민의 노동시장 접근은 이민자의 "입국 전 고용계약 체결을 원칙으로 하는 한국의 노동이주제도 운영방식"과 괴리를 나타내는 것으로 인식될 수 있지만, "고용허가제나 계절근로자제 등 기존의 제도를 운영하는 데 소요되는 제반비용, 그리고 점차 증가하는 외국인 불법고용 및 불법취업을 고려할 때 노동이주제도와 난민제도 간 유연한 접근법이 필요할 수도 있다"라고 언급한다. 구체적으로 "사업주의 수용에 따른 제도 운영, 즉 이미 한국에 유입된 이주자의 체류를 사업주와의 고용계약을 종속시키는 방식", "고용계약에 따라 시장 내 이동의 자유를 허가하는 방식", "노동조건에 대한 철저한 관리" 등이 고려되어야 한다고 주장한다(신소희, 최서리, 2020: 70-71).

이민정책과 노동시장 담론은 노동시장 개방과 정책, 노동시장의 노동력 수요, 불법체류 이민자와 노동시장, 외국인력 도입이 노동시장에 미치는 영향, 난민의 노동시장 접근 등에 관한 내용을 포함하고 있다. 외국인노동력의 도입 확대는 내국인 일자리 잠식과 노동환경에 부정적 영향을 미치고, '노동시장의 이중구조'를 악화시키고 저임금과 국내 노동자 고용 회피가 심화될 것이라고 주장한다. 이민확대정책을 통해 노동력 감소 문제를 적극적으로 해결해야 한다는 주장이 제기되었다. 외국인노동력이 없으면 폐업 위기에 처할 현실을 고려해 이민정책을 경제적 관점에서 고려해 이민확대정책을 시행할 것을 주문한다. 불법체류 이민자도 노동력 부족을 충당해주고 있는 상황에서 노동시장에 미칠 영향을 고려해 단속이나 출국조치 등을 검토해야 한다고 주장한다. 난민으로 인정된 이민자의 경우 노동시장에 원활하게 접근하도록 해서 노동력으로 활용해야 한다고 언급한다. 저출산·고령화가 생산가능인구 감소를 가져오기에 노동시장에 외국인노동력이 필요하며, 저숙련노동력보다는 전문인력의 유치에 주안점이 두어져야 한다고 제언한다. 구체적으로 시장의 수요에 따른 숙련도 기준의 세분화를 통해 외국인노동력의 충원을 결정해야 하고, 국내 노동시장 상황을 중요한 변수로 고려해야 한다고 제시한다. 정부부서 간에도 법무부와 기재부가 전문인력 도입에 적극적인 입장을 나타내면서 개방적 이민정책을 제안한 반면에, 노동부는 일자리 잠식과 사회경제적·부정적 영향을 가져올 것이라는 견해를 표명한다고 지적한다. 향후 이민정책과 노동시장 담론은 이민확대정책을 통한 외국인노동력 유입 확대, 유입 확대가 노동시장에 미치는 영향, 노동시장 수요의 정책반영, 불법체류 이민자의 노동시장 접근과 합법화, 전문인력 유입 확대 등을 둘러싼 논의가 지속될 것이다. 특히 저출산·고령화로 인한 생산가능인구 감소는 산업계의 노동력 부족과 국내 유휴노동력 문제와 결합되어 논쟁화될 가능성이 높다. 경제계의 외국인노동력 요구와 노동시장의 이중구조의 심화에 대한 우려를 가진 노동계의 논쟁이 예상된다. 불법체류노동자 또는 저숙련노동자로 입국해 숙련노동자로 성장한 외국인노동력 등의 합법화와 정주화 이슈도 지속적 논의가 필요하다. 한편 외국인노동력의 노동시장 접근을 효율성을 높이기 위한 엄밀한 수요 파악과 외국인노동력 숙련도의 범주와 기준에 관한 의견도 보다 구체화될 것으로 판단된다.

23. 이민정책과 제도 담론과 쟁점

이민정책을 제도화하기 위해 「이민법」의 제정과 '이민국적청'의 설립을 제안하는 의견이 제시되었다. 이민 대신 외국인 또는 다문화라는 용어를 사용하는 것은 "대한민국은 이민국이 아니다"라는 구시대의 사고에 기인한 것으로 평가한다. 결혼이민자, 외국인노동자, 유학생 등의 유입이 급증하고 있는 상황을 반영하고, 정책결정과 시행의 부처 간 중복과 비효율의 해결과 정책 범위에 포함되지 않은 사각지대를 최소화하기 위해 대응방안이 필요하다고 지적한다. 구체적 방안으로 "출입국관리법과 난민법 등을 통합해 이민법을 제정"하고, 해당 법에서는 국가에는 이민자 사회통합 교육의 의무를, 외국인에게는 사회통합 교육 이수 의무를 규정화해야 한다고 제안한다. 이러한 "정책을 입안하고 조정하는 기관으로 출입국·외국인정책본부를 확대 개편해 이민국적청을 설립"할 것으로 주장한다. 출입국·외국인정책본부는 규제·통제와 통합·지원 업무 등을 포괄하고 있는데, 이럴 경우 정책 수혜자인 외국인에게 혼동을 줄 가능성이 높다고 지적한다. 따라서 각각의 영역을 "독립된 조직으로 운영하되, 전체를 한 울타리 안에 두어야 한다"라고 제언하며, '전 지구적 표준'임을 강조한다(설동훈, 2012. 12. 28.).

이민정책과 제도를 이민행정과 체계를 중심으로 고찰하는 연구가 제출되었다. 이민행정은 "국경을 넘는 사람의 이동을 통제하고 관리하는 것"으로 정의하고, 구체적으로 출입국관리, 체류관리, 국적취득관리 등을 포함한다. 최근에는 이민자의 사회통합 업무도 광의의 이민행정에 포함시키는 경향이 두드러지게 나타나고 있다. 이민정책의 원칙과 목표, 이민유형 등은 이민행정에 영향을 미친다고 지적한다. 예를 들면 이민정책의 유형이 '구분배제형'의 경우 입국 통제와 체류 외국인 관리에 중점을 둔 이민행정체계가 구축되며, '동화주의정책'의 경우 동화를 지원하기 위한 프로그램을 시행하는 행정운영체계가 발전한다고 언급한다. 고숙련노동력의 충원을 목표로 이민정책이 형성되면 전문기술인력의 자격을 판단하고 이민과 정착 시 혜택을 주는 이민행정체계가 운영된다고 설명한다. 한국의 경우 이민이라는 용어를 사용하는 대신 출입국을 행정과 결합해 출입국 행정이라는 용어를 사용해왔다. 출입국 행정은 출입국 · 외국인정책본부를 통해 시행되고 있다. 이민행정 체계에는 국무총리실 산하 외국인정책위원회, 외국인력정책위원회, 다문화가족정책위원회, 재외동포정책위원회 등이 포함되며, 이들 기구를 통해 이민행정 업무가 조율되고 있다. 한국의 이민행정체계는 중복과 경쟁의 과잉으로 인한 효율성과 일관성의 개선이 필요한데, 이를 위해서는 이민행정의 독립성과 체계성을 갖추는 것이 필요하다고 주장한다(한건수, 2016b: 115-148).

국무총리실 산하 외국인정책위원회는 2008년 '제1차 외국인정책 기본계획'을 확정했다. "국가경쟁력 강화, 질 높은 사회통합, 질서 있는 이민행정, 외국인 인권 옹호"를 목표로 하고 있다고 언급한다. 특히 국가경쟁력 강화를 위해 "경제 · 문화 등 각 분야에서 탁월한 능력이 있는 우수 외국인을 위해 이중 국적을 인정하고 창업비자제, 구직비자제 등을 신설해 인재 문호"를 확대하겠다는 구상에 대해 긍정적 입장을 표명한다. 그러나 외국인근로자와 결혼이민여성에 대한 편견이 팽배한 상황이라고 지적하고, 이를 개선하기 위해서는 "외국인과 더불어 사람 사는 정(情)을 위해 생각 자체를 바꾸고 넓혀야 한다"라고 주장한다(문화일보 사설, 2008. 12. 18.).

중앙정부와 수도권 중심 정책연구의 한계를 지적하면서 지방자치단체의 이민정책을 연구대상으로 새롭게 제시해야 한다는 견해가 피력되었다. 지방자치단체의 이민정책은 사회통합과 연관된 이국인정책과 다문화가족정책으로 언급된다(김혜순, 2016: 313-327).

이민정책의 비교 분석을 위한 단위를 국민국가로만 설정하는 것은 '방법론적 민족주의'의 한계를 노정시킬 수 있다고 지적하고, 비교연구를 위한 분석단위를 국민국가 이외에 도시를 고려할 것을 제언한다. 이민정책 연구에 있어 도시 간 비교는 정치참여와 이민자 조직 등 이주, 정착, 통합과 관련된 구체적 이슈의 고찰에 도움이 된다는 지적이다. 또한 도시 간 이민정책의 비교연구는 중앙정부의 통제적 이민정책과 지방정부 차원의 다문화 상황 간의 딜레마에 대한 설명을 제시해줄 수 있다는 견해이다(이병하, 2017: 37-41).

이민정책의 결정과정에 관한 연구도 제시되었다. 한국 제18대 국회의 이민정책 관련 법안통과에서 나타난 이민정책의 결정과정을 정당정치를 중심으로 한 분석결과에 따르면, 두드러진 특징은 높은 찬성률이다. 정당 간 이민정책에 관한 입장이 수렴하는 원인은 이민정책 관련 법안이 복지지원과 사회통합을 위한 제도 정비에 초점이 두어진 측면, 이민정책을 인권보장 또는 복지정책으로 인식하는 국민의 태도, 한국 정당의 이념적 스펙트럼에서의 중앙으로의 수렴 경향 등으로 제시한다. 미국과 유럽 국가에서는 이민자의 입국통제를 강화하면서 사회통합정책을 적극적으로 추진하는 방향으로 이민정책의 수렴 경향이 나타나고 있고, 또한 정당 간 이민정책에 관한 입장도 수렴 경향을 보이고 있다. 한국에서는 서구 이민국가가 경험한 이민 이슈를 둘러싼 정치사회의 갈등을 경험하지 못한다. 그러나 이민자의 규모 증가와 이로 인한 사회문제가 발생하면 국민의 이민에 대한 반감이 증폭되거나, 극우정치 세력이 등장해 반이민정서를 정치적 동원의 자산으로 활용하는 경우 정당 간 정책 선호가 대립하는 영역으로 이민정책이 자리매김할 수 있다고 주장한다(설동훈, 전진영, 2016: 166-169).

서구의 이민정책의 패러독스 개념을 원용해 합법이민과 원하지 않은 불법이민 사이의 패러독스에 직면한 한국의 이민정책을 정책성과, 정책담론, 정책산출의 측면에서 분석해 '이민정책 패러다임', '분산적 조직운영', '이민자의 불평등과 인권' 이슈 등을 패러독스로 제시한다. 이러한 이민정책 패러독스의 해결방안으로 '이민정책 패러다임'에 상호문화주의를 대안으로 수용해야 하며, 외국인정책이나 다문화 대신 이민정책의 용어를 사용해야 한다고 제언한다. 또한 분산된 정부조직과 집행기관을 가칭 '이민청'과 같은 기구로 일원화해야 하며, 이민자 지원의 파편화를 해결하고 상호문화주의에 기초한 이민자의 출입국, 정착, 사회통합을 포괄하는 「이민법」이 제정되어야 한다고 주장한다(사득환, 2018: 302-314).

한국 이민정책 제도의 개선은 이민정책을 포괄적으로 운영하고 관리할 수 있는 중앙정부의 부서를 신설로부터 시작되어야 한다는 연구가 제시되었다. 이민정책 관련 정부부처는 법무부, 고용노동부, 여성가족부 등으로 분산되어 정책의 중복성이 심화되어 온 반면, 이민정책 지원을 받지 못하는 사각지대도 존재한다고 지적한다. 이러한 제도상의 문제를 해결하기 위해 이민정책의 수립, 실행, 관리를 통합적으로 담당할 수 있는 '이민청' 또는 '이민지원청' 등의 이민정책 전담부서 신설이 필요하다고 주장한다(성장환, 2017: 45-46).

체계적 이민정책 수립의 필요성을 강조하는 의견이 제기되었다. 다문화가족과 자녀의 수는 계속적으로 증가해왔고, 앞으로도 늘어날 것으로 예상되는 상황에서, 국민의 다문화수용성 지수는 2015년 54점에서 2018년 52.8로 낮아졌다고 언급한다. 하락의 원인은 다문화가족과 자녀에 대한 지원이 확대와 미디어에 외국인 범죄가 과잉노출 되면서, 국민들이 느끼는 역차별과 혐오 감정 증가가 조사에 반영된 것으로 분석한다. 이러한 상황에서 정부의 정부는 '주먹구구식 땜질 정책'이 시행되어 왔고, 분산된 법률과 제도가 문제를 확대시켰다고 지적한다. 이민정책의 개선을 위해서는 체계적 이민정책의 수립과 외국인과 다문화가족에 대한 지원으로 이원화된 법률체계의 재편이 요구된다고 주장한다. 또한 이민정책은 국가경쟁력 강화 측면에서 인구대책과 함께 고려되어야 한다고 제언한다(이유범, 2019. 12. 27.).

이민정책과 관련된 제도의 통합적 운영에 관한 의견이 제시되었다. 국무총리실에 외국인정책위원회와 다문화가족정책위원회가 신설되면서, 두 위원회 간 기능의 중복성이 나타났다고 지적한다. 양 위원회의 근거 법률인 「재한외국인처우기본법」과 「다문화가족지원법」도 중복되는 내용을 포함하고 있다고 강조한다. 한국의 경우 "체류 외국인에 대한 처우와 다문화가정에 대한 지원은 '입국→체류→영주(또는 국적취득)'라는 이민정책의 큰 틀 속에서 사회통합정책의 방향에 맞게 프로그램이 설계되고 추진"되어야 한다고 제언한다. 특히 "재한외국인정책을 종합적이고 체계적으로 추진하기 위해 이민청 또는 그에 준하는 기관의 신설이 불가피하다. 그전에라도 외국인정책 관련 각종 위원회를 총리실 산하의 상근조직으로 통합 운영하는 것이 국가 예산의 효율적 집행이나 외국인정책의 일관성 측면에서" 필요하다고 주장한다(석동현, 2011. 7. 28.).

구체적으로 '이민청' 설립을 요구하는 의견이 제시되었다. 인구 감소에 따른 잠재성장률 추락과 생산가능인구 감소 등에 대응하기 위해서는 이민 확대 정책이 도입되어야 한다고 지적한다. 이민 확대 정책의 수립과 시행을 위해서는 정부부서의 여러 곳에 분산되어 비체계적으로 시행되고 있는 정책을 총괄하는 컨트롤타워가 필요하다고 제언한다. "재계는 다급하지만 정부는 굼뜨다"라고 정부의 미온적 대처를 비판한다. '이민청'이 이민정책의 총괄부서로서 역할을 할 수 있다고 언급하면서, 조속한 설립을 주장한다(파이낸셜뉴스 사설, 2014. 12. 14.).

이민정책과 제도 담론은 이민정책의 결정과 시행, 법과 행정체계, 제도개선 등에 관한 내용을 포함하고 있다. 제도와 관련해 이민청, 이민국적청, 이민동포청 등으로 지칭되는 이민정책을 통합적으로 결정하고 시행하는 정부부서가 필요하다는 의견이 학계와 시민사회에서 공통적으로 제시되었다. 통합기구는 외국인, 결혼이민여성, 외국인노동자, 외국인유학생, 난민 등에 대한 정부부서 사업수행의 중복성, 비효율성, 비일관성 등을 극복할 수 있는 대안으로 언급한다. 이러한 통합기구는 이민행정의 독립성과 체계성을 갖출 수 있는 환경을 조성할 수 있을 것으로 제시한다. 또한 출입국관리, 외국인, 다문화가족, 난민 등에 대한 법률을 통합해 이민 관련 기본법인 이민법 또는 이민기본법을 제정해야 한다고 주장한다. 한편 이민정책 제도에 관한 관심을 중앙정부에서 지방과 도시 차원으로 확대해야 한다는 의견이 제시되었다. 실제 이민정책을 시행하는 지방정부와 도시 차원의 제도에 주목해야 한다는 것이다. 서구에 비해 지체되어 있는 이민정책의 결정과정에 관한 분석도 발전되어야 하는 영역으로 제시한다. 정책의 수렴 경향이 강하다 보니 상대적으로 학계와 시민사회의 관심이 덜한 상황인데, 이민 이슈가 부각되면 이에 대한 대응정책을 결정하는 과정에 대한 고찰이 중요한 의미를 가질 것이라고 언급한다. 이민정책과 제도 담론은 학계와 시민사회에서 지속적으로 주장해온 이민정책 통합부서와 이민법 제정을 둘러싼 의견이 주를 이룰 것이다. 통합부서의 설치와 법 제정이 지체되고 있는 것은 정치사회, 학계, 시민사회, 국민 등에서 한국은 이민국가라는 인식이 공유 또는 확산되지 않은 것에 기인한다. 따라서 지금까지의 제도와 관련한 학문적·정책적 논의는 지속적으로 제기될 것이고, 공론장에서의 논의로 발전할 가능성이 높다고 판단된다.

24. 이민정책의 유형 담론과 쟁점

한국의 이민정책을 '차별배제모형'으로 유형화하는 연구가 제출되었다. 특히 외국국적동포 노동자와 비동포 이주노동자에 대해서는 정주를 허용하지 않거나 최소화하려고 하고, 제시된 영역에 대해서만 노동시장에 접근성을 승인하는 제한을 두고 있다고 언급한다. 이민자의 정착을 허용하는 경우에도 복지권 등 기본적 권리의 제공을 제한하는 경우가 많다고 지적한다. 이러한 정책의 특징을 고려했을 때 한국의 이민정책은 '차별배제모형'이라고 주장한다. 결혼이민여성과 새터민은 한국사회로 흡수되어 독자적인 공동체를 형성하지 않기 때문에 이민정책 또는 다문화정책의 대상에 포함시키는 것은 문제가 있다고 지적한다. 구체적으로 한국의 이민정책은 "내국인 노동자→외국국적동포→외국인노동자→비합법체류자들로 이어지는 민족 내부의, 그리고 민족과 비민족 간의 차별과 분리를 특징으로 하는 층화적 차별배제의 모형"이라고 주장한다(이병렬, 김희자, 2011: 348-354).

2004년 이후 한국의 이민정책은 이민자의 사회통합 모색을 위한 정책이라는 연구가 제시되었다. 외국인정책위원회 신설과 「재한외국인처우기본법」과 「다문화가족지원법」의 제정과 시행, 외국인정책 계획 수립 등을 통해 이민자의 통합에 주안점이 두어졌다고 지적한다. 결혼이민여성에 대한 '동화정책'과 외국인노동자에 대한 '차별배제정책' 시행이 가지는 문제를 해결하기 위한 방안으로 간주되었다고 언급한다(성장환, 2017: 43-44).

'수익자 부담' 이민정책을 수립해야 한다는 주장이 제시되었다. 제주도 예멘 난민 문제가 이슈화되면서 일부 국민들은 외국인에 대한 재정지원을 중단하라는 요구를 제기한다고 언급한다. 그런데 외국인의 유입으로 인해 정부의 재정지출만 증가하는 것이 아니라, 외국인도 입국과 체류를 위해 비용을 지불해야 정부의 수익도 증가한다고 지적한다. 외국인이 한국정부에 내는 비용을 재원으로 확보해, 외국인에 대한 지원 사업을 진행하는 방식을 '수익자 부담' 이민정책으로 정의한다. 법무부에서도 '수익자 부담' 이민정책의 필요성을 강조하면서, '이민·통합기금'(가칭) 조성을 제안했으나 실현되지 못한다고 지적한다. "국내에서의 반이민 정서 확산과 이에 따른 사회 혼란을 미연에 방지한다는 차원에서 수익자 부담 이민 정책은 중장기 과제가 아니라 조만간 실현되어야 하는 과제"라고 주장한다(오정은, 2019. 7. 16.).

「출입국관리법」과 「난민법」을 사례로 정책 유형을 분석한 연구가 제시되었다. 「출입국관리법」의 제개정을 제3공화국, 문민정부, 참여정부, 이명박정부 시기를 분석한 결과에 따르면 각각 다수결정치, 고객정치, 고객정치, 다수결정치로 구분한다. 출입국 정책에서 다수결정치 유형은 '정책결정의 관계'의 측면에서 공익 우선과 비용과 편익의 관계 영역에서 비용과 편익 모두 불특정 다수에게 분산되는 특징을 가진다고 언급한다. 반면 고객정치 유형은 '공익과 사익의 공존'의 경향을 가지며, 비용은 다수의 불특정집단이 부담하며 편익은 소수 특정집단이 가져가는 특성을 가진다고 설명한다. 「난민법」의 경우 2008년 참여정부 시기 네트워크안과 2013년 이명박정부 시기 법 제정을 비교해 분석한다. 네트워크안의 경우 이익집단의 사익이 우선시되며, 비용과 편익 모두 특정 소수집단에 집중되어 '이익집단정치'의 유형으로 평가한다. 「난민법」 제정 관련해서는 공익과 사익이 공존하는 경향을 보이며, 비용은 불특정 집단이 부담하고 소수의 특정집단이 편익을 취하는 고객정치의 유형으로 간주한다. 한편 정권별 이민정책의 특성을 "제3공화국 강한 통제정책, 문민정부 약한 통제정책, 국민의 정부 약한 통제와 약한 통합, 참여정부 강한 이민자 통합정책, 이명박정부 약한 통제와 통합정책, 문재인정부 약한 통제와 약한 통합" 등으로 유형화해 제시한다(손병덕, 손다선, 2020: 54-65).

이민정책의 작동 결과의 특징과 '통합적 작동'을 위한 조건을 제시한 연구가 제기되었다. 이민정책 작동의 결과는 "다문화가족 정책으로의 천착", "정책 대상 집단의 분리로 인한 이민자 간 불평등 증대", "국민의 인식 간극 심화" 등으로 언급한다. 한국의 이민정책은 다문화가족에 대한 정책으로의 집중화, 결혼이민여성과 외국인노동자를 분리해 불평등한 정책 시행, 국민 다수가 이민정책을 다문화정책 또는 다문화가족정책 등으로 인식하는 간극의 존재 등의 결과를 야기한다고 지적한다. 이민정책의 '통합적 작동'은 "하드웨어적인 외형적 통합"을 의미하는 '체계통합'과 "소프트웨어적이면서도 내적인 통합"을 지칭하는 '사회통합'의 포괄적인 시행을 의미한다고 설명한다. 이러한 이민정책의 '통합적 작동'의 조건으로 '이민·다문화 사회통합부(청)'와 같은 전담부서의 설치, 이민정책과 관련된 개념과 용어의 전문가, 이해관계자, 국민 사이의 합의 달성, '이민

및 다문화 사회통합기본법'의 제정, 이민·다문화(시민-학교-이민자) 공교육 시스템 구축 등을 제시한다(김태환, 2017: 133-135, 141-150).

이민정책을 유입정책과 편입정책으로 구분해 국제사회의 흐름과 한국의 과제를 제시한 연구가 제출되었다. 이민자 유입정책은 전문인력과 숙련노동력의 이주와 정착을 유도하는 경향을 나타내며, 한시적 체류자격을 우선 부여하고 이후 영주자격을 승인하는 '단계별' 이민자 유입정책이 증가하고 있다고 분석한다. 이민자 편입정책 관련해서는 정책과 통합 정도를 평가해 비교할 수 있는 2004년 발표 '이민자통합정책지수'를 분석한다. 동화주의와 구분배제유형의 이민자 편입정책을 시행하고 있는 한국은 동화주의정책을 추진하는 프랑스에 이어 조사대상 38개국 중 18위에 올라 있다고 설명한다. 한국과 유사한 편입정책의 혼용을 실행해온 일본의 경우 하위권에 머물러 있다고 지적한다. 다문화주의를 표방하는 국가들이 상대적으로 상위권을 차지한 것을 보면 다문화주의가 이민자 통합에 근접해 있다고 추측할 수 있다고 언급한다. 한국의 이민정책은 해외사례에 대한 검토를 토대로 이민자 유입 배경과 특성을 고려해 방향을 설정해야 한다고 제언한다. 우선순위로 고려해야 할 것은 "한국의 이민정책이 통합을 우선으로 할 것인지(즉, 도입 규모를 제한하고 국민과 동등한 권리를 부여할 것인지), 경제성장이나 노동시장 문제 해결을 목표로 할 것인지에 대한 방향설정"이라고 주장한다. 또한 방향설정은 이민정책이 특정 집단의 이익이 아닌 한국사회의 공공선에 기여해야 하며, 이를 위해 이민정책의 방향에 대한 사회적 합의 과정이 필요하다고 강조한다(이창원, 2017: 67-70, 76-81).

이민정책 이론의 요인 및 차원별 범주화를 제시한 연구가 제시되었다. 해당 이론들은 "정치경제학 이론, 신제도주의 이론, 이민정책 패러독스, 단속 평형 이론, 다차원적 관점 접근, 이민유형 결정 이론, 사회통합정책 이론" 등으로 설명한다. 요인은 이익과 연계성이 높고, 차원은 국가와 관련성이 있다고 언급한다. 한국에서 이주정책 이론 연구의 방향은 "거시적 관점, 미시적 관점, 다차원적 관점, 상호작용 관점" 등의 차원으로 구분할 수 있다고 분석한다(이혜경, 2019: 128-130).

이민정책의 개선 방향 연구가 제시되었다. 이민정책의 범주에는 "외국인 전문인력, 외국인 단순기능인력, 외국국적동포"에 대한 정책으로 구분해 분석한다. 한국 이민정책의 문제점으로 외국인 전문인력보다는 저숙련노동력 중심의 이주와 불법체류자 문제의 해결 부족 등으로 지적한다. 외국인노동자 관련 이민정책의 개선을 위해서는 외국인 전문인력과 외국인 투자자 유입 확대, 단순기능인력의 정주화와 도입 축소, 불법체류의 방지와 불법체류자 단속 등을 제시한다. 또한 외국국적동포 관련 이민정책의 개선 내용은 단기, 중기, 장기적 관점에서 언급한다. "단기적으로는 외국국적동포 취업허가 제도인 취업관리제를 시행하면서 허용업종 및 도입인원을 확대하여 나가야 한다. 중기적으로는 외국인단순기능인력 총 정원의 일정비율 이상을 동포에게 배정하는 비자 쿼터제를 시행하면서 지정된 업종 내에서 자유로운 근무처 변경을 허용하여 동포를 점진적으로 우대하는 정책을 시행할 필요가 있다. 또한 장기적으로는 북한 인력의 국내유입 속도, 중국의 경제발전 속도, 우리나라 노동시장의 상황

등을 고려하여 외국국적동포의 자유로운 취업을 허용하는 방향으로 나가야 한다"라고 주장한다(이규홍, 2005: 220-224, 243-253).

이민정책의 유형 담론은 한국 이민정책의 유형화와 발전모델로서의 새로운 이민정책 유형에 관한 의견들을 포함하고 있다. 한국사회의 이민정책 유형을 '차별배제'로 규정하고, 정주 허용, 노동시장 접근, 복지권 보장 등에 있어 제한성을 가지고 있다고 언급한다. 특히 결혼이민여성과 외국인노동자에 대한 정책에서 차별성이 두드러지게 나타난다고 지적한다. 한편 결혼이민여성에 대해서는 동화정책이 주를 이루며, 외국인노동자에 대한 정책은 차별배제정책이 시행되고 있다는 의견이 제시되었다. 이민정책의 새로운 유형으로 '수익자 부담'이민정책을 제안하면서, 외국인이 입국과 체류를 위해 지출하는 비용은 기금으로 조성해 외국인정책 시행을 위한 재정으로 활용한다는 의견이다. 이를 통해 외국인정책 시행에 지출되는 비용에 대한 국민적 우려가 확산되는 것을 사전에 막을 수 있다고 주장한다. 한편 역대 한국 정권의 이민정책을 다수결정치, 고객정치, 이익집단정치 등의 관점에서 고찰하고, 또한 통제와 통합의 강약에 따라 유형화한 논의도 제출되었다. 이민정책을 유입과 편입정책으로 구분을 기초로, 한국사회의 이민자 유입정책은 전문인력과 숙련노동력 유입과 단계별 유입정책의 경향을 나타낸다고 언급한다. 또한 편입정책의 경우 '이민자통합정책지수'를 통해 측정한 결과 동화주의와 구분배제의 이민정책 유형이 혼용되어 있다고 주장한다. 이민정책 유형의 변화는 한국의 이민자 유입의 특성, 정책 방향설정, 사회적 합의 등에 영향을 받는다고 지적한다. 이민정책 유형은 요인 측면에서 이익과 차원 영역에서 국가와의 연관성이 높다고 언급하면서, 이민정책 구분을 위한 준거를 제시한다. 이민정책 유형 담론은 한국의 이민정책을 유형화하고, 현행 정책의 개선 방향 또는 개선유형을 제시하는 학계와 시민사회의 논의가 지속될 것이다. 또한 이민정책 유형을 구분할 수 있는 기준 또는 준거에 관한 학문적 논의도 제시될 것이다. 이러한 유형화는 전통이민국가와 선진이민국가와의 이민정책 유형의 비교 분석을 위한 기초로 활용될 것이며, 이민정책의 발전 방향과 모델을 제시할 수 있는 근거가 될 것으로 판단된다.

25. 인구문제와 이민정책 담론과 쟁점

한국사회가 저출산 · 고령화사회로 전환하면서 이민정책의 변화가 필요하다는 연구가 제시되었다. 저출산 · 고령화의 진행은 노동인력 감소에 직접적 영향을 미친다고 지적한다. 현재 이민정책은 외국인노동력의 유치와 관리에서 불법체류자를 양산하고 숙련노동력을 충원하지 못하는 한계를 나타내고 있으며, 이민자 사회통합을 위한 지원정책도 결혼이민자에 국한되어 있다고 언급한다. 이러한 문제를 해결하기 위해서는 특정 국가 또는 다수 국가와 "양자 또는 다자협약을 통한 노동이주인력 유입" 정책을 시행해야 한다고 제안한다. 또한 재외동포 '이중문화' 경험을 활용함으로써 다문화사회로의 전환에서 '효율적인 다양성'을 확보할 수 있다고 주장한다(김판준,

2012: 51-57).

인구 규모와 구성의 변화는 출산율, 사망률, 이민에 의한 인구유입 등의 변수에 의해 영향을 받는다. 저출산과 고령화가 급격히 진행되는 시기는 '인구부담(demographic onus)', '인구결손(demographic deficit)', '인구절벽(demographic cliff)' 등으로 지칭한다. 인구절벽 시기에 출산율이 증가한다고 해도 생산가능인구로 편입되는 시기는 최소 20년 이후이기 때문에 저출산과 고령화로 인한 인구문제 해결을 위해 국제이주의 수용을 통한 순이민 증가가 대안으로 제시된다. 저출산과 고령화로 인한 사회문제들은 생산가능인구 감소로 인한 노동력 부족과 노동생산성 저하, 소비력 감소에 따른 경제성장 둔화, 사회복지 분담 문제를 둘러싼 세대 간 갈등의 가능성 등이 제기된다. 이에 대한 대안으로 선진국에서 출산율을 높이는 방안이 실행에 옮겨졌지만 성공적인 사례를 찾기 어려운 상황이다. 인구고령화에 대응하기 위한 방안으로 이민의 활용이 적극적으로 제시되고 있다. 인구 감소 문제를 해결하기 위해 수용하는 이민을 '대체이민(replacement migration)' 개념이 2000년 UN인구국에서 제시되었다. 대체이민의 규모는 "해당 연도 입국자 수에서 출국자 수를 뺀 값으로 순이입자의 수, 즉 순이민 규모"로 정의한다. UN인구국 보고서에 따르면 한국의 경우 2000년부터 2050년까지 정점의 총인구 유지를 위해서는 매년 3만 명의 이민자를 수용해야 하고, 정점의 생산가능인구 유지를 위해서는 동 기간 매년 12만 9천 명 이상의 이민자를 받아들여야 한다고 지적한다. 한국의 인구구조는 2050년에 역삼각형으로 변화할 것으로 예측되고, 생산가능인구 감소와 인구

고령화 속도도 빠를 것으로 예상한다. 한국정부의 저출산·고령사회기본계획은 우수 외국인력 유치와 외국국적동포 활용에 주안점이 두어졌다고 언급한다. 그러나 계획에 비해 장기체류 외국인의 약 40% 정도가 단순기능직 외국인노동자인 것을 감안하면 한국의 이민정책은 노동시장의 인력수급 미스매치를 해결하는 데 집중되어 있다고 지적한다. 인구 감소의 대응방안으로 제시되는 통일 시 북한인구의 활용은 북한사회의 고령화와 북한지역의 개발을 위한 노동력 필요 등으로 대안이 되기 어렵다고 지적한다. 한국의 인구 및 발전전략의 주요 과제 중 하나로 이민 활용을 인정해야 하고, 이민수요에 대한 분석, 우수인력도입을 위한 이민자 유입정책 개발, 적극적인 이민자통합정책 추진 등을 주장한다(정기선, 2016: 258-259, 263-272, 280-287).

2009년 설문조사에서 국민들은 인구문제 해결을 위해 이민 허용을 적극적으로 모색해야 한다는 의견에 "대체로 동의한다"는 34.4%, "매우 동의한다"는 7.3%로 나타났고, 반면 부정적 답변은 58.3%로 나타났다. 이민 활성화에 대한 긍정적 의견은 "혈연주의나 단일민족에 대한 집착이 강한 국민 정서에 비춰 볼 때 상대적으로 높은 수치로 그만큼 다수의 국민들이 저출산에 따른 인구 부족 문제와 그 대책 마련이 심각하다"라고 인식하기에 표출된 것으로 진단한다. 이민정책의 활성화에 부정적 입장을 밝힌 이유 들 중 "인종 간, 민족 간 갈등이 커질 것이므로"가 가장 높은 동의를 받았다고 제시한다. 한편 응답자 중 70% 가까이가 이민정책을 "좀 더 신중히 검토하고 시행해야 한다"라고 대답해 급격한 이민 확대 정책에 반대하는 입장을 표명한다고 지적한다(송주희, 2009. 7. 30.).

저출산 문제의 해법을 이민정책에서 찾아야 한다는 의견이 제시되었다. 100조 원 이상의 재정을 투입하고도 저출산 문제를 해결하지 못한다고 비판하면서, 이민의 문호를 보다 확대 개방해 해결책을 찾아야 한다고 주장한다. 이민이 국내 경제성장에 기여한다는 유엔의 분석과 이민자 1%의 증가가 GDP 2% 성장을 가져온다는 IMF 연구를 근거로 제시한다. 일본의 해외우수인재 유치를 위한 영주권 부여 방식의 대폭 개선을 사례로 언급하면서, 우선 아시아의 고급인력 유치를 적극적으로 추진할 것을 제안한다(한국경제 사설, 2017. 1. 19.).

인구 위기를 해결하기 위해서는 이민정책을 활성화해야 한다는 주장이 제시되었다. 이미 초저출산 국가에 속한 한국은 저출산, 고령화, 생산가능인구 감소가 빠르게 진행되고 있기 때문에, 인구 위기가 사회복지 재원 급증으로 인한 재정수지 악화 등의 경제적 문제와 세대 간 갈등 등의 사회적 문제로 연계될 가능성이 높아졌다고 진단한다. 저출산 문제를 해결하기 위한 막대한 재정지출에도 불구하고, 성과를 거두지 못하고 있는 상황이라고 평가한다. 이에 대한 해법 중 하나로 이민정책을 제시한다. "저출산 고령화에 따른 재앙을 피하려면 과감한 이민정책도 필요하다. … 초고령사회에 들어선 독일은 출산율 하락에 따른 생산가능인구 감소에 대응하기 위해 이민정책을 적극적으로 실시한다. OECD 국가 중 일본 다음으로 외국인 비율이 낮은 우리나라도 독일을 본받을 만하다"라고 주장한다. '개방적 이민정책'을 시행할 것으로 요구하는 의견도 제시되었다.

일본을 제외하고는 선진국 대부분은 '개방적 이민정책'을 시행해 왔다고 지적한다. "순혈주의, 단일민족 신화에서 벗어나 이민을 국가 경쟁력을 높이는 소중한 자산으로 인식하는 발상의 전환이 필요하다"라고 주장한다(국민일보 사설, 2014. 7. 29.; 한국경제 사설, 2017. 4. 13.).

2016년 여당 당대표의 조선족 동포를 대거 받아들여 인구문제를 해결하자는 발언에 대해 검토가 필요하다는 의견이 제시되었다. 일본의 경우를 보더라도 이민 없이 출산율을 높이는 것만으로 인구문제를 해결할 수 없다는 점은 인정한다. 그러나 이민은 만병통치약이 아니라고 지적한다. 실제 조선족 동포의 대거 이민은 장단점을 가지고 있기에 신중한 검토가 필요하다고 주장한다. 즉 대규모 이민이 미칠 경제적 · 사회적 영향을 모두 고려해야 한다는 것이다. "이민에 대한 우리 사회의 반감은 의외로 깊다. 이민, 난민 부작용을 겪는 유럽이 반면교사"라고 설명하며, 이민 수용 결정 이전에 이민법의 제정과 이민사회정책위원회 설치 등을 통해 충분한 검토가 이루어져야 한다고 제언한다(파이낸셜뉴스 사설, 2016. 1. 29.).

저출산 · 고령화 문제의 심각성에도 불구하고 정부의 다문화와 이민정책은 미래의 청사진이 보이지 않는다고 지적한다. 정책의 비일관성과 중복성 등의 문제가 노정되어 왔기 때문에, 인구문제를 해결하기 위한 다문화와 이민정책은 "장기적이고 종합적인 관점"에서 수립되어야 하고, 이를 실행할 수 있는 컨트롤타워가 필요하다고 제언한다. 다만 "청년실업이 급증하고 있는 상황에서 무분별한 유입은 국민 정서를 자극할 소지도 있는 만큼 정교한 대책이 필요하다"

라고 주장한다. 이민에 반대가 컸던 일본도 이민 문호를 개방해 고급인력 유치를 위해 노력하고 있는 상황이라는 점을 고려해, 한국도 "국가 경쟁력 강화 차원에서 전문인력 등 우수 인재를 선별해서 받는 데 정책의 초점"이 두어져야 한다고 제기한다(매일경제 사설, 2017. 11. 16.).

생산가능인구 부족문제를 해결하기 위해 여성과 중고령자의 생산활동 참여 확대 이외에 외국인 이민자를 노동력으로 적극 활용해야 한다는 의견이 제시되었다. 2026년이면 인구의 20%가 65세 이상인 초고령사회로 진입할 것으로 예상되는데, 생산가능인구의 감소는 급격하게 진행될 것이기 때문이라고 언급한다. 정부의 100대 국정과제에 "저출산고령사회를 대비하는 국가인구정책에 국제이주, 즉 이민정책"의 중요성이 간과될 수 있다고 우려를 표명한다. 인구문제의 해결을 위해서는 제3차 저출산·고령사회 기본계획에 포함된 중장기 이민정책, 이민자 유치, 통합, 이민국제협력, 비자체계 개편 등의 내용을 발전시켜, 인구문제 해결을 위한 이민정책의 내용이 포괄되어야 한다고 강조한다(정기선, 2018. 1. 22.).

한편 생산현장의 노동력 부족을 위해 이민정책을 고려하지 않을 수 없고 인구절벽 문제를 해결할 수 있는 유일한 대응책이 이민 수용이지만, 이민청 설립에 대한 여론조사에서 찬성 비율이 50% 미만으로 나타난 점을 고려해 이민 확대에 관한 국민적 공감대 형성을 강조하는 의견을 제시하고 있다(파이낸셜뉴스 사설, 2023. 7. 3.).

숙련노동력이 부족함에도 비숙련노동력에서 숙련기능인력으로 성장한 외국인노동력의 활용이 미미한 한국의 정책을 비판하는 주장이 제시되었다. 일본의 경우 이민을 총괄하는 정부부서인 '출입국재류관리청'을 신설하고 필요한 외국 인력의 경우 체류 기한을 폐지한 사례를 언급하면서, 현재 3,700만 명의 생산가능인구가 2040년에는 저출산으로 인해 2,800만 명으로 감소가 예상되는 상황에서 이민 장벽을 제거해야 한다고 주장한다. 또한 국제신용평가사의 외국인노동력 이민 확대에 관한 권고를 소개하면서 출산율을 증가시킬 수 없다면 유일한 차선책인 외국 인력의 유입을 적극적으로 추진해야 하며 이민청 설립 등의 제도적 기반 마련도 필요하다고 언급한다. 또한 정부에서도 이민청 설립을 검토한다는 의견이 제시된 것은 긍정적이라고 평하면서 인력난 속에서 이민 활성화와 추진을 위한 제도적 기반이 적극적으로 검토되어야 한다고 지적한다(중앙일보 사설, 2022. 9. 28.; 중앙일보 사설, 2023. 5. 26.; 서울신문 사설, 2023. 5. 29.).

인구문제와 이민정책 담론은 저출산·고령화 문제를 해결하기 위한 대안으로서 이민정책 제시, 이민확대정책에 대한 찬성과 반대, 이민정책의 대상 등에 관한 논의를 포함하고 있다. 한국의 저출산·고령화로 인한 전체 인구와 생산가능인구 감소를 우려하면서, 이에 대한 대안으로 이민정책을 적극적으로 고려해야 한다고 주장한다. 저출산·고령화 대책에 막대한 재정을 투입하고도 소기의 성과를 거두지 못하고 있는 상황에서 이민정책이 대안이 될 수 있다고 강조한다. 이민확대정책과 '개방적 이민정책' 등을 적극적으로 요구한다. 또한 인구절벽에 직면한 후 출산율이 증가해도 생산가능인구가 늘어나기 위해서는 20년이 경과해야 하기에, 이민자 유입을 통한 생산가능인구의 확보가 중요하다고 언급한다. 유엔에서 인구 감소의 대안으로 '대체이민' 개념을 제시했던 것에 한국사회는 주목해야 한다고 지적한다. 이민 수용을 확대하는 경우 해외우수인력과 재외동포의 수용을 우선 고려해야 한다고 주장한다. 이민과 난민 문제로 인한 부작용을 경험하고 있는 유럽의 사례를 반면교사로 삼아 이민 확대에 대해 유의해야 한다는 주장이 제기되었다. 청년실업 문제가 심각한 상황에서 외국인노동력의 유입 확대보다는 전문인력 중심의 해외우수인재 유치를 위한 선별정책을 제안한다.

인구문제와 이민정책 담론은 학계와 언론에서 제한적으로만 언급되어 왔다. 이러한 상황은 저출산·고령화 문제를 해결하기 위한 이민확대정책에 대한 상당한 부정적 인식이 존재하기 때문이다. 인구문제는 저출산·고령화에 대한 대응으로만 해결될 수 없다는 공론화 과정을 통해, 이민정책을 통한 해법 모색이 적극적으로 추진될 수 있다. 인구문제와 이민정책 담론은 인구문제 해결을 위한 이민 허용 확대의 긍정적 측면과 부정적 영향에 관한 학문적·정책적 논의가 본격화될 것이다. 이 과정에서 국민의 의견도 언론, 시민단체, 온라인 공간 등을 통해 적극적으로 제시될 가능성이 높다. 또한 이민확대정책을 통해 인구문제의 해결을 도모하면서도, 이민자 유입 증가가 야기할 수 있는 문제를 최소화할 수 있는 정책에 관한 경험적 조사와 분석이 담론에 포함되어야 한다.

26. 인종주의와 극우 담론과 쟁점

한국인의 단일민족 인식이 다문화사회로 전환한 한국사회의 '인종계층화'에 미친 영향과 요인에 관한 연구가 제시되었다. 단일민족주의의 문화적 특징인 단일한 언어, 생활방식, 관습 등은 '인종계층화'를 촉진한다고 언급한다. 또한 인종주의와 다문화사회의 문제를 해결할 방안을 제대로 반영하지 못한 미비한 법적 · 사회적 제도가 단일민족의식을 가진 사회에서 '인종계층화' 형성에 영향을 미친다고 지적한다. 한국사회에서 인종주의는 혈연중심의 단일민족주의의 강화와 저항적 민족주의의 형성과정에서 발현되었다고 설명한다. 한국사회의 '인종계층화'를 극복하기 위해서 포용적 관점에서 민족과 다문화주의 개념의 범위 확대, 평등관점에 기반을 둔 "타민족에 대한 수평적 인정과 포용적 동화정책 실시", 다문화주의의 발전을 위해 한국인과 이주민집단 간 평등적 관계에 기초한 '인종계층화'를 야기하는 법제도에 관한 검토와 개편 등을 주장한다(하진기, 2018: 58-70).

유럽에서 시작된 극우정치세력의 성장은 '반이민 운동'이라는 새로운 정치 운동을 통해서 가능했다고 언급한다. 이민문제를 정치화하는 데 성공한 '반이민 운동'은 프랑스의 극우정당인 국민전선(FN)의 선거에서의 선전을 통해 가시화되었다. 무슬림 이민자 입국 반대와 유럽연합 내 국경통제 부활 등을 주장한 국민전선은 집권당의 이민정책이 통제 중심으로 변화하는 데도 영향을 미쳤다고 설명한다. 유럽의 경우 2015년 난민 이슈의 부각과 파리 테러 등은 극우정당

의 성장 또는 보수정당의 이민문제에 대한 강경한 반이민 정책으로
의 변화를 가져오는 데 결정적 영향을 미쳤다고 분석한다. 한편 미
국에서도 2016년 당시 트럼프 대통령 후보는 불법체류자 추방과 국
경장벽 설치 등의 반이민 정책을 공약하면서, 이민문제의 정치화와
지지세력의 결집을 의도하는 정치행보를 이어갔다. 이를 통해 이민
문제와 반이민 정책은 미국 정치의 주요 이슈로 부각되었다고 지적
한다(이진영, 2016b: 238-240).

반이민 극우정치세력의 정치적 부상과 침체에 영향을 미치는 요
인을 분석한 연구가 제시되었다. '정치적 기회구조'와 기성정당의
이민문제에 대한 전략 변화가 반이민 극우정치세력의 성장과 퇴조
에 영향을 미치는 변수라고 주장한다. 이민자통합, 난민, 무슬림에
의한 테러 등의 이민문제라는 정치 이슈가 기존 정치지형에 새로운
정치적 균열구조를 형성시켰고, 이를 통해 반이민 극우정당이 성장
한다고 지적한다. 그러나 극우 정당의 성장은 기성정당의 이민문제
에 대한 전략 변화와 적극적 대응이 나타나는 경우 지속되기 어렵다
고 분석한다(김용찬, 2017: 5-6, 10-11, 42-43).

독일 극우파의 성장과 재외동포 안전을 연계해 정부의 역할을 요
구하는 의견이 제시되었다. 독일의 극우파 운동의 핵심은 동유럽 출
신 난민의 대규모 유입에 대한 반대와 인종주의가 결합해 성장한다
고 언급한다. 극우 운동 조직들이 외국인에 대한 공격을 지속해왔다
고 비판한다. 특히 1992년 11월 한국인 소년이 슈투트가르트에서
폭행당하는 사건이 발생하기도 한다. 따라서 "외국 당국은 소년의
안위를 확인하고, 독일 국내에서 산재한 교포의 안전에 최선을 다해

야 할 것이다"라고 주장한다(한국일보, 1992. 11. 30.).

국내에서 자행되는 외국인에 대한 혐오를 우려하는 의견이 제시되었다. 당시 이자스민 의원에 대한 인터넷 공간에서 진행된 악성 비난은 "악의적인 인종주의 양상을 띠고 있어 우려를 더한다"라고 언급한다. 외국인에 대한 혐오가 한국사회에서도 현실화되기 시작한다고 지적한다. 이민자의 한국사회에서의 역할이 확대되고 있는 상황임에도 '문화적 지체현상'이 발생하면서, 국민보다 민족을 강조하는 후진적 의식이 존재한다고 비판한다. 이민자의 일자리 잠식과 복지혜택 수혜에 대해 반감을 드러내는 집단이 일부 존재하고, 인터넷 공간에서는 다문화정책을 반대하는 카페들이 성장하고 있다고 지적한다. "그러나 글로벌 시대 다문화사회는 선택이 아니라 당위다"라고 강조하면서, "외국인에 대한 민족적 · 인종적 편견을 걷어내고 공존의 지혜를 모색하는 것 외에 방도는 없다. 명실상부한 다문화 시대를 열어가는 것은 우리 모두의 몫이다"라고 주장한다(서울신문 사설. 2012. 4. 16.).

2011년 노르웨이에서 발생한 테러와 다문화사회의 과제에 관한 의견이 제시되었다. 당시 테러는 "극우 성향의 종교적 신념이 극단적 인종주의와 결합해 광신적 증오범죄로 표출"된 것으로 규정짓고, "혼자 살 수 없는 것이 세상인 만큼 다를수록 서로 이해하고 함께 살아야 한다"라고 강조한다. 이를 위해 필요한 것이 '공존과 관용의 정신'이 필요하다고 주장한다. 한국사회와 관련해서는 외국인노동자와 결혼이민자 등의 증가로 다문화사회로 전환하고 있는 시기에 갈등 가능성은 높지 않다고 진단한다. 그러나 향후 갈등이 증폭되는 것을 방지하기 위해 "다문화가정 및 외국인 근로자에 대한 배려와 관심 못잖게 다문화사회에 대한 범국가적 이해"가 요구된다고 지적한다. 한편 유럽 각국에서 장기간의 경제침체와 실업률이 높은 상황이 극우정치세력의 반이슬람, 인종주의, 반이민 등의 정치 이슈화와 결합되어 극우세력의 성장과 연결되고 있다고 우려를 표명한다(중앙일보 사설, 2011. 7. 25.; 매일신문 사설, 2011. 7. 25.; 한겨레신문, 2011. 7. 25.).

한국의 다문화 반대 활동이 확대되고 조직화되는 것에 대한 우려의 의견이 제시되었다. 반다문화 활동 단체 일각에서는 동남아 출신 외국인노동자를 바퀴벌레로 지칭하고, 이슬람 국가 출신 외국인노동자의 유입 금지를 요구하는 집단행동도 진행해왔다고 언급한다. "종교 · 인종을 차별하는 편협한 민족주의나 외국인 혐오증"은 심각한 문제라고 지적하면서, 정부의 적극적 대처가 필요하다고 주장한다(매일신문 사설, 2011. 7. 26.).

한국의 경우 인종차별이 종교적 근본주의와 결합되는 경우 다문화사회의 문제를 해결하기 어려울 수 있다는 의견이 제시되었다. 노르웨이 총격 테러사건은 다문화주의에 대한 반대와 반이슬람을 표방하는 종교적 근본주의가 결합된 것이라고 진단한다. "한국사회는 모범적인 다문화 · 다종교사회였지만, 최근 부각되고 있는 자기 종교 중심주의적인 태도가 잠재적인 폭력형태로 나타나고 있다"라고 평가한다. 온라인과 오프라인에서 이슬람과 같은 특정 종교에 대한 배타적 · 폭력적 태도가 확산되고 있다고 지적한다. 이러한 상황은 "종교적 갈등뿐만 아니라 아주 쉽게 민족적인 차별로 이어질 수 있다"라고 강조한다(윤샘이나, 2011. 7. 27.).

인종주의와 극우 담론은 인종주의의 배경, 인종주의 양상에 대한 우려, 인종주의와 극우의 결합과 이에 대한 대응 등의 내용을 포함하고 있다. 한국사회 '인종계층화'의 배경으로 혈연중심의 단일민족주의와 인종주의 문제에 대응하기 위한 법적·사회적 제도의 미비 등이라고 언급한다. 반이민, 반이슬람, 인종주의는 유럽과 미국의 사례에서처럼 극우정치세력의 성장에 기여하고 있다고 제시한다. 국내에서 외국인에 대한 혐오가 인종주의 양상을 보이고 있다고 지적하면서, 다문화사회로의 전환 과정에서 민족주의라는 후진적 의식이 강조되는 '문화적 지체현상'이 원인이라고 분석한다. 한편 한국의 인종차별이 종교적 근본주의와 결합하는 경우 반이슬람 인종주의로 증폭될 가능성이 있다고 주장한다. 인종주의의 확산을 막기 위해서는 공존과 관용의 정신, 다문화사회에 대한 이해, 한국인과 이민자 간 평등적 관계 구축, 인종차별에 대한 법제도적 대응방안 마련 등을 제안한다. 한국에서 반이민, 반이슬람, 인종주의에 기반을 둔 극우집단이 유럽에서와 같이 단기간 내 성장할 가능성은 높지 않다. 다문화주의가 규범으로서 기능하고 있으며, 이민문제가 심각한 사회문제로 부각되고 있지 않기 때문이다. 따라서 인종주의와 극우의 연계를 논의할 단계는 아니다. 그러나 인종차별과 반이슬람 정서는 최근 일각에서이지만 계속적으로 표출되고 있는 것도 사실이다. 한국에서 인종주의와 극우 담론은 단기간 내 이민 확대가 급격히 확대되지 않는다면 특정 종교의 반이슬람 정서 표출과 혈연민족주의 강조를 통한 인종차별 등을 둘러싼 논의가 지속될 것이다. 이에 반이슬람 정서와 인종차별에 대응하기 위한 정책에 관한 의견도 제시될 것이다.

27. 차별금지 담론과 쟁점

유엔 인종차별철폐위원회(CERD)의 권고를 수용해야 한다는 의견이 제시되었다. 위원회는 한국정부에 권고한 "단일민족을 강조하는 것은 인종 차별적 행위에 해당할 수 있으므로 정부가 다른 인종과 국가 출신에 대한 차별을 근절하기 위해 앞장서야 한다"는 내용을 언급한다. 이러한 권고를 적극적으로 수용해 "각종 법령과 관행의 정비 과정에서 차별을 근절하고 국민 의식 또한 그렇게 전환돼야 한다는 점"을 지적한다. 또한 "다른 국적, 다른 민족의 역사 · 문화에 대한 정보를 초 · 중학교 교육에 포함시키고 사법 관련 공무원에게 특별교육을 실시하라는" 위원회의 권고도 수용해야 한다고 강조한다. 한편 선제적으로 고용허가제가 "외국인을 보호하기에 앞서 통제수단쯤으로 악용되고 있다는 이주노동자들의 지적부터 경청해야" 한다고 주장한다(문화일보 사설, 2007. 8. 20.).

인종차별금지 법제화를 요구하는 의견이 제시되었다. 인도인에 대한 인종차별 발언이 형법상 모욕죄로 기소된 것을 두고, 인종차별에 대한 법제화가 이루어지지 않았기 때문이라고 언급한다. 한국사회에서 "인종차별은 개인적 차원의 모욕에 한정되지 않는다. 고용과 교육, 각종 서비스 이용 등 사회활동 전반에 걸쳐 이뤄지고 있다"라고 설명하면서, 특별히 유색인종에 대해 심각한 인종차별이 진행되고 있다고 지적한다. "인종차별은 공동체 의식을 훼손할 뿐 아니라, 심각한 사회적 불안과 갈등을 일으키는 요인이 될 수 있다"라고 강조한다. 국민의 인식 전환만으로는 인종차별 문제를 해결할 수 없기 때문에 시급하게 인종차별금지의 법제화를 추진해야 한다고 주장한다(경향신문 사설, 2009. 9. 8.).

인종차별금지법의 제정 이전에 사회적 인식의 전환이 필요하다는 의견이 제시되었다. 귀화 여성이 피부색을 이유로 목욕탕에서 쫓겨난 후 국가인권위원회에 진정을 제기한 사례를 언급하면서, 국민적 인식 변화가 요구된다고 주장한다. "법을 만든다고 모든 것이 해결될 것이라고 보는 것은 순진한 생각이다. 법률 제정 이전에 사회적 인식이 바뀌어야 한다. … 인종차별은 죄악이라는 국민의 자발적인 인식 전환이 선행돼야 한다. 국내 거주 외국인에 대한 부정적 인식을 탈피하고 공존공생하는 지혜가 필요하다"라고 제언한다(서울신문 사설, 2011. 10. 15.).

외국인노동자에 대한 차별금지를 법적 차원에서 분석한 연구가 제시되었다. 「근로기준법」 제6조에서는 국적을 근로조건에 대한 차별적 대우를 할 수 있는 사유에 해당되지 않는다고 명시하고 있으며, 「노동조합및노동관계조정법」 제9조에서는 인종을 차별금지 사유로 밝히고 있다고 언급한다. 이러한 법조항에도 불구하고 미등록 외국인노동자가 노동조합을 설립할 수 있는 법적 근거는 미비하다고 지적한다. 미등록 외국인노동자는 국적과 인종의 범주에 포함시키기 어렵다고 언급한다. "미등록 외국인의 노동조합 설립 및 운영에 관한 권리와 관련하여 내재적 제한 가능성을 우리 노조 및 조정법이 배제하지 않고 있다고 해석할 수 있다"라고 설명한다. 다만 "미등록 외국인들이 주체가 되어 노동조합을 설립할 수 있는 권리가 당연히 보장된 것은 아니라는 것일 뿐, 이들이 기존 노동조합에 가입하여 활동할 수 있다는 것까지 부정하는 것으로 이해되어서는 안 된다"라고 주장한다. 국가는 "미등록 외국인의 노동조합 설립에 관한 내재적 한계가 존재한다면 이를 보완할 대상조치"를 준비해야 한다고 제언한다. 이를 위해 "외국인 근로자의 사업 또는 사업장 변경 사유의 대폭적인 확대와 함께 사업장 변경 허용 횟수의 제한철폐가 시급히 이루어져야 할 것이다. 이것이 불법체류의 가능성을 줄이는 동시에 국가의 중립의무를 개별적 근로관계법 차원에서 실현하는 방식이며, 미등록 외국인의 단결권 제한에 대한 최소한의 代償措置"라고 주장한다(전윤구, 2012: 268-274).

일본의 차별금지법을 둘러싼 논의에 대한 검토를 토대로 한국적 함의를 제시한 연구가 제시되었다. 한국의 경우 포괄적 차별금지법 제정을 위해 사회적 공감대를 일본과 달리 형성해야 한다고 제언한다. 법제화를 통해 사회적 소수자인 이민자의 인권 보호를 위한 조처가 시행될 수 있다고 언급한다. 다만 종교계의 반대 문제에 대한 해결이 선행되어야 한다고 지적한다. 또한 한국에서 선제적으로 포괄적 차별금지법이 제정되는 경우, 재일한국인의 일본정부에 대한 차별금지와 제도개선 요구가 활성화될 수 있다는 점도 고려해야 한다고 언급한다. 한국 시민단체의 경우 혐오와 증오범죄에 대한 비판, 인권 보호 활동, 인종차별철폐 관련 법안 마련, 국제인권활동, 정치권과 시민단체와의 협력활동 등 외국인 인권 보호와 차별철폐를 위해 활동해온 일본 인권단체의 사례를 검토해, 활동과 협력의 영역과 범위를 확대해야 한다고 제시한다(이상현, 2020: 66-67).

영국과 캐나다의 이민자 평등정책에 관한 분석을 토대로 한국에 대한 정책적 함의를 도출한 연구가 제시되었다. 우선 영국과 캐나다 모두 인종차별을 금지하는 법률을 제정한 것처럼, 이민자의 평등을 보장하기 위한 '평등법'이 제정되어야 한다고 언급한다. "이민자의 사회적 평등을 보장할 수 있는 명확하고 구체적인 내용의 법제도 마련은 이민자 평등정책 수립의 필수조건"이라고 주장한다. 또한 "이민자 평등문제를 전담하는 기관 설립 및 포괄적 역할 정립이 중요하다"라고 지적한다. 한편 "다문화사회 발전을 위한 장기 비전을 포함하는 종합적인 이민자 평등정책의 마련"이 필요하며, 이러한 정책은 국가 차원의 포괄적 정책 방향 설정과 지역 차원의 특성을 반영한 정책의 추진이 결합되어야 한다고 제언한다(강혜정, 권경득, 2020: 42-43).

2019년 여성가족부가 발표한 전국 다문화가족 실태조사에 따르면 결혼이민자와 귀화자가 차별을 경험한 비율은 30.9%로 2015년 조사 40.7%보다 낮아졌다고 설명한다. 반면 다문화가정 자녀 중 학교와 직장 등에서 차별을 경험한 비율이 9.2%로 나타났는데, 이는 2015년 조사 6.9%보다 증가한 수치라고 분석한다. 또한 다문화가정 자녀가 경험하는 학교폭력도 2015년 5%에서 2019년 8.2%로 증가 추세에 있다고 언급한다. 이러한 다문화가정 자녀에 대한 차별과 학교폭력 증가 문제를 해결하기 위해서는 결혼이민자에 대한 정책과는 별도의 대책이 필요하다고 주장한다(이경운, 2019. 5. 2.).

지방정부의 인권조례 제정을 반대하는 의견이 제시되었다. 충남
도의회가 인권조례 재제정을 추진하고 있는 것에 반대해 종교단체
는 인권조례가 "미풍양속과 건강한 가족제도를 해체하고 혼란과 무
질서를 조장하며 불법이민자, 불법체류자 등을 조장하고 육성한다"
라고 비판한다. 또한 "서구에서 인종, 민족, 종교 차별금지의 결과
이슬람 이민과 난민의 증가로 원주민들이 공포에 질려 지내고 있
다"라고 언급하면서, 인종, 민족, 종교의 차별금지를 인권의 범주에
서 배제해야 한다고 주장한다(조선교, 2018. 9. 13.).

　차별금지 담론의 쟁점은 국제규범의 수용, 인종차별금지의 법제
화와 제도개선, 인식 전환, 차별금지정책에 대한 반대 등을 둘러싸
고 제시되었다. 유엔 인종차별철폐위원회의 단일민족에 대한 강조
와 인종과 국가에 따른 차별 등을 개선하라는 권고를 적극 수용해야
한다는 의견이 제출되었다. 다문화가족에 대한 실태조사에서는 차
별 경험이 결혼이민여성은 낮아졌으나, 자녀가 경험한 차별과 학교
폭력은 오히려 증가하고 있어 차별문제 개선을 위한 대책이 필요하
다는 의견이 제기되었다. 반면 일부 종교단체에서는 차별금지의 법
제화나 이민자 인권 보호 정책 등이 무슬림, 난민, 불법체류 이민자
의 증가만 초래한다고 비판하고, 인종과 종교 등에 대한 차별금지의
법제화를 반대한다. 차별문제를 개선하기 위해 인종차별금지의 법
제화와 인식 전환의 필요성을 주장한다. 유색인종에 대한 인종차별
이 편재되어 있는 상황에서 사회적 갈등과 공동체 의식 약화를 방
지하기 위해 인종차별금지의 법제화와 외국인에 대한 부정적 인식
을 개선하는 노력이 필요하다고 제언한다. 외국인노동자에 대한 차

별금지는 「근로기준법」이나 「노동조합및노동관계조정법」 등에 포함되어 있다고 언급하고, 그러나 미등록 외국인노동자는 해당 법률들의 적용 대상이 아니라는 점을 지적한다. 이러한 차별금지 요소를 개선하기 위해 우선 사업장 변경에 관한 권리를 허용해야 한다고 주장한다. 한국에서 포괄적 차별금지법의 제정을 위해서는 사회적 공감대 형성이 필요하며, 특히 일부 종교계의 반대에 대한 대처가 요구된다는 의견을 제시한다. 한편 차별금지와 함께 서구의 사례에서처럼 평등법의 도입을 추진해야 하며, 이와 관련한 기구의 설립을 제언한다. 차별금지 담론은 차별금지법 제정을 둘러싸고 정치사회와 시민사회에서의 논쟁이 본격화되고 있다. 성적 소수자에 대한 차별금지가 일부 종교계의 반대로 이슈화되고 있지만, 이민자에 대한 차별금지에 관한 논의도 쟁점화 가능성이 높은 상황이다. 차별금지법 제정 관련 사회적 공론화 과정에서 이민자에 대한 차별금지에 대한 지지와 반대 의견이 본격적으로 논의될 것이다. 이러한 과정에서 차별금지를 국제규범의 수용, 법제화, 제도수립, 차별금지에 관한 시민교육 등의 영역에서 구체화된 논의가 제안될 것이다.

28. 체류와 출입국관리 담론과 쟁점

체류와 출입국관리는 이민행정의 기본업무에 해당된다. 출입국관리의 시작은 비자(visa)발급 업무이다. 한국의 경우 90일을 기준으로 체류기간을 장기와 단기비자로 구분해 관리하고 있다. 상용, 취업, 유학, 관광 등의 목적에 따라 입국 비자발급이 진행되며, 비자에 따라 이민자의 체류기간과 활동 영역이 규정받게 된다. 세부적으로 사증업무, 입국심사, 상륙허가, 규제자관리 등의 내용을 포괄한다. 또한 출입국관리에는 밀입국을 사전에 방지하는 업무까지 포함된다. 체류관리는 "국내에 체류하는 외국인들이 체류자격을 준수하며 체류할 수 있도록 통제 관리하는 업무"라고 규정한다. 구체적으로 체류외국인의 체류기간과 목적에 부합해 체류할 수 있도록 지원하고, 체류기간과 목적의 연장과 변경을 심사하는 업무도 중요한 영역이다. 또한 불법체류자를 강제 출국시키는 업무도 체류관리의 중요한 영역이다. 이민자의 국제이주를 통제하고 관리하는 이민행정의 측면에서 보면 한국의 경우 출입국관리를 중심으로 발전해왔다고 지적한다. 출입국관리는 정부 수립 시기 외무부가 시행했던 것이 1961년 법무부로 이관되었으며, 2007년 출입국·외국인정책본부의 출범과 함께 확대 개편되었다고 설명한다. 출입국·외국인정책본부에는 출입국관리사무소, 외국인보호소, 출입국외국인지원센터 등을 산하기관으로 운영하고 있다(한건수, 2016b: 115-118, 145-148).

지역 차원의 결혼이민여성 체류에 관한 정책의 문제점을 지적한 의견이 제시되었다. 전국에서 유일하게 '신원보증 차단책'을 시행하고 있는 특정 지역 출입국관리소의 행정편의주의에 대한 비판을 제기한다. 신원보증을 해주는 사람이 결혼이민여성 11명부터는 보증금 200만 원을 내야 하는 불합리한 제도를 운영하고 있다고 지적한다. 결혼이민여성의 신원보증제도는 시민단체로부터 지속적으로 비판을 받아왔다고 언급한다. 외국인등록증 발급과 체류연장을 위해 남편의 보증을 요구하는 것도 결혼이민여성을 남편에게 종속적 지위를 갖는 약자로 전락시키고 있다고 설명한다. 유엔 여성차별철폐위원회와 국가인권위원회에서도 신원보증제도의 철폐를 권고한 상황에서, 신원보증금 도입은 문제가 있다고 비판한다. 위장결혼을 방지하기 위해서는 제도적 보완책을 도입해야지, "신원보증제도조차 족쇄로 작용하는 마당에 신원보증을 위한 보증금까지 내라는 것은 일방적인 행정편의주의 발상에 불과"하다고 주장한다(영남일보 사설, 2011. 10. 19.).

외국인의 불법체류를 방지해야 한다는 의견이 제시되었다. 외국인 유학생이나 어학연수생 비자를 발급받아 입국한 후, 비자기간 만료 이후 불법체류 신분으로 일을 하는 경우가 증가하고 있다고 지적한다. 2020년 6월 2만 3천 명으로 추정되는 유학생 불법체류가 존재하며, 이러한 불법체류자의 일탈행위도 빈번해지고 있다고 언급한다. 불법체류 유학생의 증가는 대학들의 무분별한 유학생 유치에 기인한다고 분석한다. 이러한 문제의 해결을 위해 "교육 당국은 유학 비자가 불법 취업이나 범죄의 통로로 악용되지 않도록 각 대학의 유학생 유치 및 관리 실태부터 철저히 점검해야 한다. 아울러 법무부와 행정 당국도 불법체류 유학생이 더 이상 발생하지 않도록 적극적인 관리 대책 마련을 서둘러야 할 것"이라고 주장한다(광주일보 사설. 2020. 11. 13.).

외국인노동자의 불법체류 문제에 대한 의견도 제시되었다. 대구경북지역의 경우 불법체류 외국인노동자의 폭력행위가 빈번히 발생하고 있다고 지적한다. "이들은 말썽을 일으켜도 한국인 고용주가 벌금 때문에 신고를 못 한다는 것을 알고 더욱 설치고 있다고 한다. 이들은 '우리가 아니면 공장이 안 돌아가지 않나'라는 태도로 한국인 노동자들을 무시"하는 상황이 초래되었다고 언급한다. 불법체류 외국인노동자에 대한 우려의 초점은 "불법체류 노동자들은 범죄를 저지를 경우 신원 파악이 어렵고 추적이 안 된다는 것"이라고 분석한다. 이러한 문제를 해결하기 위해서는 관련 기관의 감독과 관리 강화와 사업주의 사고 전환이 필요하다고 제언한다. "주물공단과 같은 3D 제조 현장의 인력난을 이해 못 하는 것은 아니다. 그리고 다수의 선량하고 성실한 외국인 근로자에 대해서는 잘 대해줘야 한다. 하지만 막돼먹은 불법체류 근로자와 범죄에 노출된 현장은 발본색원해야 마땅하다"라고 주장한다. 한편 불법체류 외국인노동자로 인해 내국인이 일자리를 빼앗기고 있다고 비판한다. 2017년 25만 명의 불법체류자 수가 2019년 38만 명까지 큰 폭으로 증가했으며, 영농과 건설 등의 산업에서 불법체류 외국인노동자에 대한 의존이 지나치게 높다고 지적한다. 불법체류를 방지하기 위한 제도 보완과 "불법체류 신분인 외국인에게 일을 맡기면 안 된다"는 인식이 기업과 한국사회 전반에 확산되도록 해야 한다고 주장한다(영남일보 사설. 2017. 6. 1.; 강원일보 사설. 2020. 1. 24.).

반면 체류기간이 지난 외국인노동자의 강제추방을 반대하는 의견이 제시되었다. 경남지역 중소기업들은 중소기업의 인력 부족 해소를 위해 "4년 이상 체류한 외국인노동자를 합법화하고 강제추방 정책을 철회할 것"을 정부에 요구한다고 언급한다. 3D 업체에 해당하는 중소기업들에서 4년 이상 근무한 외국인노동자들은 숙련노동력에 해당되기에, 기업 입장에서는 필수 노동력이라고 설명한다. "외국인노동자들은 불법체류자의 신분이지만 그동안 모든 사람들이 기피하는 업종에 종사하면서 한국사회의 경제발전에 많은 기여를 한다. 코리안 드림을 꿈꾸며 한국을 찾은 외국인노동자와 힘든 일을 기피하는 한국 노동의 현실을 접목해서 서로에게 이익이 될 수 있는 방법이 모색되어야 할 것이다"라고 주장한다(경남도민일보 사설, 2003. 11. 26.).

외국인의 체류와 건강보험을 연계시키는 조처에 대한 비판적 의견이 제시되었다. 건강보험 관련 "정부는 체납자에 대해 체류기간 제한 조치를 하겠다고 밝혀, 외국인들에겐 체류에 대한 위협으로 받아들여지고 있다. 현행 건보제도는 외국인 개인에게도 불합리한 차별이지만 국내에 가족 단위로 체류하는 고려인 동포와 난민들의 생계와 체류까지 위협, 빠른 시일 내 손질이 필요하다"라고 주장한다. 2019년 개정 시행된 '외국인 건강보험'제도는 국내 체류 외국인에게 내국인과 달리 차별적 요소를 가지고 있다고 지적한다. 내국인과 달리 수혜 범위도 제한적이고 체납금 납부 유예나 보험료 경감 등의 조치도 없어 중국동포를 포함한 외국인에게는 차별적 제도라고 강조한다(경기일보 사설, 2019. 12. 20.).

제주도로 입국한 예멘 난민 신청자에 대해 법무부는 '인도적 체류' 결정을 내렸다고 언급한다. '인도적 체류'는 난민 신청자의 1년간 체류를 허용하고, 취업이 허용되며 체류지 변경 신고를 통해 제주에서 내륙으로 들어올 수 있게 된다고 설명한다. 난민으로 인정되는 경우 무제한 체류와 가족의 초청이 보장되는 반면, '인도적 체류'

를 부여받는 경우 난민 신청자는 1년 단위로 체류 자격을 심사받아야 하고, 가족을 초청할 수 없다고 지적한다. 체류불허 판정을 받는 경우도 난민 신청자는 이의 신청과 소송 등을 통해 체류할 수 있고, 최종적으로 허용되지 않는 경우는 본국 또는 제3국으로 강제 추방될 수 있다고 언급한다(김은향, 2018. 10. 18.).

결혼이민여성의 체류기간에 관한 법원의 인권 보호 차원의 판결이 제시되었다. 기존 이혼을 한 결혼이민여성의 경우 체류기간 연장이 허용되지 않았는데, 대법원에서는 한국인 배우자의 주된 책임으로 이혼에 이른 경우 결혼이민 체류기간 연장을 승인해야 한다고 판결한다. 현행법에는 "결혼이민 체류자격은 한국인 배우자와 결혼해 국내에 체류 중 배우자의 사망이나 실종, 자신에게 책임이 없는 사유로 혼인 관계를 유지"하기 어려운 경우로 한정하고 있다고 설명한다. 대법원은 판결을 통해 "체류자격 요건이 전적인 책임이 아닌 주된 귀책사유가 상대방에게 있는 경우를 의미"한다는 입장을 제시한다고 언급한다. 또한 대법원은 체류자격을 지나치게 엄격히 해석하면 결혼이민자의 혼인 관계를 해소할 수 있는 권리를 제한할 수 있고, 배우자의 악용 소지가 있다는 입장을 제시한다(김하희, 2019. 7. 10.).

체류와 출입국관리 담론의 쟁점은 이민자의 출입국과 체류와 관련된 문제와 이에 대한 세부적인 해결방안에 관한 논의가 중심을 이루어왔다. 결혼이민여성이 체류를 허용하는 조건으로 요구되었던 신원보증제도의 불합리성과 인권침해를 지적하며, 개선을 요구하는 주장이 제시되었다. 불법체류 문제를 해결하기 위한 조처의 시행을 요구하는 의견이 제출되었다. 유학생 비자가 불법취업과 체류로 연결되지 않도록 유학생 관리 대책이 필요하며, 불법체류 노동자의 신원파악이 안 되는 상황에서 작업장에서의 폭력행위가 빈번해지고 범죄 발생 시 추적의 어려움이 노정되고 있다고 지적하고, 이에 대한 관리 감독의 강화를 주장한다. 반면 중소기업의 인력난을 이유로 외국인노동자의 강제추방 조치를 철회할 것을 요구하는 의견도 제기되었다. 또한 숙련노동력의 합법화 조치 도입을 제언한다. 이민자의 체류와 건강보험료 납부를 연계시키는 제도는 건강보험 체납 이민자의 체류기간 제한을 목표로 하는데, 이러한 조치는 내국인에게 허용되는 건강보험료 유예나 경감 조치 등에 비해 차별적이라고 비판한다. 체류와 출입국관리 담론은 난민과 불법체류이민자의 체류와 출입국관리에 관한 논의가 포함될 것이다. 구체적으로 인도적 체류 결정 단계를 넘어서 난민 신청 허용 범위와 불법체류이민자의 합법화를 둘러싼 논의가 이슈화될 여지가 충분하다. 이민자의 체류와 출입국관리의 유연화와 통제 강화에 관한 의견도 지속적으로 제시될 것이다. 한편 이혼하거나 본국으로 자녀와 함께 귀국한 결혼이민 여성과 자녀의 출입국과 국내 체류에 관한 논의가 필요한 시점이다.

29. 초국가주의 담론과 쟁점

초국가주의를 재외동포 이주의 성격을 분석하기 위한 시각으로 제시하고 있다. 재외동포 중 구이민자의 이주는 디아스포라로 설명이 가능한 반면, 신이민자의 이주는 초국가주의 관점에서 고찰해야 한다고 언급한다. 초국가주의의 특성은 "다른 국가들 사이에 사는 사람들을 묶어내는 연계(linkage)이고, 두 번째 특성은 초국가적 연계를 지속시키는 동시성(simultaneity)"이라고 지적한다(윤인진, 2016: 403-404).

초국가주의와 디아스포라를 대별되는 개념으로 구분하는 연구가 제시되었다. 초국가주의의 특징은 이동성을 가지며 모국과 거주국과의 연계성을 가진 '연결된 상태(being connected)'인 반면 디아스포라는 '홈리스 상태(being homeless)'와 '연결되지 않은 상태(being disconnected)'라고 정의될 수 있다고 언급한다. 2017년 2월 기준 약 80만 명이 한국에 거주하는 중국동포를 이동성과 모국-거주국과의 연계성이 높은 사례로 제시한다. 기존 초국가주의 연구는 복수의 국가들에서 구축되는 초국가적인 연결망을 분석하기보다는 모국과 거주국 간의 이주에만 주안점을 두는 '방법론적 일국주의(methodological nationalism)'의 문제를 가지고 있다. 또한 기존 연구는 종족집단의 초국가적 경향이 동질적인 특성을 가지는 것으로 간주하는 한계를 가지고 있다고 지적하고, 종족집단 내의 차이와 복잡한 관계에 주목하는 '다중종족 모델(multi-ethnic model)'을 제시한다(윤인진, 이윤경, 2017: 61-64).

초국가주의와 재외한인 연구에 관한 제언에 관한 연구가 제출되었다. 초국가주의는 기존 민족주의의 민족과 국가의 연계성을 약화시키며, 민족주의 내 국민과 국가 간 "비판적인 해체와 재구성을 요구"한다고 언급하다. 디아스포라 연구에서도 민족주의 접근에 대한 재고가 필요하다고 지적한다. 즉 "최근까지 진척된 재외한인에 관한 선행연구는 방법론적 내셔널리즘을 공유하는 거주국 사회통합에 관한 분석이 지배적이었지만, 후속연구의 방향은 일국 단위의 분석에서 벗어나 거주국-이주자-모국의 3자적 관계에 관한 분석모형으로 나아가야 할 필요성이 있다"라고 주장한다. 재외동포의 모국 귀환과 초국가주의 활동이 증가하고 있는 상황을 반영해, 재외동포 연구는 "거주국 적응이나 사회통합에 관한 논의에서 머물기보다는 초국가주의 활동과 더 나아가 거주국 사회통합과 모국과의 연계를 연결짓는 확장된 분석이 요구된다"라고 제시한다. 한편 "초국가주의 지향성을 분석할 때 무엇보다 이주자의 '트랜스-네이션'의 속성과 '모국'과 '종족성' 자체에 대한 비판적인 이해가 필요하다"라고 제언한다(이윤경, 2017: 191-195).

다문화주의의 한계를 극복하기 위해 제시된 '트랜스내셔널리즘(transnationalism)'을 분석한 연구가 제시되었다. 초국가주의는 "새로운 방식으로 사유하여 국민국가가 구조적으로 내포하고 있는 폭력성을 해결하고자 한다"라고 언급한다. 긍정적 측면과 함께 초국가주의는 "자본 주도의 세계화와 긴밀하게 연결되어" 있는 양면성을 가지고 있다고 지적한다. 즉 "트랜스내셔널리즘의 전파는 소위 저개발 국가들의 민족주의가 가지는 저항의 효과를 완화 혹은 무화시킨다는 의심에서 자유롭지 못하다"라고 분석한다. 초국가주의의 학술적 과제는 초국가주의가 "단순히 민족국가의 상상성(想像性)을 강조하여 이를 해체한다든가 특정한 문화양식에서 발원한 보편성이나 더 나아가 세계 시민성을 강조하는 데 있지 않다"라고 설명하고, 초국가주의는 "국민국가, 민족주의, 자본주의, 계몽주의, 합리성 등의 개념어가 보편과 특수의 이분법을 통해 세계화뿐 아니라 그 대항 논리마저 규정한다는 점을 인지하고 인간의 현실과 경험을 이들을 넘어서 규정하려 한다"라고 분석한다. 초국가주의는 '밑으로부터의 세계화'라는 개념을 활용해 정치적 실천으로 변환하고 있다고 진단하고, "다만 이러한 밑으로부터의 세계화를 추동할 수 있는 공통성의 기반(계급? 공통성을 가진 기억?)은 여전히 불확실한 상태에 머물러 있으며 앞으로의 트랜스내셔널리즘의 과제로 남아 있다"라고 주장한다 (오경환, 2009: 38-39, 44).

초국가주의가 등장하게 된 조건을 분석하고 초국가적 이주 연구의 현황과 과제를 고찰한 연구가 제시되었다. 초국가주의는 글로벌화의 진전, 이민자에 대한 차별과 이에 대응하기 위한 초국가적 활동의 확대, 국민국가의 '국민 강화 프로그램'에 따른 이에 대한 초국가적 대응 강화 등의 맥락 속에서 대두되었다고 설명한다. 초국가적 이주 연구의 주요 경향을 국민국가의 경계를 넘어서는 사회적 관계의 형성에 주안점을 둔 '초국가적 사회의 형성'에 관한 연구, '초국가주의와 정체성'에 관한 연구, '초국가주의와 문화의 재생산'에 관한 연구, '초국가주의와 경제'에 관한 연구, '초국가주의와 정치'에 관한 연구, '초국가주의와 장소'에 관한 연구 등으로 구분한다. 이러한 초국가적 이주 연구의 문제점으로 "지역성이나 고착성(fixity)을 간과", "초국가적 실천이 보편적인 현상인 것처럼 과장", "이주를 강제하게 한 글로벌 자본주의의 관계를 간과" 등으로 제기한다. 이러한 문제들이 내포하고 있는 "방법론적 국가주의와 방법론적 초국가주의의 한계"를 극복하기 위한 대안으로 '장소 렌즈'를 제안한다. "인간의 사회적 활동은 장소를 통해 매개되고, 장소는 다양한 공간 스케일의 사회적 관계가 함께 경험되는 공간이므로, 이주 연구에서 장소 렌즈는 다층적 정체성의 이주자의 지역성이 어떻게 경험되고 변화하는지를 보여주는 가장 좋은 방법에 해당한다"라고 주장한다 (이용균, 2013: 41-52).

초국가주의 담론의 쟁점은 재외동포와 이민자 초국가주의에 관한 논의가 주를 이루고 있다. 재외동포와 관련해 초국가주의는 이동성과 모국과 거주국과의 연계를 특징으로 하는데, 국내에 거주하는 중국동포가 사례에 해당할 수 있다고 언급한다. 모국과 거주국 간 연계 분석에 초점을 둔 '방법론적 일국주의'를 한계를 넘어서 복수국가에서 구축되는 초국가주의와 종족집단 내부 초국가주의의 차이에 관한 연구가 필요하다고 제언한다. 이론적 측면에서 초국가주의가 '밑으로부터의 세계화'라는 개념을 제시하고 있는데, 이를 추동할 수 있는 공통적 토대에 관한 학문적 논의가 요구된다고 주장한다. 이민자 초국가주의는 글로벌라이제이션, 차별과 통합 강화에 대한 초국가적 대응이 부상하면서 연구주제로 자리매김한다고 언급한다. 초국가주의 연구는 초국가적 사회, 초국가주의 정체성, 초국가주의와 정치, 경제, 사회, 문화, 공간 등을 연계해 분석해왔다고 제시한다. 이러한 연구는 방법론적 국가주의와 초국가주의의 한계를 가지고 있다고 지적한다. 초국가주의에 관한 논의는 학문적 · 이론적 차원에서 진행되어 왔으며, 경험적 연구를 통한 의견 제시는 재외동포 네트워크에 대한 분석에 집중되어 왔다. 이민자 초국가주의는 상대적으로 관심을 덜 받고 있는 상황이다. 앞으로 재외동포의 모국과의 연계를 중심으로 한 논의는 국가별 재외동포 공동체 간 초국가주의에 관한 논의로의 발전이 필요하다. 또한 재외국민 선거권을 중심으로 확대될 수 있는 재외동포의 초국가적 정치활동에 관한 논의가 상황에 따라 이슈화될 가능성이 높다. 한편 국내 거주 또는 정착한 이민자의 초국가주의가 활성화되고 있어 이에 대한 경험적 분석과 대응에 대한 학문적·정책적 논의의 활성화가 필요하다. 구체적으로 결혼이민여성과 자녀의 본국으로의 귀환과 재입국, 이민자의 경제관계를 중심으로 한 모국과의 연계 강화, 한류를 둘러싼 외국인 네트워크 등에 관한 정책적 대응과 활용을 위한 논의가 요구된다.

30. 후기다문화주의 담론과 쟁점

다문화주의에 대한 비판과 수정 방향에 관한 이론적 논점을 제시한 연구가 제시되었다. 다문화주의는 "자유주의적 관용의 논리, 원칙, 경험론적 양태 및 적용 방식 등에 대해 질문을 던지며 다문화사회로의 변화된 환경에 대한 자유주의의 적용력에 회의적 시각을 표출한다"라고 언급한다. 또한 "오랜 기간 간과되었던 문화적 차별의 사회구조를 정치적 논의의 전면에 내세우며 문화적 소수자들의 권리 복원을 도모하는 다문화주의의 통찰력"을 긍정적으로 평가한다. 그럼에도 다문화주의의 '느슨한 문화의 개념'이 발생시키는 문화 개념의 오용, 문화에 대한 정태적 인식, 인간 문화의 공통성의 축소,

'문화지상주의' 등의 개념적 위험성 문제를 가지고 있다고 비판한다. 그리고 다문화주의는 '소수문화 집단 내의 소수자의 문제'를 간과하는 오류를 범하고 있으며, '연대성과 사회적 통합의 문제'에 관해 취약성을 보인다고 지적한다. 따라서 "다문화주의가 집단의 문화적 권리를 주장하는 것과 병행하여 이들 집단의 자체적 변화를 요구하는 메시지를 균형적으로 전달하지 않는 한 소유적 문화 집단주의의 주장에 매몰될 수 있다. 아울러 다문화주의는 다문화사회의 안정적 존속에 필요한 일정 수준의 사회적 연대성의 확보에 확대된 관심을 기울여야 한다. 사회통합에 실패하는 다문화사회는 '인정의 정치'가 아닌 '무인정의 정치'로 이끌려질 수 있기 때문이다"라고 제언한다(장의관, 2008: 149-150).

다문화주의 담론을 넘어서 비판 다문화주의를 제시한 연구가 제출되었다. 다문화주의에 관한 학계의 논의는 "이질적 주체들의 자유를 우선시할 것인가 아니면 공동체적 통합을 우선시할 것인가"에 관한 것이라고 언급한다. 한국에서도 정치적 영역에서 "시민권, 국가적 통합, 다문화정책" 등의 주제를 중심으로 논의가 진행되고 있다고 설명한다. 한국의 다문화 관련 법제에서는 다문화주의의 목표가 국가의 발전과 사회통합에 있다고 제시하고, 이러한 국가 주도의 다문화주의 정책들은 '동화주의적 다문화주의'로 지칭될 수도 있다고 지적한다. 한편 사회운동으로서 비판 다문화주의는 "근대적 규준들에 도전하고, 정체성의 위기를 차이의 정치 및 저항과 결부"시키고 있다고 언급한다. 다문화주의는 사회의 지향목표를 제시하기 어려운 '불충분한 슬로건'이며, 다문화주의의 정책 대상은 지속적으로 주체가 되기보다는 대상으로 전락된다고 지적한다. 따라서 '소수자의 정치'의 의미를 갖는 비판 다문화주의가 가지는 의미가 중요하다고 강조하며, 비판 다문화주의 정치는 "저항의 공간으로써 소수자의 공간을 토대로 보편적인 것을 끊임없이 특수화함으로써 다수의 소수자 의식들과 소수자 공간들을 생산하는 과정적 정치(processual politics)"로 정립되어야 한다고 제언한다(박경환, 2008: 304-308).

유럽 정치지도자들에 의해 제기된 '다문화주의 실패' 담론과 이에 대한 비판이 언론을 통해 소개되었다. 이민, 난민, 무슬림 문제 등에 직면한 유럽 국가들의 다문화주의 정책 실패 선언을 우려하는 의견이 유럽에서 제시되었다고 언급한다. 다문화주의 실패와 이에 따른 정책 변화는 시민사회에서는 소수 인종에 대한 차별과 억압의 가능성을 높일 것이며, 경제계를 중심으로 이민 통제가 본격화되면 노동력 부족으로 경제에도 악영향을 미칠 수 있다는 우려의 시각이 제기되었다고 설명한다. 영국에서는 정치지도자의 '무간섭 관용주의'의 실패 선언과 극우단체의 반이슬람 시위, 이에 대한 이슬람 단체의 비난이 다문화주의를 둘러싼 논쟁을 촉발시켰다. 당시 영국 총리는 "영국의 다문화 원칙이었던 '무간섭 관용주의'는 … 폐쇄적 공동체를 양산"한다고 비판하고, "소극적인 관용 정책에서 벗어나 보다 구체적이고 적극적인 자유주의를 펼칠 필요가 있다"는 주장을 제시한다. 구체적 정책 방향으로 이민자 대규모 유입이 교육, 주택, 보건 등의 사회적 영역에 위협을 초래한다고 강조하고, "대규모 이민이 아닌 적절한 이민"에 초점을 둔 이민자 유입을 적극적으로 통제해 감소시키겠다는 의지를 표명한다고 언급한다. 프랑스 대통령은 "'프랑스식 이슬람'이 아닌 '프랑스 안에서의 이슬람'에 대해 반대"의 입장을 분명히 하며, 불법체류자 강제출국과 부르카 금지 조치 등을 단행한다고 소개한다. 이러한 '다문화 실패' 선언은 이민문제에 대해 반감을 가진 보수 유권자의 정서를 반영해 지지층을 결집하고 확대하려는 의도도 내재되어 있다고 분석한다(한승주, 2011. 4. 20.; 송민섭, 2011. 2. 7.; 정서린, 2011. 4. 15.; 김희원, 2011. 2. 13.).

'다문화 열풍' 이후 다문화주의에 대한 회의와 대안에 관한 학문적 논의와 함께 '후기다문화주의 시대(post-multicultural era)'에 관한 의견이 제시되었다. 킴리카의 다문화주의에 대한 재평가를 비판적으로 검토한 연구가 제시되었다. 킴리카가 제시한 다문화주의의 전제조건인 "이민자 문화, 이주 수용국의 국경 통제력, 이주 수용국의 국익" 등에 대해 반론을 제시한다. 비자유적 문화에 대한 선별을 강조하는 이민자 문화에 대해서는 "다문화주의라는 명목으로 이민자 문화에 대한 구별 짓기와 배제를 근본적으로 가능하게 하며, 더 나아가 구별 짓기와 배제의 이유로 지목되는 이민자 문화의 '비자유성'을 그들의 본질적인 속성으로 여기고 있다"라고 문제를 제기한다. 불법체류에 대한 통제를 강조하는 "이주 수용국의 국경 통제력" 관련해서는 다문화주의가 "국경의 쇠퇴와 주권주의"와 연관되고, 이민자, 불법체류자, 난민 등에 대한 국경 통제의 "규범적 근거"를 수용국의 "안보와 국익" 등에 기초하기는 어렵다고 비판한다. 이민자의 국익 기여를 강조하는 "이주 수용국의 국익"에 대해서는 "이주의 전 지구적 맥락을 간과하고 있다. 더 나아가 이러한 수용국 중심 논의는 송출국 내부, 수용국 내부, 그리고 송출국과 수용국 간의 관계에서 나타나는 또 다른 정의의 이슈를 간과하게 만든다. 이는 최근 여성 이주가 급증한 한국의 경우에도 해당"한다고 지적한다. 현재의 다문화주의는 "국민국가의 경계 및 통합의 재구성"이 진행되고 있는 상황을 제대로 반영하지 못하면서, 다문화주의 경향이 제한받는 "다문화주의의 역설"을 야기하고 있다고 주장한다. 한편 다문화주의에 관한 논의는 "다문화 현상을 야기하는 이주·이민의 전지구적 맥락과 어떤 관계를 맺고 있는지, 이주법과 제도는 어떤 내용을 담고 있어야 하는지, 함께 사는 공동체에 대한 폭넓은 멤버십과 민주주의는 어떤 모습인지" 등을 다루어야 한다고 제기한다(김희강, 2013: 68, 76-88).

유럽에서 제기된 '다문화주의 실패(failure of multiculturalism)' 담론은 정치이론과 국가정책에서 다문화주의의 퇴조로 귀결되었다고 지적한다. 다문화주의 이론의 퇴조는 "자유주의적 다문화주의자들이 상정하는 다문화주의와 문화 개념은 그 자체에 불확실성과 모호함이 내재되어 있으며, 그들의 다문화주의 이론은 문화의 규범적 정당화에 있어서 논리의 비약과 모순을 드러내고" 있다는 점에 기인한다고 주장한다. 문화에 대한 정의와 문화의 역할 등에 대한 자유주의적 다문화주의가 갖는 모호함이 존재한다고 비판한다. 또한 원주민과 소수민족집단에 대한 다문화주의의 설명과 문제의 해결방안에 대한 의견의 일치가 나타나는 반면, 이민자에 대한 대응에 대해서는 다양한 의견이 존재한다고 강조한다(설한, 2014: 82, 99-102).

서유럽에서 다문화정책의 실패에 관한 담론 표출과 이민자 통제의 정책화가 진행되어 왔다는 점을 고려해야 하지만, 한국의 경우 외국인정책에 있어 이민자를 수용해야 하는 상황이란 점을 검토해야 한다고 지적한다. "다양한 유형의 이민정책을 시행한 바 있는 서유럽의 혼란을 반면교사로 삼아서 체계적인 재한 외국인 관리 정책"이 필요한 시점이라고 언급한다. "현재까지 외국인 정책에서 검증된 대안이 없기 때문에 … 시대의 변화에 따른 다문화주의(Multiculturalism)를 기반으로 하되 사회통합의 관점에서 보완하는 것이 현실적"이라고 주장한다. 기존 다문화정책의 대상을 결혼이민자와 다문화가정 중심에서 외국인을 대상으로 확대해야 한다고 제언한다(이승권, 2018. 1. 9.).

한국적 다문화주의의 정립을 위한 연구가 제시되었다. 한국의 다문화 담론은 이론의 빈곤과 현실과의 괴리의 문제를 안고 있다고 지적한다. 서구의 이론과 경험 분석은 '한국의 맥락적 특수성'에 대한 고려와 병행되어야 한다고 주장한다. 한국적 다문화주의에 관한 논쟁에서 논의되어야 하는 것이 '다문화정치의 확대'의 관점이라고 언급한다. 다문화정치는 "'다문화'로 포괄될 수 있는 이슈 영역에서, 가치배분을 둘러싸고 국가와 정당을 포함한 관련 집단들이 벌이는 갈등과 조정행위 전체를 뜻한다"라고 정의하고, 다문화정치는 소수 집단의 주체화, 정치적 권리 인정, 요구 반영 등이 수반한다고 설명한다. 한편 한국적 다문화주의는 개인의 자유와 인권, 민주주의, 공공선 등의 관점과 문화와 정체성 등의 주제와 다문화주의와의 연계를 고찰하는 과정에서 모색될 수 있다고 제언한다. 또한 이론적 연구의 과정은 한국의 다문화 현실과의 밀접한 연계 속에서 검토되어야 한다고 주장한다(이용승, 2011a: 76-77).

'한국식 다문화주의'를 비판하면서 정의의 관점에서 이민자 문제를 고찰해야 한다는 연구가 제시되었다. '한국식 다문화주의'는 다문화 명칭만 활용했을 뿐 이념적 기반이 부재하며, 이러한 다문화주의는 이민자의 문화정체성 보호보다는 결혼이민여성의 사회복지 서비스정책에 국한되었다고 지적한다. 한국사회의 이민자들은 문화적 권리보다는 "주류사회 구성원들과 동등한 보편적인 시민권의 확장"을 요구하고 있기 때문에, 다문화주의가 한국사회에서 적절한 것인지를 재검토해야 한다고 주장한다. 한국사회 이민자들은 '문화적 부정의'와 '경제적 부정의'를 통해 어려움을 경험하고 있는 상황에서, '시민권 없는 다문화주의'는 부정의의 해결보다는 이민자의 "권리 이슈를 탈정치화하고 이들의 문화를 박제할 위험"을 초래할 것이라고 비판한다. 결국 다문화주의가 아닌 '정의의 틀' 안에서 이민자 문제를 고찰해야지만, '문화적 부정의'와 '경제적 부정의'를 해결할 수 있다고 주장한다(김정선, 2011: 238-240).

후기다문화주의 담론은 다문화주의에 대한 비판 또는 '다문화주의 실패' 담론이 유럽을 중심으로 본격적으로 제기되고, 이에 대한 학문적·정책적 견해가 제시되면서 본격적으로 논의되기 시작한다. 다문화주의가 가지는 한계와 이에 대한 대안을 이론적 측면에서 제시한 의견이 제시되었다. 다문화주의는 문화 개념의 보편성, 이민자 공동체 내 소수자의 권리, 이민자 사회통합 등의 영역에서 한계를 노정해왔다고 지적한다. 킴리카의 다문화주의를 재평가하면서, 다문화주의가 '국민국가의 경계 및 통합의 재구성'이 진행되는 상황을 반영하지 못하고 있다고 비판한다. '후기다문화주의 시대' 다문화주의에 관한 논의는 국제이주의 전 지구적 맥락, 국제이주 법제도의 내용, 다문화사회의 멤버십과 민주주의 등에 관한 내용이 포함되어야 한다고 주장한다. 한편 한국 다문화 담론이 이론의 빈곤과 현실과의 괴리라는 한계를 가지고 있으며, 한국의 특수성이 고려되지 않은 서구의 이론과 사례 분석에 국한되었다고 비판한다. 한국적 다문화주의의 정립을 위해서는 한국의 다문화 현실을 반영해야 하고, 자유와 권리, 민주주의, 공동선, 문화정체성 등이 고려되어야 한다고 제언한다. 또한 '한국식 다문화주의'는 복지서비스정책에 다름 아니라고 지적하면서, 보편적 '정의의 틀'의 관점에서 '문화적 부정의'와 '경제적 부정의'를 해결할 수 있는 다문화주의가 한국사회에 필요하다고 주장한다. 소수자의 권리와 정치 중요성을 강조하는 '비판 다문화주의'도 제시되었다. 한편 유럽의 '다문화 실패' 담론과 이에 대한 비판을 소개하면서 한국적 함의에 대한 검토가 필요하고, 이민자 수용이 필요한 한국에서는 다문화주의를 토대로 사회통합을 보완하는 정책의 변화가 요구된다는 의견이 제기되었다. 후기다문화주의 담론에서는 다문화주의 이론에 대한 학문적 논의와 유럽의 다문화주의 실패가 한국에서 재현되지 않도록 하기 위한 정책적 논의가 병행될 것이다. 또한 한국의 다문화주의가 가지는 보편성과 특수성에 관한 논의와 원주민이나 소수민족이 아닌 이주민 유입에 의해 형성된 다문화사회의 맥락을 기초로 한국적 다문화주의 정립에 관한 학문적 논의도 지속될 것이다.

제3부

한국의 다문화와 이민정책
담론의 전망과 과제

제4장

한국과 서구의 다문화와
이민정책 담론의 비교

1. 서구의 다문화와 이민정책 담론의 변화

서구의 다문화정책과 이민정책은 연계되어 있다. 다문화정책을 출입국, 체류, 사회통합으로 구분하는 이민정책 중 사회통합의 하나로 간주하기도 한다. 다문화주의에 관한 이론적 논쟁과 함께 이민정책 중 하나인 사회통합정책으로서 다문화정책에 관한 논의가 발전되어 왔다. 이민정책은 출입국과 체류의 통제와 허용, 여러 유형의 사회통합정책에 관한 담론이 제시되고 학문적·정책적 토론이 진행되어 왔다. 여기서는 국제이주의 흐름을 살펴보고, 다문화주의에 관한 이론적 논쟁과 다문화정책에 관한 담론을 분석한다. 이민정책은 출입국, 체류, 사회통합으로 구분해 다룰 수 있지만 담론 차원에서는 출입국 및 체류정책과 사회통합정책으로 구분하는 경향이 두드러져 두 개의 정책을 중심으로 고찰하고 있다. 다문화와 이민정책 담론의 역사적 형성과 변화를 검토하면서도, 한국과의 비교를 위해 담론 분석의 시기적 주안점은 2000년대 이후로 두고자 한다.

1) 국제이주의 경향

국가와 지역별 국제이주의 다양성 속에서도 몇 가지 주요한 경향이 공통적으로 나타나고 있다는 견해에 관해 학문적 담론의 영역에서는 공감대가 형성되고 있다. 카슬(Castles)과 밀러(Miller)는 이러한 경향을 "이주의 전 지구화, 이주의 가속화, 이주의 차별화, 이주의 여성화, 이주의 정치화, 이주변천의 확산" 등으로 구분한다. 국제이주의 전 지구화는 양적·질적 확대를 동반하고 있으며, 과거 남반구에서 북반구로의 이주가 북남, 북북, 남남, 동서, 서동 이민을 포함한 전 지구적으로 확대되고 있다는 것을 의미한다. 이민의 여성화는 국제이주에서 여성 이민자가 차지하는 비중이 절반을 넘어서고 있으며 부양가족으로 이주하는 존재에서 주체적으로 이주하는 이민자로의 변화를 설명하는 개념으로 소개하고 있다. 이민의 정치화는 국제이주의 정치적 영향력 증가와 이주와 관련된 이슈가 정치화되고 있는 상황을 반영한 개념으로 설명한다. 이주변천은 기존 이민 송출국이 유입국으로 전환하는 과정을 의미하는 것으로, 한국을 '이주변천'을 경험하고 있는 사례로 언급하고 있다. 순환이민의 증가와 초국가주의의 확산과 관련해서 과거 송출국에서 수용국으로의 이주가 대부분을 차지했던 반면 최근 국제이주는 양방향 또는 송출국과 유입국을 오가는 순환이주의 양상을 보이고 있다고 진단한다. 또한 초국가주의는 여러 국가에 걸쳐 생활하는 양태를 보이는 이민자가 등장하면서 초국가적 시민권을 가지게 되었고, 이중국적 등에 기반을 둔 다중적 정체성의 인정이 진행되고 있는 상황을 반영한 개념으로 제시되었다. 한편 국제이주의 증가는 두 가지 이슈에 관한 논쟁이 본격화하는 데 영향을 미쳤다고 지적한다. 즉 국제이주의 통제와 국제이주로 인한 종족 다양성의 증대가 미치는 영향에 관한 학문적·

정책적 논의가 증가하고 있다는 것이다. 국제이주의 확산과 지속은 수용국의 종족 다양성을 야기하면서, 다문화주의를 포함한 이민자의 사회통합과 이민통제에 관한 논쟁으로 확대되어 왔다고 언급한 다(Castles & Miller, 2018: 38-39, 42-45; 이혜경, 2016: 10-16).

세계적 차원에서 이민정책을 유입정책과 편입정책으로 구분하고 각각의 흐름을 고찰해 특성을 제시한 연구가 제시되었다. 이민자 유입정책의 경우 개별 국가 간 상이성이 존재하지만 전문능력과 기술을 소유한 외국인력의 유입과 정착을 장려하고, 입국 시 영주 자격을 부여하기보다는 한시적 체류에서 심사를 통해 영주로 진행하는 '단계별' 이민자 유입정책이 시행되는 수렴 경향이 나타나고 있다고 제기한다. 구체적으로 전통적 이민국가들 중 하나인 미국에서는 전문인력의 영주이민 확대를 요구하는 주장이 제시되었으며, 호주와 캐나다는 경제이민을 통해 전문기술인력의 유입을 촉진하기 위해 영주 자격을 부여하고 있다. 유럽 국가 중 독일의 경우 과거 외국인노동자 프로그램의 한시적 체류 중심의 외국인력정책을 개편했으며, 이를 통해 2014년의 경우 전통적 이민국가의 규모를 상회하는 외국인력을 중심으로 한 영주이민을 수용한다고 언급한다. 전통적 이민국가나 유럽 국가에 비해 제한적이지만 동아시아 국가에서도 전문인력의 영주이민을 적극적으로 수용하고자 노력하고 있으며, 비전문인력에 대해서는 한시적 체류자격을 부여하는 정책을 시행하고 있다고 제시한다. 한편 세계 각국의 이민정책은 "원하지 않는 이민자"에 대한 통제, 난민 문제, 반이민 정서, 이민자 사회통합 등의 공통적 과제에 대응하기 위해, 구체적으로 출입국 심사와 불법체류

이민자 단속 강화, 사회통합 프로그램 의무화, 이민자에 대한 권리 인정과 사회서비스 확대 등의 이민정책상 수렴 경향이 나타나고 있다고 진단한다(이창원, 2017: 68-76; 설동훈, 2016b: 104-105).

2) 서구의 다문화 담론

다문화주의에 관한 논의는 1970년대와 1980년대 제기된 이른바 '공동체주의적 다문화주의'의 등장으로부터 시작되었다. '공동체주의 다문화주의' 이론가들은 종족공동체(ethnic communities) 권리의 중요성을 강조하고, 공동체라는 집단의 권리를 개인 또는 사회의 권리로 치환하는 자유주의 이론가를 비판한다. 또한 공동체가 '권리와 의무를 갖는 단위'로서 간주되어야 한다고 주장한다. 1990년대 등장한 '자유주의적 다문화주의' 이론은 국가공동체의 동질성을 추구하는 '민족(국가)건설 프로젝트'를 비판하고, "소수집단 유형별로 차별화된(group-differentiated) 규범과 정책"을 추구한다. 공동체주의적 관점에서 테일러(Taylor)는 '차이의 정치(politics of difference)'를 주장하면서, 집단의 정체성의 차이가 인정되어야 한다고 강조하고 다문화사회에서 소수집단의 문화적 생존의 필요성을 제기한다. 한편 킴리카와 배리(Barry) 논쟁으로 다문화주의 논쟁은 2000년대 본격화되었다. 자유주의적 다문화주의 이론가로 구분되는 킴리카는 자유주의적 다문화주의 견해를 수용하면서, 문화적 차이를 인정받은 소수집단에 부여된 '자율성(autonomy)'이 소수집단의 문화를 전환시킬 수 있다고 제기한다. 또한 그는 문화적 권리를 종족적 소수(ethnic minority)의 다문화 권리, 소수민족(national minority)의 대표 권리, 원주민의 자치의 권리로 구분한다. 반면 '평등주의적 자유주의' 시각에서 다문화주의를 비판하는 배리(Barry)는 "권리와 자원의 동등한 분배"를 강조하며, 문화에 우선해 권리의 중요성을 주장한다. 또한 사회적 정의(social justice)의 시각에서 재분배 기제의 역할을 강조한다. 이러한 시각에서 배리(Barry)는 다문화주의를 '문화적 상대주의'의 다른 표현일 뿐이라고 지적하면서 문화만을 강조하는 '문화적 본질주의'에 국한될 수 있다고 비판한다. 그리고 다문화주의가 사회의 불평등을 해결할 수 있는 재분배 기제를 결여하고 있다고 지적한다. 한편 욥케(Joppke)는 다문화주의를 국가가 다문화주의를 공식적으로 천명한 호주, 캐나다, 뉴질랜드 등의 전통적 이민국가는 '공식적 다문화주의(official multiculturalism)' 국가로, 서유럽 국가는 다문화주의에 대한 공식적 표명 없이 실질적인 다문화주의 정책을 실행에 옮기고 있는 '실질적 다문화주의(de facto multiculturalism)' 국가로 구분한다(한준성, 2010: 289-297: 김남국, 2010: 142).

서구 다문화주의의 문화 해석과 상징체계의 활용에 관한 논의가 제시되었다. 자유주의적 다문화주의에서는 개인의 문화적 자유를 중요하게 간주하는데, 다문화사회에서는 문화 집단을 통해 개인의 자유가 지켜질 수 있다고 인식한다고 제시한다. 킴리카는 문화를 자유를 위한 전제조건으로 인식하고 소수집단에 부여된 자유가 소수집단의 문화적 변화를 가져올 수 있다고 언급한다. 그는 또한 "구성원들에게 공적·사적 영역을 비롯해 사회, 교육, 종교, 여가 그리고 경제적 삶을 포함한 모든 범위의 인간활동에 의미 있는 삶의 방식을 제공해주는 것"을 '사회고유문화(societal culture)'로 정의하고, 개인의 자유와 연결된다고 지적한다. 평등주의적 다문화주의에서는 문화보다는 평등의 권리가 중요하다는 입장을 견지해왔다. 배리는 집단의 문화에 대한 강조보다는 자유, 평등, 인권 등의 가치가 우선시되어야 하고, 소수집단의 문화공동체로만 인식하게 되면 소수집단 내 계급이나 젠더 등의 문제를 간과하게 되는 오류를 범할 수 있다는 비판을 제기한다. 한편 필립스(Phillips)는 문화가 가지는 변화성에 주목하면서, '문화 없는' 다문화주의를 제안한다. 다문화주의가 문화의 경계를 분명하게 구분함으로써 오히려 인종차별의 문제를 문화적 정체성과 특수성 등의 문제로 치환한다고 비판한다(김창근, 2017: 251-259).

서구 다문화주의의 유형은 맥라렌(McLaren)의 분류가 한국 학계에서 빈번히 인용되어 왔다. 맥라렌은 보수주의적 다문화주의, 자유주의적 다문화주의, 좌파 자유주의적 다문화주의, 비판적 다문화주의로 유형화한다. 보수주의적 다문화주의는 사회 갈등을 방지하기 위해 관용의 차원에서 문화적 권리를 용인하며, 자유주의적 다문화주의는 동등한 권리의 측면에서 문화적 차이를 인정하고 기회의 평등한 보장을 주장한다. 좌파 자유주의적 다문화주의는 문화적 차이를 본질적인 것으로 강조하면서 정체성의 정치 활성화를 주장하고, 비판적 다문화주의는 저항적 다문화주의로 일컬어지기도 한다. 한편 피에터즈(Pieterse)는 전 지구화의 맥락 속에서 개인과 종족집단 (ethnic group)이 문화적 경계에 국한되지 않고 이동하고 활동할 수 있는 유동성이 보장되는 '유동적 다문화주의(fluid multiculturalism)'를 제안한다(한건수, 2012b: 131-134).

다문화주의와 여성주의 간 갈등의 문제를 해결하기 위한 이론적 논의가 제시되었다. 다문화주의에서 강조하는 소수집단의 정체성 권리 보장과 소수집단 내 여성의 인권침해가 충돌하는 상황에 대처하기 위한 이론적 기반으로 벤하비브(Benhabib)의 '심의민주주의 다문화 정치학(deliberative democratic multicultural politics)'을 제안한다. 벤하비브의 주장은 소수집단의 권리와 개인의 자율성이 병립할 수 있다는 인식에서 시작된다. 그는 심의민주주의 다문화 정치학을 통해 다문화주의와 여성주의, 소수집단의 문화적 권리와 여성의 자유 등이 동시에 가능하다는 입장을 제시한다. 즉 "심의민주주의 다문화 정치학은 여성과 아이들을 그들의 의지에 반하는 공동체에 제한되지 않고, 그들이 귀속된 정체성에 마주하여 그들의 자율적인 행위를 전개하도록 독려한다"라고 언급한다. 이러한 심의민주주의의 원칙은 '보편적 존중(universal respect)'과 '평등주의적 상호성(egalitarian reciprocity)'이며, 벤하비브는 서사적 자아로서의 담론의 주체 설정, 문화적 맥락에 기반을 둔 '구체적 타자(concrete other)'로서의 타자에 대한 인식, 이들 자아와 타자 간에는 합의가 가능하다고 인식하는 '상호보편주의(interactive universalism)'를 가정한다는 점에서 기존 심의민주주의 이론과 차별성을 갖는다고 지적한다. 또한 그는 '심의민주주의 다문화 정치학'의 규범적 조건을 동등한 권리가 보장되는 '평등주의적 상호성(egalitarian reciprocity)', 집단에 자동적으로 귀속되는 것이 아닌 자기 귀속을 허용하는 '자발적 자기 귀속의 조건(voluntary self-ascription)', 개인이 귀속 집단으로부터 탈퇴할 수 있고 조직을 결성할 수 있는 권리를 포함하는 '탈퇴와 결사의 자유 (freedom of exit and association)' 등으로 제시한다(현남숙, 2009: 442, 448, 454-459).

다문화주의의 발전 단계를 구분한 연구가 제시되었다. '관용의 단계', '비차별의 제도화 단계', '본격적인 다문화주의 단계'로 나누고, 각 단계는 순차성과 배타성을 가지는 것이 아니라고 언급한다. '관용의 단계'에서는 사회화 과정을 통한 문화의 공존에 대한 인정이 중요하며, 차별을 방지하거나 금지하는 '비차별의 제도화 단계'에서는 차별을 처벌하는 법제화를 포함하고 있다. '본격적인 다문화주의 단계'에서는 소수집단의 문화적 권리를 적극적으로 지원하는 단계를 의미한다. 한편 서구의 다문화정책 또는 사회통합정책을 자유주의, 자유방임주의, 공화주의의 정치사상적 해석에 기초해 개인의 자유, 사회의 책임, 국가 개입의 범위 등을 기준으로 영국, 프랑스, 미국 사례를 분석한 연구가 제출되었다. 영국의 경우 '국가중립성과 최소주의 전략'에 기초한 '자유주의적 심의 다문화주의'로 구분하고, 프랑스는 '시민의 덕목과 문화적 일체성'을 중요시하는 '공화주의적 시민 동화주의'로 언급한다. 또한 미국은 '탈정치화와 개인자유 우선의 원칙'에 기반을 둔 '자유방임주의적 선의의 묵인'으로 유형화한다(김남국, 2010: 143-165).

유럽의 반다문화주의에 대한 분석을 제시한 연구가 제출되었다. 버토벡(Vertovec)과 베센도르프(Wessendorf)는 우선 다문화주의의 정의와 유형화의 어려움을 지적하면서 다문화주의의 목적은 "차별을 줄이고, 기회의 평등을 증진하고, 사회 내 모든 참여를 방해하는 장애를 극복하고, 공공서비스에 대한 자유로운 접근을 허락하고, (동화시키는 것이 아니라) 문화적 정체성을 인정하고, 그들이 (정치적) 대표를 위해 공적 공간을 개방하고, 민족적 다원주의의 수용과 모든 집단을 아우르는 문화적 이해를 증진하는 것" 등을 목적으로 지향한다고 제시한다. 한편 2000년대 등장한 다문화주의에 대한 비판의 핵심적 주장들을 소개한다. 우선 다문화주의를 단일하고 고정된 이념 또는 도그마로 간주하고, 또한 다문화주의가 지배 이데올로기화되면서 사회적 논의의 여지를 없앤다고 비판한다는 것이다. 다문화주의가 인종적 분리를 조장하고 사회통합에 관심이 없으며, 다문화주의의 결과가 분리적 '병렬 사회'의 형성이라는 비판도 제기되었다고 언급한다. 그리고 다문화주의가 다양성의 인정에 관심을 두면서 보편적 가치를 무시한다는 문제에 대한 비판과 다문화주의가 가진 문화상대주의가 여성차별, 강제결혼, 명예살인, 여성할례 등의 비난을 피할 수 없는 관례를 옹호한다는 문제 제기를 설명한다. 이러한 다문화주의에 대한 비판에도 불구하고 버토벡과 베센도르프는 국가 차원과 지방 수준에서 다문화주의는 다양성 등의 용어로 변경되어 지속적으로 구현되고 있다고 주장한다. '다양성 정책'은 1990년대 후반부터 시작되었으며, 다양성이라는 용어는 초기 '다문화적'이라는 단어와 대체 가능하다고 강조한다. 다양성 개념은 문화적 차이를 인정하고 이러한 인정을 통한 이익이 존재한다는 인식에 기초해 있으며, 공공행정과 기업의 영역에서 '다양성 관리법'으로 발전해왔다고 설명한다. 유럽 차원에서 다양성 혹은 '문화 간의'라는 표현을 통해 시행되고 있는 정책은 문화 다양성의 인정을 핵심 내용으로 하고 있어 다문화주의의 후퇴로 규정짓기 어렵다고 진단한다. 특히 이슬람 사원 허용, 급식에서 할랄음식 제공, 무슬림의 두건 착용 허용, 이슬람식 장례를 위한 공간 마련 등 지방정부 차원의 '문화수용' 정책은 기존 다문화주의 정책이 변경되거나 축소되지 않았다는 점을 보여준다고 주장한다(Vertovec & Wessendorf, 2014: 3-7, 12-22, 35-40).

다문화시민권에 관한 논의를 고찰한 연구가 제시되었다. 다문화시민권은 기존 시민권이 주류집단의 권리를 전제로 하기 때문에 소수집단의 문화적 권리를 포함시키기 어렵다는 비판에서 시작되었다고 언급한다. 실제 다문화주의를 추진하고 있는 서구의 국가들에서는 문화를 시민권의 권리로 인정하고 있다고 설명한다. 다문화시민권은 "개인의 정체성을 구성하는 '차이'들을 권리로 구성하려는 민권운동과 특정 문화 집단의 문화적 권리를 보장하는 집단 중심의 권리운동"으로 구성되었다고 분석한다. 다문화시민권은 명문화된 형태로 존재하지는 않지만 몇몇 국가들에서 다문화주의 정책과 다문화주의를 통해 구현되어 왔고, 다문화시민권은 제도화의 문제가 아닌 "누가 자격을 지니는가를 둘러싼 의미 투쟁의 영역이며 해석의 확장성을 요청하는 영역"이라고 주장한다. 실제로는 이민자 집단이 사회통합과정에서 문화적 권리를 요구하기보다는 주류사회에 동화되고 적응하는 데 주안점을 두는 경향이 강하다고 지적한다. 이민자 집단 스스로 자신들의 문화를 사적 영역에 국한시키고 문화적 권리를 다루는 공적 협상 영역으로 소환하지 않으며, 주류문화에 적응하려 노력한다는 것이다. 이러한 상황에서도 사적 영역의 이민자 문화에 대해 공공가치에 위협적인 것으로 인식하고, 이민자가 자신들의 문화가 경시되는 상황에 직면하면서 문화를 '정치화'에 참여하는 경우 갈등이 표출될 수 있다고 언급한다. 유럽의 반다문화주의 정서는 다문화주의에 대한 반대라기보다는 다문화주의를 통해 유입된 무슬림 이민자에 대한 거부를 내용으로 하고 있다고 설명한다. 반다문화주의 담론 진영에서는 유럽 사회가 구축해온 주요 가치에 대한 훼손이 무슬림 이민자를 통해서 진행되어 왔으며, 이슬람의 고유한 문화가 오염의 역할을 하고 있다고 주장하며 무슬림은 사회통합이 어려운 대상이라는 점을 부각시켜 왔다고 지적한다(김현미, 2015: 94-96).

3) 서구의 이민정책 담론

서구의 이민정책은 이민통제에 주안점이 두어졌던 과거와 달리 최근에는 이민의 관리와 통합의 중요성이 커지고 있다고 설명한다. 이민통제 정책의 시작은 미국의 중국인 이주를 막기 위한 '배제법(exclusion act)'으로부터 시작되었다. 미국, 캐나다, 호주 등의 전통적 이민국가에서 이민정책은 가족재결합, 기술, 난민 등의 이민에 관한 정책이 주를 이루며, 경제 환경 변화와 인권의식의 고양 등으로 통제에서 주안점이 통합으로 변화되었다고 분석한다. 서유럽 국가를 포함하는 선발 이민국가에도 경제적 이익을 위한 이민의 수용 필요와 이민에 의한 비용 발생을 피하기 위한 요구 사이의 이민 관리의 딜레마를 경험하면서, 이민 통제에서 이민의 관리와 이민자 통합으로 정책의 방향이 변화하고 있다고 진단한다. 반면 한국, 대만, 일본 등의 후발 이민국가는 한국과 대만이 사회통합정책을 적극 도입하고자 하는 데 반해 일본은 지속적으로 배제에 정책의 방향이 집중되어 있고, 아직 이들 국가에서 사회통합정책이 효과적으로 목적을 달성하고 있지 못하다고 지적한다(이혜경, 2016: 27-33).

이민정책 중 사회통합과 관련해 카슬과 밀러의 구분이 학문적 논의에서 가장 많이 인용되어 왔다. 카슬과 밀러는 특정 지향성을 가지고 있는 것으로 해석될 수 있는 통합(integration)이라는 용어 대신 편입(incorporation)의 개념을 사용한다. 편입의 하위 유형으로 구분배제(differential exclusion), 동화(assimilation), 통합(integration), 다문화주의(multiculturalism) 등을 제기한다. 동화는 지배문화에 이민자가 일방적 적응과정을 통해 편입하는 것을 의미하며, 구분배제는 노동시장과 같이 특정 부문에 편입은 가능하나 시민권과 정치참여 등의 권리에서는 배제되는 상황을 지칭한다. 통합은 적응에 상호 조정 과정이 포함되는 과정은 인정하지만 최종 목표는 주류문화로의 흡수이며, '점잖은 형태의 동화'라고 지적한다. 한편 다문화주의는 "이민자들이 기본적인 가치에 대해 순응하면서 그들 고유의 문화, 종교 및 언어를 포기하지 않은 채 사회의 모든 영역에 동등하게 참여할 수 있어야 한다는 것을 의미"하는 것으로 정의한다. 다문화주의는 문화의 다양성과 종족 공동체를 인정하는 유형과 공공정책으로서 다문화주의의 두 개의 주요 유형이 존재한다고 언급한다. 공공정책은 문화적 차이의 수용과 소수집단에 동등한 권리를 보장하기 위한 국가의 정책을 의미한다(Castles & Miller, 2018: 416-420).

유럽 국가의 이민자 사회통합과 인권정책의 '배제로의 수렴' 경향에 관한 연구가 제출되었다. 이민자에 대한 인권정책과 관련해 통합적 인권정책은 이민자를 포함한 특정 집단이 배제되지 않고 구성원 모두의 인권이 평등하게 보장을 추구하는 정책을 의미하며, 공화적 모델이나 다문화적 모델의 국가에서 시행되고 있으며 프랑스를 대표적 국가로 언급한다. 프랑스는 제2차 세계대전 이후 이민자 증가에 대응해 교육과 고용시장으로의 통합을 목표로 한 사회적 연대정책을 시행해 이민자를 프랑스에 흡수시키려는 정책을 구사해왔다고 분석한다. 선별적 인권정책은 이민자 집단과 같은 소수집단의 인권과 관련해 차별과 배제의 원칙을 고수하는 정책을 지칭하며 스위스와 독일을 사례로 설명한다. 독일의 경우 다양한 이민자의 유입에도 불구하고 이들은 주변인화 되었고 정치적으로 대표되고 있지 못하다고 지적한다. 경제적 위기와 반이민을 표방하는 극우세력의 성장은 유럽 국가의 이민자정책이 이중적 기준을 도입하고 배제적 성향을 강화하는 데 영향을 미쳤다고 진단한다. 한편 유럽연합 인권정책도 선별적 인권정책으로 수렴하고 있다고 주장한다. 쉥겐협정을 통해 유럽연합 시민에게는 역내 국경의 통제가 사라지고 자유로운 이동이 보장되었지만 역외 이민자와 난민 등의 유럽연합으로의 유입을 제한하기 위한 국경통제는 더욱 강화되어 '배제로 수렴'되고 있다고 지적한다. 암스테르담조약을 통해 제시된 유럽연합 시민권도 유럽연합 회원국의 시민만을 대상으로 한 것으로 이민자는 배제되고 있어, 인권정책에 있어 이중기준이 적용되고 있다고 진단한다 (홍익표, 2005: 331-333, 336-337).

서유럽에서 다문화주의 정책의 실패 선언 이전에 이민자 통합정책의 변화에 주목한 연구가 제시되었다. 욥케는 '다문화주의적' 네덜란드, '동화주의적' 프랑스, '분리주의적' 독일의 이민정책이 이민의 새로운 경향과 '새로운 유럽화'를 위한 엘리트의 합의 등의 배경 아래에서 시민적 통합과 차별금지 방향으로 수렴되고 있다고 주장한다. 이러한 수렴 경향은 동등한 기회의 보장과 차별철폐를 주장해온 고전적 자유주의와 권력과 규율을 강조하는 '새로운' 자유주의에서 발전해왔다고 설명한다. 시민적 통합과 반차별 정책은 이민자 통합과정에서 전자가 이민의 초기 단계에서 적용된다면, 후자는 후기 단계에 적용된다고 언급한다. 양자는 상호 보완적이지만, 한편 이질적이고 모순적인 기반을 가진다고 지적한다. 시민적 통합은 신자유주의 이념이 이민 영역에 투영된 것이며 기본적으로 이민자를 개인을 간주하는 반면, 반차별 정책은 이민자를 집단으로 인식하고 주류사회에 의해 피해를 볼 수 있는 소수집단으로 여기는 경향이 있다고 분석한다. 사회통합을 위해서는 이민자의 변화가 시민적 통합과정에서 진행되어야 하고, 이민자를 수용한 주류사회도 차별을 철폐하는 전환이 필요하다고 강조한다. 그리고 시민적 통합의 중요한 특성은 강제성에 있으며, 이러한 시민적 통합은 민족주의나 인종주의가 아닌 자유주의에 기초를 두고 있다고 지적한다. 유럽의 현대 이민자 통합정책의 핵심적 특징은 고용을 중시한다는 점이며, 시민적 통합과 반차별 정책이 가지는 유일한 공통점이라고 설명한다. 전 지구적 차원에서 경쟁하는 국가가 고전적 국민국가의 동화와 다문화주의 정책을 통한 사회통합이 어려워진 상황에서 시민적 통합과 반차별 정책을 도입한다고 강조한다. 이를 유럽연합 차원에서는 사회적 편입의 수사로 제시되었으며, 반차별 정책의 경우 평등보다는 전 지구적 차원이 경쟁에서 모든 사회적 자원을 활용하기 위한 방안이라고 언급한다. 또한 이민자가 유럽연합 회원국에 사회와 고용시장에 편입되는 것은 사회적 복지비용을 절감하기 위해서도 필요하다는 유럽연합의 견해를 설명한다(Joppke, 2009: 118-119, 123-124, 148-149).

서유럽으로 통칭되지만 영국, 프랑스, 독일의 다문화정책 또는 사회통합정책은 차이를 나타냈다. 영국의 경우 식민지 국제이주의 지속과 통제를 기반으로 인종평등정책을 중심으로, 이민자공동체를 인정하고 인종차별을 방지하는 정책에 주안점이 두어졌다. 인종평등법과 인종평등위원회 등이 인종차별의 금지와 인종 간 동등한 기회 보장 등을 위한 기제로서 역할을 한다고 분석한다. 시크교도의 터번 착용 허용 등이 대표적 사례로 언급된다. 2000년대 들어서면서 이민자 공동체의 폭동과 테러 발생, 이민자 증가와 기독교와 이슬람 간 종교 갈등 반인종차별 정책을 지속하지만, 이민자의 사회통합을 위한 정책이 도입되고 강화되기 시작했다고 지적한다. 특히 2006년 블레어(Blair) 총리의 인종과 문화적 다양성을 존중하지만 이러한 다양성이 분리주의로 발전되어서는 안 되고, 이민자들은 "민주주의에 대한 신뢰, 법의 지배, 동등한 대우, 관용, 국가와 역사적 유산에 대한 존경" 등의 '영국적 가치(British value)'를 수용해야 한다는 언술은 사회통합정책의 변화로 나타났다고 분석한다. 이민자 공동체의 수용과 변화를 포함하는 정책으로 변화하면서 다문화주의 정책과 동화주의정책이 동시에 활용되고 있다고 언급한다. 프랑스의 경우 공화주의에 기초해 문화적 동질성이 규범화되고 이민자의 문화적 다양성은 인정받지 못하는 동화정책을 시행해왔다고 지적한다. 1980년대 후반 다문화주의에 기반을 둔 통합정책 도입 논의가 제기되었지만, 공공기관의 인종차별을 금지하는 법제화에 국한되었다고 언급한다. 무슬림 여학생의 히잡 착용에 관한 사회적 논쟁은 결국 금지로 귀결된 것에서처럼 공화주의 원칙에 따른 동화정책은 지속되었다고 주장한다. 동화정책이 지속되는 과정에 발생한 이민자 폭동 등은 이민 통제, 동화와 통합, 정체성, 공동발전 등을 강조하는 방향으로 정책을 변경시켰으며, 동화정책과 다문화주의 정책의 병용을 모색한다고 진단한다. 한편 독일은 차별적 배제정책에서 다문화주의와 통합정책으로 변화한다고 분석한다. 외국인노동자정책에 국한된 이민정책은 독일에 정착한 이민자에 대한 정책에 영향을 미쳤으며, 사회통합정책의 미비로 나타났다고 진단한다. 결국 이민자의 증가는 독일이 이민국가가 아니라는 기존 입장을 폐지하게 만들었으며, 2000년대 중반 이민자를 위한 사회통합정책의 시행에 영향을 미쳤다고 언급한다. 독일은 기존 차별적 배제정책을 폐지하고 다문화주의와 동화주의 정책을 병용하는 방향으로 정책을 전환한다고 주장한다. 2010년 메르켈(Merkel) 총리는 다문화사회 건설을 통한 주류사회와 이민자 공동체의 공존을 모색하는 접근법의 실패를 선언하고, 이민자의 독일어 습득과 기독교 가치의 수용을 주장했으며, 불프(Wulff) 대통령도 이슬람이 독일사회의 한 영역임을 인정하면서도 이민자가 독일어 습득과 같이 사회통합을 위해 적극적으로 노력해야 한다고 강조한다. 영국, 프랑스, 독일의 이민자 통합정책은 유럽 경제 상황의 악화, 이슬람 공동체의 성장, 이민자에 의한 테러와 소요사태 등으로 다문화주의와 동화가 병존하는 통합정책의 수렴 경향이 나타났다고 주장한다(권경희, 2012: 89-105).

　카슬과 밀러가 제시한 모델은 이민자 사회통합정책을 분석하기 위한 이념형(ideal type)이라고 간주하고 추가적으로 시민통합 모델을 제시한 연구가 제출되었다. 시민통합 모형의 특징은 통합에서 이민자의 고용을 중요하게 고려, 자유민주주의 주요 가치에 대한 이민자의 존중을 요구, 수용국의 문화와 제도 등에 대한 지식 습득 강조, 이민자 대상 차별금지법과 정책의 도입 등으로 언급한다. 한편 욥케는 시민통합의 핵심 내용을 이민자의 자율성에 기초해 수용국에 통합되는 측면과 주류사회의 이민자에 대한 차별금지 제도화 등으로 제시한다고 소개하면서, 시민통합은 주류집단과 소수집단 간 진행되는 쌍방향 과정이라기보다는 일방적 과정이라고 지적한다. 네덜란드의 사회통합정책 변화를 시민통합으로의 전환으로 규정하면서, 주요 특징을 제시한다. 이민자 대상과 시민 대상 사회통합정책으로 구분하고, 새롭게 도입된 정책의 특성을 집단에서 개인으로 정책 대상의 이동, 고용과 교육을 통한 사회경제적 통합에 집중, 기존 다문화정책과 이민자 조직 의존 사회통합정책에서 탈피 등으로 제기한다. 결혼이민자와 같이 시민권자인 이민자에게는 네덜란드 국민과 동등한 사회복지정책이 적용된다. 특별히 네덜란드가 주력하고 있는 사회통합정책은 이민자의 언어능력과 사회문화에 대한 이해를 증진시키기 위한 프로그램의 강화이다(설동훈, 이병하, 2013: 211-214, 225-228).

2. 한국과 서구의 다문화와 이민정책 담론의 비교

1) 한국과 서구의 다문화 담론 비교

서구 다문화주의에 대한 정의와 유형화에 대한 검토를 기초로 다문화주의 정의에서 나타나는 공통점과 통합과 관련한 다문화주의에 관해 분석한 연구가 제출되었다. 다문화주의는 "문화의 다양성과 그 다양성에 근거하는 삶의 방식, 실천, 관점을 의미하는 특정 문화주체의 정체성을 인정"한다는 점에서 일관성을 가지고 있다고 언급한다. 킴리카의 통합과정에서 소수집단의 네 가지 선택 경로 제시를 인용하면서, 다문화사회의 공존과 통합을 위한 논의는 두 번째 선택 사항인 "좀 더 공정하고 나은 통합의 조건을 협상하면서 주류문화에의 통합 수용"과 관련된다고 진단한다. 한편 정부 차원의 다문화주의는 소수집단의 다양한 문화에 대표성을 부여하는 '목적으로서의 다문화주의'와 정책과 거버넌스를 의미하는 '수단으로서의 다문화주의'를 의미하는 것으로 구분할 수 있다고 분석한다. '목적으로서의 다문화주의'를 위해서는 정부가 주류집단과 소수집단이 참여해 다문화사회의 원칙을 합의하고 결정할 수 있는 장을 만들어주어야 하며, 합의되고 결정된 원칙은 법과 제도로 확립되어 시행되고 이를 통해 사회통합이 이루어질 수 있다고 주장한다. '수단으로서의 다문화주의'는 주류사회의 언어와 문화에 대한 이민자 교육, 소수집단 지원, 차별과 불평등의 시정, 사회적 관용의 증대 등을 위한 정책과 거버넌스의 변화를 포함하는 것으로 제시한다. 다문화사회의 정책 방향 중 하나로 "문화 다양성 정책과 사회통합의 동시성"을 제안한다. 문화적 다원성과 사회통합의 병존은 갈등의 요인이 될 수 있기에 주류집단과 소수집단 간 문화 교류와 소통을 통해 동시성을 확보해야 한다고 제언한다. 또한 주류사회의 '다양성 수용'이 다문화정책의 전제 조건이 되어야 한다고 주장한다(강휘원, 2006: 8-12, 22-23, 29-30).

한국의 다문화정책은 실제로는 동화정책이라는 연구가 제시되었다. 한국에서 통용되는 다문화 개념은 서구의 다문화 또는 다문화주의의 본래 의미와는 다르게 활용되고 있다고 주장한다. 서구의 다문화주의는 이민자의 대규모 유입으로 다양한 문화를 가진 소수집단의 수용을 통해 반발이나 저항을 피하고 국익을 추구하기 위해 선택되었다고 분석한다. 서구의 다문화주의는 소수집단의 동화가 아닌 공존을 통해 사회통합을 추구하는 체계라고 설명한다. 이러한 한국과 서구의 상이한 다문화 개념의 사용은 이민자를 입국, 체류, 정착, 사회통합의 과정에서 다양한 정치, 경제, 사회적 문제를 경험하는 존재가 아닌 한국사회에 적응하는 데 문화적 차이로 인해 어려움을 겪는 사람으로 간주해버리는 문제를 야기한다고 지적한다. 따라서 서구의 다문화주의에서 다양한 문화가 공존하는 의미는 변질되어 이민자에게 요구되는 것은 한국사회로 조기에 적응하는 것이고, 이민자의 문화 대신 한국문화에 동화되는 것이 주요한 이슈로 부각되었다고 주장한다. 즉 한국에서는 이민자 문제를 다문화로 완곡하게 표현하거나 미사여구로 사용하는데 다문화 개념과 다문화정책의 내용상 괴리가 나타난다는 것이다. 이러한 다문화 개념의 오용은 다른 문화를 가진 이민자가 한국문화를 수용하고 동화되어야 한다는 인식의 확산에 기여한다고 진단한다. 이민자가 경험하는 여러 문제를 한국사회에 적응하기 위한 문화적 동화로 치환함으로써 간과하게 만들었다고 지적한다. 예를 들면 다문화정책이라는 범주에서 결혼이민여성의 경제적 권리, 다문화가족의 빈곤, 가족 내 폭력 등의 문제는 중요하게 다루어지지 않는 한계를 가진다고 진단한다. 이민자 또는 이민자 공동체의 문제는 한국사회에 잘 적응하지 못해 발생한 것으로 단순화시키는 오류를 범할 수 있다고 언급한다. 한편 다문화 개념의 잘못된 사용은 주류사회의 변화를 이끌어내는 데 한계를 가질 수 밖에 없다고 분석한다. 한국인이 다양한 문화의 공존을 인정하고, 이민자가 한국사회 발전에 기여한다는 긍정적 인식을 가지기 어렵게 한다는 것이다(공은숙, 2009: 30-31, 40-44).

서구에서의 다문화주의 실패 선언을 이제 시작된 한국 다문화주의 논의의 중단으로 이어져서는 안 된다는 견해가 제시되었다. 서구의 실패를 한국에서 다문화주의가 정착하기 어려운 것으로 단정하는 것은 문제가 있으며, '보편적 다문화주의'라는 모순적 개념으로부터 탈피해야 한다고 주장한다. 서구의 실패는 이들이 가진 자유주의에 기초한 '선의적 무관심'의 '소극적 관용'에 불과하다고 비판한다. 따라서 다문화주의에 관한 논의에는 역사, 정치, 사회적 상황에 관한 고려가 필요하다고 지적한다. 한국에서는 '추상화의 한계'를 가질 수밖에 없는 이론적 논의보다는 '우리의' 다문화주의의 실천적 지침을 마련하는 것이 필요하다고 주장한다. 한편 한국사회에서 다문화주의는 문화적 폐쇄성을 극복하는 데 기여해 문화정체성의 다양화에 기여할 수 있으며, 단일민족 신화가 지배적인 상황에서 다문화주의는 자유주의의 발전을 위한 요소가 될 수 있다고 언급한다. 한편 다문화주의의 적용과 실천을 위해 몇 가지 원칙이 공유되어야 한다는 의견이 제시되었다. 우선 '보편적 다문화주의'는 존재하지 않으며, 정치, 경제, 역사와 같은 다양한 변수를 반영해 대응해야 하는 이론이기에 확정된 이론으로 간주하는 오류를 피해야 한다는 것이다. 다문화주의의 정책과 적용은 이론적 모델로 인식해야 한다고 주장한다. 또한 타국의 다문화주의의 성공과 실패가 한국사회의 정책 수립과 시행의 기준이 되어서는 안 된다고 강조한다. 예를 들면 서구의 외국인노동자를 대상으로 하는 다문화주의는 평등한 인권에 관한 도덕적 당위에 토대를 두기보다는 정체성에 대한 도전을 정치적 방식으로 해결하려는 노력의 일환이었다고 분석한다. 또한 다문화주의가 문화적 권리를 부여하기보다는 소수집단 내 문화적 의무가 강화되도록 한다는 편견도 재검토가 필요하다고 지적한다. 자유주의적 다문화주의가 소수집단 내 모든 문화를 인정하는 것은 아니라는 것이다. 실제 킴리카가 제시한 '내부적 제재(internal restrict)'와 '외부적 보호(external protection)' 개념에서는 다문화주의가 논의되어야 할 주제로 "소수자들의 권리와 이에 대한 정당화 및 제도적 보완" 등을 제안한다(김선규, 2015: 248-250; 김선규, 최성환, 2019: 163-166).

다문화주의의 문화와 관련해 '문화 있는' 다문화주의를 제안하는 의견이 제출되었다. '문화 있는' 다문화주의는 "문화의 본질적 의미에 주목하면서 다문화와 관련한 문화적 해석의 오류를 넘어 진정한 문화성을 추구하자는 의미"로 제시한다. 이를 위해서는 자유, 평등한 권리, '진정한 문화성' 등의 과제를 제안한다. 자유는 개인과 집단의 자율성, 인정을 넘어 소수집단이 자신의 제도를 가질 수 있는 자유, 문화적 가치중립성에 기초한 자유 등을 포함한다. 평등한 권리는 정치와 사회 영역에의 문화적 참여 보장, 국가와 소수집단 또는 주류집단과 소수집단 간 상호 의무성, 집단 간 비대칭적 관계에서 발생하는 부정의한 문제의 해결 등을 포괄한다. 다문화주의의 문화 동원과 구별의 오류를 벗어나 '진정한 문화성'을 위해서는 우선 인간이 문화의 주체가 되도록 하고, 문화를 규범론적 관점에서 인식해야 한다고 제기한다. 또한 다문화주의가 동등한 참여를 위한 전제 조건인 '법의 도구적 성격'이나 다문화적 갈등을 단순한 전통으로 이해하는 '전통의 인지적 특성'의 한계를 넘어서야 한다고 주장한다. 마지막으로 개인과 집단 간 문화적 다원주의는 '가치 다원주의(value pluralism)'가 전제되어야 하며, 이와 함께 개인과 집단 간에는 "보편성과 책임성에 기반을 둔 공통성과 유사성"을 계속적으로 탐색해야 한다고 제안한다. 이러한 과정을 통해 '특수주의적 (particularist) 다문화주의'로 국한되는 것을 방지할 수 있다는 것이다 (김창근, 2017: 259-264).

다문화주의가 가지는 딜레마를 해결하기 위한 이론적 논의로 제안된 심의민주주의에 관해 실천 가능성의 측면에서 검토한 연구가 제시되었다. 우선 다수집단과 소수집단, 소수집단 내 소수자 간 대화가 가능해야만 심의민주주의는 작동할 수 있는데, 심의민주주의의 공론장에서도 소수에게 불리한 비대칭성의 문제가 나타날 수 있다고 지적한다. 이를 위해서는 심의민주주의 공론장의 탈중심화가 필요하며, 공론장에서 문화 주체의 의견은 직접적으로 또한 왜곡 없이 표명될 수 있어야 한다고 주장한다. 성, 종교, 인종 등으로 인해 배제된 주류집단 내 소수자나 소수집단 내 약자 등의 인권과 문화적 권리에 주장이 공론장에서 평등하게 논의될 수 있어야 심의민주주의 다문화 정치학이 제시한 목표에 접근할 수 있다고 제기한다. 이주 역사가 짧지만 지속적인 국제이주의 증가와 결혼과 정착을 통한 소수집단의 형성은 한국사회에서도 소수문화의 출현이 가시화되고 있다고 진단한다. 따라서 한국에서도 킴리카가 제시한 개념인 '내부적 제재'와 '외부적 보호'가 현재화되고 있다고 분석한다. 구체적으로 한국사회에서 소수집단의 출현은 그 내부에서 문화적 전통과 관습을 유지하려는 제재와 주류집단의 문화에 동화되지 않기 위해 소수집단의 문화적 정체성 보호 등을 둘러싼 이슈들이 부각될 것으로 전망하면서, 이를 해결하기 위한 심의민주주의 다문화 정치학이 갖는 의미를 검토하고 실천과정에서의 한계에 대한 논의와 보완 필요성을 주장한다(현남숙, 2009: 461-467).

유럽발 다문화주의 실패 담론에 대해 킴리카는 다문화주의의 성공을 위한 전제조건을 제시한다. 이러한 전제조건에 대해 이민자 다문화주의 측면에서 비판적으로 고찰한 연구가 제시되었다. 우선 전제조건은 다섯 가지로 수용국의 안보, 인권에 기초한 이민자 문화 평가, 수용국의 국경 통제력, 이민자 집단의 동질성 여부, 수용국의 국익 등으로 제기되었다. 이 중 인권에 기초한 이민자 문화 평가, 수용국의 국경 통제력, 수용국의 국익 등의 세 가지 전제조건에 관한 킴리카의 견해는 국가 경계의 약화와 인구이동의 확산을 포함한 전지구화가 가져온 다문화주의에 역행하며 '역설적 한계'를 보여주는 주장이라고 비판한다. 이민자 문화에 대한 평가와 관련해 문화의 상호 연결성과 혼재성을 간과하고 구별과 배제의 원인이 될 수 있는 외래의 평가 대상으로 간주하는 인식에 문제가 있다고 언급한다. 또한 '비자유적' 이민자 문화가 서구 식민주의나 제국주의의 결과인 경우도 많다는 점을 경시하고 있다고 지적한다. 이주 수용국의 국경 통제력 관련해 국가 단위의 이민통제는 이미 진행되고 있는 상황에서 국경 통제력의 강화를 다문화주의 성공의 전제조건으로 제시한다는 것은 문제가 있다고 언급한다. 그리고 이민, 불법이민자, 난민 등에 대한 강력한 국경 통제의 규범적 근거를 이민 수용국의 국익과 안보에서 찾는 것은 국제규범과 연관 속에서 보면 논리적 취약성을 갖는다고 지적한다. 전 지구화 과정에서 다문화주의가 국경과 주권주의의 경계를 낮추는 경향과 강력한 국경 통제력이라는 전제조건은 상충할 수 있다는 점이 고려되어야 한다고 제언한다. 이주 수용국의 국익과 관련해 국제이주를 수용국 중심으로만 바라보는 단편적 시각이라는 점과 전 지구적 맥락에서 국제이주를 살펴보지 못하는 한계를 내포하고 있다고 비판한다. 가령 여성 이주가 수용국에는 돌봄 수요를 충족시켜 주지만, 송출국에서는 '돌봄 유출(care drain)'의 문제를 야기하고 있다고 지적한다. 전체적으로 킴리카의 다문화주의의 성공을 위한 전제조건은 전 지구적 차원에서 진행되고 있는 국가 경계의 약화와 인구와 문화 상호 교류 확대 등을 수반한 다문화사회로의 이행과 다문화 현상에 역행하는 주장이라고 비판한다 (김희강, 2013: 74-88).

킴리카의 다문화주의 시민권이 가지는 한계를 지적하고 대안으로서 벤하비브의 시민권 정치 담론이 가지는 의미와 이에 대한 비판을 제시한 연구가 제출되었다. 킴리카와 달리 벤하비브의 담론은 국제이주가 가지는 정당성을 부여하게 하고, 이민자 시민권을 수용국 중심에서 바라보는 것이 아니라 보편적 권리로 간주하게 한다는 것이다. 또한 이민통제정책에 주안점을 두기보다는 이민자의 권리를 자유민주주의 체제 내 수용 방식과 이를 통해 근대민주주의의 평가와 갱신 과정에 중심을 둘 수 있다고 설명한다. 이민자를 포함한 공동체 내부 배제의 문제도 민주적 반복의 과정에 포함될 수 있다고 분석한다. 또한 이민을 통해 새롭게 정의되고 갱신되는 "민주적 공동체의 원리에 대한 애착과 연대성"을 강화시키며, 이민 수용국의 시민적 통합과 사회적자본이 약화될 수 있는 가능성을 감소시킬 수 있다고 언급한다. 그러나 벤하비브의 이론적 견해는 두 가지 한계를 가지고 있다고 지적한다. 우선 코스모폴리타니즘과 공동체주의자의 이민자 시민권과 정치적 성원권에 관한 입장을 절충해 제시하고 있다는 것이다. 소통을 통한 보편적 권리와 공동체의 자기결정권 사이의 해결방안을 모색하는 민주적 반복은 설득력을 가지지만 정책화하기 어려운 단점을 가지고 있으며, 긍정적 결과만이 도출될 것이라고 낙관할 수는 없다고 지적한다. 한편 해결방안의 기초가 되는 심의민주주의 논의의 한계와 연관되어 있다고 주장한다. 심의 이전에 내재되어 있는 구조적 불평등이 약자에게 불리한 소통구조를 형성하게 되어 심의민주주의적 토론이 어렵게 되는 경우 민주적 반복이 "도덕적으로 임의적인 결과"를 가져올 가능성이 높다고 지적한다. 또한 상호 문화적 대화가 긍정적 결과를 산출하기 위해서는 상이한 문화 간 대화를 제약하는 요소에 대한 검토가 필요하기에 단순히 낙관적으로만 볼 수는 없다고 진단한다(김병곤, 김민수: 2015, 321-323).

서구 다문화주의 담론이 가지는 내부적으로는 현실을 반영하지만 외부적으로는 당위의 논리를 따르는 이중성을 가지고 있다고 지적하면서, 이러한 이중성이 경제 상황의 악화와 이슬람 공동체 문제와 맞물려 다문화주의 실패와 후기다문화주의 담론이 제기되는 원인이 되었다고 주장하는 연구가 제시되었다. 다문화주의는 정치적 주제이고, 인권과의 연관성이 높기에 정치발전을 위한 요건이라고 언급하면서 다문화주의의 정착을 위해서는 '소극적 용인'이 아닌 '당위적 차원의 인식 변화'가 필요하다고 주장한다. 서구의 다문화주의 담론이 당장의 실효성에 초점이 두어지면서 역설적으로 변화하는 정세에 대처할 수 있는 적용 가능성에 문제가 발생했고, 이후 다문화주의 실패 담론이 제기된 배경이 되었다고 지적한다. 반면 서구의 담론 층위와 달리 한국의 다문화주의 논의는 생활세계 수준에서는 '다문화맹(盲)'에 가까울 정도로 낮은 인식을 드러낸다고 지적한다. 그럼에도 여러 상황의 차이로 인해 한국은 서구와는 다른 양상을 보일 수 있다고 제언한다. 우선 서구에서 다문화주의가 안보 문제와 연계되는 경향이 나타났다면, 한국의 경우 다문화주의와 안보 위협과의 연계성은 낮다고 진단한다. 반면 다문화주의에 위협 요인은 한국사회가 가진 '우리 의식'에 대한 애착이라고 지적한다. '우리 의식'과 함께 '우리 의식'이 만들어내는 편협함과 차별적 시각 또한 다문화주의의 착근을 어렵게 하는 요인이라고 진단한다. 현재 한국의 다문화주의는 이민자에 대한 인권 보호 수준에 국한되어 있으며, 정치적 공론장에서의 논의가 부재한 채 경제적 시각에서만 인식되고 있다고 언급한다. 따라서 다문화주의에 관한 정책적 접근을 넘어서 이론적 논의가 필요하며, 이를 통해 다문화주의가 뿌리내릴 수 있으며 인식의 변화도 가능하다고 주장한다(김선규, 최성환, 2019: 146-147, 166-168).

한국사회에서 제기된 다문화주의 또는 다문화정책에 대한 혐오와 다문화정책이 실패한다는 시각에 대한 비판적 견해가 제출되었다. 한국사회의 '다문화 열풍' 속에서 일각에서는 다문화주의에 대한 혐오가 성장해왔으며, 이러한 혐오증은 다문화주의 정책이 시행되지 못하고 있는 현실 속에서 시민사회와 언론의 다문화주의에 대한 계몽이 강화되는 상황에서 형성되었다고 지적한다. 다문화주의, 다문화정책, 다문화 등에 관한 무분별한 논의와 개념의 오용과 혼용 등 학계와 시민사회의 문제가 노정되었다고 언급하고, 이러한 상황은 반다문화주의 시민단체 활동에 영향을 미쳤다고 지적한다. 다문화사회로 전환 과정에 있는 한국사회가 논의와 합의의 부재 속에서 기존 다문화사회의 가치이자 정책 방향인 다문화주의가 과도하게 활용되어 왔고, 이러한 이유로 다문화주의의 의미가 다양하게 나타날 수밖에 없다고 언급한다. 다문화주의를 민족주의를 개선할 수 있는 도구적 수단으로 인식하거나, 한국사회의 선진사회로 가기 위한 모델로 제시되었다고 지적한다. 또한 전 지구화 과정에서 국민국가의 강화와 이민자를 관리하는 기술로 활용되고 있으며, 다문화주의는 권리 보호와 인정보다는 온정적 지원에 국한되었고 이민자 전체를 대상으로 포함시키지도 못한다고 주장한다(한건수, 2012b: 117-

123, 129-130).

한국과 서구의 다문화주의가 다른 맥락에서 형성되었음을 언급하면서, 한국에서 다문화주의와 단일민족주의의 공존 가능성을 제시하는 연구가 제출되었다. 서구의 다문화주의는 원주민과 장기간 거주해온 이민자 공동체를 통합하기 위해 도입되었으며, 캐나다의 영국계와 프랑스계 공존을 위한 다문화주의와 이민자의 급격한 증가에 따른 사회통합의 논리와 정책으로서의 호주의 다문화주의가 대표적 사례라고 지적한다. 한국의 경우 원주민이나 장기간 정착한 이민자집단이 아닌 전 지구화 과정에서 증가하게 된 외국인력과 결혼이민여성에 대한 통합정책 수립의 일환으로 서구와는 차이점을 가진 다문화주의가 형성되었다고 분석한다. 실제로는 결혼이민여성에 다문화정책의 주안점이 두어졌다고 언급한다. 다문화주의 정책의 수립과 시행에도 불구하고 단일민족주의의 깊은 뿌리 속에서 저개발국가 출신 이민자에 대한 문화적 우월감, 편견과 차별, 거부와 갈등 등의 문제가 나타났다고 지적한다. 한국의 경우 분단 상황의 극복을 위한 단일민족주의에 토대를 둔 민족정체성과 다문화사회로의 전환에 부합하는 다문화주의의 공존을 모색해야 하는 상황에 직면해 있다고 진단한다. 민족주의가 소수집단의 문화적 권리를 인정하지 않는 정책의 논리적 근거가 된다면 갈등의 근원이 될 수 있는 반면, 민족주의가 제공하는 사회적 연대가 다문화사회의 다양한 문제를 해결할 수 있는 기제가 될 수 있다고 언급한다. 물론 민족주의가 주류집단의 지배와 폭력을 강화시키는 측면과 정치적 평등과 참여 확대에 기여하는 양면성을 가지고 있다고 지적한다. 다문화사회가 갈등을 해결하고 발전을 위해서는 사회 내에서 민족주의와 다문화주의의 공존이 필요하고 이를 매개할 수 있는 것은 공통문화라고 주장한다. 분단 상황이라는 특수성을 가진 한국사회는 민족주의와 다문화주의의 공존이 필요하다고 강조한다. 최근 한국사회의 민족주의 개념을 '종족적-혈연적 민족주의'에서 '시민권적-영토적 민족주의'로 전환해야 한다는 견해에 주목해야 한다고 지적한다. 구체적으로 다문화사회에서는 다양한 사회 구성원이 민족 또는 국민이라는 공동체를 구성한다는 '시민권적-영토적 민족주의'의 논리와 함께, 기존의 민족 개념을 국민의 개념으로 확장시킨다면 다문화주의와 민족주의의 상호 공존과 사회통합이 가능하다고 주장한다(조희원, 2014: 7-8, 19-24).

카슬과 밀러가 한국을 독일, 일본, 태국 등과 같이 차별적 배제주의를 채택하고 있는 국가로 분류한 것에 대해 비판적 의견을 제시하는 연구가 제시되었다. 이러한 유형화는 개별 국가 내 다양한 정책을 분석하기 위한 척도나 지표를 제시하지 못하는 한계를 가지고 있으며, 또한 실증적 연구도 미비하다고 지적한다. 동화주의와 다문화주의가 병존할 수 있다는 것을 전제로 한국사회의 다문화가족정책 사례를 경험적 분석 결과를 도출한다. 사회통합의 방식에서 차이가 존재하지만 다문화주의와 동화주의는 사회통합을 목적으로 한다는 공통점이 존재한다고 주장한다. 실증적 분석 결과 선주민과 결혼이민자 모두 다문화가족정책을 다문화주의로 인식하는 경향이 강하게 나타났으며, 특히 이주민의 적응, 고용, 복지 등의 정책 영역을 다문화주의로 인식하고 있다고 분석한다. 반면 문화 영역 정책은 두 집단 모두 동화주의로 인식하는 것으로 나타났다고 진단한다. 한편 교육과 관련한 다문화정책은 결혼이민자는 동화주의로, 주류집단은 다문화주의로 인식해 상이한 견해를 가지고 있다고 설명한다. 한국의 경우 정부, 선주민, 결혼이민여성 등을 대상으로 한 다문화가족정책의 정향성을 조사 결과를 토대로 보면, 기존 연구들에서 제기한 차별적 배제나 동화주의로 규정한 것과 달리 동화주의, 다문화주의, 동화주의·다문화주의의 정향성이 혼재되어 있다고 주장한다(정장엽, 정순관, 2014: 122, 138-139).

서구의 다문화주의 정책과 한국사회에 관한 경험적 분석을 토대로 한국의 다문화주의 정책을 위한 제언을 담은 연구가 제시되었다. 1990년대 이후 서구에서는 시민통합정책을 다문화주의로 전환하거나 다문화주의 정책을 시민통합정책과 동일한 것으로 간주하는 경향이 나타났다고 진단한다. 서구의 국가들에서 다문화주의 정책을 시행하고 있으며, 다문화주의 정책지표의 도출은 국가 간 비교 분석을 가능하게 한다고 언급한다. 이 국가들은 다문화주의 정책을 시행하기 위한 법과 제도를 수립하고 다양한 프로그램을 진행해왔다고 설명한다. 이러한 정책의 핵심은 법, 제도, 복지 등의 영역에서 이민자 집단이 차별과 배제의 대상이 되지 않도록 하며, 기회와 접근성이 동등하게 부여되어야 한다는 것이다. 이러한 다문화주의 정책은 소수집단의 서열화, 실제적인 차별의 은폐와 소수집단의 탈정치화 야기, 주류집단과 소수집단의 상호 교류와 작용의 저하, 이민자 집단에 의한 이민자 개인 자유의 침해, 문화에 가려진 사회적·경제적 불평등의 은폐 등 문제를 안고 있다고 지적한다. 이러한 다문화주의 정책이 가진 위험성을 해소하기 위해서는 법과 제도를 통한 이민자집단에 대한 차별철폐, 동등한 권리 부여와 함께 이민자 개인을 포함한 소수자의 권리를 보장하는 정책의 수립과 시행이 필요하다고 주장한다. 또한 선주민과 이민자 간 상호 교류를 통한 문화 다양성의 경험과 다문화성 증진을 위한 정책이 요구된다고 제안한다. 한국의 법과 제도, 한국인과 이민자를 대상으로 한 설문조사 결과 등에 관한 분석을 기초로 한국의 다문화주의 정책의 개선 방향을 제시한다. 조사 결과 한국인의 경우 사회적 거리감이 존재하며 문화 다양성의 수용에도 한계를 가지고 있으며, 이민자의 경우도 사회적 거리감과 차별을 인식하는 것으로 나타났다고 설명한다. 또한 다문화주의 정책과 관련된 법과 계획인 「재한외국인처우개선법」, 「다문화가족지원법」, 외국인정책 기본계획 등은 문화 다양성의 인정과 공존이라는 목표를 가지지 않았다고 지적한다. 다문화사회에서 다문화주의가 구현되기 위해서는 다양한 문화의 공존을 위한 법과 제도의 수립과 국가 단위의 다문화주의 정책 시행이 필요하며, 또한 주류사회와 이민자집단 간 상호 이해와 차이의 인정이 요구되며 구체적으로 다문화교육이 강화되어야 한다고 주장한다. 한편 서구 이민국가들이 이민으로 인해 경험하고 있는 문제를 답습하지 않기 위해 '시민 다문화주의 협력체계' 구축을 검토해야 한다고 제언한다. 이러한 협력체계는 정부정책 중심의 위로부터의 다문화주의에 더해 아래로부터 다문화주의와 다문화운동에 기여할 수 있으며, 협력체계의 주체로 정부, 이민자, 시민단체 등이 참여해야 한다고 언급한다. 이민자를 단순히 정책의 대상이 아닌 선주민과 함께 공동주체로 인식하는 사회적 변환이 필요하다고 제안한다(김영란, 2013: 8-10, 24-26).

2) 한국과 서구의 이민정책 담론 비교

한국의 사회통합 의미를 제시하고 '질 높은 사회통합' 정책 목표를 분석한 연구가 제시되었다. 「재한외국인처우기본법」에서 유추해 "이민자가 대한민국사회에 적응하여 개인의 능력을 충분히 발휘할 수 있도록 하고, 출생 국가에서 습득한 문화 · 가치와 우리나라의 문화 · 가치를 접목하여 대한민국 국민과 재한외국인이 서로 상대방을 이해하고 존중하는 것이 '사회통합'이고, 그것이 가능하도록 하는 정책을 '사회통합정책'"이라는 정의를 인용해 제시한다. 이러한 개념 정의에도 한국의 사회통합 대상과 내용, 범위 등은 정부부처에 따라 다르게 설정되고 정책화 되었다고 지적한다. 한국의 경우 외국인노동자를 대상으로 한 구분배제 모형에서 결혼이민여성을 주요 대상인 동화모형으로 전환을 추진해왔다고 진단한다. 2008년 수립된 「제1차 외국인정책 기본계획」의 두 번째 정책목표로 제시된 것이 '질 높은 사회통합'이고, 다문화에 대한 이해증진, 결혼이민자의 안정적 정착, 이민자 자녀의 건강한 성장환경 조성 등을 중점과제로 포함하고 있다. 이민자가 증가하면서 다문화사회로의 전환이 진행되고 있는 시점에 발생하고 있는 사회적 문제에 대한 해결방안으로 제시된 '질 높은 사회통합' 정책 목표는 '치유적 대안'으로 적합성을 갖는다고 평가한다. 다만 정책 목표의 과제들을 분석해본 결과 목표의 적절성과 세부과제의 비효율성이 드러났다고 진단한다. 이를 개선하기 위해서는 단기, 중기, 장기 성과지표의 설정, 정책 대상자의 만족도 반영, 결혼이민여성 대상 중심의 정책을 전체 이민자 대상으로 확대 등이 요구된다고 주장한다(손기호, 2010: 3, 7, 24-25).

독일의 사회통합정책에 관한 분석을 토대로 한국적 함의를 제안한 연구가 제출되었다. 2000년대 중반 사회통합정책의 제도화를 추진한 독일은 2005년부터 이민자 대상 사회통합 프로그램 이수를 의무화하고, 사회통합 프로그램을 이민자의 국적취득과 연결될 수 있도록 하고 있다고 설명한다. 독일의 이민자 사회통합정책의 목적은 지원과 요구의 원칙을 기초로, 독일 경제에 기여할 수 있는 외국인력의 유입을 위한 제도적 기반 구축과 독일에 장기간 거주하면서 독일사회와 분리된 외국인 주민과 가족의 사회통합을 목적으로 설정한다고 언급한다. 이민자의 사회통합은 연방정부와 지방정부의 사회통합 프로그램에 대한 지원과 이민자의 적극적 참여를 요구하는 정책이 병행되었으며, 이민자가 독일사회로의 통합을 통해 최종적으로는 독일 국적을 취득하는 데 목적이 두어졌다고 분석한다. 독일의 사회통합정책 사례에 대한 분석을 토대로 한국의 사회통합정책 수립을 위한 제언을 제시한다. 우선 사회통합교육은 국가 차원에서 장기적 사회교육의 일환으로 수립되어 진행되어야 하며, 한국사회의 적응에 국한된 통합프로그램을 이민자가 의무적으로 사회통합에 참여하도록 개선해야 한다고 주장한다. 또한 결혼이민여성에 제한된 정책이 아닌 이민자 대상에 따라 차별화된 사회통합정책이 필요하며, 이민자와 한국인이 참여하는 포괄적인 사회통합 프로그램으로 발전되어야 한다고 지적한다. 한편 독일 사례는 한국의 상황과 상이한 배경을 가진 미국과 캐나다 등의 전통적 이민국가와 달리, 정책 수립과 시행을 위한 다양한 시사점과 정보를 제공해줄 수 있기 때문에 지속적 관찰이 필요하다고 제언한다. 특히 이민자 사회통합 정책은 정치, 경제, 교육, 복지 등의 측면에서의 포괄적인 검토와 공동체의 합의 과정이 선행되어야 하며, 다문화, 다인종 사회에 대한 선주민과 이민자 간 상호 이해와 교류를 위한 제도와 이를 통한 갈등의 해결 등이 진행되어야 한다는 함의를 독일 사례는 제공해주고 있다고 진단한다(박채복, 2008: 258-259, 270-272).

서구의 통합정책에 관한 고찰을 토대로 한국의 바람직한 이민자 통합정책의 방향을 제시한 연구가 제출되었다. 프랑스에서 통합이라는 개념은 동화 또는 편입이라는 의미로 사용되었고, 좌파는 외국인노동자의 편입이라는 용어를 사용한 반면 우파는 통합 개념을 활용한다고 설명한다. 1980년대 말 사회당 정부가 통합이라는 용어를 활용하면서 좌우 구분 없이 이민자 통합이라는 개념이 공식적으로 사용되기 시작한다고 분석한다. 덴마크의 경우 1990년대 이후 차별 철폐와 다양성 증진을 통해 이민자가 덴마크 국민으로서 역량을 발휘할 수 있도록 지원하는 것을 사회통합정책의 방향으로 설정한다. 독일의 사회통합정책은 사회통합 프로그램을 통해 이민자가 의무적으로 교육을 받도록 하고 노동시장 접근성 향상을 통한 사회경제통합을 진전시키는 데 주안점이 두어졌다고 진단한다. 한국은 외국인노동자정책의 측면에서는 차별 배제형 모델에 속한다고 언급하면서, 다문화주의도 미국의 '통합적 다문화주의'와 호주와 캐나다의 '다양성의 다문화주의'로 구분한다. 전자가 주류문화를 전제로 소수문화에 비개입 또는 방치로 일관한다면, 후자는 소수집단의 문화 유지와 발전을 지원한다고 분석한다. 동화주의는 1960년대까지의 미국의 용광로 모형과 프랑스의 '공화주의 정책모형'으로, 독일의 경우 '국적모형의 동화주의'를 추구하고 있다고 설명한다. 한국의 경우 결혼이민여성 대상 정책은 미국의 용광로모형과 독일의 국적모형이 결합된 형태라고 진단한다. 한국의 이민자 통합정책은 공화주의 동화모형과 다문화주의 모형의 하나를 택해서는 안 된다고 지적한다. 다문화주의가 최선의 정책이라고 인식하거나 동화모형은 과거의 정책 방향으로 치부하는 것은 모두 문제가 있다는 것이다. 두 모형의 장점과 단점을 파악해 한국 상황에 적실성을 가진 것을 선택하여야 하며, '공화주의 동화모형'이 한국사회 적용을 위해 고려할 가치가 있다고 주장한다(이성순, 2010: 167-170).

한국의 사회통합정책의 문제점을 진단한 연구가 제출되었다. 덴마크와 독일의 사례를 통해 양국 모두 사회통합법과 이민법을 통해 사회통합정책을 시행하고 있다고 언급한다. 덴마크는 이민자들이 자신들의 능력을 발휘하도록 하는 데 주안점을 두고 있으며, 독일은 노동시장으로의 통합을 촉진하고 있다고 분석한다. 한국의 경우 사회통합 유형 중 공화주의 동화모형과 다문화주의 모형 중 하나를 선택해서는 안 된다고 지적한다. 이분법적 관점에서 하나를 선택하기보다는 한국 상황에 부합하는 사회통합 모델을 채택해야 한다고 주장한다. 결혼이민여성에 대한 한국 적응과 동화를 위한 정책은 외국인노동자와 유학생 등의 증가에 따라 다문화사회로의 전환이 급격히 진행되고 있는 만큼 다문화주의에 대한 수용과 인식 변화가 필요하다고 제언한다. 인간의 평등과 존엄을 중시하는 정책의 수립과 국민과 이민자를 포함한 교육정책이 요구된다고 강조한다. 한국정부의 다문화정책은 인권 측면에서 보면 한국인의 인식 전환이 병행되어야 하는데 이를 위한 다문화 이해 프로그램이 부족하다고 지적한다. 다문화 이해 교육의 대상을 국민으로 확대하고, 학교의 정규 교육에 포함되도록 노력해야 한다고 주장한다. 대상 이민자도 결혼이민여성 중심에서 외국인노동자와 이민자로 확대해야 하며, 이들 이민자를 동화의 대상으로 간주하는 정책이 아니라, 동등한 권리를 보장하고 문화적 차이를 인정하는 정책으로의 전환이 필요하다고 제시한다(김종세, 2011: 353-354, 364-365).

유럽의 영국, 독일, 프랑스 정치지도자들의 잇단 다문화주의 실패 선언과 노르웨이에서의 테러, 스웨덴에서의 이민자 소요 사태 등은 이민자 통합문제에 재검토가 필요하다는 주장에 힘이 실리는 계기가 되었다. 다문화주의를 시행하고 있던 네덜란드에서 제기된 시민통합정책으로의 전환은 다문화정책의 한계를 학문적 · 정책적으로 진단해 대안을 도출할 수 있는 기회가 되고 있다는 견해가 제기되었다. 이민자가 수용국의 언어, 역사, 제도 등에 대한 의무적 이해와 습득을 강조하고, 이민자가 노동시장에서의 고용을 통해 복지수혜자로 전락하는 것을 방지하는 데 주안점을 두는 시민통합정책이 유럽의 이민자 통합정책의 주요 경향이 되고 있다고 진단한다. 이러한 유럽의 사회통합정책 방향의 변화는 한국에 여러 함의를 제공해주고 있다고 지적한다. 우선 외국인노동력의 활용과 결혼이민여성과 다문화가족 지원에 초점이 맞추어진 외국인정책과 다문화정책의 새로운 전환이 요구된다고 지적한다. 외국인과 이민자가 증가하고 있는 현실에 기초해 이민정책의 내용과 방향의 재설정이 필요하다는 것이다. 시민통합정책의 사례를 보면 한국에서도 결혼이민자와 같은 특정 이민자를 대상으로 한 정책보다는 보편적 서비스에 기반을 두어 보편적 정책 프레임에서 통합정책을 수립해 시행하는 것이 중요하다고 강조한다. 한국에서도 이민자 사회통합에 대한 논의와 합의가 필요하며, 네덜란드의 시민통합정책 모델은 사회통합의 추진 체계와 정책의 내용 등을 검토할 가치가 있다고 주장한다(설동훈, 이병하, 2013: 229-231).

한국과 서유럽의 사회통합정책을 비교한 연구가 제시되었다. 서유럽의 이민자 사회통합정책은 1998년 네덜란드의 이민자 시민통합법 시행의 영향과 서유럽 정치지도자들의 다문화주의의 실패 선언 이후 정책 변화가 맞물리면서, 욥케의 주장대로 이민자 통합정책이 시민통합과 반차별 정책으로 '수렴'하고 있다고 분석한다. 네덜란드 이외에 영국의 시민권 취득과정에서의 교육과 테스트의 강화, 프랑스의 입국 이전 언어와 시민교육 참여 의무화 등이 대표적 사례라고 언급한다. 한국의 경우 다문화사회로의 전환 과정에 통합정책으로 다문화정책을 제시하고, 이민통제, 엄격한 국적취득 절차, 이민자 대상 사회통합 프로그램 이수 의무와 국적취득 테스트 시행 등으로 서유럽의 시민통합정책과 유사한 내용을 가지고 있다고 진단한다. 다문화주의를 채택했던 네덜란드는 이민자의 실업률 증가, 소수집단 교육 결손의 증가, 주류사회와 이민자 공동체의 거주분리 확대 등을 겪었고, 9·11테러와 이슬람 극단주의자의 테러, 반이슬람 정서의 확산 등이 결합되면서 시민통합정책을 수립해 시행하게 되었다. 네덜란드의 정책은 '유럽의 모델(model of Europe)'로 일컬어지며, 북유럽과 서유럽, 남유럽 국가의 통합정책에 영향을 미쳤으며, 각국의 상황에 부합하게 변형되었지만 이민자의 의무를 강조하는 공통성이 두드러지는 수렴 경향이 나타났다고 분석한다. 한국의 경우 서유럽의 시민통합정책과 유사한 정책은 2009년 도입된 '사회통합 프로그램'과 강화된 귀화적격여부 심사라고 설명한다. 프로그램의 도입에는 한국사회에 대한 기본 이해와 결혼이민여성의 취업률이 저조한 상황을 개선하겠다는 한국정부의 의지가 반영되었으며, 귀화적격심사에서 필기와 면접시험을 강화하는 방향으로 변화되었다고 분석한다. 한국과 서구의 시민통합정책을 비교해보면, 이민자의 노동시장 편입에 주안점을 둔 서구의 직업교육 프로그램이 한국의 사회통합 프로그램에는 미비하다고 지적한다. 또한 서유럽의 경우 시민통합정책과 함께 반차별 정책의 시행이 수반되어 왔는데, 한국에서는 아직 반차별 정책의 수립도 되지 않은 상황이라고 언급한다. 한국과 서유럽 시민통합정책이 직업교육이나 반차별 정책에서 차별성을 가지는 반면, 한국과 서유럽 시민통합정책이 가지는 동화주의적 요소에서 유사점을 찾을 수 있다고 주장한다. 물론 이러한 동화주의적 요소가 동화정책으로의 회귀 또는 강화로 단정 지을 수는 없다고 지적한다(이용승, 김용찬, 2013: 144-148, 153-154, 158).

한국의 이민정책을 배제와 동화의 두 프레임으로 분석한 연구가 제시되었다. 즉 한국의 이민정책은 외국인노동자에 대한 배제와 결혼이민여성에 대한 동화 지향이 서로 상충하는 두 프레임이 병존하고 있다는 것이다. 배제 프레임은 외국인노동자를 대상으로 하며, 정책적인 측면에서는 기업에 대한 지원과 국내 노동자 보호를 목적으로 통제를 중심으로 한 사회적 배제가 진행되고 있다고 분석한다. 한편 동화 프레임은 결혼이민여성을 대상으로 하고, 국민으로의 동화를 목적으로 한 포용과 지원 정책이 시행되어 왔다고 진단한다. 결혼이민여성이 수용과 동화의 대상이 된 배경에는 이들이 한국사회의 가족구성원이자 국민구성원으로 편입되었기 때문이라고 지적한다. 이러한 두 대상에 대한 상이한 이민정책은 이중성의 문제를 야기한다고 비판한다. 한국사회에 합법적으로 거주하는 이민자에 대해서는 인권이 보호되어야 하고 사회보장의 기본권이 제공되어야 한다고 제언한다. 또한 두 프레임을 하나의 프레임으로 통합하여 전체 이민자 대상 사회통합정책과 관리, 지원이 시행될 수 있는 이민정책의 새로운 '메타프레임'이 구축되어야 한다고 주장한다(김태환, 2013: 691-692, 704-705).

한국의 사회통합정책을 사회적 비용 감소와 국가경쟁력 측면에서 접근하는 연구가 제시되었다. 카슬과 밀러의 구분에 기초해 한국의 사회통합 유형을 차별적 배제모형으로 제시하고, 이러한 사회통합정책은 이민자에 대한 차별과 배제로 인해 사회적 갈등의 증가와 국가경쟁력 약화를 초래한다고 지적한다. 이에 대한 대안으로 다양성의 인정과 공존을 기반으로 해 사회통합을 추구하는 다문화주의로의 정책 전환 또는 기존 정책과의 조화를 고려해야 한다고 제언한다. 다만 다문화주의의 무분별한 수용은 대상자 설정의 혼선이나 중복시행 등으로 인해 사회적 비용이 증가하는 문제점을 야기할 수 있어 이에 대한 검토가 필요하다고 주장한다. 한국의 사회통합정책은 추진체계의 문제로 인해 혼선과 중복의 비효율성과 국가적 차원의 고비용 발생 등을 야기해왔다고 지적한다. 이를 극복하기 위해서는 우선 관련 위원회의 통합과 시행 부서의 단일화 등을 추진해야 하고, 관련 법체계의 통합과 정비도 진행되어야 한다고 제언한다. 구체적으로 중앙행정부서들에 분산된 사회통합정책 형성과 집행을 가칭 '이민·다문화통합위원회'와 같은 통합위원회를 설립해 포괄적이고 체계적인 정책 구축과 시행으로 변화시켜야 한다고 주장한다 (이상윤, 2014: 183-185, 197-200).

서구에서 구축된 지수를 활용해 한국의 사회통합정책을 분석한 연구가 제기되었다. '이민자통합정책지수'의 국적취득 접근성 영역을 스웨덴, 포르투갈, 캐나다 등 국가와 한국과의 비교를 진행한다. 2011년 기준 '이민자통합정책지수'에서 스웨덴 1위, 포르투갈 2위, 캐나다 3위를 기록했고 한국은 13위를 차지했는데, 한국이 가장 낮은 점수를 나타낸 영역이 국적취득 접근성이었다고 설명한다. 이 외에 차별금지 영역은 한국의 경우 54점인 데 반해 스웨덴 88, 포르투갈 84, 캐나다 89점으로 평가되어 한국과 가장 많은 점수 차이를 나타내는 분야라고 제시한다. 비교 분석 결과 한국의 국적취득 접근성은 낮은 수준으로 나타났고, 국적취득에 필요한 요건을 포함하는 자격요건과 언어 등의 국적취득 조건과 기간과 비용 등의 제도를 포괄하는 취득요건이 미흡해 이민자가 한국 국적을 취득하기 위한 절차와 요건이 어렵게 제도화되어 있다고 지적한다. 현재의 사회통합과 관련된 국적취득의 접근성의 미비점을 개선하고 국제적 수준의 국적취득 접근성을 보장하기 위한 노력이 필요하다고 제언한다. 우선 비교 대상국들이 속지주의를 택하고 있는 것처럼 부모의 국적취득과 관계없이 이민자 2세, 3세, 동거인 등에게 국적취득의 기회를 부여해야 하며, 이민자의 비거주 허용기간의 제도화가 필요하다고 주장한다. 또한 획득조건의 측면에서 국적취득시험제도를 폐지하고 스웨덴과 포르투갈의 사례처럼 사회통합 프로그램 이수로의 전환이 바람직하며, 이민자의 경제적 능력에 대한 검증 기준도 완화가 요구된다고 강조한다. 신분보장과 관련해서는 국적취득을 거부할 수 있도록 되어 있는 조항은 이민자에 대한 차별적 요소로 폐지가 필요하며, 비교 대상 국가들의 경우 국적취득 과정에서의 부정행위에 한해 국적취득 거부가 제한되어 있다고 지적한다. 이중국적의 불허로 인해 발생할 수 있는 무국적 상태의 이민자를 위한 방지책이 수립되어야 한다고 제언한다(김재일, 2014: 106, 111-115).

한국의 이민정책은 재외동포에 대한 정책, 출입국관리 정책, 이민자의 적응을 지원하는 사회통합정책 등을 포함하는 정책을 지칭한다고 언급한다. 정부에서는 사회통합정책의 대상을 외국인노동자, 결혼이민여성, 외국인유학생, 동포 등 외국인 전체로 포괄적인 규정을 하면서도 여성가족부의 정책에서는 결혼이민여성과 자녀로 국한되기도 한다고 설명한다. 외국인정책과 다문화가족정책 등을 사회통합정책으로 보고, 정책의 성과를 평가하고 대안을 제시하기 위하여, 에이거(Ager)와 스트랭(Strang)의 사회통합 분석틀을 활용한 연구가 제시되었다. 통합의 토대, 촉진요소, 사회적 관계, 지표와 수단 등의 4가지 상위지수와 권리와 시민권, 언어문화적 지식, 안정과 안정감, 사회적 가교, 사회적 유대, 사회적 연결, 고용, 주거, 교육, 보건 등 10개의 하위지수를 구분해 한국의 사회통합정책을 분석한 결과 중복과 분절성의 경향을 보이면서 비효율적인 사회통합정책의 문제를 노정해왔다고 지적한다. 한국사회에서 이민자의 사회통합을 강화하기 위한 대안을 위의 분석틀에 기초해 제시한다. 시민권, 영주권, 사회보장 권리를 확대하고 속인주의의 재검토가 필요하며, 이민자 대상 한국어와 한국사회이해교육과 차별금지법 제정과 한국인 대상 다문화사회 인식개선 교육을 확대해야 한다고 강조한다. 또한 이민자의 정착 초기 한국생활 적응과 정서 지원을 위한 인력과 제도의 확충이 요구되며, 직업교육을 통한 경제적 통합과 교육, 주거, 보건 영역에서의 지원을 통한 통합이 필요하다고 제언한다(이성순, 2013: 163-164, 181-182).

한국에서는 외국인정책의 하위 정책과제로 사회통합정책이 제시되었는데 "이민자와 국민 간 상호작용에 의해 나타날 수 있는 사회갈등을 최소화하고, 이민자가 우리 사회 구성원으로서 국가·사회 발전에 기여해 나가도록 하는 정책"으로 정의한다. 이러한 정의에는 국민의 이민자에 대한 인식 개선과 다문화사회에 대한 이해를 증진시킬 수 있는 정책도 포함된다고 주장한다. 한국의 사회통합정책은 중장기적이고 종합적인 정책이 수립되어 추진되고 있지 못하며, 이민자에 대한 복지서비스 제공에 국한되어 사회통합정책과 이민정책과의 연계성도 부족하다고 지적한다. 또한 사회통합정책의 중심 내용도 이민자에 대한 온정주의적 사업에 집중되어있고, 정책을 평가하기 위한 시스템도 미비하다고 진단한다. 이러한 문제점을 해결하기 위해 사회통합정책 시행의 통합과 조정을 강화하고 이민전담부서 신설을 통해 포괄적인 추진체계를 구축하는 것이 필요하다고 제언한다. 서구의 경우 이민정책 전담부서에서 사회통합정책도 수행하고 있다는 점을 참조해야 한다고 강조한다. 이민정책은 법무부에서, 사회통합정책은 중앙행정부서와 지방정부에서 시행하는 개별적으로 분리된 정책으로 간주하는 경향이 강한 반면, 서구에서는 이민정책과의 연계 속에서 사회통합정책을 강화하는 '이민 정책적 접근'을 추진하고 있다고 분석하고 이에 대한 수용을 적극적으로 검토해야 한다고 주장한다. 구체적으로 독일과 프랑스의 이민자의 체류, 영주, 귀화 등의 허가를 사회통합교육에의 의무적 참여와 연계하는 사회통합정책을 고려해야 한다는 것이다. 한편 이민자에 대한 기본권 보장과 함께 국익 차원의 체류질서 수립과 이민자가 자립능력을 가진 사회구성원이 될 수 있도록 '자립유도형' 사회통합정책을 수립해야 한다고 제안한다. 사회통합정책을 평가하고 성과를 관리할 수 있는 체계의 구축도 요구된다고 제언한다(길강묵, 2011: 141, 162-164).

한국사회에서 정치철학의 관점에서 이민자 편입을 위한 정책 방향을 제시한 연구가 제출되었다. '지위인정모델'을 제안하면서 인정은 "사회적 상호작용에서 완벽한 파트너로서의 집단구성원들의 지위"에 대한 인정이며, '참여의 평등(parity of participation)'이 사회정의의 기준이 될 수 있다고 설명한다. 한국사회에 주는 시사점으로 이민자 중 시민권자가 아닌 외국인노동자와 같은 이민자도 상호작용의 대상이 될 수 있고, 동등한 권리에 따른 의무도 부여할 수 있다고 강조하면서 주류사회와 소수집단 간 갈등을 방지하고 해결할 수 있다고 주장한다. 특히 외국인노동자의 사회통합은 '지위인정모델'의 기초 위에서 선별도입, 동등한 지위 인정, 상호작용 등이 가능하여야 진행될 수 있다고 강조한다. 한편 '상호성의 균형'이 한국사회에서 주류집단의 협력을 위한 전제조건이라고 언급한다. '상호성의 균형'이 무시되어 나타난 예로 이민자 지원에 대한 반감이나 반다문화주의 등을 지적한다. '상호성의 균형'을 실현하기 위해서는 이민자에 대한 선별정책 적용과 분배의 균형성을 갖추어야 한다고 제안하고, 국민의 이민자에 대한 수용 태도의 증진과 함께 이민자에게 권리와 의무의 균형을 요구해야 한다고 강조한다. '지위인정모델'과 '상호성의 균형'을 결합한 '상호지위인정모델(mutual status recognition model)'은 다문화사회로 전환하고 있는 한국사회에서 외국인노동자를 권리와 의무의 주체로 인정하고 선주민에게도 상호 인정과 존중을 이끌어낼 수 있는 정치철학이라고 주장한다. 구체적으로 외국인노동자를 동등한 구성원으로 인정하기 위한 주류집단의 인식 전환이 필요하며, 공존이 가능한 외국인노동자를 도입하기 위한 이민정책이 요구된다고 제언한다. 또한 외국인노동자의 상호작용을 위해 한국사회 적응에 필요한 사회통합 프로그램에 적극적으로 참여할 수 있도록 유도해야 하며, 체류자격의 변경과 사회통합 프로그램 참여를 연계하는 이민관리의 시각에서 통합프로그램의 시행이 필요하다고 강조한다(이혜경, 2017: 129-135).

서구의 이민자정책에 관해 비판적 견해를 제시한 연구가 제출되었다. 동화주의와 관련해 미국은 남미계와 아시아계 이민의 증가로 인해, 프랑스는 구식민지 출신 이민자 수용의 결과로 경제적으로는 통합이 진행되었으나 문화적으로는 소수집단으로 분리되는 '분절된 동화(segmented assimilation)' 양상이 나타났다고 진단한다. 동화주의는 이민자의 유입으로 인한 주류집단의 변화를 고찰하지 못하는 한계를 가지며, 주류집단과 이민자 공동체의 종족적·문화적 차이를 당연시하는 인식은 비판의 지점이라고 분석한다. 이민자의 계급과 위치성에 따른 동화의 차이, 문화 다양성이 가지는 장점, 동질화된 문화 조성에 대한 거부감 등이 부각되면서 동화주의에 대한 비판이 확산되었고, 호주, 캐나다, 네덜란드 등 중심으로 제기된 다문화주의에 대한 관심이 증가한다고 지적한다. 다문화주의는 북미와 유럽에서 주류집단과 상이한 소수집단의 문화정체성을 인정하고 이를 통해 사회를 통합하려는 국가의 전략이라고 설명한다. 서구의 다문화주의는 이념, 전통, 상식 차원에서 비판이 제기되었다고 언급한다. 이념적인 측면에서 다문화주의는 소수집단의 보호를 위한 것이 아니라 소수집단의 반발을 적절히 억제하면서, 주류사회의 가치를 보존하고 재생산하려는 국가 주도의 프로젝트라고 비판한다. 전통과 상식의 측면에서 다문화주의 담론은 문화적 다양성의 인정에도 불구하고 주류문화와 소수문화라는 구분이 가지는 차별이 내재되어 있다는 비판으로 자유롭지 않다고 주장한다. 다문화주의는 계급의 문제를 문화적 정체성의 이슈로 전환시켜 사회적 불평등의 문제를 문화적 차이로 치환하는 데 성공적이었지만, 주류집단과 소수집단 간 문화적 차이의 부각으로 인해 사회적 정의에 대한 관심보다는 소수집단에 대한 차별화를 방치하는 결과에 직면하게 되었다고 지적한다. 서구에서 다문화주의에 대한 비판이 제기되면서 사회통합정책이 관심을 받게 되었다. 유럽의 이민자 사회통합은 '신동화주의(neo-assimilation)'의 경향을 보이면서 정치, 법, 경제, 문화적 동화를 포함하고 있으며, 다만 동화주의와 같이 강제성을 강조하기보다는 가치와 규범의 보호에 주안점을 둔다고 설명한다. 선별이민과 이민자의 점진적 동화를 추진하는 제도와 사회통합 프로그램으로 구체화되었다고 분석한다. 사회통합 담론은 기존 동화주의의 인종주의 담론과 유사성을 가지고 있다고 지적하며, 통제, 차별, 문화적 동화, 상징적 배제 등의 문제를 야기하고 있다고 비판한다. 국가의 이익이라는 측면에서 시행되고 있는 사회통합정책은 이민자에게만 의무와 희생을 강요하고 있다고 비판한다. 서구의 사회통합정책 사례 분석을 토대로 동화주의와 다문화주의가 혼재되어 있는 한국사회를 위한 함의를 제시한다. 우선 이민자 편입 정책의 수립과 시행에 이민자가 참여하도록 해야 하며, 서구의 다문화주의와 사회통합정책이 이민자를 위한 정책이기보다는 주류사회의 보호와 문제의 회피를 위한 기획이었다는 점을 인식해 장점과 단점을 면밀히 고려해야 한다고 주장한다. 또한 이민자의 변화와 의무 수행과 함께 선주민의 이민자 문화의 인정과 이해 과정이 진행되어야 한다고 강조한다(이용균. 2014: 114-117, 119-123).

OECD 회원 국가를 사례로 다문화정책 중 다문화교육정책이 이민자 자녀의 학교소속에 미치는 영향을 분석한 연구가 제시되었다. 다문화주의를 채택한 국가에서는 법, 교육, 미디어 등의 영역에서 다문화정책을 시행해왔으며, 소수집단에 대한 차별과 불평등의 문제를 해결하는 데 주안점이 두어졌다고 강조한다. 미국을 비롯한 서구 국가들은 다문화정책 중 교육정책에 많은 관심과 지원을 나타내 왔으며, 이를 통해 사회통합의 목표를 달성하고자 한다고 진단한다. 반면 다문화주의에 대한 관심의 증가에도 불구하고, 다문화주의 정책의 결과와 효과를 분석한 실증적 연구가 미비한 점을 지적한다. 다문화정책의 한 형태로서 다문화교육정책은 사회통합을 목표로 한 교육 영역의 정책으로 설명할 수 있으며, 이민자의 교육소외 해소, 이민자와 자녀 대상 적응 지원 교육, 선주민과 이민자 간 상호문화이해 교육 등을 포함하며, 개별 국가에서는 상황에 부합한 프로그램을 운영해왔다고 언급한다. OECD 회원국 중 29개국을 대상으로 한 분석 결과에 따르면 이민자 자녀의 학교 소속감은 일반학생에 비해 낮은 경향을 나타냈으며, 국가 차원의 공공사회복지 지출은 학교 소속감에 긍정적 역할을 하는 것으로 분석되어 교육과 복지의 연계성을 보여준다고 설명한다. 또한 다문화교육정책의 제도화 수준이 높은 국가에서는 이민자 자녀의 학교 소속감이 낮아지는 것을 방지할 수 있고, 다문화교육을 위한 교육환경 구축이 긍정적 영향을 미칠 것이라고 분석한다. 한국의 다문화교육은 결혼이민여성과 외국인노동자를 대상으로 하는 경우가 많고, 이주배경 학생에 대한 다문화교육도 동화주의 모델이라는 비판에 직면해 있다고 진단한다. 이러한 상황을 개선하기 위해서는 공적 지원체계의 강화와 선주민을 포함해 다문화교육의 대상을 확대해야 한다고 제언한다. 이주 배경 학생 대상 다문화교육의 구체화와 강화는 이들이 성인이 된 이후의 사회통합에도 기여할 수 있기에 적극적으로 한국사회에서 추진해야 한다고 주장한다(양경은, 함승환, 2015: 10-12, 23-26).

다문화사회에서 미등록 이주노동자의 사회통합을 위한 과제를 국제규범과 국내 정책을 통해 고찰한 연구가 제출되었다. 유엔은 이주노동자의 법적 지위와 관계없이 인권이 보호되어야 한다고 표명하였으며, 유엔 인권위원회는 자유권 규약이 불법체류자를 포함한 모든 사람에게 적용된다고 결론을 내렸다. ILO는 권고를 통해 미등록 이주노동자도 등록된 외국인노동자와 마찬가지로 "현재 및 과거의 고용에서 발생하는 권리, 보수, 사회보장과 여타 소득, 노동조합 회원자격과 노동조합권의 행사와 관련하여 자신과 그의 가족들이 동등한 처우를 받을 권리를 향유해야 한다"라고 밝혔다. 또한 미주 인권재판소는 2003년 권고를 통해 미등록 이주노동자가 직장에서 동등한 권리를 보장받아야 하며, 차별을 금지해야 한다고 의견을 제시한다. 한국사회에서 미등록 이주노동자의 권리를 보장하기 위한 방안들을 제안한다. 우선 미등록 이주노동자를 포함한 외국인노동자의 권리 보장이 필요하다는 사회적 인식이 형성되어야 한다고 제기한다. 정부 차원의 이주노동자를 통합하기 위한 정책수립과 국민도 이주노동자를 권리의 보장이 필요한 소수자로 이해하고 수용하기 위한 인식 전환이 요구된다고 주장한다. 또한 보편적 인권에 관한 국제규범의 관점에서 이주노동자와 미등록 이주노동자의 권리문제를 바라보아야 한다고 제언한다. 이를 위해서는 이주노동자협약 가입이 필요하다고 제기한다. 이주노동자협약은 이주노동자와 가족 이외에 미등록 이주노동자의 인권 보장을 표명하고 있다. 그러나 한국을 포함한 많은 수용국들은 외국인노동자의 정착과 복지비용 증가를 우려하면서 가입을 미루고 있다고 지적한다. 한편 외국인노동자에 대해 적용할 수 있는 국내법으로 「재한외국인처우법」, 「다문화가족지원법」, 외국인정책 기본계획 등이 있으나, 합법적 외국인노동자에 적용이 가능하거나 미등록 자녀 문제가 발생하는 등 한계를 가지고 있다고 비판한다. 미등록 이주노동자에 대한 국내법을 통한 권리 보장과 보호는 미비하며 이를 개선해야 한다고 강조한다(박미경, 2010: 114-115, 123-126). 한국과 호주의 사회통합정책을 다문화교육을 중심으로 분석한 연구가 제출되었다. 다문화주의와 동화주의의 관계에 관해 서구의 사례를 중심으로 고찰해 제시한다. 동화주의에서는 이민자의 수용국의 언어와 문화의 수용을 전제로 하며, 자연스럽게 이민자의 송출국의 사회문화적 특성은 포기된다고 인식한다고 설명한다. 그러나 이민자 집단의 동화과정에서 주류사회와 이민자 집단 모두에게 양방향의 변화가 수반된다는 것을 이해해야 한다고 진단한다. 또한 프랑스의 사례에서처럼 이민자의 동화가 실제에서는 쉽지 않고, 사회적 분리로 인한 갈등과 문화 간 충돌이 증대될 수 있는 문제점이 있다고 지적한다. 동화과정에는 이민자의 계층, 언어, 종교, 인종 등의 구조적 요인들이 제약을 가함에 따라 동화에도 이민자 집단별로 차이가 발생한다고 분석한다. 따라서 서구 국가에서는 극단적 동화정책에서 점진적 동화정책으로 변화가 진행되었다고 언급한다. 미국, 캐나다, 호주, 뉴질랜드 등의 전통적 이민국가들은 동화모형을 선택했지만, 점진적 통합단계를 거쳐 다문화주의를 도입한다고 설명한다. 호주의 다문화교육에 대한 고찰을 토대로 한국 사회의 동화정책의 개선을 위한 제언을 제시한다. 우선 한국의 사회통합정책과 다문화교육의 핵심 내용으로 이민자의 인권 보장이 포함되어야 하며, 주류사회의 문화 다양성에 대한 이해와 인식개선이 진행되어야 한다고 제안한다. 단일민족주의가 강한 한국사회는 이민자 통합정책의 변화를 위해 호주의 백호주의가 미치는 부정적 영향을 살펴볼 필요가 있다고 주장한다. 한편 다문화사회에서 동화정책이 구현되기 위해서는 이민자가 겪는 경제적 불평등의 문제가 해결되어야 하며, 이는 문화적 평등을 통해 해소될 수 없는 문제로 고용, 교육, 보건, 소득, 주거 등의 분야에서 불평등이 시정되어야 한다고 제안한다(김태희, 2016: 9-10, 16-17).

한국과 독일의 사회통합정책에 관한 분석을 기초로 한국 정책의 개선 방안을 제시한 연구가 제출되었다. 서구의 논의를 토대로 사회통합 유형을 정치적 참여와 문화적 적응 수준, 사회경제적 편입 수준으로 구분해 완전동화, 다원적 통합 또는 선택적 동화, 주변화, 분리 등으로 분류한다. 지역 차원의 이민자 통합을 추진해야 하는 지방정부에서는 이민자 개인과 집단의 정치적 참여와 문화적 적응 수준, 사회경제적 편입 수준 등을 고려하여 사회통합정책을 시행해야 한다고 제안한다. 독일은 전체 이민자 대상 언어교육과 적응을 위한 프로그램을 시행하고 있으며, 사회통합정책에서 주정부의 역할이 중요하다고 설명한다. 독일의 경우 지방정부의 다양한 프로그램을 통한 지원과 함께 이민자의 사회통합 프로그램 참여가 미비한 경우 복지지원 감축과 체류허가 연장을 불허함으로써 이민자의 의무적 참여를 강제하고 있다고 언급한다. 독일 이외에 캐나다와 네덜란드의 지방정부 사례를 함께 고찰해본 결과 다문화사회에서 사회통합정책이 소기의 목적 달성이 쉽지 않은 과제라고 분석한다. 또한 사회통합정책은 중앙정부가 주도하기보다는 지방정부 중심으로 맞춤형 정책이 시행되었을 경우 효용성이 높다고 진단한다. 사회통합정책은 지방정부, 학교, 기업, 시민단체, 봉사단체 등의 협력과 다양한 지원의 제공이 병행되어야 실효성이 높다고 강조한다. 한국과 독일의 사회통합 현황에 관한 자료 분석을 토대로 이민자의 조기 사회통합 증진을 위한 방안을 제시한다. 첫째, 지방정부 차원에서 선주민과 이민자가 참여해 사회통합의 공동목표 설정, 의무적 역할 분담과 참여를 통한 수행, 성과에 대한 보상 등이 필요하다고 제안한다. 둘째, 지방정부에서는 유럽연합의 '이민자통합정책 공동기본원칙'이나 독일의 '이민통합백서' 등과 같은 이민자 통합정책에 관한 기본원칙 수립과 현황조사 실행 등을 위한 조례를 제정해 시행해야 한다고 언급한다. 셋째, 이민자의 능력, 특성, 성향, 정착기간 등을 검토해 '선별적인 사회통합정책'을 시행해야 하고, 이를 위해서는 정부 차원의 '이민자 자력표'의 개발과 이민자의 적극적 정보입력이 필요하다고 주장한다. 넷째, 사회통합 프로그램의 참여와 이수를 국적취득과 연계하고 국적취득을 증가시키기 위한 지원이 요구된다고 제언한다. 다섯째, 지방정부는 독일의 사례에서처럼 언어, 교육, 고용, 의료, 복지 등의 영역에서 이민자에 대한 지원을 할 수 있는 업무와 담당부서를 확립하고, 독일의 지역통합센터와 같은 기구를 지역에 설치해 운영할 것을 제시한다. 여섯째, 이민자의 사회경제적 통합을 위해 고용시장에 편입되도록 직업교육과 언어교육 등의 지원이 필요하다고 제안한다. 일곱째, 지역주민과 이민자 간 상호 교류를 활성화해 지역공동체에 이민자가 적극적으로 참여할 수 있도록 프로그램을 운영해야 하며, 지역주민과 이민자 간 갈등 발생 시 이를 해결하기 위해 '이웃중재자' 또는 '화합중재자' 등의 제도를 수립해야 한다고 언급한다. 여덟째, 민·관·학 협력체계를 구축해 이민자 지원서비스에 대한 정보의 공유를 통한 효과적 지원을 확대하고, 국내 외국공관 참여를 통해 이민자와의 협조를 강화해야 한다고 강조한다(조용만, 박성범, 2013: 474, 478-480, 490-496).

프랑스와 캐나다의 '이민자통합정책지수' 분석 결과를 토대로 한국의 사회통합정책을 위한 제언을 제시한 연구가 제출되었다. 양국의 노동시장 접근성, 가족재결합, 교육제도, 정치참여, 장기체류, 국적취득, 차별금지 등의 지수 범주를 비교해 분석하고 있다. 프랑스는 이민자의 노동시장 접근을 제한하는 '선별적 노동이주정책'을 시행하는 반면, 캐나다는 선주민과 이민자 노동시장에서의 평등한 권리와 지원을 제공하고 있다고 언급한다. 가족재결합의 경우 프랑스는 유럽 국가 평균보다 낮은 가족재결합률을 나타내고 있는 반면, 캐나다는 사회통합을 위한 기초로 가족재결합을 인식해 허용하는 경향이 강하다고 진단한다. 이민자에 대한 교육, 이민자 문화 교육, 주민에 대한 교육 등은 전반적으로 캐나다가 프랑스에 비해 높은 수준을 보였다고 분석한다. 이민자의 정치참여에 있어서는 프랑스가 유럽 평균 수준의 지수를 나타냈고, 캐나다는 국적취득을 하지 않은 이민자의 정치참여는 제한적이고 실제 유럽 국가 평균보다 낮은 정치참여율을 기록한다고 설명한다. 장기체류 허용은 프랑스에서는 제한적으로 시행되며 실제 유럽 평균보다 낮은 수치를 보이는 반면, 캐나다의 장기체류 지수는 가장 높은 지수를 나타냈다고 분석한다. 국적취득의 경우 양국 모두 이중국적을 허용하고 있으며, 이민자의 입장에서는 상대적으로 캐나다가 국적취득 허용 관문이 낮은 것으로 판단한다. 반차별 지수는 프랑스 77, 캐나다 89로 유럽 평균 57보다 상당히 높은 수준을 기록했으며, 다만 프랑스의 경우 사회심리적으로는 관용과 억압이 동화주의를 통해 혼재되어 나타나고 있다고 분석한다. 프랑스와 캐나다 사례에 대한 분석을 기초로 한국의 사회통합정책을 위한 대안을 제시한다. 사회통합은 장기적으로, 단계적으로 추진되어야 하며, '사회심리기제'와 독립적인 전담부서의 수립이 필요하다고 주장한다. 이민자 전체를 정책의 대상으로 설정하고, 내국인과 이민자 간 사회적 합의를 통한 정책 시행이 요구된다고 제언한다. 사회통합정책의 목표 설정에 외국인력 활용의 관점이 반영되어야 하며, 외국인노동력의 역량 강화의 측면에서 노동시장 접근성이 관리되어야 한다고 강조한다. 가족재결합은 한국사회로의 통합의 관점에서 적합성을 고려해 허용되어야 하며, 이민자에 대한 적응과 직업교육을 강화해야 한다고 제시한다. 정치참여는 제한적으로 허용하여야 하며, 외국인노동자를 대상으로 한 효율적 귀환 프로그램을 운영해야 한다고 제기한다(김중관, 2014: 170-178).

한국과 독일, 일본의 국제이주와 이민자의 시민권을 비교 분석한 연구가 제시되었다. 시민권은 "정치공동체의 성원 자격이라는 형식적 측면과 그 성원 자격에 토대를 둔 개인의 권리·의무, 또는 그것을 보장하는 제도·관행 등 내용적 측면"을 포함하는 개념으로 정의한다. 시민은 국민이 아닌 주민으로 확장해 이민자를 포함시키고, 이러한 시민 범위의 확장을 통해 시민권은 "비국민, 즉 외국인의 사회적 지위와 그의 권리·의무까지 포괄하는 것으로 확장"해 제시한다. 구체적으로 이민자의 시민권 관련 정책과 제도에는 "이민법과 국적법 등 이민자의 시민권 관련 법제, 외국인의 영주권과 국적취득 요건, 영주권자와 귀화자의 권리" 등을 포함해 비교 분석을 진행한다. 한국과 독일, 일본의 경우 국제이주의 측면에서 보면 필요 인력에 대한 선택적 이민 수용과 이민 통제를 병행하는 세계적 추세에 합류하고 있다고 설명한다. 독일의 경우 2005년 이민법 시행을 통해 이민자 수 증가에 대처하고 있으며, 일본도 2010년 출입국의 관리와 난민의 인정 관련 법률을 개정해 법제를 정비했다고 언급한다. 한국의 경우 법과 제도의 중복과 비효율을 최소화하기 위해 '통합이민법'을 제정할 것을 제안한다. 또한 독일의 경우처럼 혈통주의에 출생지주의와 거주지주의 내용을 보완하고 영주권 전치주의를 도입하는 방안도 검토가 필요하다고 제언한다. 귀화자와 달리 영주권자는 참정권 등에서 제한을 받는 것은 한국과 독일, 일본에서 공통적인 상황인 반면, 독일과 일본에서 영주권자가 공공부조와 사회복지 서비스 영역에서 귀화자와 동일하게 권리를 확보하고 있지만 한국의 경우 그렇지 못한 상황이라고 지적한다. 한국과 독일의 경우 영주권자에게 지방선거 선거권을 허용하지만, 일본의 경우 제한하고 있다고 언급한다. 이민자의 시민권에 관한 비교 분석 결과 독일이 다문화사회로의 전환 과정에서 적극적으로 대응하고 있는 한편, 한국은 영주권자에 대한 사회복지서비스 제공의 측면에서 일본은 사회통합 프로그램과 정치참여 영역에서 개선을 이루지 못하고 있다고 지적한다(설동훈, 2013: 22-24, 44-45).

이민자의 참정권을 비교 검토한 연구가 제시되었다. 미국의 경우 시민권자만 선거권과 피선거권을 가질 수 있으며, 영국은 영연방 시민에게 선거권을 부여한다고 설명한다. 독일은 국민에게 선거권을 부여하면서도 지방선거에 해당 지역에 거주하고 있는 유럽연합 회원국 시민에게 선거권을 확대했다고 분석한다. 그러나 독일의 경우 유럽연합 회원국 시민이 아닌 이민자가 지방선거에 참여할 수 있는 권리를 보장하고 있지 않다고 지적한다. 호주는 시민권을 취득한 시민에게만 선거권과 피선거권을 부여하고, 호주의 일부 주에서는 지방선거에 한정해 이민자에게 투표권을 허용하고 있다고 언급한다. 한국의 경우 2006년 지방선거부터 영주권을 가진 이민자에게 선거 참여를 허용해왔는데, 서구의 사례를 보면 호주의 일부 주를 제외하고 대부분 국가에서 국적을 가진 시민에게만 참정권을 부여하고 있다고 지적한다. 이민자에 대한 참정권 확대가 사회통합을 촉진시켜왔다는 경험적 사례를 찾기 어렵다고 주장한다. 한국의 경우 이미 영주권을 가진 이민자에게 지방선거 참여의 권리를 인정하고 있어, 다른 국가에 비해 이민자의 참정권을 보다 더 허용하는 국가이기에 이민자에 대한 참정권 확대를 고려할 상황은 아니라고 강조한다(임형백, 2014: 56-62).

반면 덴마크, 벨기에, 독일의 사례를 비교 분석을 통해 한국적 함의를 도출하면서 이민자 참정권 확대를 주장하는 연구가 제출되었다. 덴마크는 이민자 참정권이 제도화되어 있는 반면, 벨기에는 부분적으로 구축되어 있으며 독일의 경우 부재하다고 평가한다. 비교 분석 결과 이민자의 참정권 보장을 위해서는 선거권 부여가 중요한 역할을 하며, 각국의 자문위원회는 이민자의 의견을 정치사회에 전달하는 기능을 하고 있다고 분석한다. 또한 정당은 이민자의 정치사회로의 통합과정에서 핵심적 역할을 수행한다고 설명한다. 비교 분석을 토대로 한국사회에서는 영주권 취득 조건의 완화, 유럽의 정당과 같이 영주권을 가진 이민자의 정당 활동 허용, 외국인자문위원회의 구성과 이민자의 참여 확대, 장기적인 관점에서 이민자에 대한 피선거권 확대 등의 검토가 필요하다고 제언한다(이상우, 2011: 77-79).

이민자의 정치적 권리에 관한 서구의 사례를 검토한 후 한국적 함의를 제시한 연구가 제출되었다. 식민지 국가로부터의 이주 또는 외국인노동력의 활용을 위한 이주 등으로부터 현재 국제이주의 특성은 변화해왔으며, 이러한 과정에서 이민자의 권리도 변화되어 왔다고 언급한다. 전통적 이민국가인 미국의 경우는 이민으로 인한 국적취득에 따라 이민자에게 모든 권리가 부여되었던 반면, 독일의 경우처럼 이민을 통제하고 외국인노동자 프로그램을 중심으로 운영했던 국가는 이민자에게 내국인과 동일한 권리를 허용하지 않았다고 설명한다. 이민 레짐의 측면에서 이민국가 유형의 미국, 식민주의 레짐의 영국, 손님노동자 레짐의 독일, 혼합 레짐 프랑스 등의 유형화를 기초로 이민자의 정치적 권리를 분석한다. 한편 이러한 국제이주 레짐이 변화하면서 이민자에 대한 권리 부여는 과거와 달리 혈통주의와 출생지주의가 혼합된 형태로 진행되고 있다고 언급한다. 특히 서유럽 국가에서는 자유, 재산, 안전, 사회복지 등에 관한 시민의 권리와 비시민의 권리의 명확한 기준이 불분명해져 왔으며, 국가의 영토에 거주하는 모든 개인에게 권리가 부여되어 왔다고 강조한다.

정치적 권리도 시민의 권리의 토대가 되기에, 국제이주의 변화를 반영해 기존 귀화를 통해서만 보장받을 수 있던 것을 국적을 취득하지 않은 이민자에게 정치적 권리를 점진적으로 허용하고 있다고 설명한다. 이민자의 정치적 권리 보장에 관한 찬반양론이 존재하며, 찬성 입장에서는 이민자의 사회통합 촉진과 인간의 기본권 보장이라는 명분을 근거로 제시한다고 밝히고 있다. 반면 선거권은 국민만이 가질 수 있는 권리라고 주장하면서 귀화과정을 통해서만 해당 권리를 부여받아야 한다는 의견과 이민자의 정치참여로 인해 선주민과 이민자의 이익을 둘러싼 갈등이 표출되어 국가적 분열의 원인이 될 수 있다는 입장의 반대론을 소개한다. 따라서 이민자에게 정치적 권리를 모두 부여하기보다는 생활 공동체인 지방단위에서 선거권을 부여하는 것이 고려되어야 하고, 이 과정에서 이민자의 사회통합도 지역 차원에서 촉진될 것이라고 제언한다. 한국의 영주권 취득 후 3년이 경과한 이민자에게 지방선거 투표권을 부여한 것은 이민자의 통합에 긍정적인 영향을 미칠 것으로 예상하며, 이 외에 피선거권과 외국인 자문기구를 통한 이민자의 의견 제시 창구 마련 등의 추가적인 조치도 향후 과제로 검토해야 한다고 제안한다(김민정, 2019: 79-93).

국가의 복지제도와 이민제도가 이민자의 권리에 미치는 영향을 분석하고 한국사회를 위한 제언을 제시한 연구가 제출되었다. 욕구를 사회권의 원리로 인식하는 자유주의 복지국가, 근로를 사회권의 토대로 간주하는 보수주의 복지국가, 시민권을 사회권의 기초로 설정하는 사회민주주의 복지국가 등으로 복지국가 레짐을 구분한다. 이들 서구 복지국가들에서 합법적 이민자에게 보편적 권리를 부여하는 경우가 많다는 것은 이민자를 포함한 비시민에게도 복지국가의 경계가 확대된 것을 입증한다고 설명한다. 이민자의 출입국과 사회통합정책을 포괄적으로 이민 레짐으로 정의하고, 국가의 출입국정책은 사증체계와 연결되며 입국 유형에 따라 구별되는 권리와 의무를 부여하고 노동이민, 난민, 비호신청, 가족동반, 동포, 식민지 출신, 유럽의 경우 유럽연합 시민 등의 범주로 구분될 수 있다고 언급한다. 유의해야 할 점은 복지국가 레짐의 성격과 이민 레짐의 성격이 일치하지 않을 수 있으며, 이민 레짐의 출입국정책과 편입정책의 성격도 유사성이 낮을 가능성이 있다고 지적한다. 예를 들면 호주와 캐나다는 수용적인 다문화정책과 편입정책을 가지고 있으면서도 점수제 이민제도를 통해 이민을 제한하는 정책도 동시에 병행하고 있다고 소개한다. 또한 복지국가 레짐과 이민 레짐의 변화는 이민자 권리의 확대나 축소에 영향을 미친다고 주장한다. 한국인과 다양한 체류자격을 가진 이민자, 동포들이 한국의 복지국가를 구성하고 있으며, 국제이주의 영향력 증가와 정착 외국인의 증가는 시민권의 경계가 국민국가 수준을 넘어서야 하는 시점에 직면해 있다고 진단한다. 한국의 경우 이민 레짐의 측면에서 이민자 유입을 위한 국경개방의 요구와 사회적 비용의 확대를 위해 이민을 통제해야 하는 딜레마 상황에 처해 있다고 분석한다. 국제이주의 요인이 다양하지만 수용 국가의 복지 레짐이 이민자의 유형, 규모, 정착 가능성에 영향을 미치는 것을 중요하게 고려해야 한다고 제언한다. 한국은 통제 중심의 이민정책에 주안점을 두어왔는데, 향후 사회 내 갈등의 방지와 관리를 포괄하는 이민자정책으로 변화되어야 한다고 주장한다.

또한 사회정책도 이민자 증가와 문화적 다양성을 고려한 재구조화를 추진해야 한다고 제기한다. 서구 복지국가 레짐의 원칙인 욕구, 근로, 시민권에 보편적 인권을 추가해 한국 복지국가의 이민자 권리 부여의 근거로 활용해야 한다고 제안한다(김규찬, 2020: 34-36, 52-54).

이민정책의 결정 과정에 영향을 미치는 요인에 관해 서구와 한국의 상황에 기초해 분석한 연구가 제시되었다. 프리만(Freeman)은 '이해관계 주도 모형(interest-driven model)'을 제기하고, 국민과 이익집단, 국가가 정책결정에 영향을 미친다고 주장한다. 특히 이민정책에서 납세자인 국민에 해당하는 '비용을 지불하는 사람들'은 이해관계가 분산되어 있는 반면, 고용주와 이민자 단체 등의 혜택을 입는 사람들은 집중되어 있다고 지적한다. '분산된 비용'과 '집중된 이익'은 정치엘리트가 이익집단의 이해에 반응할 가능성이 높고, 따라서 '고객정치(politics of clients)' 틀로 이민정책에 관한 설명이 가능하다고 지적한다. 자유와 인권 등 문화적·정치적 요인이 이민정책의 결정에 영향을 미친다고 설명한다. 홀리필드(Hollifield)는 시장의 개방 논리와 사회적 보호주의의 폐쇄 주장 간 딜레마 상황에 국가들이 놓여 있지만, '자유주의의 압박'에 자유주의 국가들은 개방적인 이민정책의 방향으로 전환한다고 주장한다. 한편 설동훈과 스크렌트니(Skrentny)는 국제관계적 측면을 새로운 이민정책 결정 요인으로 제시한다. 구체적으로 '초국가적 또는 국가 간 변수'를 통해 한국과 일본 등의 동아시아 국가의 이민정책 결정을 분석한 결과, 유럽연합과 같은 초국가적 제도의 역할과 영향이 부재해 이민자의 영구정착이민이 미미하다고 주장한다(설동훈, 2016b: 105-109).

제5장

한국의 다문화와
이민정책 담론의 과제

한국의 다문화와 이민정책 담론은 서구와 상이한 배경에서 제기되었지만, 담론의 변화 과정은 서유럽의 영국, 독일, 프랑스 등 선발이민국가의 담론과의 유사성과 차별성을 동시에 가지고 있다. 서구의 다문화정책과 다문화주의 담론에 대한 학문적 연구로부터 시작해, 한국사회의 외국인노동자에 대한 정책과 다문화정책으로 통칭된 다문화가족 정책에 대한 논의를 거쳐 다문화와 이민정책 담론을 연계해 고민하는 단계로까지 발전해왔다. 다문화 담론은 다문화주의 유형, 비판, 반다문화주의, 후기다문화주의, 민족주의, 인종주의 등에 관한 이론적 논의가 학술연구를 중심으로 한 지식체계를 통해 다루어져 왔고, 다문화정책, 사회통합정책, 외국인노동력정책, 시민권, 국제이주 등 이민정책 담론은 지식체계와 정치사회와 시민사회의 언술체계가 결합해 제시되어 왔다.

한국에서는 후발이민국가로서 국제이주의 통제, 외국인노동력에 대한 차별적 배제 정책, 다문화정책으로 명명되었지만 결혼이민여성과 다문화가족 자녀에 대한 동화정책 등 선발이민국가의 이민국가로의 전환 이전 또는 초기에 시행된 정책들이 병존하는 상황이 지속되어 왔다. 반면 조기에 고용허가제의 도입, 동화정책의 시행에도 불구하고 이민자의 문화와 종교에 대한 암묵적 인정, 영주권을 가진 이민자에게 지방선거 선거권 부여, 서구 국가에 비해 상대적으로 약한 반이민, 반다문화 정서 등은 선발이민국가의 경로와는 다른 양상을 나타내 왔다. 한편 지리적으로 한국은 육로를 통한 대규모 난민이나 불법이민자의 유입이 어려워서 원하지 않는 이민을 수용해온 전통이민국가나 선발이민국가에 비해 이민 통제와 선택이민이 용이한 환경이다. 노동력 부족을 해결하기 위한 외국인노동력 수요 증가와 경제성장과 한류 등으로 인한 외국인의 이민 선호 상승이 맞물리면서 한국으로의 다양한 인종, 문화, 지역, 계층 등의 배경을 가진 이민자 유입은 계속적으로 증가해왔다. 특히 전 세계 최저 출산율에 직면하고 있는 한국사회가 생산가능인구 감소의 대안으로 이민정책을 고려하지 않을 수 없기에 이민국가와 다문화사회로의 전환은 불가피할 수밖에 없는 현실이다. 독일이 이민국가라는 인정을 2000년대 초반에야 선언했던 것과 마찬가지로 한국도 명시적 선언과 관계없이 이민국가와 다문화사회로의 변화 과정에 있다고 간주할 수 있는 상황이다. 한국사회는 서구 국가와 달리 이민 통제와 선택이민정책을 통한 국제이주의 관리가 효율적으로 진행될 환경을 가지고 있으면서, 지속적인 외국인노동력 수요와 외국인의 이민선호 증가로 인해 이민국가와 다문화사회로의 전환이 필연적인 상황에 놓여있다. 선발이민국가에서 이민 관리의 측면에서 이민 통제와 선택이민정책을 강화하고, 이민자의 사회통합을 증진하기 위한 정책에 주안점이 두어지고 있는 정책의 경로를 한국사회도 밟을 가능성 또한 높다고 볼 수 있다. 특히 교육을 통한 규범의 내재화 경향이 강한 한국사회의 특성은 다문화교육 등을 통해 이민국가와 다문화사회로의 전환기에 발생할 수 있는 문제를 효과적으로 해결할 개연성도 있다. 그럼에도 한국사회가 가진 단일민족주의의 영향력과 이민자로 인한 갈등관리의 경험 부족 등은 사회통합을 위한 난관을 초래할 수 있는 요인이 될 수 있다.

한국사회의 다문화와 이민정책 담론의 형성과 변화에 대한 고찰과 서구의 다문화와 이민정책 담론과의 비교 분석을 토대로 한국사회가 직면한 이민국가와 다문화사회로의 전환 시기에 제기되는 다문화와 이민정책 담론의 과제를 아래에서 제시하고자 한다. 첫째, 다문화와 이민정책 담론을 이민정책의 사회통합 담론에 포함시켜 논의를 발전시켜야 한다. 서구에서 다문화주의의 개념, 유형, 정책 등의 다양성에 관한 논쟁이 지속되어 왔던 한편, 다문화주의에 대한 비판도 최근 적극적으로 제기되기 시작했다. 최근 서구에서 다문화주의에 대한 직접적 언급이나 지지는 감소했지만, 버토벡과 베센도르프가 지적한 것처럼 다양성의 인정과 지속을 위한 정책은 여전히 중앙정부와 지방정부를 중심으로 시행되고 있다. 또한 욥케가 제시한 이민자의 주류사회 주요 가치에 대한 통합을 강조하는 시민통합과 함께 유럽에서는 차별금지정책이 병행되고 있다. 논쟁의 여지는 있지만 킴리카가 제시한 다문화주의 이론에서 이민자가 대상으로 제시되었다는 점도 주목할 필요가 있다. 서구 학자들의 주장을 요약해보면 최근 다문화주의 담론은 원주민이나 소수민족보다는 이민자를 주요 논의의 대상으로 삼고 있으며, 중앙정부와 지방정부의 다양성정책과 차별금지정책과 연계되고 있다는 점이다. 또한 다문화주의의 대안처럼 제시된 시민통합정책은 이민자의 주류사회로의 점진적 통합을 목표로 하고 있다는 측면에서 이민정책의 사회통합정책과 연결되고 있다. 한국사회는 원주민이나 소수민족집단이 존재하지 않는 상황에서 다문화와 다문화주의 논의의 대상은 이민자에 국한될 수밖에 없다. 한국사회에서 다문화주의에 대한 논의는 이민자에 대한 문화적 다양성 인정, 차별금지, 사회통합 등에 관한 공론화에 주안점이 두어질 것이다. 다양성 정책, 차별금지정책, 시민통합정책 등은 한국사회에서는 이민자의 출입국, 체류, 사회통합 등을 포괄하는 이민정책 중 사회통합정책에서 다루는 것이 서구 논쟁의 한계를 넘어서 효과적인 이민정책을 시행하기 위한 방안이 될 수 있다. 서구의 다문화주의의 개념, 정책, 유형, 정책 대상 등에 대한 담론과 정책 차원의 논쟁을 한국사회에서 다문화주의와 정책에 관한 새로운 논의로 발전시키거나, 한국사회에 특수성을 강조한 '한국적' 다문화주의 개념이나 유형, 정책을 제시하기보다는 이민정책의 사회통합정책에 관한 담론에 포함시켜 다루는 것이 시의적절하다. 이민자 통합의 유형으로 자주 인용되고 있는 차별-배제, 동화, 다문화주의 등은 서구에서도 시민통합과 차별금지정책의 강화 등으로 수렴 경향이 나타나고 있는 상황을 비추어보면 한국사회에서는 이민정책의 사회통합과 별도로 다문화주의에 관한 재론보다는 이민정책의 사회통합 영역에서 다양성과 차별금지로 대표되는 다문화주의를 포함한 통합정책 담론을 논의하는 것이 현실과의 적합성을 증진시킬 수 있을 것이다.

둘째, 이민정책 담론은 국제이주의 경향과 최근 변화를 반영해야 한다. 한국사회의 경우 이민은 통제의 대상이고, 이민을 통제할 수 있다는 자기 확신이 강한 모습을 나타내 왔다. 실제 지리적 특성상 불법이민이나 난민 등의 대규모 유입을 막을 수 있는 조건을 갖추고 있는 것은 사실이다. 이런 상황은 한국정부가 이민정책을 국제이주의 변화 양상과 연계해 검토하기보다는 독자적인 출입국과 체류의 통제와 관리에 집중하게 했고 국제이주와 관련된 레짐, 개발, 안보, 두뇌 순환, 난민 등의 이슈와 관련된 담론은 서구에 비해 발전이 미비한 수준에 머무르게 되었다. 한편 고숙련, 전문직 외국인노동력과 재외동포의 두뇌순환을 통한 국가 발전을 도모하기 위해 서구에서 선택이민 담론이 제시되었던 반면, 여전히 내국인이 기피하는 일자리나 저비용 노동력이 필요한 업종을 위해 저숙련 외국인노동력과 불법체류 외국인노동력을 활용해야 하는 딜레마 상황도 한국에서 재연 가능성이 높아지고 있는 상황이다. 이러한 딜레마 담론에 관한 이슈가 한국의 출입국, 체류, 사회통합 등 이민정책의 전반적 개편 과정에 충분히 논의되어야 하는 주제로 고려되어야 한다. 또한 이민자 초국가주의가 전 지구적 차원의 시공간의 압축 환경 속에서 발전하고 있고, 초국가적 정체성, 초국가적 사회, 정치, 경제, 사회, 문화 등의 영역에서의 이민자의 초국가적 활동이 확대되는 상황에 부합하는 이민정책에 관한 학문적 · 정책적 논의가 필요한 시점이다.

셋째, 한국의 이민정책 담론의 형성과 변화에서 이민자가 객체나 대상이 아닌 주체로 참여할 수 있도록 하는 과정과 제도에 관한 논의가 활성화되어야 한다. 서구에서도 이민자의 다문화와 이민정책 담론의 장에서의 참여가 완전하게 보장된 것이 아니고, 소수집단 내 소수 이민자는 대표되기 어려운 상황에 처해 있기 때문에 주류사회와 소수집단, 소수집단 내 소수자 간 상호 대화를 보장할 수 있는 심의민주주의 접근이 제안되었다. 심의민주주의가 강조하는 '보편적 존중'의 대상으로서 이민자가 인정되어야 하며, 담론의 주체로서 이민자가 참여해야 하고 논의의 과정은 '평등주의적 상호성'의 원칙이 지켜져야 한다는 것이다. 한국의 학계에서도 자유주의 또는 공화주의에 기반을 둔 다문화주의의 한계를 넘어서 심의민주주의의 도입을 제시하는 담론들이 제시되었다. 그럼에도 서구에 비해 한국사회 다문화와 이민정책 담론의 장에 이민자가 주체로 참여하는 정도는 현저히 낮은 수준이다. 공화주의적 접근이나 심의민주주의적 과정의 중요성을 언급하기 이전에 선결과제는 이민자가 이민정책 담론의 주체로서 참여하도록 인정하고 확대하는 거버넌스의 구축과 작동이 필요하다. 이민정책 관련한 지식체계와 언술체계의 담론에서 이민자의 참여와 주체화는 미미한 수준이고, 이민자가 등장하는 사례도 담론의 생산자가 아닌 주로 학술연구, 언론 기사, 보고서 등의 인터뷰나 설문조사 등의 대상자인 경우가 대부분이다. 이민정책이 국가 주도성이나 중심성이 강한 특성을 가지고 있지만, 이민국가 또는 다문화사회가 경험할 수밖에 없는 사회통합을 증진하고 외국인 노동자 문제를 해결하기 위해 이민자가 이민정책 담론의 주체로 참여하고, 담론을 생산할 수 있도록 배려하는 것은 다문화사회로의 전환 과정에 필수적 요소이다. 한편 이민자가 담론 형성과 변화 과정에 적극적으로 참여한다는 것은 이민자의 권리가 보편적 인권의 관점에서 다루어질 가능성을 높이는 계기가 될 것이다. 주류집단에 비해 차별과 배제의 대상이 될 수 있는 이민자의 권리가 이민정책의 담론에서 중요한 주제로 포함되어야 한다. 이민자 권리에 관한 국제 규범과 국내 정책의 조화와 소수집단 내 소수 이민자의 보편적 권리 등에 관한 학술적·정책적 논의가 활성화되어야 한다. 이민자가 담론의 주체로 참여할 수 있는 거버넌스의 강화는 이민자에 대한 보편적 권리 보장이 이민자의 출입국, 체류, 사회통합 등 이민정책 전반에 걸친 담론에서 토론될 수 있는 기제로 작동할 것이다.

넷째, 한국의 인구학적 특성을 반영한 이민정책 담론이 새롭게 제시되어야 한다. 전통이민국가나 선발이민국가 중에는 출산율 저하에 따른 생산가능인구의 감소를 우려한 국가들이 존재한다. 미국, 호주, 캐나다 등 전통이민국가는 이민을 통해 노동인구를 지속적으로 충원해왔고, 불법체류자의 합법화 조치 등도 수반되었다. 선발이민국가 중 프랑스의 경우 세계 최저 수준의 출산율을 경험했지만 북아프리카 출신 이민자의 유입을 통해 인구 부족 문제가 해결되어 왔다. 독일의 경우 통일 이후 동독 인구가 포함되면서 전체 인구가 증가했지만 여전히 인구 부족 국가로 분류되고, 이러한 인구 부족 문제는 독일에서 난민의 수용에 관한 인도주의적 관점과 인구학적 실익의 시각이 공존하게 되는 계기가 되었다. 영국의 경우 지속적인 이민자 유입으로 생산가능인구의 연령이 독일이나 프랑스에 비해 낮은 수준을 유지하고 있다. 전통이민국가와 선발이민국가에서는 인구 부족 문제를 해결하기 위한 이민정책의 형성과 변화에 관한 담론이 본격적으로 제시되기 전 이민자와 난민의 수용 등으로 노동력 부족 문제가 해결되어 왔다. 과거 식민지 국가로부터의 이주, 노동이주, 가족재결합, 난민 인정 등을 통해 지속적으로 이민자가 유입되어 온 선발이민국가에서는 인구문제를 해결하기 위해 이민정책을 개편해야 한다는 담론이 본격적으로 제시되지 않았다. 한국은 세계 최저의 출산율을 기록하고 있으며, 저출산 · 고령화가 급속도로 진행되고 있다. 정부는 저출산 · 고령화 대책으로 막대한 재정을 투자해왔지만 개선되지 못하고 있는 것이 현실이다. 최근에도 인구절벽을 해결하기 위해 청년정책, 육아정책, 지방분권정책 등이 중심적으로 제기되고 있는 상황이다. 일각에서만 이민정책을 통해 인구와 생산가능인구 부족 문제를 해결해야 한다는 의견이 제출되고 있다.

한국사회의 인구 부족은 전체 인구 중 노동인구의 감소와 3D 업종 기피로 인한 노동력 부족 문제가 동시에 나타나고 있다. 출산율이 현시점에서 증가해도 생산인구의 증가는 20년 후에나 가능하고, 이미 기피 업종의 노동력 부족은 심각한 문제로 대두되고 있다. 또한 단기적으로 출산율이 늘어날 것이라는 낙관적 전망도 쉽지 않은 상황이다. 결국 생산가능인구의 감소로 인한 생산성과 내수 시장 위축의 문제와 해외로 이전하기 어려운 요양, 건설, 가사, 농업 등의 부문에서 일할 노동력 부족은 지속될 가능성이 높다. 저출산 · 고령화 문제를 해결할 수 있는 방안 중 하나로 이민자의 유입을 늘리는 이민확대정책을 인구문제 해결과 이민정책의 개편을 위한 담론에서 다루어져야 한다. 이민자 유입 확대가 인구문제 해결을 위한 유용한 대안의 하나가 될 수 있다는 점을 공론장에서 논의할 필요가 있다. 전통이민국가와 선발이민국가에서 인구 부족 문제가 이민자 유입을 통해 자연스럽게 해결되어 왔고, 인구 부족에 대한 우려가 이민자 수용에 대한 반감도 감소시켰다는 점도 주목할 필요가 있다. 이민자

유입 확대가 가져올 수 있는 긍정적인 측면과 부정적인 측면에 관한 사례는 이미 전통이민국가와 선발이민국가를 통해 충분히 검토할 수 있기에, 문제점을 최소화할 수 있는 대응방안도 함께 공론장에서 다루어져야 한다. 서구에서는 이민자의 유입으로 인구문제가 해결되고 있기에 인구학적 시각에서 이민정책 담론이 제기될 필요성이 없었지만, 한국의 경우 이민 확대에 대한 국민 정서상 거부감이 존재하기에 저출산 · 고령화 대책에서 이민정책은 배제되고 있는 현실이다. 인구 부족이 양산할 문제의 심각성과 이에 대한 대안 중 하나로 이민확대정책을 고려해야 한다는 의견이 공론장에서 적극적으로 논의될 필요가 있다. 이민이 가져올 수 있는 문제점과 이에 대한 대응 방안도 함께 논의가 되어야 한다.

다섯째 한국사회에서 반이민정서가 성장하고 정치집단을 통한 인종주의에 기초한 극우적 정치동원화를 방지하기 위한 선제적 담론화가 필요하다. 한국사회에서는 미국과 유럽 국가에서 경험하고 있는 이민자 통합문제, 인종주의, 차별 등의 문제가 심각하게 나타나고 있지는 않다. 따라서 반이민을 표방하는 정치집단과 단체의 활동도 미미한 수준에 머물러 있다. 실제 외국인노동자와 결혼이민여성의 범죄나 사회통합 문제 등이 사회적 이슈로 부각될 만큼 심각성을 가지고 있지 않은 데다가, 오히려 외국인노동자의 열악한 노동환경과 권리 보장, 결혼이민여성과 다문화가족 자녀의 적응과 통합을 어렵게 만드는 가족과 사회의 폭력과 차별 등의 문제점이 부각되면서 이들을 지원의 대상으로 인식하는 경향이 두드러지게 나타났다. 이러한 인식 속에서 외국인노동자와 결혼이민여성과 다문화가족 자녀 등은 내국인의 이익을 침해하는 대상이기보다는 도와주어야 할 대상으로 인정되어 왔다. 특히 이민자 중 동포가 많이 포함된 것도 지원중심의 정책이 형성되고 지속되는 데 영향을 미쳤다. 실제 중앙정부, 지방정부, 시민단체 등의 이민자의 한국사회 적응과정에서의 어려움을 해결해줄 수 있는 지원이 집중되어 왔다. 반면 유럽의 경우 이민자에 의한 테러와 범죄와 일자리를 포함한 경제적 이익을 빼앗기고 있다는 내국인의 반감이 결합되어 반이민을 표방하는 극우 정치집단의 정치세력화와 반이민 정치동원이 강화되어 왔다. 유럽 국가의 이민자의 테러와 범죄를 막기 위한 사회통합정책의 강화와 내국인 일자리 확보 증대 등의 노력에도 프랑스 등 특정 국가에서 반이민 정치집단은 인종주의, 민족주의 등에 기반을 두어 정치세력을 확장하고 있는 상황이다. 한국과 유럽 국가의 이민 역사와 이민정책은 맥락에서 차이가 있기에 유럽 국가의 반이민 정치집단의 성장이 한국에서 재현되리라고 보기는 어렵다. 다만 이민자의 급격한 증가를 경험하고 있으며, 인구 부족 문제를 해결하기 위한 대안 중 하나로 이민확대정책을 고려해야 하는 상황에 직면한 한국으로서는 이민자 유입 증가로 인해 발생할 수 있는 사회통합과 내국인의 경제적 이익 침해 문제가 현실화될 수 있다는 점을 분명히 인식해야 하는 시점이다. 특히 이민자의 범죄나 일자리 경쟁 등의 이슈가 인종주의, 민족주의 등에 기반을 둔 반이민 정치집단의 성장으로 연계되지 않도록 선제적 노력이 필요하다. 이민자의 사회통합을 증진시키고 일자리 경쟁을 완화하기 위한 정책의 시행과 함께 유럽 국가의 사례를 토대로 왜 인종주의, 민족주의에 기반을 둔 반이민 정치집단이 세력화되어서는 안 되는가에 대한 담론적 차원의 논의가 시작되어야 한다. 현재는 이민자에 대한 지원의 필요성에 대한 규범화로 정당정책의 수렴화 경향이 나타나고 있지만 강력한 단일민족주의 정서를 가지고 있는 한국사회에서 반이민 정치집단의 성장 가능성을 배제할 수는 없다. 유럽에서 나치와 같이 국가와 사회의 분열과 갈등, 자유민주주의 가치의 파괴 등이 인종주의에 토대를 둔 극우집단을 통해 진행되었던 역사적 경험이 있기에 현재 반이민 정치집단에 대한 우려가 유럽에서 적극적으로 제기되고 있다. 한국사회도 이민국가와 다문화사회로 전환하는 과정에 인종주의와 민족주의에 기반을 둔 극우적 성향의 반이민 정치집단에 관한 심도 있는 학계와 시민사회의 논의가 필요하다.

보론

한국의 학제간 다문화 담론의 주요 개념과 쟁점의 분석과 함의[4]

1. 본 연구의 학문적 · 사회적 기여

한국의 다문화 담론을 네 권의 총서로 다루고 있는 본 연구는 학제간 연구로, 각 연구에서는 다문화 담론의 주요 개념을 추출하여 소개하고 쟁점을 분석하였다. 본 〈한국 다문화 담론의 형성 과정〉 총서의 학문적 · 사회적 기여는 크게 네 가지로 요약될 수 있다. 첫째, 한국 다문화 담론의 연구지형을 조감하는 데 기여할 수 있다. 총서 연구는 학제간 연구를 통해서 한국 다문화 담론의 연구지형도를 그려내고 있다. 학제간 연구가 필요한 연구 분야임에도 학제간 연구가 활발하지 못했던 현재의 다문화 연구의 풍토에 촉매제 역할을 할 수 있을 것이다. 둘째, 학문 분야별 다문화 연구의 후속 연구를 촉발할 수 있다. 총서는 한국 다문화 담론의 현재 연구 경향과 과제를 도출하여, 각 학문 분야별 다문화 연구의 후속 연구를 도와줄 수 있다.

---

4   보론은 한국학총서사업 〈한국 다문화 담론의 형성 과정〉 집필진인 유두련, 김용찬, 장미야(이상 대구가톨릭대학교), 박종수(대구대학교) 등이 공동집필 함.

정치와 교육, 복지 등에 치우친 그동안의 연구에서 문화와 종교 등 상대적으로 덜 주목되었던 연구의 필요성이 제기된다는 점에서 본 연구는 다문화 연구에서 학문의 균형 발전에 기여할 수 있을 것이다.

셋째, 사회적 기여로, 총서 연구는 한국 이민·다문화정책에 대한 시사점을 제공할 수 있다. 현재 제4차 외국인정책기본계획이 시행되고 있는데, 어느 때보다 균형 잡힌 이민·다문화정책이 필요할 때이다. 다문화 관련 개념의 형성사를 통한 본 학제간 연구는 시혜와 동화에 치우친 다문화정책의 방향에 비판적 시사점을 제기한다는 점에서 정책적 제고에 기여할 수 있다. 넷째, 한국학 교육 및 연구에의 환류로, 총서는 다문화 관련 전공 교재로 활용될 수 있다. 다문화 관련 교양 교재는 비교적 많이 있으나 전공 교재는 많지 않았다. 본 총서는 각 학문 분야에서의 다문화 담론을 개념을 중심으로 한 연구 주제를 살피고 있기에, 전공 교재로써 활용될 수 있으리라 기대한다.

2. 주요 개념과 쟁점의 분석과 함의

본 총서의 각 연구에서 추출된 주요 개념은 국제이주, 다문화(-주의, 정책), 사회통합, 인권과 차별금지이다. 각각의 개념은 각 권의 총서 내용에서 가장 쟁점이 되는 개념들이다. 이 개념들을 중심으로 한국 다문화 담론의 함의를 살펴보면 다음과 같다.

1) 국제이주

한국의 다문화와 이민정책 담론 연계의 측면에서 국제이주를 설명하는 주요 개념들은 체류/출입국관리, 외국인노동력정책, 두뇌 유출/유입/순환, 국제이주레짐, 국제이주와 개발, 국제이주와 안보 등이다.

수용국 입장에서 국제이주정책의 시작은 출입국관리로부터 시작된다. 출입국관리는 사증업무, 입국심사 상륙허가, 규제자관리, 밀입국 방지 등을 포함한다. 체류관리는 수용국에 체류하고 있는 외국인이 "체류 자격을 준수하며 체류할 수 있도록 통제 관리하는 업무"를 의미하며, 불법체류자의 강제 출국 조치도 포함된다(한건수, 2016a). 체류와 출입국관리 담론은 현행 제도가 가진 차별적 요소와 인권침해의 개선, 불법체류 문제의 해결, 불법체류 외국인노동력의 활용 등을 중심으로 제시되었다. 향후 체류와 출입국관리의 유연화 또는 통제 강화, 불법체류이민자의 합법화, 난민 허용 등에 관한 논의가 진행될 것이다.

한국의 국제이주 수용은 외국인노동력정책을 중심으로 진행되어 왔다. 외국인노동력정책은 "노동력으로서 이민자를 도입하여 활용하는 정책"인 외국인력정책과 같은 의미로 정의되었다. 고숙련노동력과 저숙련노동력에 대한 차별적 국제이주정책을 시행해왔으며, 산업연수생제도를 거쳐 고용허가제로 제도가 정착되었다(이규용, 2016b). 외국인노동력정책 담론은 외국인력 도입에 관한 찬성과 반대, 외국인노동자의 권리보장, 외국인노동자의 통합 등의 주제를 포함하고 있다. 외국인노동력 유입이 미치는 부정적 영향에 관한 의견이 제출된 한편, 외국인노동력 선별유입과 양성정책에 관한 주장이 제기되었다. 외국인노동자의 정착과 통합을 위한 제도 개선 요구도 제시되었다.

추후 외국인노동력정책 담론은 고숙련 및 숙련노동력 유치, 정착 확대와 사회통합 강화, 불법체류 외국인노동자 이슈 등을 둘러싼 논의로 담론은 발전할 것이다. 두뇌 유출, 유입, 순환 개념은 외국인노동력정책 중 고숙련노동력의 유출 및 유입과 연관되어 있다. 두뇌 유출은 개발도상국 고급인력의 선진국으로의 이주를 의미하며, 유입은 선진국에서의 수용, 순환은 고급인력의 모국으로 귀환 또는 지속적 이주를 의미한다. 두뇌 유출, 유입, 순환 담론은 두뇌 유출과 유입이 송출국과 수용국에 미치는 영향, 고숙련노동력 유입의 필요성, 고숙련노동력 유입 확대 방안 등을 포함하고 있다. 두뇌 유출이 송출국에 부정적 영향을 미친다는 시각이 과거 주를 이루었다면 최근에는 두뇌 순환 등을 통해 긍정적 영향이 증가한다는 연구결과가 확산되고 있다. 한국에서는 두뇌 유입의 긍정적·부정적 영향에 관한 사회적 논의가 본격화되어야 하며, 또한 두뇌 순환의 이익과 비용, 지원정책, 국제개발협력 차원에서의 접근 등의 이슈가 담론에 포함될 것이다.

국제이주 레짐은 1951년 출범한 국제이주기구(International Organization for Migration, IOM)로 당시에는 유럽의 피난민과 이주민 등의 문제 해결을 목적으로 한 유럽 정부 간 기구이다(이진영, 2016a). 이후 국제이주 분야 국제 레짐 담론의 발전은 경제와 통상 등의 영역에 비해 국가 간 협력의 어려움으로 발전이 지체되어 있는 상황이다. 그럼에도 국제난민 레짐은 이민자와 관련 레짐에 비해 발전한 것으로 평가된다. 국제이주 레짐 담론은 한국의 참가와 협력을 논의, 국제이주 레짐에 관한 국내 공론화와 거버넌스 구축, 국제이주 레짐과 국내 정책과의 연계 등으로 진행될 것이다.

국제이주와 개발 담론은 국제이주가 송출국의 개발에 도움을 주는가에 관한 논의로부터 시작되었다. 이후 유엔을 통해 '이주를 통한 개발' 관점이 제시되었고, 공급과 두뇌 순환 등의 주제를 둘러싼 국제이주와 개발의 연관성과 '개발 친화형 이민정책' 등에 관한 의견이 제시되었다. 외국인노동자의 송금이 개발에 미치는 영향에 관해서는 여전히 논쟁이 진행되고 있다. 국제이주와 개발 담론에는 국제이주가 송출국의 개발과 수용국의 발전에 미치는 영향에 관한 논쟁이 포함될 것이다. 국제이주와 공적개발원조의 연계에 관한 논의도 담론에서 논의가 진행될 것이다.

국제이주와 안보 담론은 미국 9 · 11 테러 이후 형성되기 시작했다. 무슬림의 사회통합, 난민, 이민자의 인간안보 등의 문제에 관해 다양한 의견이 제시되었으며, 한국사회에서는 외국인 범죄에 관해 관심이 집중되었다(이진영, 2016b). 국가안보와 이민자 인간안보 중 어디에 주안점을 둘 것인가와 양자가 병립하기 위한 조건에 관한 논의가 향후 담론의 내용에 포함될 것이다. 국가안보와 이민자 인간안보의 연계성에 주목하면서 안보문제에 대한 통합적 분석과 대응방안 제시가 학문적 · 정책적 차원에서 전개될 것이다.

국제이주의 발생은 개인과 가계수준, 사회와 국가 그리고 국제적 차원에서의 인구사회적, 정치/경제, 사회/문화, 그리고 역사 등의 요인이 작용하고 있는 것으로 분석되고 있다. 국제결혼이주 동기를 분석함에 있어서도 자본주의의 발전과정에서 대두되는 불균형과 지구화 등 구조적 요인으로서 거시적 측면과 고용의 기회를 극대화하기 위한 개인의 합리적 선택의 결과로서 미시적 측면에서 통합적으로 설명하고 있다(이용승, 2014: 120). 국제이주를 결정하는 과정에서 왜 한국을 선택했는가 하는 이유도 작용할 수 있다. 한국에서 결혼이민자에게 제공하는 다양한 지원책, 한국인에 대한 인식, 이주자들이 형성한 사회 네트워크 등이 이들의 국제이주 결정을 보조하는 역할을 했을 수도 있기 때문이다(김성진, 2016: 172).

결혼이민여성들의 국적은 1990년대까지는 일본과 중국이 중심이었다면, 2000년대 들어오면서부터 더욱 다양해졌을 뿐만 아니라 특히 베트남 여성의 이주가 두드러지게 증가하기 시작했다(조현미, Hoang Thi Viet Ha, 2017: 161). 베트남 여성이 한국인 남성과의 국제결혼의 주요한 이유는 경제적 측면과 문화적 측면으로 나누어 살펴볼 수 있다(김현재, 2007: 238). 경제적 이유로는 베트남 남부 여성의 빈곤 탈출과 본국 가족부양 등이다. 문화적 측면에서 베트남 남부지역 중심의 결혼이민 이유를 살펴보면, 북부지역에 비하여 지리적 위치의 특징으로 인하여 오래전부터 인도, 중국, 이슬람문화 등의 유입과 19세기 후반부터는 서구문화의 유입으로 다양한 문화가 공존하는 지역이었다. 이에 따라 남부지역민들은 북부지역민들에 비하여 비교적 개방적이고, 외부 변화에도 잘 적응하며 반면에 외부세계와 문화에 대한 개방 성향이 이민족과의 결혼에서도 베트남 내의 타 지역에 비하여 비교적 관대하게 이루어져 왔던 것으로 보고하고 있다 (김현재, 2007: 240). 이와 함께 상업적 국제결혼중개업체의 활동은 결혼이민을 촉진하는 네트워크로 작동하였다.

오늘날 다문화사회는 여성들이 신자유주의적 지구화 경제의 불평등 구조 때문에 다른 나라로 이주하게 되며, 경제의 불평등적 경제구조는 상대적으로 여성의 빈곤화 현상을 유발하고, 이는 이주의 젠더화로 악순환되고 있다(한국염, 2008: 38). 그 결과 이주여성은 가족이나 자기 문화 공동체의 고립과 소외로 빈곤층의 일원이 되고, 다른 하나는 인종차별, 성차별, 교육과 훈련의 기회 부족으로 인한 사회 참여로부터 소외되고 있다(전경옥, 2007: 19-20).

국제이주기구는 최초의 다자간 국제이주협력 기구로서 1951년에 설립되었다(이진영, 2016a: 470-473). 기존의 국제이민협력이 난민, 출입국과 정착에 주안점이 두어졌다면 최근의 이민협력은 개발과 연관된 주요 이슈들을 다루는 국제기구, 지역기구, 국가, 비정부기구 등이 참여하는 레짐을 통해 진행되고 있다. 한국의 국제이민협력은 제2차 외국인 기본계획에 반영되었으며, 정책의 추진 방향은 "글로벌 레짐과의 연계와 귀환이민자 관리와 지원을 통한 국제협력 강화"이다. 국제이주와 관련된 글로벌 이슈들은 송금, 투자, 인재유입, 관광 등이다. 이민자의 송금과 투자가 개발 관련 공동투자를 위한 기초가 될 수 있다는 점에 주목해 정부와 민간 부문의 주요한 관심이 되고 있다고 언급한다. 두뇌 순환을 통한 인재유입은 이민 송출국의 개발과 발전을 위한 선진국의 기술과 지식을 확보 방안으로 적극 고려되고 있으며, 관광의 경우도 개발도상국에 재정확보의 수단이 되고 있는데 이민자는 송출국의 관광 개발과 수용국으로의 제품 수출에 기여한다(이진영, 2016a: 480-481).

OECD 주요 국가의 이주정책 분석에 의하면, 한국의 이주정책의 대상은 숙련노동력과 결혼이민여성의 유입에 이주정책의 초점이 맞추어져 있으며, 이를 고숙련 해외인력 중심으로 변화시켜야 하며, 해외우수인재의 정착을 위한 연구 환경, 주거지원, 사회통합 프로그램 등의 기반 조성을 준비해야 한다고 제언하고 있다(송해련, 2019: 66-67). 한국사회가 저출산 · 고령사회로 전환되면서 이민정책의 변화가 필요하며, 인구절벽 시기에 저출산과 고령화로 인한 인구문제 해결을 위해 국제이주의 수용을 통한 순이민 증가가 대안으로 제시되고 있다. 그러나 이민은 만병통치약이 아니고 장단점을 가지고 있으므로 신중한 검토가 필요하다고 하겠다(파이낸셜뉴스 사설, 2016. 1. 29.).

우리는 세계화 속에서 다양한 현상에 직면해 있다. 세계화로 인해 상품, 자본, 정보의 이동뿐만 아니라 사람의 이동에 이르기까지 교류의 범위가 전 지구적으로 확장되고 있으며, 세계가 하나 되는 지구촌 통합의 시대를 마주한다. 따라서 서로 다른 지리적 공간에 살고 있지만, 삶의 영역들은 밀접한 상호 의존성을 가진다. 21세기는 국가 간 인구 이동이 보편화된 이주의 시대로 불릴 만큼 전 세계 인구 7명 중 1명이 이주자로 나타났다. 국제이주는 현대사회의 중요한 특징으로 세계화의 영향으로 초국가적인 네트워크가 형성되고, 이에 따라 다양한 이주자들의 이동이 일어나고 있다. 국제 이주 기구의 지표(2017)에 따르면 전 세계 이주민은 2억 5,800만 명으로 세계 인구의 3.4%에 이르는 것으로 나타났다. 이는 국제이주의 중요한 사회 현상으로 전 세계의 지역이 국제이주의 영향권에 있음을 보여준다.

국제이주에 관한 연구는 여러 학문 간의 다학제적 연구를 지향하고 있다. 그 이유는 국제이주의 결정 요인과 그 과정 및 유형, 그리고 국제이주 후의 정착과 통합 과정에서 발생할 수 있는 다양한 형태의 문제점에서 기인한다. 따라서 이러한 문제의 원인을 분석하고 이에 적합한 해결 방안을 모색하는 등 각 분야의 학문적 연구가 선행되어야 한다. 한국의 국내 체류 외국인은 252만 4,656명(법무부, 2019)으로 전체 인구의 외국인 비중이 4.9%로 집계되었는데, 우리 주변의 다양한 이주민 형태로 결혼이주민, 중도입국자녀, 유학생, 북한이탈주민, 난민, 이주노동자 등이 있다.

국제이주로 인한 외국인의 증가는 주로 이주노동자와 결혼이민자, 그리고 외국 국적 동포 등의 증가에서 찾아볼 수 있다. 이는 한국사회가 직면한 저출산·고령화와 생산 직종의 기피로 인한 노동력 부족, 국제결혼의 증가, 동포에 대한 입국 문호 확대 등을 원인으로 꼽는다. 국제이주에 의한 인구의 증가는 다문화사회에 맞는 사회복지제도 및 해당 서비스에 관한 내용들을 수정·보완해야 할 필요성을 제기하게 된다. 특히 결혼이주여성 및 다문화가족에서 발생하는 다양한 문제들을 포괄적으로 다루어야 하며, 이들에게 제공되는 다양한 서비스의 내용들이 자녀교육 문제, 가족갈등 문제, 취업제한 문제 등 여러 가지 서비스 욕구에 적절히 부합하는가에 초점을 맞추어야 할 것이다. 이에 따라 선행연구들에서는 결혼이주여성들이 사회에 잘 적응할 수 있도록 하는 데 필요한 사회복지서비스에 대해 초점을 맞추어 복지서비스 이용 실태를 파악함으로써 이들의 욕구에 맞는 복지서비스를 제공할 수 있도록 방향을 제시하였다. 또한, 국제결혼의 증가로 인해 제기되는 사회복지서비스에 대한 요구를 파악하고, 이에 대한 정책 대안을 제시하였다.

국제이주를 통한 다문화가족의 복지서비스는 중앙정부, 지방자치단체, 시민단체, 종교기관 등에서 지원하고 있으며, 한국어 교육이나 한국문화 적응 프로그램 등의 복지서비스가 제공되고 있다. 먼저, 중앙정부에서는 2006년부터 전국에 다문화가족지원센터를 설치하여 운영하는 것을 시작으로 2021년에는 203개소가 운영 중이며, 프로그램 서비스 또한 양적 및 질적으로 확대되었다. 국제결혼의 증가로 인해 많은 결혼이주여성의 복지서비스 욕구도 다양해지고 있으며, 이에 따라 복지서비스도 확충되고 있다. 적합한 서비스를 효율적으로 제공하기 위해서 어떤 서비스가 도움이 되는지에 관한 실증적 분석이 필요하다. 이를 통하여 서비스 제공의 방향을 제시하는 것은 사회통합의 측면에서 중요한 쟁점이 된다. 따라서 중앙정부는 이민정책과 아울러 사회복지에 미치는 영향뿐만 아니라 이주정책의 설계와 구현 모두에 초점을 맞추어야 한다.

세계화된 환경에서 사회복지실천은 점점 더 다양하게 이루어지고 있으며, 외국인의 비율이 4.9%인 한국의 사회복지학에서도 국제 이주민에 대한 복지실천에 중요한 대상이 되었다. 한국사회의 결혼이주여성 증가는 사회복지 실천 현장에서 서비스 대상인 클라이언트의 변화에 직면해 있으며, 이들 결혼이주여성에 대한 사회복지

실천은 국제이주의 측면이 중요하게 작용한다. 특히, 결혼으로 인한 다문화가정의 발생은 국제이주가 가지고 있는 공통적 어려움 외에도 가족 구성원 중 이주 당사자에게 사회적응의 부담이 편중된다. 결혼과 동시에 다문화가정이 되면서 가족 모두를 대상으로 하는 서비스가 요구된다. 초기 결혼이주여성이 직면한 한국문화에 대한 적응 부담과 지역사회의 차별과 소외감, 교육 현장이나 노동시장의 차별 등 결혼이주가정에 대한 사회복지실천의 내용은 다양해지고 있다.

국제 이주자들의 이동은 교육제도에 큰 영향을 미치고 있다. 이주자들이 더 나은 일자리와 삶의 기회를 찾기 위해 이주를 선택할 때, 그 사회의 새로운 시스템에 적응뿐만 아니라, 법적 및 행정적 문제, 언어장벽 및 여러 가지 예상치 못한 잠재적인 문제와 차별에 직면한다. 이에 따라 이민 수용국에서는 이주자들의 자녀에 대한 교육제도가 정비되어야 하는 부담이 발생한다. 2019년 〈세계 교육 현황 보고서〉에 따르면 2015년에 OECD 회원국에서 15세의 학생 중 적어도 5분의 1은 이민자이거나 이민 배경을 가지고 있는 것으로 나타났다.

한국사회에서 국제결혼의 지속적인 증가로 국제결혼 이주여성의 자녀교육은 새롭게 주목하여야 할 대상이다. 그러나 한국사회에서 국제결혼 가정의 자녀교육의 기회는 매우 열악한 것으로 확인되었다. 국제결혼이 점차 증가하는 상황에서 교육 격차는 다문화가정 자녀의 성장 과정에 부정적인 영향으로 누적될 뿐만 아니라 새로운 사회문제로 인식되고 있다. 특히 외국에서 출생하여 일정 기간 성장하다가 부모의 재혼이나 취업 등으로 부모를 따라 한국에 입국하는 중도입국자녀도 증가하고 있는데, 이들은 한국에서 출생한 결혼이주민들의 자녀들과는 또 다른 특성을 보이고 있다. 청소년기 및 학령기에 부모를 따라 한국에 온 중도입국 청소년들의 상당수는 새로 형성된 가족관계에서 겪는 갈등, 정체성 혼란, 언어장벽, 경제적 어려움, 교육기회 차별 등으로 상당한 어려움에 처해 있다. 특히 공교육 혜택을 제대로 받지 못하거나 진학의 어려움은 개인의 불행뿐만 아니라 사회적 비용을 초래하게 된다.

또한, 이주노동자가정 자녀들도 학교교육의 기회가 허용되어 있음에도 불구하고, 실제 학교에 진입하는 과정에 여러 가지 어려움이 있다. 학교교육에 진입한 이후에도 수업 부적응, 또래 친구집단과의 관계 등에서 여러 문제가 발생하고 있다. 이들은 교육성취 수준이 매우 낮았으며, 정체성 형성 과정에서도 문제가 발생하였다. 특히, 경제적 어려움과 체류 신분 및 단속에 대한 불안감 등으로 인하여 여러 가지 어려움을 겪는다. 이주노동자 자녀들이 더 이상 불이익을 당하지 않도록 사회안전망을 구축하여 교육을 지원해야 한다.

2) 다문화(주의 또는 정책)

한국의 다문화와 이민정책 담론 연계의 측면에서 다문화주의와 다문화정책을 설명하는 주요 개념들은 다문화정책, 다문화정책과 중앙/지방정부, 다문화주의 유형과 상호문화주의, 후기다문화주의와 다문화주의 비판/반다문화주의 등이다.

한국의 다문화정책은 2007년 다문화가족지원정책에 근원을 두고 있다. 결혼이민여성의 한국사회 적응과 다문화가족 자녀에 대한 지원에 중심을 둔 정책이었다. 한국정부의 경우 다문화정책 대신 "외국인 정책"이라는 표현을 사용해왔다(김경아, 2012; 황정미, 2012a). 한국의 다문화정책 담론은 다문화정책의 정의와 용어와 실제의 차이, 유형, 분산과 비효율성, 정책개선을 위한 제언 등을 중심으로 발전되어 왔다. 다문화정책 담론은 현재 배제되어 있는 문화 의제의 포함, 외국인노동자 등으로 정책 대상 확대, 동화정책의 변화, 차별과 인권침해 개선, 다문화정책의 분산과 비효율성의 개편 등을 둘러싸고 학문적·정책적 논의가 전개될 것이다.

　다문화정책과 중앙/지방정부 담론은 한국의 경우 중앙정부 정책의 분산성, 비효율성, 중복성 등에 대한 지적, 새로운 전담기구의 제안, 지방정부의 역할 확대 등을 둘러싸고 전개되어 왔다. 다문화정책과 중앙/지방정부 담론은 기존 문제로 지적되고 있는 분산, 중복, 비효율성의 문제를 해결할 수 있는 대안이자 중앙정부와 지방정부와의 연계성을 강화할 수 있는 기제로서 통합기구 설립에 관한 논의에 중요하게 포함될 것이다. 또한 지방정부의 다문화정책 형성과 시행에 있어 역할증대 방안에 관한 의견도 지속적으로 담론 내에서 다루어질 것이다.

　한국의 다문화주의 유형 담론은 심의 다문화주의, 관 주도형 다문화주의, 아래로부터의 다문화주의, 국가 주도 다문화주의, 시민 주도 다문화주의, 비판적 다문화주의, 보수주의적 다문화주의, 유교와 다문화주의의 연계성 등에 관한 논의를 포괄해왔다. 이러한 유형화 담론은 한국의 다문화주의가 지향해야 하는 다문화주의를 재정립하기 위한 공론화 과정의 일환이다. 다문화주의 발전 모델 또는 유형에 관한 논의는 이론적·규범적 논의와 함께 이를 논증할 수 있는 경험적 데이터의 제시가 필요하다. 한편 상호문화주의는 다문화주의를 보완할 수 있는 대안 또는 대체할 수 있는 대안임을 주장하는 의견들이 제시되어 왔다. 선주민과 이민자 간 소통과 상호작용을 강조하는 상호문화주의는 문화정체성 인정과 사회통합 문제를 해결할 수 있는 대안으로 제시되고 있다. 향후 상호문화주의가 다문화주의의 대안인가 또는 보완재인가에 관한 논쟁은 담론에 포함될 것이다. 한국에서의 상호문화주의는 문화 간 상호작용보다는 주류사회와 이민자 공동체 간 소통과 상호작용 또는 동화정책이 야기하는 문제를 완화할 수 있는 정책 방향으로 담론 속에서 언급될 가능성이 높다.

후기다문화주의 담론은 다문화 열풍 이후 또는 다문화주의 실패 담론의 제기 이후 다문화주의에 대한 비판과 대안에 관한 논의를 포함하고 있다. 다문화주의는 원주민과 소수민족집단 문제를 해결하기 위한 규범과 정책으로 역할을 해왔으나, 이민자 문제에 대해서는 다문화주의의 논리적 모순과 정책의 실패에 관한 의견이 제시되어 왔다(김희강, 2013; 설한, 2014). 또한 한국적 다문화주의의 정립을 위해 한국의 다문화주의에 대한 비판도 후기다문화주의와 다문화주의 비판 담론에서 포함하고 있다. 한국의 다문화주의에 대한 비판은 민족주의와 동화주의 경향을 가진 한국 다문화주의의 모순성과 지나친 규범화에 대한 지적을 포함하고 있다. 또한 순혈주의, 범죄 우려, 경제적 이익 침해 등을 이유로 근원적으로 반대하는 반다문화주의의 주장과 이에 대한 비판도 담론을 구성하고 있다. 후기다문화주의와 다문화주의에 대한 비판 담론은 다문화주의 이론에 대한 재검토를 위한 학문적 논의와 유럽의 정책 실패를 재현하지 않기 위한 정책적 논의를 포함할 것이다. 이민자 유입을 중심으로 다문화사회로 변화한 한국사회에 적합한 한국적 다문화주의로 지칭될 수 있는 다문화주의의 재정립에 관한 논의도 병행될 것이다.

다문화정책에 관한 학계의 분석에 의하면, 한국정부에서는 정부의 공식적인 정책 용어로 외국인정책이라는 개념으로 통용되어 왔다. 이주민 집단의 범주에 따라 외국인 노동자, 결혼이민여성, 난민, 유학생 등에 대한 부처의 개별 정책을 포괄하는 것이 외국인정책이다. 한국사회에서는 다문화정책이나 이민정책에 관한 사회적 합의가 명확하지 않은 상황에서 다문화정책은 다문화가족에 대한 정책을 지칭하는 것으로 인식되고 있다고 지적하고 있다(황정미, 2012b: 65-66). 다문화정책은 이민자가 시민으로서 평등하게 권리를 확보하고 의무를 다할 수 있도록 정책이 추진되어야 하며, 주류사회와 이민자사회 공히 시민적 자질을 육성하는 교육이 진행되어야 함을 강조하고 있다(강휘원, 2006: 24-30).

한국의 다문화정책은 2000년 이후 급격하게 증가하는 결혼이민자의 유입으로 2008년 「다문화가족지원법」 제정을 토대로 하여 결혼이민여성의 한국사회 적응과 다문화가족과 자녀에 대한 지원정책을 중심으로 이루어져 왔다(김경아, 2012: 389-405). 정부는 중장기적 관점에서 다문화가족의 특성을 고려함과 동시에 중앙부처 및 지방자치단체의 다문화가족 관련 정책을 통합하고 정부와 민간이 네트워크를 구축하여 지역사회의 자원을 효율적으로 활용하고자 하는 목적으로 다문화가족정책 기본계획을 수립하고 있다. 기본계획에서 정하는 정책이나 프로그램들은 대부분 전국의 시군구에 설치된 다문화가족지원센터를 중심으로 집행되고 있다.

조현상(2012)은 다문화가족정책 기본계획의 사회적 수용 가능성 측면에서 비판적 의견을 제시하고 있다. 기본계획은 다문화가족만을 위한 것이 아니고, 궁극적으로는 사회 전체의 구성원들을 위한 정치적 수단이라는 것이다. 따라서 기본계획상에서 반영되는 정책적 과제들은 사회 전체 구성원들의 동의를 이끌어낼 수 있는 토대 위에서 마련되었는가를 평가해볼 필요가 있다는 것이다. 정부 다문화정책의 실현은 한국사회에서 이루어지는 것이며, 따라서 한국인 주류집단들과의 사회적 합의와 동의가 필요하며, 공동체의 공감을 통하여 다문화가족정책은 사회통합의 수단으로서 의의가 있는 것임을 강조하고 있다(조현상, 2012: 148).

김혜순(2017: 47)은 우리나라 다문화정책의 모호성으로 인하여 일반국민들은 정부의 다문화정책에 대하여 반감 또는 반이민정서로 확산될 수 있다는 다문화정책의 정체성에 대한 문제를 제기하고 있다. 한국의 다문화주의는 문화적 차이 또는 "문화접변"에 관한 논의와 정책이 부재한 가운데 다문화주의가 논의되고 정책이 실행되는 역설적 상황이 지속되어 왔다는 비판을 받고 있다. 한국의 경우 서구와 달리 "현대적·자발적" 이민자 집단이라는 대상의 제한성을 고려해야 함을 지적하고 있다(윤경훈·강정인, 2019: 91, 98-103, 110-112). 한국의 관 주도형 다문화주의의 핵심적인 내용은 결혼이민여성과 다문화가정 자녀만 포함하는 소수자의 통합을 추구하는 것이며, 화교와 장기체류 외국인노동자 등은 배제한다고 지적하고 있다. 따라서 한국의 다문화주의는 외국인노동자를 배제한 상태에서 결혼이민여성을 중심으로 하는 이민자를 "위한" 다문화주의로 이민자에 "의한" 다문화주의는 아니라는 비판이 제기되고 있다(김희정, 2007: 66-77; 이선옥, 2007: 100-105).

한국사회는 비교적 짧은 기간에 급증하는 외국인 수와 다문화주의 이론에 대한 근본적인 논의가 부족한 상태에서 정부 주도적인 다문화정책의 도입과 확산이 이루어져 왔다. 한국의 다문화정책은 한국사회의 특수성을 반영하지 못하고 사회문제 해결 노력과 다문화주의 담론이 불분명하게 혼용되어 다문화정책의 성격과 방향성이 모호한 상태에서 전개되었다는 비판도 제기되었다.

결혼이주자의 급격한 증가로 인해 발생되는 여러 가지 문제가 나타날 때마다 다문화정책이 개정되는 현상과 단기간에 성과를 쉽게 낼 수 있는 특정 사업에 정책이 집중되는 등의 문제가 지적되어 왔다(박종대, 박지해, 2014). 특히 여러 연구에서 제기되어 온 부분은 다문화정책의 수립과 실행 방식에 대한 문제 제기와 해결 방안에 대한 논의이다. 정책은 전달 체계 간의 조정 및 연계가 원활히 이루어지지 않았고, 부처 간의 분리 운영과 관 주도적으로 운영되어 현장에서 정책의 효과성을 떨어지게 했다. 다문화정책을 실천하는 서비스 제공자인 사회복지사와 서비스 전문가들의 정책에 대한 인식은 정부의 체계성 부족, 현실적 지원 개선, 프로그램 효과성에 대한 회의 등으로 나타났다. 이러한 다문화정책은 그동안의 다문화가정 여성 결혼이민자 중심에서 다문화가족 전체 가족 단위(시댁 가족과 자녀 등)로 개입하는 다문화 복지정책이 이루어져야 한다는 견해가 제시되었다(이오복, 2019).

다문화정책은 여성가족부를 비롯하여 보건복지부, 교육부, 문화체육관광부 등 여러 부처에서 다문화가족 구성원의 복지증대에 초점을 두고 있다. 「다문화가족지원법」의 시행으로 다문화복지정책은 가족 단위의 통합적 지원으로 하는 생애주기별 맞춤형 서비스로 체계를 갖추었다. 다문화복지정책은 생애주기 측면에서 접근하여 가족 구성원의 모두를 복지 대상으로 하는 통합적인 정책을 시도하였다(김승권 외, 2010). 생애주기에 따른 지원정책은 결혼이주 여성의 입국 전부터 단계별 필요 서비스를 제공하였다. 그러나 다문화복지정책을 수행하는 주요 기관 간 역할분담이 미흡하여 체계적으로 실행되지 못했다고 평가받고 있다. 생애주기별 맞춤형 서비스 정책 이후 제1차 다문화가족정책 기본계획(2010-2012)을 비롯하여 제2차 다문화가족정책 기본계획(2013-2017)을 거쳐 현재 제3차 다문화가족정책 기본계획(2018-2022)이 진행되었다. 특히 제3차 다문화가족 기본계획은 다문화가족의 장기정착과 결혼이주여성의 사회참여 확대, 자녀의 역량 강화 등을 통한 사회참여를 추구했다.

정부가 다문화 교육정책을 시작한 지 10년이 넘었음에도 불구하고 다문화 학생들이 학교와 한국사회에서 겪는 어려움에 대해 많은 우려가 제기되었다. 한국정부의 다문화 교육정책이 초기에는 동화적 접근에 크게 의존했지만, 점차 제한적으로나마 다원주의적 접근법에 기초한 정책들이 시행되었다. 그 결과 문화적 편견과 불평등을 영구화시킨 구조적 문제는 해결되지 않은 채 남아 있으나 소수의 학생들은 주류문화에 빠르게 적응하였다(우라미, 황지현, 서경혜, 2018).

1990년대 이후로 외국인노동자와 결혼이주여성이 증가함에 따라 다문화가정 학생의 수가 급증하였고, 2020년을 기준으로 한국의 초·중·고등학교에 재학 중인 다문화가정의 학생 수는 147,387명으로 지속적인 증가 추세에 있다. 학교급별로 초등학생 107,694명, 중학생 26,773명, 고등학생 12,478명에 이르고 있으며, 부모 출신국별 다문화 학생 비율은 베트남 31.7%, 중국(한국계 제외) 23.7%, 필리핀 10.3%, 중국(한국계) 8.3%, 일본 5.9%로 나타났다. 유형별 다문화 학생 비율은 국제결혼가정(국내 출생)이 77.2%(113,774명)로 가장 높았고, 외국인가정 16.6%(24,453명), 국제결혼가정(중도입국 포함) 6.2%(9,151명)로 집계되었다(교육부, 2020).

교육부가 2006년 다문화교육정책을 공식적으로 발표한 후 여러 정책이 적극적으로 추진됨에 따라 다문화 교육이 빠른 속도로 확산되었다. 현재까지도 다문화교육정책은 양적인 확대와 더불어 활발히 시행되고 있지만, 다문화 학생들이 겪는 어려움은 경감되지 않고 있다. 또한, 다문화 교육의 필요성에 대한 인식은 널리 확산되었지만 다문화 교육이 어떤 교육을 어떻게 해야 하는지에 대해서는 다양한 관점과 접근방식만이 존재할 뿐이다(Jenks, Lee, & Kanpol, 2001: Sleeter & Grant, 2007). 이러한 이유는 어떠한 관점과 접근방식을 취하느냐에 따라 다문화 교육의 목적, 대상, 내용과 방법 등에 대한 견해가 다르기 때문이다.

현재 다문화 교육의 문제점으로는 중도입국 외국인 학생의 증가에 따른 입국 초기 적응 교육 부족이 지적되었다. 한국어 능력이 부족한 중도입국 외국인 학생의 증가로 학교현장에서 교육 과정의 운영 및 입국 초기 통합 교육의 어려움이 발생하고 있다. 그러나 다문화 학생의 문화적 다양성을 살린 강점 개발 및 성장을 돕는 진로 및 정서 지원은 부족한 실정이다. 반면 지역사회 내 다문화 학생을 지원하는 기관 간 사업 중복 등이 나타남으로써 오히려 정책의 효율성에 대한 문제점이 부각되고 있다(교육부, 2020).

다문화 학생들이 경험하는 어려움을 해결하기 위해서는 한국사회 내의 모든 학생을 다문화 교육정책의 대상으로 확대해야 한다. 모든 학생이 다문화 교육의 주체로서 한국사회의 불평등을 바라보고 보다 평등하고 정의로운 사회구현에 참여할 수 있는 교육정책을 목표로 삼아야 할 것이다. 그동안 다문화 교육정책은 다문화 학생만을 대상으로 하였으며, 일반학생을 대상으로 한 다문화 교육은 피상적인 수준의 다문화이해교육이 진행된 것이다. 따라서 정책의 내용과 방법에 있어 학교교육 전반의 개혁과 사회제도와 구조를 고려하는 지원이 고려되어야 한다.

3) 사회통합

한국의 다문화와 이민정책 담론 연계의 측면에서 사회통합을 설명하는 주요 개념들은 동화정책, 사회통합정책, 시민통합정책, 시민권 등이다. 동화정책 담론에는 한국의 다문화정책과 사회통합정책이 실질적으로는 동화정책이라는 비판과 오히려 동화정책을 적극적으로 시행해야 한다는 상반된 주장들이 병존해왔다. 한국의 이민자 사회통합정책의 재정립을 위해서는 사회통합의 정의와 목표에 대한 사회적 공론화와 합의, 사회통합정책 대상의 범위, 정책의 시행을 위한 거버넌스 구축이 필요하다는 주장이 제기되었다(한건수, 2016b). 사회통합정책 담론에는 사회통합을 위한 조건으로 "상호 존중", "상호성의 원칙", 이민자의 "공화주의적 애국심" 등이 제시되었으며, 다문화사회에서 사회통합을 위한 대안으로 "공화주의에 기초한 비지배적 상호성"을 제안했다(김남국, 2005; 곽준혁, 2007; 김학태, 2015; 변종헌, 2016). 이민자가 지역사회에 통합하기 위해서는 "주민권" 개념의 정립이 필요하다는 의견도 제시되었다(이용승, 2016). 다문화주의의 한계를 극복하고 이민자통합을 강화하기 위해 서유럽에서 제기된 시민통합정책에 대한 한국사회에서의 논의는 제한적으로 진행되어 왔다. 또한 한국의 사회통합정책은 차별금지정책이 부재한 상태로 시행되고 있다는 점에서 유럽과는 차별성을 가지고 있다. 사회통합정책의 정의, 대상, 목표, 세부내용 등에 관한 논의는 사회통합정책 담론에서 지속적으로 다루어질 것이다. 사회통합정책의 방향에 관한 논의는 공론화 과정을 통해 동화정책, 다문화정책, 시민통합정책 중 하나를 선택하기보다는 현재 사회통합정책의 문제 또는 한계를 극복하기 위한 혼용 또는 병행의 가능성에 관한 학문적 · 정책적 토론이 진행될 것이다.

이민자 시민권 담론은 이민자를 시민으로 간주할 것인가와 시민권의 범위를 어디까지 확대할 것인가에 관한 논의가 중심을 이루어왔다. 이민자 시민권은 체류자격과 국적취득에 따른 시민권으로 구분할 수 있으며, 정치적 권리, 자유권(civil rights)과 사회권(social rights), 권리들의 보장을 위한 제도 등의 영역에서 제한과 확대의 양태를 보인다고 제기한다(설동훈, 2016a). 한편 한국 국민과 동등하거나 또는 국제규범을 따르는 제한적 시민권이라도 부여하자는 주장들이 제시되었다. 이민자 시민권 담론은 한국에서 정치적 권리와 사회복지 권리와 같이 제한된 이민자 시민권의 확대에 관한 논의를 중심으로 발전할 것이다. 학문적 차원에서는 다문화사회의 시민권의 이념형 도출과 재정립에 관한 논의가 필요하다. 이를 기반으로 이민자 시민권 정책과 제도에 관한 논의로 발전할 수 있을 것이다.

한국정부의 사회통합정책의 목표는 "재한외국인, 귀화자와 그 자녀 및 국민 등이 서로를 이해하고 존중하는 다문화사회 환경을 만들어 이민자의 대한민국 사회 적응을 지원하고 개인의 능력을 최대한 발휘하도록 하기 위한" 정책으로 제시되고 있다(한건수, 2016a: 215-220). 지원정책으로는 결혼이민여성의 적응과 정착과정에서 제기되는 문제인 언어소통과 출산 및 양육지원에 주안점이 두어졌다. 이민자 조기적응 프로그램은 결혼이민여성이 정착 초기의 부적응 문제를 해결하기 위해 결혼이민자와 가족을 대상으로 하고 있다. 결혼이민여성에게는 간이귀화제도를 통해 귀화할 수 있는 기회가 부여되고 있으며, 중도입국자녀의 사회통합을 위해서 다문화가족자녀 교육프로그램 등이 운영되고 있다. 그러나 이러한 한국정부의 결혼이민여성과 다문화가족 대상의 사회통합정책은 "자민족중심주의" 모델에 기초하고 있으며(김현미, 2016a: 381-391), 이러한 한국의 지원정책은 한국사회로의 통합을 추구하고 있어서 동화정책의 목표와 동일하다는 비판을 받고 있다(이용승, 2011b: 149-151).

한국에서 다문화사회에 대한 정책 대안으로 널리 수용되고 있는 것은 다문화주의라고 할 수 있다. 다문화주의가 다문화사회에서 차이의 인정과 관용을 강조한다면 상호문화주의는 한 걸음 더 나아가서 대화와 소통을 강조한다는 데에 있다. 상호문화주의는 이질적 언어, 문화적 배경을 가진 개개인들이 상호 존중을 바탕으로 문화의 위계적 차이를 지양하고 차이를 다양성으로 인지하며 소통해 나아가는 과정으로 규정된다. 향후 결혼이민여성의 사회통합을 위한 정책은 "상호 인정에 의거한 공정한 통합 관점을 취해야 하며 이를 위해서는 구체적인 척도를 개발하여 결혼이민자의 고용증대, 가족재결합의 권리, 교육, 정치적 참여, 장기 체류권과 국적취득의 용이성, 반차별" 등의 내용을 포괄해야 한다고 강조하고 있다(김현미, 2016a: 381-391).

결혼이민여성들에 대한 핵심적인 연구주제는 가족생활, 사회생활, 문화적 적응과 그에 따른 적응 스트레스, 심리사회적 부적응 현상과 그로 인하여 나타나는 문제 등을 중심으로 다루어져 왔다. 결혼을 통하여 빈곤함을 해결하고, 모국의 가족들을 위해 경제적으로 이민을 선택한 경우가 많으며, 경제적 빈곤을 해결하고자 일자리를 희망하고 있다. 다른 한편으로 심층면접 연구를 통하여 나타난 취업의 동기를 살펴보면, 문화적으로나 언어적으로 익숙하지 않더라도 한국이라는 새로운 삶의 터전에서 온전한 한국인이 되고자 하는 바람도 찾아볼 수 있다(황정은·한송이·김효진, 2017). 이러한 취업 동기는 결혼이민여성에게 있어서 취업이 단순히 돈을 번다는 것 이상을 의미하는 것이라고 이해할 수 있다. 경제력을 가짐으로써 자신의 존재가치도 인정받을 수 있고, 모국의 가족에게 경제적 지원을 하게 됨으로써 자존감을 높일 수 있는 기회가 되는 것이다(염지숙, 2017).

양승민(2008)은 한국적 다문화상담 모색을 위한 연구에서는 지금까지 결혼이민여성들에 대하여 이들을 무시하거나 업신여기는 편견과 사회적 배려의 부족으로 힘겹게 살아가는 우리 사회의 건강하지 못한 측면을 부각시켜 왔으나, 이주민 여성들도 희생자만이 아니라 선택의 주체로서 긍정적인 면이 있음을 밝혀주고 있다(양승민, 2008: 222). 결혼이민여성은 한국사회에 적응해야 하는 수동적인 존재로 인식되어 왔으나, 다른 한편으로는 더 나은 삶을 위하여 이주를 선택한 능동적이며, 적극적인 행위 주체자로 바라보는 연구가 소개되기 시작했다(김민정 외, 2006; 정성미, 2011). 또한 결혼이민여성은 한국 가족 안으로 일방적으로 편입되는 대상으로만 간주되어 왔으나, 최근의 연구에서 이들은 실제로 모국과 이주 국가의 양쪽 국가에 네트워크를 두고 살아가고 있는 경우가 많다는 조사결과가 등장하였으며, 더 이상 동화의 대상이 아니고 초국가적 사회의 장에서 다중적인 정체성을 형성하며 살아가는 주체임을 인식하는 여론들도 찾아볼 수 있다(김영순 외, 2014: 40). 결혼이주여성은 모국과 정주국 사이에서 초국적 유대관계를 통하여 사회적 연결망을 형성하면서 긴밀한 관계를 유지하고 있는 것으로 나타나고 있다(안병삼, 2009: 154).

다문화가정 자녀들이 차별과 편견, 집단따돌림 등으로 인해 학교와 사회에 적응하고, 대인관계를 형성하는 데 어려움이 있으며, 상급학교로 갈수록 미취학률이 높게 나타나고 있는 현실이다. 그러나 우리나라가 다문화사회에 진입한 현 상황에서 다문화가정 자녀들의 언어적 다양성, 사고 및 문화적 다양성, 인적 다양성을 미래의 자원으로 활용할 수 있도록 하는 인식 전환이 필요하다(박휴용, 2019: 29).

결혼이민자가족을 위하여 정부에서 가장 시급하게 해결해야 할 사항으로 이들 가족에 대하여 "편견을 없애는 사회 분위기 조성"이라고 한 응답자가 가장 높게 나타난 결과에 비추어볼 때, 다문화가족에 대한 인식 개선은 매우 시급한 정부의 핵심과제라고 할 수 있다(설동훈, 이혜경, 조성남, 2006: 93). 다문화에 대한 편견과 차별을 지양하고, 세계 각국의 역사와 문화에 대한 이해를 통하여 이들의 가치를 인식함으로써 더불어 살아가는 공동체의식을 고취시켜 나가야 할 필요성이 제기된다(김현희, 2007: 91).

한국의 다문화정책에 관한 연구들은 캐슬과 밀러(Castles & Miller, 2003)가 제시한 차별적 포섭/배제모형, 동화모형, 다문화주의모형이라는 세 가지 범주를 주로 사용하여 이민정책을 연구하는 분석틀로 사용되어 왔다(이종두, 백미연, 2012). 한국의 다문화정책은 차별적 포섭/배제모형에 해당한다. 일부 동화주의적 특성을 지니는 것으로 평가되고 있으며, 대상에 따라 정책 내용에서도 차이를 나타내고 있다.

이민정책(외국인정책)의 과제는 사회통합정책으로 이민자와 국민 간 상호작용에 의해 나타날 수 있는 여러 가지 사회 갈등 요소를 최소화하고, 이민자가 사회의 구성원이 되는 과정은 국가와 사회발전에 기여해 나가도록 하는 정책이다. 사회통합정책은 그 내용상 국민과 외국인의 통합을 위한 정책으로 이민자에 대한 차별 및 편견 해소, 다양한 문화에 대한 포용성과 감수성 향상 등에 있다. 이민자 통합정책은 사회통합이라는 궁극적 목표를 지향한다는 점에서 한국사회의 복지정책과 긴밀한 연관을 지닌다. 복지정책과 이민자 통합정책 간의 긴밀한 소통은 이민자에 대한 비차별적인 노동정책을 기대할 수 있으며, 사회복지 수혜의 대상자라는 낙인과 이들에 대한 고정관념도 줄일 수 있을 것으로 전망된다.

서구사회는 사회통합을 위한 다문화정책을 복지국가라는 맥락에서 추진되었으나, 한국사회에서 다문화정책은 복지국가가 성립되지 않은 상황에서 사회통합이 추진되어 왔다. 한국의 다문화정책은 일반적인 사회복지정책과 긴장관계에 놓이게 되었으며, 또한 일반 국민들의 불만에 직면하게 되었다. 서구 국가들의 다문화정책(이민자통합정책)과 달리 한국은 전반적인 복지정책의 비중이 낮은 수준으로 유지됨에도 불구하고, 다문화가족을 위한 복지는 높은 수준의 복지를 포함한 다문화정책을 시행하고 있다. 이로 인해 우리 사회 안에서 형평성 문제와 역차별 문제가 야기되고 있다.

선행 연구들은 국가 간 이주자들의 사회통합 양상의 차이를 사회복지 지출규모 및 다문화정책의 제도화 수준 차이 등으로 설명해 왔다(Brochmann & Hagelund, 2011; Ham, Song, & Yang, 2020; Malmberg-Heimomen & Julkunen, 2006). 한국사회는 외국인 가족을 위한 사회복지서비스가 미흡하고, 저출산·고령화 문제에 당면한 가운데 외국인정책을 통한 문제 해결에 초점을 맞추고 있다. 제3차 외국인정책 기본계획(2018-2022)은 한국의 이민정책에 관한 범정부 차원의 계획 및 정책 지침서이며, 정책 추진에 관한 기본 설계도이다. 외국인정책은 여러 분야가 관련되어 있으며, 정책 내용이 빠르게 변화하므로 소관 부처별 개별적인 정책 추진보다는 국가 차원에서 중장기 정책 방향을 미리 설정하고 종합적 · 체계적으로 추진할 필요가 있다.

제1차 외국인정책기본계획에서 "외국인과 함께하는 세계일류국가"를 위한 정책 목표로 개방적 이민 허용을 통한 국가경쟁력 강화, 높은 사회통합, 질서 있는 이민 행정 구현, 외국인 인권 옹호 등의 목표를 설정해 놓고 있다. 제2차 외국인정책기본계획의 정책 목표는 경제 활성화 지원, 사회통합, 차별방지와 문화 다양성 존중, 그리고 국민과 외국인이 안전한 사회구현이다. 또한, 결혼이민자에 대한 맞춤형 지원을 시행하고 특히 경제적 자립 역량 강화를 위해 일자리 참여 및 취업교육 등도 포함하고 있다. 제3차 외국인정책기본계획의 정책 목표는 "국민이 공감하는 질서 있는 개방, 이민자의 자립과 참여로 통합되는 사회, 국민과 이민자가 함께 만들어가는 안전한 사회, 인권과 다양성이 존중되는 정의로운 사회" 등으로 이전의 정책과 달리 사회통합 체계와 체류, 영주, 국적 연계를 강화하는 것이다.

이주 배경을 가진 아동들은 다양한 상황과 이유로 인해 비이주 배경 아동에 비해 낮은 학업 성취도를 보이고 있다(이은지, 김세현, 함승환, 이현주, 2018; 이정우, 2013; Azzolini, Schnell, & Palmer, 2012; Levels & Dronkers, 2008). 이러한 현상은 성인이 된 이후에 커다란 사회적 비용을 발생시킬 수 있다는 장기적인 관점에서 사회통합의 저해 요인으로 작동하게 된다(양경은, 함승환, 2015). 이주자들의 성공적인 사회통합은 다양한 방식으로 측정될 수 있으며, 자녀의 학교 교육 성취도는 사회통합의 중요한 측면이 된다. 따라서 이민 배경 아동의 이중언어 교육 체계를 고도화하고 유아·학령기 등 성장주기별 지원 강화가 필요하다. 이에 사회통합을 위한 공교육의 확대는 매우 중요하다. 이와 더불어 취약한 상황에 있는 외국인 아동에 대한 실태조사, 보호 방안 강구 등 종합적 인권증진 방안 마련이 절실하다(양은경, 2020).

한국의 영주권이나 국적을 취득하고자 하는 외국인은 법무부가 주관하는 사회통합 프로그램을 이수해야 한다. 2009년 시범을 통해 2010년부터 본격적으로 시행된 사회통합 프로그램은 〈한국어와 한국문화〉와 〈한국사회 이해〉 과정이다. 영주권자나 귀화자는 대한민국의 현재와 미래에 많은 영향을 미칠 수 있는 소중한 인적자원이므로 이들을 양성하는 사회통합 프로그램의 중요성은 매우 크다. 사회통합 프로그램 중 〈한국어와 한국문화〉 과정은 한국어를 중심으로 언어적 소통 능력과 문화 이해 능력을 중시하고, 〈한국사회 이해〉 과정은 한국사회 구성원으로서 알아야 할 기본적인 소양을 다룬다는 점에서 중요하며, 〈한국어와 한국문화〉 과정은 사회통합 프로그램에서 훨씬 많은 비중을 차지하고 있다(설규주, 2019; 오지혜, 심상민, 이미향, 2019; 이경주, 2017).

4) 인권과 차별금지

한국의 다문화와 이민정책 담론 연계의 측면에서 인권과 차별금지를 설명하는 주요 개념들은 이민자 권리와 인권과 차별금지이다. 한국의 이민자 권리와 인권 담론은 외국인노동자의 인권으로부터 시작해 결혼이민여성, 다문화가족, 이민자 등의 권리에 관한 논의로 발전해왔다. 최근에는 난민의 인권 보호에 관한 공론화가 본격화되었다. 한편 국제인권규범에 기반해 국제기구가 한국의 이민자 인권정책의 문제를 지적해왔고, 이를 "탈동조화" 현상으로 설명한다(이병하, 2014; 김수경, 2019). 미등록 이민자의 인권 보호 조치의 미비와 난민에 대한 차별과 강제송환 등의 문제를 지적하는 의견들도 제기되었다. 결혼이민여성의 경우 가정폭력과 일상에서의 인권침해가 인권 보장의 시각에서 다루어졌다. 이민자의 권리와 인권 담론은 논의의 대상 범위가 외국인노동자로부터 결혼이민여성, 난민, 불법체류이민자, 이주아동 등으로 확대되어 온 만큼 이들 개별 정책 대상의 인권침해 이슈와 개선에 관한 논의가 계속될 것이다. 인권 보호를 주장하는 의견은 국제인권 레짐의 이민자 권리와 인권 담론과 한국의 이민자 권리와 인권정책의 "동조화"에 주안점을 둘 것이다. 한편 이민자 권리와 인권 보장은 역차별을 야기하며, 사회통합을 어렵게 할 수 있다는 반론도 제기될 개연성도 존재한다.

한국의 차별금지 담론은 이민자에 대한 인종차별과 차별정책에 대한 논의로부터 시작되었다. 국제기구의 권고에 따라 차별금지를 위한 법제화를 추진해야 한다는 주장과 국민의 사회적 인식 전환이 요구된다는 의견이 제시되었다. 법제화의 경우 이민자에 대한 차별을 금지할 수 있는 포괄적 차별금지법과 평등법이 제정되어야 한다는 주장이 제기되었다(이상현, 2020; 강혜정, 권경득, 2020). 반면 일부 종교계를 중심으로 차별금지정책이 원주민과 이민자 간 분열과 갈등을 증폭시킬 수 있으며, 무슬림이민자, 난민, 불법체류이민자 등의 증가만 초래할 수 있다는 반론도 본격적으로 표명되어 왔다. 불법체류이민자의 기본권 보장과 관련해서는 찬성과 반대의 입장이 학계, 언론, 시민단체 등을 통해 제기되었다. 난민의 경우 2013년 「난민법」 제정에도 아직도 차별적 대우가 존재한다는 비판적 입장과 난민 수용에 대한 부정적 견해가 대립적으로 표출되고 있는 상황이다. 차별금지법의 제정을 둘러싸고 정치사회와 시민사회에서 논의가 본격화되고 있다. 현재 성적 소수자에 대한 차별금지에 대한 논쟁이 중심이 되고 있으나, 공론화 과정에서 이민자에 대한 차별금지정책도 쟁점이 될 가능성이 있다. 이민자 차별금지 담론에는 국제규범의 수용과 국내정책과 연계, 법제화와 기구 수립, 차별금지에 관한 시민교육 등의 주제에 관한 내용이 포함될 것이다.

인권이란 '사람이 사람답게 살 권리'로서, 인간으로서의 존엄과 가치 및 자유와 권리를 말한다. 인권은 출생과 동시에 지니게 되는 인간 고유의 권리로서, 사람들은 자기가 태어난 나라뿐 아니라 다른 나라에서도 법률로서 자신의 기본권을 보호받고 있다. 한국에서도 법률상으로는 외국인들도 국가안보를 위한 몇 가지 특수한 경우를 제외하고는 모든 영역에 있어 국내인과 차별받지 않으며, 인간의 존엄과 가치를 지니고, 행복을 추구할 수 있는 헌법의 기본권을 보장받을 수 있다(김지영, 최훈석, 2011: 1-4). 다문화사회에서의 인권개념은 도덕적 정당성이나 이념 등에서 도출되는 것이 아니라 구성원의 합의를 통해서 정당화될 수 있으며, 또한 문화 간 위계의 존재를 부정하고 서로의 문화를 인정하고 존중해야 한다는 "상호 문화성"을 강조한다(김학태, 2015: 285-290).

한국에서 이민자의 인권 보호를 위해서는 우선 단기순환정책으로부터 정주화정책으로 정책의 전환을 통해 이민자의 배제를 극복하고 통합을 증진시켜야 한다고 강조한다. 결혼이민여성 지원이 중심이 된 현재의 지원정책의 범위를 외국인, 재외동포 3세, 중도입국 자녀 등의 이민자에게도 확대해야 하고 권리를 보장해야 한다고 지적하고 있다(박미숙, 손영화, 2018: 85-87).

국제인권 관련 국제기구에서는 한국정부의 이민자 인권에 관하여 결혼이민여성, 다문화가족, 외국인노동자의 인권뿐만 아니라 기존 정책대상 이외에 "난민과 망명 신청자에 대한 재검토, 무국적자 문제, 외국인 노동자의 자녀, 이주 아동" 등 인권정책 대상을 확대할 것을 권고하고 있다. 특히 외국인노동자의 인권에 대한 국제기구의 지적과 권고가 가장 많이 제기되고 있으며, 이주 아동에 대한 보호를 강조하고 있다. "국제인권규범이 이주민의 노동권, 사회권, 복지권 등에 대해 권고하고 있는 반면, 대한민국 행정부의 정책은 이와는 다소 동떨어진 문화지원, 언어지원, 상담지원 등에 초점"이 있음을 지적하고 있다(이병하, 2014: 285-286).

국가인권위원회의 2017년 실태조사 보고서에 따르면 조사대상자의 42.1%가 가정폭력의 경험이 있고, 피해 유형은 언어폭력이 81.1%, 신체폭력이 38%로 나타났다고 제시하고 있다. 결혼이민여성의 인권문제에 대한 대책 마련이 시급함을 의미하는 것이다. 가정폭력 피해는 차별과 남녀 불평등이 복합적으로 영향을 미친 결과라고 지적한다. 한국사회에서 결혼이민여성에 대한 인권침해는 매우 다양하게 일어나고 있다(김상찬, 김유정, 2011: 322-331). 개인적 차원에서 인권침해는 성적 학대를 포함하는 성폭력, 남편과 시집 가족들로부터의 언어폭력, 신체적 폭력을 포함하는 가정폭력이 대표적인 예이다. 사회적 차원에서는 단일민족국가로서 순수혈통을 중요시하던 한국사회에서 국제결혼에 대하여 가지게 되는 편견과 차별, 그리고 결혼이민여성들이 임신, 출산, 육아 등에서 언어장벽과 정보의 부재로 인하여 인권침해적 어려움을 겪게 된다는 것이다. 자녀들에게 있어서도 다른 외모와 피부색으로 집단따돌림을 당하는 수가 있으며, 정체성 혼란 등으로 인하여 학교생활 적응에 어려움을 겪고 있다. 직장 생활을 하는 가운데에서도 근로계약서 작성 여부, 4대 보험 가입 여부, 임금체불 여부 등 기본근로 조건에 관한 것뿐만 아니라 언어폭력을 수반하는 언어적 · 심리적 피해를 경험하며, 성희롱 · 성추행 · 강간 시도 등의 성폭행을 당하기도 한 것으로 보고되고 있다. 제도적 차원에서 결혼이민여성들의 인권침해는 결혼중개업체의 중개과정에서 발생되는 인신매매성 결혼, 불안정한 체류권과 국적취득의 어려움으로 인한 신분상의 불안을 들 수 있다(김상찬, 김유정, 2011: 328-331).

한국에서 증오범죄 발생을 막기 위한 연구에서는 이슬람을 잠재적 테러리즘의 위협요소로 인식하는 경향이 존재하는 한국에서 증오범죄의 발생은 국가안보를 저해할 수 있다고 언급한다. 이민자의 증오범죄는 경제적 빈곤, 이민자 본국에 대한 편견, 종교 갈등 등의 요인에서 기인하고 있으며, 이러한 요인은 이민자 2세와 3세에 대한 차별과 편견으로 나타나 증오범죄의 기반이 되고 있다고 설명한다. 다문화사회에서 편견 및 차별의 예방을 위한 방안으로 다문화 인권교육의 필요성이 강조되고 있다(정상우, 2017). 다문화 인권교육은 다문화 역량뿐만 아니라 다양한 문화적 차이에서 기인하는 일체의 차별적 요소를 예방하기 위한 인권 감수성을 증진하고자 하는 교육개혁이다(강형민, 정상우, 2015; 나달숙, 2014; 박인현, 2013; 유의정, 2015). 한국사회에서 다문화인권교육은 2000년대에 다문화사회로 들어서면서 다문화가족에 대한 사회적 차별과 편견을 배제하기 위한 다문화교육의 일환으로 보급되었으며, 다양한 사회구성원을 인정하고 존중하기 위한 다문화이해 교육도 시행되었다. 그러나 그 동안 다문화 인권교육이 아닌 이주민에 대한 지원중심으로 전개되어 왔으며, 따라서 이중언어 교육, 한국어 교육에 초점이 이루어지게 되었다. 이러한 과정에서 인간의 존엄성과 평등이 상대적으로 소홀하게 다루어지게 되었다. 다문화 인권교육은 보편적 인권의 존중, 시민사회 주도의 교육, 학교현장에서의 교육, 탈정치화 된 다문화교육 등의 방향으로 진행되어야 한다(정은정, 김대중, 2019: 120-132).

다문화주의 담론이 민주주의의 핵심인 인권 및 평등과 밀접하게 연관되어 있다는 점에서 다문화정책의 제도적 정당성의 근간에 기여해왔다(Martiniello, 1997; Taylor, 1992). 우리나라 이주민 인권의 중요 쟁점은 20년 전 이주노동자의 사회보장권과 노동 3권 문제에서 출발하여 점차 결혼이주민의 가족갈등 및 이혼, 그리고 이주민 자녀의 양육과 교육권 보장으로 확장되고 있다. 한국사회는 오랜 역사 속에서 영토적 귀속성과 순혈주의, 단일 언어주의로 특징 되어 왔으며, 한국인이라는 통합된 국민 정체성을 유지해왔다(김현미, 2014). 그러나 최근 다문화사회로의 급속한 전환은 한국인으로서의 정체성에 도전으로 여겨지고 있으며, 인종차별을 불러일으키는 요인이 되었다. 여기에다가 다문화 담론에 깊은 논의가 없이 시작된 다문화정책은 다문화가족을 시혜해야만 하는 취약한 존재로 여겨 다른 이주자들에 대한 거부와 혐오를 하게 만들었다.

현재 우리 사회의 다문화에 대한 인식은 이전과 크게 달라지지 않은 것처럼 보인다. 한국은 동아시아 국가 중 인종차별이 심한 국가로 한국에 인종차별금지법이 부재한 것에 대해 우려가 표명되기도 했다(정순둘, 이미우, 2012). 다문화사회로 전환되면서 각종 매체에 등장하는 외국인의 모습에 익숙해졌지만, 외국인 혐오 및 반다문화주의를 옹호하는 사회관계망, 시민단체들이 공존한다. 특히 다문화가족 청소년의 경우, 이들의 결핍과 부정적인 측면을 강조한 초기 연구 경향, 시혜적 시각으로 이루어진 재정 지원정책 등으로 형성된 사회적 인식은 그들이 속한 학교 및 지역사회에서 편견 및 차별로 연결되었다고 지적한다(양계민 외, 2013).

다문화가족 청소년들의 인권을 보장하기 위해 시작된 "이주아동 권리보장 기본법" 제정 공청회에서도 기본법 제정이 지나치게 경제적 관점에 입각해 있다는 우려가 제기되었다(김희경, 2014). 다문화가족 청소년 전체가 결핍되고 부족하며 차별받고 있는 것은 아닐지라도 다문화가족 청소년에 대한 차별은 여전히 존재하며, 이들을 위한 프로그램과 모니터링은 지속적으로 개발되고 실행되어야 한다(양계민 외, 2013). 따라서 다문화가족 청소년 차별의 원인을 파악하여 차별을 줄이기 위한 다양한 차원의 대책이 모색되어야 한다. 그러나 모든 차별의 원인을 제거하기 위한 정책적 대안을 제시하는 것은 불가능하다. 그러므로 다문화가족 청소년의 차별에 영향을 미치는 요인을 파악하여 실현 가능한 대안을 마련한다면 청소년 차별은 줄어들 것으로 예상된다.

국내법에는 이주 아동의 인권 보장을 위한 「아동복지법」, 「다문화가족지원법」, 「청소년복지지원법」, 「초·중·등교육법 시행령」 등이 있다. 「다문화가족지원법」에서는 합법적인 체류자만을 대상으로 하고 있어 미등록이주노동자 가정 자녀들을 보호할 수 없는 한계가 있다. 또한 「청소년복지지원법」은 이주로 인해 사회·문화적 적응에 어려움을 겪는 이주 배경 청소년을 지원하기 위한 내용으로 이주 배경 청소년에 관한 지원 조항을 두고 있다. 국가 및 지방자치단체가 다문화가족 청소년과 국내로 이주하여 사회적응 및 학업 수행에 어려움을 겪는 청소년의 사회적응 및 학습능력 향상을 위해 상담 및 교육 등 필요한 시책을 마련하고 시행해야 한다고 하나, 구체적인 지원 방법에 관한 조항이 마련되어 있지 않다. 따라서 결혼이주민에게 「국민기초생활보장법」, 「한부모가족지원법」, 「영유아보육법」, 「모자보건법」 등에 대한 정보를 제공하여 불이익을 당하지 않도록 사회안전망을 구축해야 한다.

다문화정책은 이주여성과 이들 자녀를 위한 복지정책 중심으로 진행되고 있다. 그러나 한국사회 전반에 걸쳐 다문화사회에 적합한 사회구성원 전체의 인식과 태도의 성숙 및 조화를 이루는 화합의 사회를 이루기 위한 정책은 잘 드러나지 않는다. 다문화정책이 사회의 일부 소수만을 위한 사회적응 복지 혜택으로 오인되는 경향이 있고, 이러한 시혜적 복지정책으로 다문화정책의 방향이 고착되는 경향이 있다. 우리 사회구성원들이 다문화사회에 적합한 의식과 태도를 갖출 수 있도록 사회구성원 모두를 위해 실시되는 다문화정책이 전개되어야 한다(김선미, 2012).

다문화교육의 핵심적 가치는 교육적 평등이다. 따라서 모든 학생은 성 사회계급이나 종족 · 인종 · 문화적 특성들에 상관없이 학교에서 학습할 수 있는 동등한 기회를 가져야 한다(Banks, 2007). 이에 더해 학교와 사회에서의 인종차별주의와 다른 형태의 차별들에 도전하고 거부할 수 있어야 한다. 반면 그들의 공동체와 교사들이 보여주는 다원주의, 즉 종족 · 인종 · 언어 · 종교 · 경제적 성, 그리고 그 외 다른 것들은 긍정적으로 수용하고 포용할 수 있는 자세를 가져야 한다(Nieto & Bode, 2007). 다문화교육 과정의 핵심적 가치는 세계 공동체에 대한 책임, 지구에 대한 존경, 문화 다양성의 인정과 수용 인간의 존엄성, 보편적 인권 존중 등에서 찾아볼 수 있다(Bennett, 2001).

다문화교육의 개념과 교육 목표, 실천방식은 그 범위가 광범위하고 포괄적인 성격을 지니고 있어서 한국적 상황에 적절한 다문화 교육의 범주를 구체화하여 실천 방향 설정을 할 필요가 있다(김선미, 2002). 한국의 다문화교육은 인권교육이 포함되어야 하며 사회구성원 모두에게 특성과 교육 목적에 따라 구분하여 시행되어야 한다. 또한, 각 대상별 교육 목표 및 방법이 구체적으로 제시될 수 있도록 여러 프로그램 개발이 이루어져야 한다. 예를 들어, 농촌 지역의 결혼이주여성을 위한 멘토링과 사회적응 프로그램은 결혼이주여성뿐만 아니라 가족에 대한 교육이 함께 이루어져야 하고, 이들을 위한 교육기회가 보장되도록 법적인 제도 보완이 함께 이루어져야 이들을 위한 언어 및 문화, 직업교육 등이 효과적으로 목표를 달성할 수 있다.

결혼이주여성 가족과 외국인 노동자들에게는 지역사회 참여 및 공동체 소속감을 높일 수 있도록 지원하고, 외국인 노동자뿐 아니라 사업주들에게도 인권교육 및 법교육 등이 함께 이루어져야 한다. 더불어 다문화교육 현장에서는 교사들을 위한 이론적인 교육 및 다문화교육 현장 실습도 함께 실행되어야 한다. 현장 실습 과정을 통해 교사 스스로 다문화 교육 프로그램을 개발하고, 이를 교육 현장에 적용하여 실행할 수 있도록 역량을 강화하는 것이 중요한 지향점이라고 할 수 있다. 다문화 교육정책을 실행하는 궁극적 목표는 다름을 인정하는 것이다. 이주자들이 한국사회에 소속감을 가지고 사회 구성원으로서 조화를 이루고 화합해 나가는 방향으로 다문화 교육이 이루어져야 한다.

참고문헌

⟨저서⟩

Banks, J. S. (2007). Educating citizens in a multicultural society. New York: Teachers College Press.

Castles, Stephen & Miller, Mark J. (2018). 이주의 시대. 한국이민학회 (번역). 서울: 일조각. (원전은 2009에 출판).

Mason, Jennifer (2010). 질적 연구방법론. 김두섭 (번역). 서울: 나남. (원전은 2002에 출판).

Sleeter, C. E., & Grant, C. A. (2007). Making choices for multicultural education: Five approaches to race, class and gender. Wiley.

Taylor, C. (1992). The ethics of authenticity. Harvard University Press.

Vertovec, Steven & Wessendorf, Susanne (2014). 흔들리는 다문화주의. 부산대학교 사회과학연구원 (번역). 서울: 박영사. (원전은 2010에 출판).

Wilkerson, Barbara. ed. (1997). Multicultural Religious Education. Birmingham. Ala.: Religious Education Press.

강미옥 (2012). 보수는 왜 다문화를 선택했는가. 서울: 상상너머.

강희복 (2007). 동양사상에서의 '같음'과 '다름'의 문제에 관해. 오경석 외. 한국에서의 다문화주의 (pp. 319-340). 서울: 도서출판 한울.

구본규 (2016). '다문화'는 어떻게 이주민 가족을 비하하는 말이 되었나? 김희강 외. 한국 다문화주의 비판 (pp. 177-233). 서울: 도서출판 앨피.

국가인권위원회 차별판단지침연구 태스크포스 (2008). 차별판단지침. 국가인권위원회 차별판단지침연구 태스크포스.

김승권, 김유경, 조애정, 김혜련, 이혜경, 설동훈, 정기선, 심인선 (2010). 2009년

전국 다문화가족실태조사 연구. 정책보고서 2010-06. 보건복지가족부,
법무부, 여성부, 한국보건사회연구원 합동.

김승권, 송혜림, 신은주, 김유경, 박지윤 (2009). 가족정책서비스 효율화를 위한
발전방안 연구. 보건복지가족부 · 한국보건사회연구원.

김종태 (2014). 서구 중심주의와 한국의 다문화 논의. 윤인진 · 황정미 엮음. 한국
다문화주의의 성찰과 전망 (pp. 105-146). 서울: 아연출판부.

김현미 (2016a). 결혼이민과 이민자 2세. 이혜경 외. 이민정책론 (pp. 359-394).
서울: 박영사.

김현미 (2016b). 귀화 이주민과 문화적 권리. 김희강 외. 한국 다문화주의 비판
(pp. 112-144). 서울: 도서출판 앨피.

김현미 (2016c). 난민. 이혜경 외. 이민정책론 (pp. 437-467). 서울: 박영사.

김희강 (2016). 다문화주의의 역설. 김희강 외. 한국 다문화주의 비판 (pp. 21-
63). 서울: 도서출판 앨피.

김희정 (2007). 한국의 국가 주도형 다문화주의. 오경석 외. 한국에서의 다문화주
의 (pp. 57-79). 서울: 도서출판 한울.

설동훈 (2016a). 이민자의 시민권. 이혜경 외. 이민정책론 (pp. 151-191). 서울:
박영사.

설동훈 (2016b). 이민정책 이론. 이혜경 외. 이민정책론 (pp. 77-111). 서울: 박
영사.

설동훈, 이혜경, 조성남 (2006). 결혼이민자가족 실태조사 및 중장기 지원정책방
안 연구. 서울: 여성가족부.

「세계인권선언」.

양계민, 조혜영 (2013). 중도입국청소년의 실태조사 연구(2011). 무지개청소년
센터. 서울: 한국여성정책연구원.

오경석 (2007a). 어떤 다문화주의인가? 오경석 외. 한국에서의 다문화주의 (pp.
21-56). 파주: 도서출판 한울.

원숙연 (2019). 다문화 사회의 다층성. 서울: 이화여자대학교출판문화원.

유네스코 한국위원회 엮음 (2008). 유네스코와 문화 다양성. 서울: 집문당.

윤인진 (2013). 한국의 국제이주와 다문화주의. 윤인진. 동북아시아의 국제이주
와 다문화주의 (pp. 123-201). 파주: 도서출판 한울.

윤인진 (2014a). 구별짓기 이민자 통합 정책. 윤인진 · 황정미 엮음. 한국 다문화
주의의 성찰과 전망 (pp. 234-263). 서울: 아연출판부.

윤인진 (2014b). 한국에서 다문화주의는 가능한가? 윤인진 · 황정미 엮음. 한국
다문화주의의 성찰과 전망 (pp. 264-330). 서울: 아연출판부.

윤인진 (2016). 재외동포와 재외동포정책. 이혜경 외. 이민정책론 (pp. 395-
435). 서울: 박영사.

윤인진 (2019). 재미한인의 주류화와 차세대. 윤인진 엮음. 재외동포 차세대와 주
류화 (pp. 27-79). 성남: 북코리아.

윤인진, 김희상 (2018). 재외동포의 귀환 이주와 이주민 공동체의 형성. 윤인진
엮음. 재외동포 사회의 현황과 정책과제 (pp. 25-101). 성남: 북코리아.

윤인진, 이윤경 (2017). 디아스포라와 초국가주의 연구의 동향과 미래과제. 윤인
진 엮음. 디아스포라와 초국가주의의 이론과 실태 (pp. 23-71). 성남: 북
코리아.

이규용 (2016a). 노동이민과 경제. 이혜경 외. 이민정책론 (pp. 291-321). 서울:
박영사.

이규용 (2016b). 외국인력정책. 이혜경 외. 이민정책론 (pp. 323-358). 서울: 박
영사.

이선옥 (2007). 한국에서의 이주노동운동과 다문화주의. 오경석 외. 한국에서의
다문화주의 (pp. 81-107). 파주: 도서출판 한울.

이종두, 백미연 (2014). 한국의 특수성과 다문화정책. 윤인진 · 황정미 엮음. 한국
다문화주의의 성찰과 전망 (pp. 201-233). 서울: 아연출판부.

이준일 (2007). 차별금지법. 서울: 고려대학교출판부.

이진영 (2016a). 국제이민협력. 이혜경 외. 이민정책론 (pp. 469-500). 서울: 박영사.

이진영 (2016b). 이민과 안보 및 안전. 이혜경 외. 이민정책론 (pp. 225-254). 서울: 박영사.

이혜경 (2016). 이민과 이민정책의 개념. 이혜경 외. 이민정책론 (pp. 3-40). 서울: 박영사.

정기선 (2016). 인구와 이민. 이혜경 외. 이민정책론 (pp. 257-290). 서울: 박영사.

피터 우드 (2005). 다양성: 오해와 편견의 역사. 해바라기.

한건수 (2014). 한국 사회의 다문화주의 혐오증과 실패론. 윤인진 · 황정미 엮음. 한국 다문화주의의 성찰과 전망 (pp. 33-61). 서울: 아연출판부.

한건수 (2016a). 이민과 사회통합. 이혜경 외. 이민정책론 (pp. 193-223). 서울: 박영사.

한건수 (2016b). 이민행정 제도 및 조직. 이혜경 외. 이민정책론 (pp. 115-150). 서울: 박영사.

황정미 (2014). 젠더와 한국 다문화주의의 재고찰. 윤인진 · 황정미 엮음. 한국 다문화주의의 성찰과 전망 (pp. 147-198). 서울: 아연출판부.

〈논문〉

Azzolini, D., Schnell, P., & Palmer, J. R. (2012). Educational achievement gaps between immigrant and native students in two "new" immigration countries: Italy and Spain in comparison, The Annals of the American Academy of Political and Social Science, 643(1), 46-77.

Bennett, C. I. (2001). Genres of research in multicultural education, Review of Educational Research, 71(2), 171-217.

Brochmann, G. & Hagelund, A. (2011). Migrants in the Scandinavian welfare state, Nordic Journal of Migration Research, 1(1), 13.

Ham, S. H., Song, H., & Yang, K. E. (2020). Towards a balanced multiculturalism? Immigrant integration policies and immigrant children's educational performance, Social Policy & Administration, 54(5), 630-645.

Jenks, C., Lee, J. O., & Kanpol, B. (2001). Approaches to multicultural education in preservice teacher education: Philosophical frameworks and models for teaching, The Urban Review, 33, 87-105.

Joppke, Christian (2009). Transformation of Immigrant Integration in Western Europe, Homo Migrans, 1, 117-155.

Levels, M., & Dronkers, J. (2008). Educational performance of native and immigrant children from various countries of origin, Ethnic and Racial Studies, 31(8), 1404-1425.

Levels, M., Dronkers, J., & Kraaykamp, G. (2008). Immigrant children's educational achievement in western countries: origin, destination, and community effects on mathematical performance, American Sociological Review, 73(5), 835-853.

Malmberg-Heimonen, I. & Julkunen, I. (2006). Out of unemployment? A comparative analysis of the risks and opportunities longer-term unemployed immigrant youth face when entering the labour market, Journal of Youth Studies, 9(5), 575-592.

Martiniello, M. (1997). Citizenship, ethnicity and multiculturalism: Post-national membership between Utopia and reality, Ethnic and Racial Studies, 20(3), 635-641.

Md Golam Hafiz, 신지원 (2018). 한국 내 방글라데시 이주민의 사회적 네트워크에 관한 연구, 디아스포라연구, 12(1), 213-249.

Nieto, S. & Bode, P. (2007). School reform and student learning: A multicultural perspective, Multicultural education: Issues and perspectives, 425-443.

Nye, Malory (2007). The Challenges of Multiculturalism, Culture and Religion, 8, 109-123.

강진구 (2014). 한국사회의 반다문화 담론에 대한 비판적 고찰, 다문화콘텐츠연구, 17, 7-37.

강형민, 정상우 (2015). 다문화인권교육의 개념 정립과 발전 방향 소고, 법과인권교육연구, 8(3), 1-23.

강혜정, 권경득 (2020). 다문화 사회와 이민자의 평등정책, 국가정책연구, 34(4), 23-49.

강휘원 (2006). 한국 다문화사회의 형성 요인과 통합 정책, 국가정책연구, 20(2), 5-34.

공은숙 (2009). 다문화정책인가 동화정책인가, 건지인문학, 2, 27-49.

곽준혁 (2007). 다문화 공존과 사회적 통합, 대한정치학회보, 15(2), 23-41.

권경희 (2012). 유럽 다문화주의의 위기, 유럽연구, 30(2), 83-119.

권기헌, 이홍재 (2005). 외국인 과학기술 고급인력 국내 유치 · 활용을 위한 정책 대안의 분석 및 평가, 한국정책학회보, 14(2), 79-107.

권숙인 (2010). 다문화 정책 '선진국'의 경험과 한국 사회에 대한 함의, 지식의 지평, 8, 96-119.

길강묵 (2011). 이민자 사회통합 정책의 현황과 과제, 다문화사회연구, 4(2), 139-168.

김경아 (2012). 이주여성의 경제활동의지 결정요인분석, 지방정부연구, 16(1), 381-409.

김규찬 (2020). 한국복지국가와 이민자의 권리, 다문화사회연구, 13(2), 27-63.

김남국 (2005a). 심의 다문화주의, 한국정치학회보, 39(1), 87-107.

김남국 (2005b). 다문화 시대의 시민, 국제정치논총, 45(4), 97-121.

김남국 (2008). 한국에서 다문화주의 논의의 전개와 수용, 경제와 사회, 80, 343-361.

김남국 (2010). 다문화의 도전과 사회통합, 유럽연구, 28(3), 133-174.

김민정 (2019). 이주민의 정치적 권리, 정치정보연구, 22(1), 63-97.

김민정, 유명기, 이혜경, 정기선 (2006). 국제결혼 이주여성의 딜레마와 선택: 베트남과 필리핀 아내의 사례를 중심으로, 한국문화인류학, 39(1), 159-176.

김범수 (2008). 민주주의에 있어 포용과 배제, 국제정치논총, 48(3), 173-198.

김병곤, 김민수 (2015). 이주민 시민권으로서의 다문화주의 시민권의 한계와 대안, 평화연구, 23(1), 295-328.

김병록 (2010). 출입국관리행정과 인권문제, 法學論叢, 17(1), 179-216.

김비환 (1996). 포스트모던 시대에 있어 합리성, 다문화주의 그리고 정치, 사회과학, 35(1), 205-236.

김비환 (2007). 한국사회의 문화적 다양화와 사회 통합, 법철학연구, 10(2), 317-348.

김상찬, 김유정 (2011). 국제결혼 이주여성의 인권보호를 위한 법적 과제, 법학연구, 43, 319-344.

김선규 (2015). 자유주의적 다문화주의에서 문화와 관용의 문제, 다문화콘텐츠연구, 18, 225-254.

김선규, 최성환 (2019). 다문화주의에서의 도덕과 정치의 변증법, 다문화콘텐츠연구, 31, 143-171.

김선미 (2000). 다문화교육의 개념과 사회과 적용에 따른 문제, 사회과교육학연구, (4), 63-81.

김선미 (2009). 이주·다문화 실태와 지원 사업 분석, 시민사회와 NGO, 7(2), 189-228.

김선미 (2011). '한국적' 다문화정책과 다문화교육의 성찰과 제언, 사회과교육, 50(4), 173-190.

김성진 (2016). 베트남 국제이주의 현황과 시사점, 현상과 인식, 40(4), 171-200.

김수경 (2015). 이주민의 인권과 국가 안보, 사회와 이론, 26, 187-214.

김수경 (2019). 소수자 정책과 인권담론: 고용허가제와 차별금지법사례 분석, 사회과학 담론과 정책, 12(1), 85-110.

김승권 (2010). 한국 다문화가족의 사회경제적 특성과 정책적 함의, 보건복지포럼, 7, 5-18.

김승권, 김유경, 조애저, 김혜련, 이혜경, 설동훈, 심인선 (2010). 2009년 전국 다문화가족실태조사 연구, 서울: 한국보건사회연구원.

김영란 (2013). 다문화사회 한국의 사회통합과 다문화주의 정책, 한국사회, 14(1), 3-30.

김영명 (2013). 한국이 다문화 담론에 대한 비판적 고찰, 한국정치외교사논총, 35(1), 141-174.

김영숙 (2015). 한국의 반다문화 담론 내용 분석, 사회복지연구, 46(3), 125-151.

김영순, 임지혜, 정경희, 박봉수 (2014). 결혼이주여성의 초국적 유대관계에 나타난 정체성 협상의 커뮤니케이션, 커뮤니케이션 이론, 10(3), 36-96.

김영필 (2010). 한국적 다문화주의를 위한 철학적 변론, 철학논총, 59, 49-67.

김용신 (2008). 다문화사회의 시민형성 논리: 문화민주주의 접근, 비교민주주의 연구, 4(2), 31-57.

김용신 (2011). 한국 사회의 다문화화에 따른 정치사회화 이론의 재해석과 방법적 지향, 세계지역연구논총, 29(1), 87-107.

김용찬 (2006). 국제이주분석과 이주체계접근법의 적용에 관한 연구, 국제지역연구, 10(3), 81-107.

김용찬 (2017). 유럽의 반이민 정치집단에 관한 연구, 민족연구, 70, 4-48.

김용찬 (2019). 한국의 국제이주연구의 동향과 과제, 민족연구, 74, 30-51.

김우창 (2006). 다문화주의와 아시아의 주체성, 지식의 지평, 창간호, 57-85.

김원 (2011). 한국 이주민 지원 단체는 '다문화주의적'인가, 社會科學硏究, 35(1), 71-100.

김은미, 정헌주 (2016). 공적개발원조와 국제이주, 국제정치논총, 56(2), 289-325.

김이선 (2010). 다문화사회의 전개와 '다문화'정책의 성격, 社會科學硏究, 34(1), 167-192.

김재일 (2013). 다문화주의 및 간문화주의 인식과 제도적 착근 방안에 대한 연구, 국가정책연구, 27(2), 289-312.

김재일 (2014). 이주자통합정책지수(MIPEX)를 활용한 우리나라와 사회통합 선진국 간의 비교연구, 정책분석평가학회보, 24(4), 95-117.

김재일 (2019). 우리나라 체류외국인의 영주권 취득 제도 평가, 한국공공관리학보, 33(2), 175-192.

김정규 (2012). 탈국가주의, 초국가주의 그리고 한국국적법에 따른 복수국적에 대한 논의, 한국사회학회 사회학대회 논문집, 6월, 497-518.

김정선 (2011). 시민권 없는 복지정책으로서 '한국식' 다문화주의에 대한 비판적 고찰, 경제와 사회, 92, 205-246.

김종석 (1984). 미국 다문화교육(multicultural education)의 이념적 고찰, 미국학 논문집, 5, 35-60.

김종세 (2011). 다문화사회와 사회통합을 위한 정책의 문제점, 법과 정책연구, 11(2), 349-368.

김종일, 이상철, 이종구, 설동훈 (1995). 한국의 외국인 노동자 정책과 지원운동, 경제와 사회, 28, 77-100.

김종태 (2012). 다문화 대중담론에 대한 비판적 고찰, 민족연구, 50, 82-105.

김중관 (2014). MIPEX지수에 의한 다문화사회통합 정책의 비교분석, 한국중동학회논총, 34(1), 161-180.

김지영 (2017). 반다문화 논리의 확장과 공유, 한국사회학, 51(3), 139-174.

김지영, 최훈석 (2011). 결혼이주여성의 인권침해실태 및 대책에 관한 연구, 형사정책연구원 연구총서, 1-4.

김창근 (2013). 다문화주의와 한반도 통일론, 윤리연구, 88, 251-272.

김창근 (2015). 상호문화주의의 원리와 과제, 윤리연구, 103, 183-214.

김창근 (2017). 다문화주의에서 문화의 의미와 해석, 윤리연구, 112, 243-268.

김태환 (2013). 한국 이민정책의 배제 · 동화프레임, 2013 한국정책학회 동계학술대회, 689-715.

김태환 (2017). 한국 이민정책의 통합적 작동을 위한 조건탐색, 국정관리연구, 12(1), 127-159.

김태희 (2016). 다문화사회와 동화주의정책에 관한 연구, 한국행정사학지, 38, 1-26.

김판준 (2012). 저출산 · 고령화사회에 대비한 다문화정책의 과제, 다문화와 평화, 6(2), 37-62.

김학태 (2015). 다문화사회에서의 법적 갈등과 해결방안에 관한 연구, 외법논집, 39(1), 281-301.

김현강 (2015). 신문 사설에 나타난 다문화주의의 담론적 양상, 이중언어학, 60, 29-58.

김현미 (2008). 이주자와 다문화주의, 현대사회와 문화, 26, 57-78.

김현미 (2015). 귀화 이주민과 문화적 권리, 한국문화인류학, 48(1), 89-118.

김현재 (2007). 베트남 여성의 한국으로의 결혼이민 - 그 배경과 원인에 대한 고찰, 동아연구, 52(0), 219-254.

김현희 (2007). 다문화복지 아동 · 청소년의 실태와 과제, 청소년보호지도연구, 11, 75-92.

김현희 (2016). 외국인 범죄/테러리즘과 반다문화 정서의 글로벌화, OUGHTOPIA, 31(1), 213-242.

김혜숙 (2011). 비판적 다문화주의를 위한 시론, 철학과 현실, 10-20.

김혜순 (2008). 결혼이주여성과 한국의 다문화사회 실험, 한국사회학, 42(2), 36-71.

김혜순 (2016). 이민현상에서 정책과 지역, 한국사회학회 사회학대회 논문집, 313-327.

김혜순 (2017). 국내외 정책 환경을 감안한 다문화가족정책 조정방안, 입법과 정책, 9(1), 31-55.

김휘택 (2013). 반다문화주의, 정체성, 민족, 다문화콘텐츠연구, 15, 305-333.

김희강 (2013). 다문화주의의 역설, 담론 201, 16(4), 67-95.

김희강, 류지혜 (2015). 다문화시대의 이민정책, 한국행정학보, 49(1), 223-244.

김희재 (2002). 노동이동과 외국인노동자정책, 사회조사연구, 17, 23-47.

나달숙 (2014). 다문화 인권교육의 이해와 실천 방향, 법과 인권교육연구, 7(2), 31-45.

문경희 (2018). 젠더와 국제이주, 아시아여성연구, 57(1), 49-102.

문재원 (2014). 다문화주의 담론의 재구성에 대한 고찰, 순천향 인문과학논총, 33(3), 161-187.

미우라 히로키 (2011). 이주노동자문제와 동아시아 다층 거버넌스, 국제정치논총, 51(3), 153-185.

박경환 (2008). 소수자와 소수자 공간, 한국지리환경교육학회지, 16(4), 297-310.

박미경 (2010). 다문화사회와 이주노동자 사회통합 정책과 과제, 다문화와 평화, 4(2), 101-131.

박미숙, 손영화 (2018). 국내·외 인권정책을 통한 이주민 인권보호의 방향 모색, 문화교류연구, 7(2), 69-90.

박범종 (2017). 국제이주와 지역발전에 대한 함의, 국제정치연구, 20(2), 107-131.

박병도 (2011). 개정 국적법에 대한 비판적 고찰, 일감법학, 19, 111-148.

박병섭 (2011). 한국의 다문화주의 성공조건, 사회와 철학, 22, 197-214.

박상섭 (2010). '다문화'의 시대적 추세와 새로운 '민족'개념의 가능성과 당위성, 지식의 지평, 8, 28-47.

박세훈 (2011). 한국 지방자치단체 외국인정책의 비판적 성찰, 공간과 사회, 21(2), 5-34.

박영민 (2014). 한국의 다문화주의 제도화와 다문화정책 과제, 글로벌정치연구, 7(2), 67-88.

박영자 (2012). 다문화시대 한반도 통일·통합의 가치 및 정책방향, 국제관계연구, 17(1), 299-333.

박원화 (2013). '인간의 안전 보장' 개념을 통한 다문화주의의 이해, 다문화와 평화, 7(2), 5-29.

박인현 (2013). 다문화 사회의 이주자 인권 침해와 교육, 법과 인권교육연구, 6(1), 93-122.

박종대, 박지해 (2014). 한국 다문화정책의 분석과 발전 방안 연구, 문화정책논총, 28(1), 35-63.

박진경 (2010). 한국의 다문화주의와 다문화정책의 선택적 적용, 한국정책학회보, 19(3), 259-288.

박채복 (2008). 한국 이주자 사회통합정책의 방향과 과제, 한국동북아논총, 46, 253-274.

박호성 (2011). 한국사회의 이주민 참정권 문제, 민족연구, 47, 146-167.

박휴용 (2019). 다문화 가정 2세들의 현황과 사회적 자원으로서의 재인식, 월간 공공정책, 168, 26-29.

변종헌 (2016a). 다문화 시민교육의 방향과 과제, 윤리교육연구, 40, 111-131.

변종헌 (2016b). 다문화 사회의 사회통합, 윤리교육연구, 41, 253-272.

사득환 (2018). 이민정책의 패러독스(Paradox), 한국공공관리학보, 32(2), 295-

318.

서민교, 이지석, 남병탁 (2003). IT산업에서의 고급두뇌 해외유출에 관한 연구, 인터넷전자상거래연구, 3(2), 127-147.

서정규, 하상응 (2019). 모국 및 이주국에서의 사회화가 이민자의 정치참여에 미치는 영향, 한국정치학회보, 53(2), 81-103.

석인선, 황기식 (2019). 제주 예멘 난민사태와 인간안보, 민족연구, 74, 92-115.

석현호 (2000). 국제이주이론, 한국인구학, 23(2), 5-37.

설규주 (2019). 사회통합 프로그램 과정 수업의 실태와 개선 방향에 대한 기초연구, 다문화교육연구, 12(3), 1-36.

설동훈 (2002). 외국인노동자 차별과 시민권, 시민과 세계, 2, 345-356.

설동훈 (2005). 일본과 한국의 외국인노동자 정책 비교, 일본연구논총, 21, 201-230.

설동훈 (2010). 한국의 다문화 사회 정책의 문제점과 대안, 지식의 지평, 8, 48-70.

설동훈 (2013). 국제인구이동과 이민자의 시민권, 한국인구학, 36(1), 21-50.

설동훈, 이병하 (2013). 다문화주의에서 시민통합으로, 한국정치외교사논총, 35(1), 207-238.

설동훈, 전진영 (2016). 국회의 이민정책 결정과 정당정치, 한국과 국제정치, 32(2), 137-172.

설진배, 김소희, 송은희 (2013). 결혼이주여성의 사회적 연결망과 초국가적 정체성, 아태연구, 20(3), 229-260.

설한 (2014). 다문화주의의 이론적 퇴조 원인 분석, 현대정치연구, 7(1), 81-106.

성장환 (2017). 다문화주의와 우리나라 이민정책의 변화과정과 방향, 대한정치학회보, 25(1), 27-49.

소병철 (2015). 다문화시대의 세계정의에 관한 시론, 人文科學, 105, 125-154.

손경원 (2013). 서구 다문화주의 논쟁의 분석에 기초한 한국적 다문화주의의 방향 탐색, 도덕윤리과교육, 38, 201-227.

손기호 (2010). '질 높은 사회통합' 정책목표와 성과평가에 관한 연구, 한국지방
정부학회 2010 동계학술대회, 1-26.

손병덕, 손다선 (2020). 「출입국관리법」과 「난민법」의 정책유형별 입법과정, 다
문화와 평화, 14(1), 44-69.

손철성 (2013). 난민의 인권, 윤리교육연구, 32, 203-219.

송샘, 이재묵 (2018). 다문화사회 이주민의 정치참여 활성화를 위한 민주시민교
육, 아태연구, 25(1), 61-91.

송종호 (2005). 난민보호의식의 재검토, 민족연구, 23, 81-103.

송종호 (2007). 단일민족환상 깨고 다문화주의로의 '전환시대', 민족연구, 30,
90-125.

송하중, 양기근, 강창민 (2004). 고급과학기술인력의 두뇌유출 순환모형에 관한
연구, 한국정책학회보, 13(2), 143-174.

송해련 (2019). OECD 주요국의 이주정책과 이주민 특성분석, 노동정책연구,
19(2), 41-71.

승해경 (2018). 한국다문화가족정책과 지방정부의 역할, 한국지역사회생활과학
회 학술대회 자료집, 4월, 1-19.

신소희, 최서리 (2020). 대안적 난민 수용에 관한 논의, 한국이민학, 7(2), 47-77.

신지원 (2015). 국제이주와 발전의 연계 담론에서 '디아스포라'의 역할에 대한
비판적 검토, 디아스포라연구, 9(2), 7-36.

심보선 (2007). 온정주의 이주노동자 정책의 형성과 변화, 담론 201, 10(2), 41-
76.

심승우 (2016). 반다문화주의 현상과 다문화 정책철학의 제고방안, 인문사회 21,
7(4), 367-387.

안병삼 (2009). 초국가적 이동현상에 따른 중국 조선족의 가족해체 연구, 한국동
북아논총, 52(0), 153-177.

안외순 (2018). 다문화시대 동아시아 전통에 기초한 공존 가치, 東方學, 38, 261-294.

양경은, 함승환 (2015). 다문화정책의 사회통합효과, 한국사회정책, 22(2), 9-31.

양계민, 김승경, 김윤영, 정소희, 이정미, 박선영 (2012). 다문화가족 아동·청소년의 발달과정 추적을 위한 종단연구 III, 한국청소년정책연구원 연구보고서, 1-487.

양승민 (2008). 한국적 다문화상담의 모색을 위한 농촌지역 결혼이민여성들의 스트레스 요인과 반응에 관한 연구, 연세대학교 대학원 박사학위논문.

엄한진 (2008). 한국 이민담론의 분절성, 아세아연구, 51(2), 112-140.

여경수 (2018). 출입국관리법상 외국인 보호제도의 개선방안, 일감법학, 41, 73-92.

염지숙 (2017). 영아기 자녀를 둔 농촌지역 결혼이주여성의 취업경험을 통한 정체성 형성, 유아교육학논집, 21(2), 307-327.

오경석 (2007). 다문화와 민족-국가, 공간과 사회, 28, 98-121.

오경석 (2009). 한국의 다문화주의, Homo Migrans, 1, 9-32.

오경석 (2010). 누구를 위한 '다문화주의'인가? 민주사회와 정책연구, 17, 190-222.

오경환 (2009). 다문화주의와 트랜스내셔널리즘, Homo Migrans, 1, 33-45.

오지혜, 심상민, 이미향 (2019). 사회통합교육을 위한 이민자 대상 한국어 교재의 개발방향 연구-호주의 AMEP 사례를 중심으로, 국어교육, 164, 227-262.

우라미, 황지현, 서경혜 (2018). 한국의 다문화교육정책에 대한 비판적 고찰, 교육과학연구, 49(2), 59-88.

우평균 (2003). 동북아 각국의 외국인노동자 정책, 평화연구, 11(1), 175-206.

원숙연 (2008). 다문화주의시대 소수자 정책의 차별적 포섭과 배제, 한국행정학보, 42(3), 29-49.

원숙연, 박진경 (2009). 다문화사회와 외국인정책에 대한 정향성 분석, 행정논총,

47(3), 201-224.

유영성 (2013). 두뇌유출, 투자유출 심각! 창조경제 근간이 흔들릴 수 있다, 이슈&진단, 109, 1-26.

유의정 (2015). 다문화교육의 법적 지원과 인권 측면의 과제, 법과 인권교육연구, 8(1), 25-44.

육주원 (2016). 반다문화 담론의 타자 만들기를 통해 본 다문화-반다문화 담론의 협력적 경쟁관계, 한국사회학, 50(4), 109-134.

윤경훈, 강정인 (2019). 한국 다문화주의 연구의 다문화 정책 인식에 대한 비판적 검토, 한국정치연구, 28(2), 89-116.

윤인진 (2008). 한국적 다문화주의의 전개와 특성, 한국사회학, 42(2), 72-103.

윤인진, 송영호 (2011). 한국인의 국민정체성에 대한 인식과 다문화 수용성, 통일문제연구, 55, 143-192.

이경주 (2017). 사회통합프로그램 한국어교육의 현황과 과제, 국제한국어교육학회 추계학술발표논문집, 2017, 109-128.

이경희 (2015). 다문화사회에서 소수자에 대한 이해와 실천, 윤리교육연구, 38, 253-279.

이규영, 김경미 (2009). 다문화사회에서 이주민의 정치 참여, 유럽연구, 27(2), 1-24.

이규용 (2014). 한국의 이민정책 쟁점과 과제, 노동리뷰, 11, 7-31.

이규홍 (2005). 우리나라 移民政策의 改善 方向, 法曹, 580, 217-254.

이금로 (2010). 복수국적 허용의 국적법 개정과 의의, 홍익법학, 11(2), 97-126.

이병렬, 김희자 (2011). 한국이주정책의 성격과 전망, 경제와 사회, 90, 320-362.

이병하 (2014). 국제인권규범과 한국의 이주민 인권, 21세기정치학회보, 24(1), 269-290.

이병하 (2017). 국제이주 연구에 있어 정치학적 접근과 방법론적 쟁점, 연구방법논총, 2(1), 23-51.

이병하 (2019). 이주에 관한 국제협력과 동아시아 이주 거버넌스 구축의 가능성, 담론201, 22(1), 7-43.

이상우 (2011). 다문화시대의 이주민 참정권, 대한정치학회보, 19(2), 57-81.

이상윤 (2014). 한국 이민다문화 정책 추진체계 현황 및 개선방안, 사회과학연구, 25(3), 175-204.

이상현 (2020). 일본의 평등분야 다문화정책, 문화와 정치, 7(3), 41-73.

이선미 (2010). 국제 이주의 이론적 도전, 사회와 이론, 16, 211-239.

이성순 (2010). 이민자 사회통합정책의 현황과 과제, 사회과학연구, 21(4), 165-187.

이성순 (2013). 이주민 사회통합정책에 관한 연구, 사회과학연구, 24(3), 161-185.

이소영 (2011). 광주·전남지역 여성결혼이민자의 '사회적 연결망' 분석 연구, 전남대학교 세계한상문화연구단 국내학술회의, 25-61.

이시철, 김혜순 (2009). 지방 국제화 논의와 다문화 담론, 한국행정연구, 18(2), 109-139.

이안지영 (2009). 영주권을 선택한 결혼이주 여성의 협상하는 시민권, 여/성이론, 21, 28-52.

이영범, 남승연 (2011). 다문화주의 유형화에 관한 연구, 한국정책학회보, 20(2), 143-174.

이오복 (2019). 다문화복지정책에 대한 서비스 제공자의 인식유형 연구-사회복지사, 방문교육지도사, 언어발달지도사를 중심으로, 인문사회 21, 10(6), 395-410.

이용균 (2013). 초국가적 이주 연구의 발전과 한계, 한국도시지리학회지, 16(1), 37-55.

이용균 (2014). 서구의 이주자 정책에 대한 비판적 접근과 시사점, 한국지역지리학회지, 20(1), 112-127.

이용승 (2010). 다문화주의의 이론적 검토와 정당화, 민족연구, 41, 18-51.

이용승 (2011a). 한국의 다문화주의 정책패러다임 연구 및 담론에 관한 비판적 고찰, 대구가톨릭대학교 다문화연구원 학술대회, 5월, 65-80.

이용승 (2011b). 한국 다문화주의의 담론지형에 관한 소고, 인문과학연구, 16, 133-159.

이용승 (2014). 국제이주와 인간안보, 국제관계연구, 19(2), 137-169.

이용승 (2016). 이주민의 지역사회통합과 주민권의 기능, 민족연구, 65, 4-25.

이용승, 김용찬 (2013). 한국과 서유럽의 이민자 시민통합정책 비교 연구, 국제정치연구, 16(1), 143-162.

이용재 (2014a). 다문화사회 통합을 위한 다문화사회의 개념적 확장, 사회과학연구, 22(2), 68-93.

이용재 (2014b). 다문화사회, 한국의 통일, 동북아연구, 29(2), 5-37.

이용재 (2019). 다문화연구의 현황과 과제, 민족연구, 74, 4-29.

이윤경 (2017). 초국가주의와 거주국 사회통합에 대한 이론적 접근, 한국학, 40(4), 169-206.

이은지, 김세현, 함승환, 이현주 (2018). 이주민 밀집지역 학교 교사가 경험하는 어려움의 성격, 교육문화연구, 24(4), 171-194.

이장희 (1998). 한국 국적법의 국제법적 검토와 개정방향, 외법논집, 5, 335-361.

이정우 (2013). 국가수준 학업성취도 평가 결과를 통해 본 다문화가정 학생의 사회과 학업성취도 특성, 시민교육연구, 45(2), 257-291.

이정은 (2017). 다문화주의와 상호문화주의의 대결, 시대와 철학, 28(1), 191-234.

이진석 (2014). 한국의 다문화정책과 민족주의, 민족사상, 8(3), 199-231.

이창원 (2017). 이민정책의 세계적 흐름과 과제, 국제사회보장리뷰, 1, 67-81.

이철승 (2015). 같음과 다름의 관계와 유가의 어울림철학, 시대와 철학, 72, 119-149.

이철우 (2010). 다문화주의, 민족주의, 소속의 법제화, 지식의 지평, 8, 71-95.

이철우 (2014). 국적법의 세계적 동향과 한국의 현실, 법과 사회, 46, 425-468.

이혜경 (2014). 국제이주 · 다문화연구의 동향과 전망, 한국사회, 15(1), 129-161.

이혜경 (2017). 외국인근로자 사회통합의 정치철학과 정책방향의 모색, 대한정치학회보, 25(4), 117-139.

이혜경 (2019). 이민정책 이론에 관한 시론(時論)과 방향, 대한정치학회보, 27(1), 107-136.

임동진 (2015). 외국인 이주민에 대한 태도와 다문화정책의 추진방향 연구, 한국거버넌스학회보, 22(3), 329-353.

임지봉 (2008). 이중국적 허용의 법적 문제, 세계헌법연구, 14(3), 361-378.

임채완, 김혜련 (2012). 재외국민 참정권시대, 재외동포정책 방향 모색, 재외한인연구, 28, 123-158.

임형백 (2014). 지방자치선거와 이주민의 참정권, 다문화와 평화, 8(2), 48-66.

임희선, 김경제 (2017). 이주민의 정치적 권리에 관한 일 고찰, 원광법학, 33(1), 129-151.

장복희 (2007). 국제법상 난민보호와 국내법제도 개선, 法曹, 605, 145-168.

장세룡 (2007). 다문화주의적 한국사회를 위한 전망, 인문연구, 53, 307-348.

장의관 (2008). 소유적 문화집단주의와 무인정의 정치?, 한국정치학회보, 42(4), 131-154.

장임숙 (2017). 다문화, 가족, 젠더 정책의 입법네트워크, 의정연구, 23(2), 180-217.

전경옥 (2007). 젠더 관점에서 본 다문화 사회의 사회통합, 아시아여성연구, 46(1), 7-42.

전윤구 (2012). 외국인근로자의 노동법적 지위, 노동법학, 42, 249-277.

전의령 (2020). 타자의 본질화 안에서의 우연한 연대, 경제와 사회, 125, 360-

401.

전재호 (2018). 2000년대 한국의 '탈민족주의' 논쟁 연구, 한국과 국제정치, 102, 33-64.

전형권 (2007). 국제이주이론의 관점에서 본 노동디아스포라의 성격, 전남대학교 세계한상문화연구단 국제학술회의, 95-130.

정상우 (2017). 다문화인권교육 활성화를 위한 법제도 개선방안, 법과인권교육연구, 10(3), 45-69.

정상우, 박지인 (2016). 미등록 이주민 인권증진을 위한 입법과제, 법제연구, 51, 409-449.

정상준 (1995). 문화적 다양성과 다문화주의, 외국문학, 43, 79-95.

정상호 (2010). 한국의 이주민 참정권 제도의 도입배경과 특성에 관한 연구, 민족연구, 44, 26-47.

정상호, 전찬희 (2013). 한국과 일본의 이주민 참정권 제도의 비교 연구, 아시아연구, 16(2), 85-124.

정성미 (2011). 여성결혼이민자의 치유의 글쓰기, 다문화콘텐츠연구, 10, 75-116.

정순둘, 이미우 (2012). 우리나라, 미국, 네덜란드의 고용상 연령차별 금지법: 연령차별의 개념과 적용대상, 보건사회연구, 32(2), 118-142.

정은정, 김대중 (2019). 다문화인권교육을 통한 증오범죄 대응방안, 민족연구, 74, 116-136.

정장엽, 정순관 (2014). 한국 다문화가족정책의 정향성 분석, 지방정부연구, 17(4), 121-142.

제성호 (2001). 한국 국적법의 문제점 및 개선방안, 국제인권법, 4, 107-158.

조경희 (2018). 다문화주의의 배반, 황해문화, 겨울, 229-243.

조동환 (2012). 한국정부의 다문화정책과 민족말살, 중앙대학교 문화콘텐츠기술연구원 학술대회, 5월, 25-51.

조영희 (2015). 국제이주와 개발, 국제정치연구, 18(1), 151-173.

조용만, 박성범 (2013). 국제결혼이민자의 조기 사회통합증진 방안연구, 국제정
치논총, 53(3), 465-502.

조현미, Hoang Thi Viet Ha (2017). 베트남출신 결혼이주여성의 혼인경로에 따
른 혼인동기와 가족과의 관계분석, 사회과학 담론과 정책, 10(1), 143-
166.

조현상 (2012). '다문화 담론'의 한계성과 유효성에 관한 고찰, 동서철학연구, 63,
219-246.

조화성 (2009). 한국 이민정책의 탈민족화와 재민족화, 민족연구, 40, 45-61.

조희원 (2014). 한국의 다문화주의와 단일민족주의, 분쟁해결연구, 12(2), 5-30.

지종화, 정명주, 차창훈, 김도경 (2009). 다문화 정책 이론 확립을 위한 탐색적 연
구, 사회복지정책, 36(2), 471-501.

진시원 (2018). 다문화주의에 대한 이데올로기적 검토, 다문화사회연구, 11(1),
161-201.

천선영 (2004). '다문화사회' 담론의 한계와 역설, 한독사회과학논총, 14(2),
363-380.

최무현 (2008). 다문화시대의 소수자정책 수단에 관한 연구, 한국행정학보,
42(3), 51-77.

최병두 (2011). 초국적 이주와 다문화사회에 관한 학제적·통합적 연구를 위하
여, 현대사회와 다문화, 1, 1-33.

최병두 (2012). 동아시아 국제 노동이주, 현대사회와 다문화, 2(2), 362-395.

최병두 (2017). 관계이론에서 행위자-네트워크이론으로, 현대사회와 다문화,
7(1), 1-47.

최병두, 정유리 (2015). 결혼이주자의 이주 및 정착과정에서 나타나는 사회적 네
트워크 변화에 관한 연구, 현대사회와 다문화, 5(1), 20-57.

최영 (2011). 한국과 중국의 재외동포네트워크정책 비교연구, 中國硏究, 52,

665-689.

최영진 (2010). 동아시아에서의 노동이주의 동학, 新亞細亞, 17(4), 191-221.

최종렬 (2009). 탈영토화된 공간에서의 다문화주의, 사회이론, 35, 47-79.

최치원 (2014). 대한민국 헌법 그리고 정체성에 대한 간문화적 성찰, 민족연구, 57, 112-128.

최현 (2007). 한국인의 다문화 시티즌십(multicultural citizenship), 시민사회와 NGO, 5(2), 147-173.

최현 (2010). 대한민국의 국적 제도의 개선 방안 모색, 민주주의와 인권, 10(2), 221-261.

하정봉, 이광원, 권경득 (2019). 외국인 노동인력 수용정책에 관한 한ㆍ일 비교 및 정책적 함의, 국가정책연구, 33(2), 89-120.

하진기 (2018). 단일민족의식이 다문화 한국사회의 인종계층화형성에 미치는 영향과 그 함의, 다문화와 평화, 12(2), 551-74.

한건수 (2003). "타자만들기", 비교문화연구, 9(2), 157-193.

한건수 (2012a). 통합과 분열의 기로에 선 한국의 다문화 정책, 지식의 지평, 13, 64-86.

한건수 (2012b). 한국사회의 다문화주의 혐오증과 실패론, 다문화와 인간, 1(1), 113-143.

한국염 (2008). 한국거주 이주여성의 인권실태와 과제, 경남발전, 94, 36-48.

한승준 (2009). 지자체 다문화정책 추진체계 구축방안에 관한 연구, 한국사회와 행정연구, 20(2), 269-291.

한웅용, 정원일, 전용일 (2011). 고급과학기술인력의 국가 간 유출입 결정요인에 관한 연구, 국제지역연구, 15(1), 267-288.

한준성 (2010). 다문화주의 논쟁, 한국정치연구, 19(1), 289-316.

현남숙 (2009). 다문화주의와 여성주의의 갈등에 관한 심의민주주의적 접근, 시대와 철학, 20(3), 439-471.

홍석준 (2018). 현대 한국에서의 다문화 담론에 대한 비판적 검토, 다문화와 인간, 7(12), 153-192.

홍익표 (2005). 배제로의 수렴? 유럽의 인권정책과 이주민문제, 국제지역연구, 9(2), 317-344.

황경아 (2017). 반다문화 담론의 부상과 언론의 재현, 미디어, 젠더 & 문화, 32(4), 143-189.

황경아, 이인희 (2018). 다문화 담론 지형의 변화와 언론의 재현, 다문화사회연구, 11(1), 85-119.

황성욱, 조윤용, 이철한 (2014). 다문화수용성, 어떻게 평가할 것인가?, 분쟁해결연구, 12(3), 167-196.

황정미 (2010). 결혼이주 여성의 사회연결망과 행위전략의 다양성, 한국여성학, 26(4), 1-38.

황정미 (2012a). 다문화 사회와 '이주 어머니 (migrant mother)': 모성 담론의 재구성과 어머니의 시민권에 관한 고찰: 모성 담론의 재구성과 어머니의 시민권에 관한 고찰, 아시아여성연구, 51(2), 103-142.

황정미 (2012b). '다문화 가족'과 국민의 경계, 민족연구, 50, 64-81.

황정미 (2018). 개발국가의 해외이주 정책과 젠더, 페미니즘 연구, 18(1), 3-46.

황정은, 한송이, 김효진 (2017). 사회적기업에 취업한 결혼이주여성의 삶 변화 체험에 관한 현상학적 연구, 사회적가치와 기업연구, 10(1), 161-185.

〈언론 기사〉

강원일보 사설 (2020. 1. 24.). 불법체류 신분 외국인 '일자리 점령' 방치 안 돼. 강원일보.

경기일보 사설 (2006. 3. 9.). 외국인 관리 전담 기구 설립하자. 경기일보.

경기일보 사설 (2018. 9. 12.). 경기도로 몰리는 난민, 아직 대책이 없다니. 경기일보.

경기일보 사설 (2019. 12. 20.). 외국인 차별·체류 위협 건강보험 손질해야. 경기일보.

경남도민일보 사설 (2003. 11. 26.). 4년 이상 체류 노동자 추방철회를. 경남도민일보.

경인일보 사설 (2009. 4. 3.). 외국인 내쫓는 다문화마을 개선시급. 경인일보.

경향신문 사설 (1992. 8. 5.). 외국인 고용확대 문제 많다. 경향신문.

경향신문 사설 (1997. 9. 20.). 시대흐름 맞춘 국적법 개정. 경향신문.

경향신문 사설 (2009. 9. 8.). 인종차별금지 법제화 시급하다. 경향신문.

경향신문 사설 (2010. 2. 18.). 국적법, 화교 등 소수자 보호에 초점을. 경향신문.

광주매일신문 사설 (2019. 7. 9.). 인권사각지대 결혼이주여성 대책 마련해야. 광주매일신문.

광주일보 사설 (2019. 4. 4.). 줄어드는 다문화 예산 뒤로 가는 정책 아닌가. 광주일보.

광주일보 사설 (2020. 11. 13.). 유학 비자 이용 외국인 불법체류 방지 대책을. 광주일보.

국민일보 사설 (1997. 9. 20.). 국적법 개정 온당하다. 국민일보.

국민일보 사설 (2007. 4. 25.). 숙련기능인력에 영주권 부여 잘하는 일. 국민일보.

국민일보 사설 (2014. 7. 29.). 결혼·출산 장려만으론 인구 위기 못 막는다. 국민일보.

국제신문 사설 (2017. 6. 22.). 장애인 등록 거부당한 파키스탄 난민 소년의 아픔. 국제신문.

김규식 (2005. 10. 29.). "불법체류 외국인노동자 국내출생자녀 영주권을." 경인일보.

김승열 (2016. 11. 21.). IOM이민정책연구원, 한-아세안 이민분야 공무원 워크숍. 중도일보.

김은향 (2018. 10. 18.). 예멘 난민 신청자 339명 '인도적 체류' 허용…난민과 어떤 차이?. 동아일보.

김정민 (2008. 4. 7.). "선거 때마다 서럽습니다." 경남신문.

김지석 (2018. 7. 24.). 이주민 문제(하), 어떻게 풀어야 하나. 한겨레신문.

김진호 (2015. 5. 20.). "다문화 정책, 지역 중심으로 전환돼야." 경남신문.

김태이 (2020. 10. 27.). 기쁨나눔재단-이주글로벌 컴팩트 대응 시민사회 회의, 국내 가이드북 선봬. 서울신문.

김하희 (2019. 7. 10.). "이혼 책임 남편이 크면 결혼이주여성 체류 연장." OBS.

김효정 (2019. 3. 18.). [스페셜 리포트] '다문화'가 아니라 '상호문화'다. 주간 조선.

김희리 (2020. 10. 21.). '다문화 특구' 구로, 유럽 상호문화도시로 지정. 서울 신문.

김희원 (2011. 2. 13.). 유럽 국가들 "다문화 실패" 선언 잇따라. 한국일보.

매일경제 사설 (1997. 9. 22.). 국적법 개정의 현실성. 매일경제.

매일경제 사설 (2011. 1. 11.). 우수 외국인재 유치할 제도 · 환경 갖춰야. 매일 경제.

매일경제 사설 (2017. 11. 16.). 전남 인구만큼 늘어난 외국인, 이민정책을 다시 생각하다. 매일경제.

매일신문 사설 (2011. 7. 25.). 다문화사회에 대한 올바른 이해 필요하다. 매일 신문.

매일신문 사설 (2011. 7. 26.). 反다문화주의 확산 경계하고 적극 관리해야. 매일 신문.

매일신문 사설 (2019. 10. 1.). 급증하는 불법체류자, 더 늦기 전에 해결책 내놓아 야. 매일신문.

문화일보 사설 (2007. 8. 20.). 여러 인종 함께 살아가야 할 글로벌 코리아. 문화 일보.

문화일보 사설 (2008. 12. 18.). 국가경쟁력 강화 위한 외국인정책 기본계획. 문화일보.

박광섭 (2010. 1. 12.). "내 아이의 당당한 미래를 위해." 중부일보.

박광섭, 이호준 (2010. 1. 25.). "이주외국인 정치참여길 열려 기쁘다." 중부일보.

박유리 (2011. 12. 1.). "왜 우리 밥그릇 · 일자리 빼앗나" 온라인에서 오프라인으로… 反다문화주의자들의 역습. 국민일보.

박종완 (2017. 10. 10.). "이주노동자 귀환 프로그램 확대해야." 경남도민일보.

박중언 (2003. 6. 27.). 외국나가 번돈 연간 수백억달러 고국으로 송금 / "빈곤국 성장동력은 이주노동자." 한겨레신문.

부산일보 사설 (1991. 11. 9.). 성급한 노동市場의 개방. 부산일보.

부산일보 사설 (2004. 2. 6.). '美 시민권자도 軍에 가야 한다.' 부산일보.

부산일보 사설 (2013. 4. 16.). 이주 외국인 다문화 수용, 부산의 품격을 높인다. 부산일보.

서울경제 사설 (2004. 10. 8.). 돈 · 기술 · 인력 유출은 우리 경제에 대한 赤信號. 서울경제.

서울신문 사설 (2003. 3. 5.). '이중 국적' 잣대 바로 세워야. 서울신문.

서울신문 사설 (2011. 10. 15.). 다문화사회 외치며 피부색 차별은 또 뭔가. 서울신문.

서울신문 사설 (2012. 4. 16.). 외국인 혐오 무차별 인터넷 확산 경계해야. 서울신문.

서울신문 사설 (2023. 5. 29.). "韓, 외국인 노동자 이민 서두르라"는 무디스 권고. 서울신문.

서일범 (2017. 3. 14.). [200만 외국인 고용의 허실] "外人 매달려선 미래 없다"… 이민 확대보다 '이중 노동시장' 바꿔야. 서울경제.

석동현 (2011. 7. 28.). [기고] 시급한 이민정책 통합운영. 매일경제.

설동훈 (2012. 12. 28.). [신문로] 독일과 한국의 이민정책. 내일신문.

소성규 (2009. 8. 3.). 이주 외국인 사회통합 시스템 구축의 방향. 경인일보.

송민섭 (2011. 2. 7.). "英 '무간섭 관용주의' 다문화 정책 실패." 세계일보.

송주희 (2009. 7. 30.). "인구부족 해소 위해 이민 허용을" 34%. 서울경제.

신선미 (2013. 9. 30.). 수원출입국관리사무소 '이민자 총회.' 경인일보.

신현웅 (2017. 7. 26.). [다문화칼럼함께하는세상] 저출산 · 고령화시대 이민 확대가 답이다. 세계일보.

안순자 (2013. 10. 17.). 청주출입국관리사무소, 이민자네트워크 발대식. 충북일보.

양태삼, 경수현 (2011. 9. 26.). 〈다문화의 그늘〉①표출하는 반다문화. 연합뉴스.

양태삼 (2020. 12. 22.). 한국 이주민 사회통합 점수 52개국 중 13위. 연합뉴스.

엄한진 (2011. 11. 13.). 다문화주의를 넘어 상호문화주의로. 중대신문.

영남일보 사설 (2011. 10. 19.). 大邱 이주여성 정책, 국제적 논란 될라. 영남일보.

영남일보 사설 (2017. 6. 1.). 갑질에 범죄까지 저지르는 불법체류 노동자들. 영남일보.

오정은 (2019. 7. 16.). [기고] '수익자 부담' 이민 정책 도입을 검토할 때다. 조선일보.

위은지 (2018. 12. 14.). 이주자를 위한 최초의 국제합의안 GCM 채택…오해와 진실은?. 동아일보.

유강훈 (1995. 1. 21.). "노사 · 공익기관 참여 인력관리를." 국민일보.

윤샘이나 (2011. 7. 27.). "국적차별이 갈등 야기…종교적 근본주의 위험." 서울신문.

이경국 (2018. 9. 16.). "난민 혐오 반대 vs 가짜 난민 추방"…도심서 찬반집회. YTN.

이경운 (2019. 5. 2.). 다문화 차별 부모는 감소 2세는 증가. 서울신문.

이상준 (2015. 9. 19.). 대구출입국관리사무소 '이민자와 함께하는 쿠킹클래스' 진행. 매일신문.

이승권 (2018. 1. 9.). 다문화 사회를 준비하며. 광주일보.

이유범 (2019. 12. 27.). '다문화 퍼주기'에 반감 확산… 인구 · 이민정책 함께 풀어야[다문화한국 2020]. 파이낸셜뉴스.

이윤주 (2019. 11. 20.). "한국 정부, 세계 난민 일자리 · 생계뿐 아니라 원격 교육도 지원을." 한국일보.

이재걸 (2014. 11. 5.). 강제철거 맞서면 귀화 막는 국적법. 내일신문.

이재문 (2007. 7. 16.). 겉도는 이주여성 정책. 전북일보.

이지영 (2018. 7. 28.). "난민법 · 무사증 입국 제도 폐지하라"…난민반대 단체 도심서 집회. 중앙일보.

임광복 (2018. 12. 5.). '유엔이주협정' 국회 반발 목소리 확산…정부는 "법적 구속력 없다." 파이낸셜뉴스.

정기선 (2018. 1. 22.). [In&Out] 저출산 · 고령사회, 이민정책 실종을 경계한다. 서울신문.

정서린 (2011. 4. 15.). 英 "이민자, 사회혼란 · 불편 초래." 서울신문.

정진우a (2016. 1. 4.). 2750년 인구 '0명' 대한민국, 대규모 이민 받는다. 머니투데이.

정진우b (2016. 1. 4.). 외국인 없으면 공장 문 닫는 한국, 뒤에선 이민자 욕하고. 머니투데이.

제민일보 사설 (2008. 8. 6.). 다문화 공생사회 폭 넓히자. 제민일보.

조계완 (2017. 3. 2.). 외국인 200만 명 시대… '이민 문호개방' 이슈로 부상. 한겨레신문.

조선교 (2018. 9. 13.). 충남기독교총연합회 반발 "인권조례 재제정 도의원 직권남용." 충청투데이.

조찬제 (2009. 10. 6.). "이주노동자 활용이 불황 탈출 열쇠." 경향신문.

중부일보 사설 (2000. 11. 13.). 재외동포도 내 이웃처럼. 중부일보.

중부일보 사설 (2002. 2. 9.). 병역기피, 교묘해지는데. 중부일보.

중앙일보 사설 (2007. 2. 9.). 과잉 민족주의는 독이 된다. 중앙일보.

중앙일보 사설 (2010. 6. 9.). 혼혈인도 성공할 수 있는 사회 만들자. 중앙일보.

중앙일보 사설 (2011. 7. 25.). 광신적 테러에 안전지대는 없다. 중앙일보.

중앙일보 사설 (2013. 10. 17.). 전 세계 인재가 몰려드는 대한민국을. 중앙일보.

중앙일보 사설 (2015. 12. 24.). 재정착 난민 수용 규모 더 확대해야. 중앙일보.

중앙일보 사설 (2022. 9. 28.). 전향적 이민 정책으로 저출산 해법 찾아야. 중앙
일보.

중앙일보 사설 (2023. 5. 26.). 숙련공 내쫓기 급급한 나라…이민 장벽 과감히 철
폐하자. 중앙일보.

파이낸셜뉴스 사설 (2014. 12. 14.). 이민청 설립 언제까지 미룰 건가. 파이낸셜
뉴스.

파이낸셜뉴스 사설 (2016. 1. 29.). 조선족 대량 이민, 뜻은 이해하지만. 파이낸셜
뉴스.

파이낸셜뉴스 사설 (2023. 7. 3.). 이민 정책 추진에 프랑스 시위 타산지석 삼아
야. 파이낸셜뉴스.

한겨레신문 사설 (1991. 3. 1.). 해외인력 '수입'과 노동계의 반발. 한겨레신문.

한겨레신문 사설 (1994. 9. 6.). 외국인 노동자문제 무책이 상책인가. 한겨레신문.

한겨레신문 사설 (1996. 3. 16.). 외국인 고용허가제 도입 신중해야. 한겨레신문.

한겨레신문 사설 (1996. 7. 27.). '외국인력' 근본대책 세우라. 한겨레신문.

한겨레신문 사설 (1997. 9. 20.). 국적법 세계화. 한겨레신문.

한겨레신문 사설 (2009. 11. 14.). 걱정과 불안 앞서는 국적법 개정안. 한겨레
신문.

한겨레신문 사설 (2011. 7. 25.). 한 극우 광신주의자가 파괴한 노르웨이의 평화.
한겨레신문.

한국경제 사설 (2017. 1. 19.). 외국인에 문 더 여는 미국·일본, 저출산 인식 바
꿔야. 한국경제.

한국경제 사설 (2017. 4. 13.). '순혈주의' 안녕! 이민 문호 개방해야 선진국 된다.
한국경제.

한국일보 사설 (1992. 11. 30.). 네오나치즘 우리의 관심. 한국일보.

한국일보 사설 (1996. 1. 5.). 시민권 중심의 국정. 한국일보.

한국일보 사설 (2010. 1. 26.). 불법체류자 자녀 중학교육 보장해야. 한국일보.

한라일보 사설 (2007. 10. 22.). 존재 이유 확인한 출입국관리사무소. 한라일보.

한라일보 사설 (2008. 1. 15.). 다문화가정 부부는 '동지적 관계.' 한라일보.

한승주 (2011. 4. 20.). '다문화주의 정책 실패' 파장 어디까지…무슬림 외 동양계 등 타 문화권 차별로 확대 가능성. 국민일보.

허일현 (2016. 4. 28.). IOM이민정책연구원, 한국과 아세안 이주 네트워크 사업 추진. 중부일보.

헤럴드경제 사설 (2016. 4. 4.). 불법체류자 제재 마땅하나 노동시장 상황도 살펴야. 헤럴드경제.

헤럴드경제 사설 (2019. 1. 22.). 최저임금 과속인상이 불러온 불법체류자 급증. 헤럴드경제.

한국의 다문화와
이민정책 담론

초판인쇄 2024년 5월 31일
초판발행 2024년 5월 31일

지은이 김용찬
펴낸이 채종준
펴낸곳 한국학술정보(주)
주 소 경기도 파주시 회동길 230(문발동)
전 화 031-908-3181(대표)
팩 스 031-908-3189
홈페이지 http://ebook.kstudy.com
E-mail 출판사업부 publish@kstudy.com
등 록 제일산-115호(2000. 6. 19)

ISBN 979-11-7217-340-1 93300